Beck'scheReihe

BsR 4026

Ist, wie Hegel annahm, Europa „schlechthin das Ende der Weltge-schichte" oder, wie Zweig vermutete, „das letzte Griechenland"? Wird Europa, wie viele heute fürchten, im Strudel der Globalisie-rung seine intellektuelle und ökonomische Leuchtkraft verlieren oder werden gerade in der Vielfalt seiner Traditionen die Erneue-rungskräfte mobilisiert, die Hegel schließlich noch recht geben? Dieser historische Streifzug bringt uns zurück in die legendäre Ge-burtsstunde Europas (wie so oft gibt es darüber unterschiedliche Versionen), zeigt den zähen Widerstand Europas gegen jegliche einheitliche Definition und Festlegung, führt uns an die Schauplät-ze „europäischer" Geschichte und dokumentiert die unbesiegbare Provinzialität selbst der Menschen, die später einhellig „Europäer" genannt worden sind. Ein Rundgang durch die Geschichte, ein Kaleidoskop der bunten europäischen Entwicklungslinien.

Wolfgang Behringer, geb. 1956, PD Dr. phil. habil., 1998 Berufung zum Professor für Geschichte an der University of York, zahlreiche Publikationen zur Geschichte der Hexenverfolgung und zur Kul-tur- und Sozialgeschichte. Zuletzt erschien bei C.H.Beck Wissen, Hexen. Glaube, Verfolgung, Vermarktung (BsR 2082).

Wolfgang Behringer (Hrsg.)

Europa

Ein historisches Lesebuch

VERLAG C.H.BECK

Mit 5 Abbildungen

Die Deutsche Bibliothek – CIP Einheitsaufnahme

Europa : ein historisches Lesebuch / Wolfgang Behringer
(Hrsg.). – Orig.-Ausg. – München : Beck, 1999
   (Beck'sche Reihe ; 4026)
   ISBN 3 406 44026 6

Originalausgabe
ISBN 3 406 44026 6

Umschlagentwurf: Uwe Göbel, München
Umschlagabbildung: Stephen McKenna, Europa, 1981
© Lynda and Stewart Resnick, Los Angeles.
© C. H. Beck'sche Verlagsbuchhandlung (Oscar Beck), München 1999
Gesamtherstellung: C. H. Beck'sche Buchdruckerei, Nördlingen
Gedruckt auf säurefreiem, alterungsbeständigem Papier
(hergestellt aus chlorfrei gebleichtem Zellstoff)
Printed in Germany

Inhalt

Frühe Neuzeit

Europäische Moderne

Schrecken und Hoffnungen der Gegenwart

Vorwort

„Ein geschichtsloses Europa", so schreibt Jacques Le Goff im Vorwort der Buchreihe *Europa bauen,* „wäre ohne Herkunft und Zukunft". Auf welches geographische Gebiet sich eine europäische Geschichte beziehen soll, ist jedoch gar nicht einfach zu beantworten. Denn in jenem griechischen Mythos, von dem unser Kontinent seinen Namen ableitet, entführte Göttervater Zeus in Gestalt eines Stieres auf seinem Rücken die Tochter *Europa* des Königs Agenor von Phönikien. Auf der Insel Kreta soll aus beider Verbindung König Minos hervorgegangen sein, der sagenhafte Herrscher über das Mittelmeer. Dieses trägt seinen Namen nicht umsonst, denn es war nicht Außengrenze, sondern das Binnengewässer der alten Hochkulturen.

Obwohl es während der Perserkriege zu einer Politisierung des Europabegriffes im Sinne einer Kontrastierung zu Asien kam, blieb doch in der gesamten Antike die kulturelle Einheit des Mittelmeerraumes erhalten, geprägt durch griechische Siedlung und römische Reichsbildung. Die Kultur dieses *Imperium Romanum* hat die Geschichte Europas dauerhaft beeinflußt. Zwar blieb Jerusalem Bezugspunkt der christlichen Welt, doch mit dem Niedergang und Ende der römischen Reichsgewalt gewann der Bischof der Hauptstadt an Bedeutung. Mit seiner Kaiserkrönung durch den Papst im Jahr 800 wurde Frankenkönig Karl zum Nachfolger der römischen Imperatoren. Von diesem „Vater Europas" ging das Kaisertum auf den ostfränkischen König Otto I. und die deutschen Könige über. Ihr virtuelles Herrschaftsgebiet wurde bis zu seinem Ende im Jahre 1806 als „Heiliges Römisches Reich" bezeichnet.

Die römisch-deutschen Könige waren freilich nicht die einzigen Rechtsnachfolger Roms. Seit der Reichsteilung des Jahres 395, die auch die Grenzen der späteren römischen und griechisch-orthodoxen christlichen Kirchen markierte, wurde das Oströmische Reich von der Kaiserstadt Konstantinopel aus regiert. Dieses „zweite Rom" war während des europäischen Mittelalters mit Abstand die politisch, kulturell und an Einwohnerzahl bedeutendste

Stadt des Kontinents. Nach der Eroberung von Byzanz erhob Sultan Mehmed II. die Stadt unter dem Namen Istanbul zum Zentrum des Osmanischen Reiches und verstand sich als Erbe der römischen Kaiser. Das russische Patriarchat entwickelte indes die Vorstellung, mit dem Fall Konstantinopels sei die Führung der orthodoxen Christenheit auf Moskau als „drittes Rom" übergegangen. Aufgrund dieser Ideologie, die noch im griechischen Befreiungskampf des 19. Jahrhunderts eine Rolle spielte, trug der russische Herrscher den Titel „Zar", der sich wie der Begriff „Kaiser" vom römischen „Caesar" ableitet.

Die Grenzen des europäischen Kontinents können in politischer, religiöser oder kultureller Hinsicht nach keiner Himmelsrichtung exakt bestimmt werden. Die europäische Geschichte war geprägt durch Wellen der Einwanderung, denn woher kamen Basken, Kelten, Germanen, Slawen oder Ungarn? Die Bedeutung der heidnischen Antike, der über Europa verstreuten jüdischen Minderheiten, des Emirats von Cordoba, der heidnischen Völker im Norden und im Baltikum, des zirkumpolaren Schamanismus oder der neuzeitlichen Freidenker verbieten es auch, das Abendland einfach als christlich zu definieren. Was soll Christentum angesichts der Häresien der Katharer, Waldenser und Bogumilen, denen von der Kirche ihr Christentum bestritten wurde, dem blühenden Volksglauben und den blutigen Religionskriegen bedeuten? Die politischen Reichsbildungen des Kalifats, der Normannen, der Osmanen, der Kronen Spaniens oder Englands hielten sich nicht an naturräumliche Gliederungen.

Dennoch kann man einen Kernbestand an Entwicklungen bestimmen, der für die europäische Zivilisation charakteristisch wurde. Der Niedergang Roms führte zur Ausbildung von Sonderstrukturen wie dem lateinischen Papsttum oder dem benediktinischen Mönchtum, sowie den relativ primitiven, auf Personenverbänden basierenden feudalen Herrschaftsstrukturen. Trotz der weiterwirkenden römischen Reichsideologie boten diese Raum für eine anarchische Vielfalt von Entwicklungen, von der Klosterimmunität bis hin zur Entstehung eines weitgehend autonomen Städtewesens oder dem Institut der *universitas litterarum*, den seit dem Hochmittelalter entstehenden selbstverwalteten Universitäten. Auf der immateriellen Ebene erschienen Historikern die in der christlichen Theologie angelegten Vorstellungen von persönlicher Freiheit, die an der griechischen Philosophie geschulte Logik, das mit dem Mönchtum entwickelte neue Arbeitsethos oder die mit dem römisch-rechtlichen Erbe verbundenen Vorstellungen von einem individuellen, erblichen und unantastbaren Eigentum bemerkenswert. Der dauerhafte Bezug auf die antike Zivilisation wurde wiederholt zum Ausgangspunkt von *Renaissancen,* welche die Kunst, Literatur und Philosophie, aber auch die Ingenieurkunst, die Naturwissenschaften und das Rechtsdenken immer wieder nachhaltig beeinflußt haben. Ein frühes Beispiel wäre die über das islamische Spanien erfolgte Rezeption der Schriften des Aristoteles samt ihren arabischen oder jüdischen Kommentatoren, deren Verarbeitung der christlichen Scholastik Höchstleistungen abverlangte. Ein anderes Beispiel ist die Rezeption des hochentwickelten Römischen Rechts, welches den europäischen Staatsbildungsprozeß und die Wirtschaftsverfassung nachhaltig beeinflußte. Der den europäischen Kontinent durch intensive Handelsbeziehungen integrierende *Frühkapitalismus,* um einen Begriff von Werner Sombart zu verwenden, scheint mit seiner antitraditionalistischen Sprengkraft ein spezifisch europäisches Phänomen zu sein.

Die Geschichte Europas ist zweifellos eine Erfolgsgeschichte, die vor der Folie der jüdisch-christlichen Geschichtsteleologie bei den Intellektuellen seit der Zeit des *Humanismus* die Idee eines langfristigen Menschheitsfortschritts entstehen ließ. Gerade die oft gescholtene politische Fragmentierung des alten Kontinents hat eine ungeheure *Meinungsvielfalt* hervorgebracht, die von den frühen Ketzerbewegungen über den Kommunismus bis hin zur Ökologiebewegung oder dem Feminismus immer wieder zu radikalen Infragestellungen der bestehenden Verhältnisse führen konnte und Auseinandersetzungen hervorrief, deren Austragung zu den wesentlichen Stärken Europas zu gehören scheint. Bereits vor der Einführung der Gewissensfreiheit war es oft möglich, in eine Gegend auszuwandern, die besser zu den individuellen Absichten oder Anschauungen paßte als die eigene Heimat.

Ströme der *Migration* prägten daher stets die Geschichte Europas und seiner Kolonien, und es gehört zu den europäischen Grunderfahrungen, daß die Gewährung von Freiheiten eine Gesellschaft nicht schwächen muß, sondern stärken kann, indem die besten Kräfte im Land gehalten und von weither angelockt werden. Es ist kein Zufall, daß seit dem 16. Jahrhundert gerade in den toleranten

Niederlanden und in England Wirtschaft und Wissenschaft eine Hochblüte erreichten und Maßstäbe gesetzt wurden für den Rest des Kontinents. *Wissenschaftsrevolution* und *Industrialisierung,* welche zusammen den Hunger besiegt und zu einer dauernden Steigerung des Lebensstandards und der Lebenserwartung geführt haben, nahmen hier ihren Ausgang. Der Sog der europäischen *Modernisierung* erwies sich als so unwiderstehlich, daß in den Jahrzehnten um 1900 die alten Regime von Rußland über die Türkei bis China reihenweise zusammenbrachen. Freilich wurden die europäischen Lehren nirgends so konsequent verwirklicht wie in den Vereinigten Staaten von Amerika, dem Zufluchtsort aller Verfolgten und Erniedrigten der Alten Welt.

Man sollte nie vergessen, mit welchen entsetzlichen Opfern der aus Europa kommende Fortschritt auch bezahlt worden ist. Bis zum Ende der frühen Neuzeit litt die Bevölkerung unter wiederkehrenden Hungerkrisen und Seuchenzügen, als deren Symbol der „Schwarze Tod" im Gedächtnis geblieben ist. Die Intoleranz christlich-fundamentalistischer Ideologen hat zu den entsetzlichen Greueln der Ketzer- und Hexenverfolgungen und der Religionskriege geführt. Die Schrecken religiöser, politischer, rassischer und sozialer Unterdrückung, die in den Kolonien praktiziert worden ist und die in Europa selbst im 20. Jahrhundert ungeahnte Ausmaße erreichte, haben das Empfinden für die Werte der Toleranz und der Rechtsstaatlichkeit in einem Ausmaß geschärft, daß Vertreter anderer Zivilisationen – etwa Chinas, Persiens oder der arabischen Länder – bei den Vereinten Nationen gelegentlich geltend machen, die universalen *Menschenrechte* seien nichts anderes als ein besonders raffiniertes europäisches Instrument zur Fortschreibung der kulturellen Hegemonie.

Die Komplexität der europäischen Geschichte soll in dem vorliegenden Lesebuch durch eine begrenzte Zahl von erzählenden oder analytischen Texten in chronologischer Ordnung aufgeblättert werden. Die europäische Geschichte wird dabei gegliedert in fünf Abschnitte. Der erste Abschnitt „Vorgeschichte und Antike" orientiert sich am geographischen Raum des Kontinents und schildert die natürlichen und kulturellen Voraussetzungen der europäischen Sonderentwicklung. Das Kapitel „Europäisches Mittelalter" (ca. 500–1500) zielt auf die Herausbildung der vom Mittelmeer abgewandten besonderen Zivilisation Europas. Quasi als Mittelachse enthält das dritte Kapitel „Frühe Neuzeit" (ca. 1500–1800) Texte zu jenem Zeitraum, in dem die europäische Kultur über den Status einer Zivilisation unter vielen hinauswuchs und begann, die anderen Kontinente zu überfluten. Das vierte Kapitel über die „Europäische Moderne" enthält Texte zu jenem „langen 19. Jahrhundert" (1789–1914), das die einzelnen europäischen Nationen – und damit auch Europa als Ganzes – auf dem Höhepunkt ihres Einflusses zeigt. Das letzte Kapitel zeigt am Beispiel des „kurzen 20. Jahrhunderts" Schrecken und Hoffnungen der jüngeren europäischen Geschichte bis hin zu jenem europäischen Einigungsprozeß, dessen Zeugen wir gerade werden.

Etwa 100 kurze Texte sind für ein Thema, über das ganze Bibliotheken geschrieben worden sind, nicht gerade viel. Die Länder und Nationen an der europäischen Peripherie kommen zwangsläufig zu kurz, ebenso hätte man manchen Schwerpunkt anders setzen, etwa Philosophie oder Theologie, Kunst oder Politik, Kriege oder Revolutionen stärker gewichten können. Hier wurde jedoch die Methode verfolgt, durch eine Balance zwischen Struktur und Ereignis, äußerer Analyse und subjektivem Planen, großen Umwälzungen und individuellem Erleben ein facettenreiches Bild zu bieten. Zeitgenössische Texte, etwa von Anhängern einer feministischen Häresie in Mailand, einem berühmten italienischen Maler, dem Henker von Paris, einem Wiener Bischof, einem Amerikaner in England oder eines jüdischen Mädchens in Polen, sollen mit ihrer subjektiven Perspektive auch daran erinnern, daß Geschichte immer nur ein Konstrukt sein kann.

Die Gattung des Lesebuches bietet die Möglichkeit, mehr als nur stichwortartig Entwicklungen und Strukturmerkmale der europäischen Geschichte zu skizzieren und mit manchmal vielleicht überraschenden Beispielen zu illustrieren, womit dem Horazischen *prodesse et delectare* Genüge getan sei. Überraschend ist dabei, wie nah uns manche weit zurückliegende Ereignisse erscheinen und wie fern bereits die unmittelbare Vergangenheit gerückt ist.

Wolfgang Behringer

Vorgeschichte und Antike

Hansjörg Küster

Ökologische Grundlagen

Das Tertiär, die geologische Epoche, die vor etwa 2 Millionen Jahren zu Ende ging, war die Zeit der beginnenden Auffaltung der eurasischen Hochgebirge, unter anderem der Alpen und des Himalaja, aber auch ein Zeitalter, in dem sich die Blütenpflanzen zu erstaunlicher Artenvielfalt vermehrten. In Mitteleuropa herrschte ein wärmeres Klima als heute, es war auch hinreichend feucht, so daß üppiges Grün die Lande bedeckte. In den Wäldern wuchsen alle uns heute vertrauten Bäume oder ganz nahe Verwandte von ihnen, deren Nachkommenschaft sich seitdem genetisch nur noch geringfügig veränderte. Aber nicht nur heute verbreitete Pflanzen grünten und blühten, sondern auch viele Gewächse, die von Natur aus heute nicht mehr in Mitteleuropa vorkommen: Magnolie, Mammutbaum, Flügel- und Hickorynuß, Ölweide, Hemlocktanne und Amberbaum.

Eine ungeheure ökologische Katastrophe zerstörte diesen Garten Eden: Das Klima wurde erheblich kälter. Die einschneidende Klimaänderung markiert die Grenze zwischen zwei geologischen Epochen, die nüchtern Tertiär und Quartär genannt werden. Das Quartär ist das Eiszeitalter, es ist aber nicht nur eine Phase der Eiszeiten. Denn merkwürdigerweise wechselten mehrfach Eiszeiten mit dazwischenliegenden Warmzeiten, in denen das Klima ungefähr heutige Temperaturen erreichte. Vielleicht leben auch wir nicht in der „Nacheiszeit", sondern lediglich in einer Warmzeit zwischen zwei Eiszeiten, einer Zwischeneiszeit. Steuern wir also einer nächsten Eiszeit zu, in der Kiel, Rostock und das Alpenvorland erneut unter Gletschern versinken könnten?

Charakteristisch für das Quartär ist also nicht immerwährende arktische Kälte in Mitteleuropa, sondern der mehrfache Wechsel zwischen den Klimabedingungen der Arktis und jenen der gemäßigten Zonen. Es gibt viele Theorien über die Ursachen der Eiszeiten; und man weiß auch nicht, wie viele Eiszeiten es gegeben hat, mindestens 6, vielleicht 13, vielleicht 19 oder noch mehr.

Der Temperaturrückgang jeder Eiszeit hatte zur Folge, daß die im äußersten Norden Europas, aber auch in den jungen Alpen damals schon stets vorhandenen Gletscher wuchsen. Das heißt: Jahr für Jahr bildete sich mehr Eis, als im Sommer abtaute. In den Jahrtausenden, die eine Eiszeit dauerte, wuchsen die Gletscherzungen weit über die Gebiete hinaus, in denen sie entstanden waren. Die Gletscher aus Nordeuropa bedeckten schließlich ganz Skandinavien, das Becken der Ostsee, Teile des Nordseebeckens, die nördlichen Britischen Inseln; auch Norddeutschland versank unter dem Eis. Zur Zeit ihrer maximalen Ausdehnung stießen die Eismassen bis an den Rand der Mittelgebirge vor. Die Alpengletscher kamen bis in die Nähe der Donau nach Norden voran. Auch in manchen Mittelgebirgen bildeten sich Gletscher, zum Beispiel im Schwarzwald: von der östlichen Karwand des Feldbergs bis zum Titisee.

Im Süden und im Norden von Gletschern begrenzt, blieb in der Mitte ein Teil von Mitteleuropa eisfrei. Üppiger Pflanzenwuchs war dort in einer Eiszeit nicht möglich. Kaum ein Baum oder Strauch konnte in der Nähe des Gletschers existieren, und natürlich vor allem keine kälteempfindlichen Magnolien und Hickorynußbäume. Sie wurden von der Kälte verdrängt; nur Kräuter und Zwergsträucher überdauerten. […]

Vor 7000 Jahren reichten schier endlose Eichen- und Kiefernwälder von den Alpen bis zur Nord- und Ostsee, von Westfrankreich bis Rußland. Die Wälder sahen nicht überall gleich aus; ihre jeweilige Zusammensetzung hatte sich seit den vorausgehenden Jahrhunderten nur wenig verändert. In Mitteleuropa hatte sich als weiterer Waldbaum die Tanne eingefunden. Ihr sagten die Standortbedingungen der Bergulmenwälder am Alpenrand zu; allmählich nahm sie immer mehr Plätze ein, an denen zuvor Bergulmen gestanden hatten. Die Ulme wurde verdrängt; behaupten konnte sie sich in den feuchten Talklingen mit ihren instabilen, immer wieder abrutschenden Hängen. Ein weiterer Neuankömmling war die Buche. Eigenartigerweise wurde aber gerade dieser Baum, der das Bild mitteleuropäischer Landschaften später so stark prägen sollte wie kein anderer, zunächst nur an wenigen Stellen heimisch, vor allem im äußersten Südwesten und Südosten Deutschlands.

Nur an ganz wenigen Stellen wuchs kein Wald. In den Hochlagen der Alpen war es zu kalt für den Baumwuchs, auf Felsen fanden die Wurzeln der Gehölze nicht genügend Halt, ebenso nicht an Steilhängen, wo der Boden zu häufig abrutschte, und in den Kiesbetten der ehemaligen Schmelzwasserrinnen aus der Eiszeit, die jetzt von kleineren Flüssen und Bächen mit klarem Wasser durchflossen wurden; sie führten kaum anderswo erodierten Schlamm mit sich, daher bildete sich kein Auenlehm in den Senken, der von Bäumen als Wuchsort hätte erobert werden können: Erlen, Weiden und Birken. Zu naß für Baum und Strauch waren die Moore. Zu hohen Salzgehalt vertragen die Gehölze ebenfalls nicht; daher wuchsen keine Gehölze am Spülsaum der Meere und in der Nähe der salzigen Quellen in Mitteldeutschland. Auf den höchsten Kuppen der Mittelgebirge verhinderte der starke Wind einen allzu dichten Bewuchs mit Bäumen. Vielleicht lagen weitere lichte Partien innerhalb der Waldlandschaft in den trockensten und fruchtbarsten Bereichen Mitteleuropas, wo die Gräser und Kräuter am üppigsten wucherten und es die kleinen Bäume beim Emporkommen besonders schwer hatten, nämlich in den Lößlandschaften. Die Liste der Plätze mit möglichen Lichtungen oder offeneren Stellen innerhalb des dicht geschlossenen Waldes ist zwar einigermaßen lang, aber summiert man die Flächen dieser lichteren Partien, so kommt man nur auf einen sehr geringen Anteil an der gesamten Fläche Mitteleuropas, der Lücken des weiträumigen Waldes aufweisen konnte. Die Waldblößen waren allesamt klein.

Vor allem gab es meist keine scharfe Grenze zwischen dem geschlossenen Wald und einem gehölzfreien Offenland. Der Waldrand, der für die heutige Kulturlandschaft bezeichnend ist, wurde meistens vom Menschen geschaffen – an der Grenze zwischen den beiden unterschiedlichen Nutzungsräumen „Wald" und „Bauernland". Diese Abgrenzung von Nutzungsräumen gab es vor sieben Jahrtausenden nicht, also auch keinen Waldrand, keinen klaren Gegensatz zwischen Wald und offener Landschaft. Die dichten Wälder gingen ohne scharfen Übergang ganz allmählich in lichtere Landschaftsteile über. Dies ist ein Charakteristikum jeder Naturlandschaft. [...]

Mitteleuropa war aber prinzipiell eine Gegend mit geschlossenen Wäldern. Dieses riesige Waldland ließ sich vom damals lebenden Menschen nur schwer überblicken. Die Aussichtspunkte, von denen aus man in früherer Zeit das Jagdwild beobachtet hatte, waren von Bäumen zugewachsen, oder der Wald darunter war so dicht geworden, daß man nicht wahrnehmen konnte, was sich in ihm bewegte. Die Landschaft ließ sich von ihren Bewohnern nur schwer gliedern. Es existierten kaum Grenzen in der Landschaft, weder zwischen Wald und Offenland noch zwischen den einzelnen Typen von Wäldern. Es gab zudem nur wenige Waldtypen; auf sauren wie auf kalkreichen, auf tief- und flachgründigen Böden standen die gleichen Baumarten, nur die unterschiedlichen Kräuter am Waldboden konnten dem Kundigen damals wie heute etwas von der geologischen Vielfalt unter der Vegetationsdecke der Wälder erzählen. Wer sich in einer solchen Landschaft zurechtfinden will, braucht viel Erfahrung. […]

Die typische Lage der dörflichen Siedlungen, die man vor 7000 Jahren „erfand", blieb im Prinzip über Jahrtausende hinweg bis zum heutigen Tag stets die gleiche: Dörfer liegen fast immer in einer Ökotopengrenzlage, am halben Hang der Talflanken, selten auf den trockenen Hochflächen zwischen den Tälern und am Talgrund. Die typische Lage von Dörfern und Einzelgehöften am halben Hang erwies sich als außerordentlich zweckmäßig. Unterhalb der Höfe weidete das Vieh, in der Nähe, am Bach, war die Viehtränke. Auf den trockeneren Böden rund um die Höfe wuchsen das Getreide und die anderen Kulturpflanzen. Wege und Straßen verbanden die bäuerlichen Siedlungen, indem sie ebenfalls am halben Hang entlang liefen. Die neolithischen Ackerbauern hatten damit ihre Siedlungen an Plätzen angelegt, auf die Homo sapiens schon in früherer Zeit gestoßen war: Plätze mit Aussicht. Bei der Gründung von ersten bäuerlichen Siedlungen in Mitteleuropa hatte sich somit Expertenwissen der einheimischen Bevölkerung – sie kannte sich in der Landschaft aus, „fand" die typische Siedellage vielleicht besser – mit dem aus dem Vorderen Orient – daher stammte das Wissen darüber, wie man Kulturpflanzen anbaute, Haustiere hielt und seßhaft lebte – in idealer Weise ergänzt. Die Archäologen diskutieren viel über die Frage, ob die Neolithisierung Mitteleuropas durch Zuwanderer ausgelöst wurde oder ob die bereits früher ansässige Bevölkerung ihre Wirtschaft und Kultur umstellte. Die Frage ist kaum zu beantworten, weil man bei der Gründung der ersten bäuerlichen Betriebe in Mitteleuropa das Expertenwissen der Einheimischen und der Orientalen vereinigt sieht.

Die Einführung der bäuerlichen Lebensweise, des Ackerbaus und der Viehhaltung war in Europa ein durchschlagender wirtschaftlicher Erfolg mit sehr nachhaltiger Wirkung. Nirgends sonst auf der Welt blieb diese Wirtschaftsform so krisenfest erhalten wie dort. Im Nahen Osten, woher die Kulturen und die domestizierten Lebewesen stammten, führte bäuerliche Wirtschaft immer wieder zu Krisen: Wegen der künstlichen Bewässerung versalzten die Böden, das Abholzen führte zur Verkarstung, und bei den heftigen subtropischen Regengüssen wälzten sich riesige Mengen abgeschwemmten Erdreichs flußabwärts; sie begruben Siedlungen unter meterhohen Schlammlawinen. Das Alte Testament ist voll von Berichten über diese Katastrophen. Die Sintflut hat genauso ökologische Ursachen gehabt wie die Wanderzüge ganzer Völker quer durch Vorderasien, die auf den versalzenen und verkarsteten Böden kein Korn mehr anbauen konnten; sie trieb der Hunger in andere Gegenden.

Das Waldland Mitteleuropa konnte durch Rodung so verwandelt werden, daß sich eine Kulturlandschaft entwickeln konnte, die in den folgenden Jahrtausenden ökologisch stabiler war als das Herkunftsgebiet des altweltlichen Ackerbaus. Dafür gibt es sicher einige Gründe. Zu nennen ist die große Fruchtbarkeit der Böden auf Löß, aber auch die Vielfalt der Standorte, die in den folgenden Jahrtausenden für den Ackerbau erschlossen wurden. Das Klima war und ist gemäßigt, es gibt normalerweise viel Regen im Frühjahr und Frühsommer, so daß Getreide gut wachsen kann; regenärmere Wochen schließen sich in „normalen" Jahren an, in denen das Korn trocknet und reift, so daß man es schließlich gut ernten kann. Im Winter gibt es Frost, der den Boden lockert und die Keimruhe derjenigen Getreidearten und -sorten bricht, die dies zum Wachstum benötigen. Entscheidend ist aber auch, daß durch das Roden einzelner Parzellen innerhalb des geschlossenen Waldgebietes in mancher Hinsicht Landschaftsbedingungen geschaffen waren, an die die Getreidepflanzen in ihrem Herkunftsgebiet angepaßt waren. [...]

Am Beginn des 2. Jahrtausends v. Chr. Geburt ging in Mitteleuropa die Steinzeit zu Ende, deren letzter Abschnitt, die Jungsteinzeit, für die Entstehung der Kulturlandschaft von besonderer Bedeutung war. 3000 Jahre lang hatte sich Ackerbau aus wirtschaftlicher und demographischer Sicht für Homo sapiens positiv entwickelt. Erste Begleiterscheinungen, die wir aus heutiger Sicht als negativ bezeichnen würden, hatten sich aber bereits eingestellt. Einzelne Landschaftstypen waren von Ackerbauern während der Jungsteinzeit bereits grundsätzlich und tiefgreifend verändert worden. Vor viertausend Jahren gab es in den Lößgebieten und auch in weiten Bereichen der norddeutschen Geest keine großen Urwälder mehr. Die Zusammensetzung der Baumarten war dort bereits durch menschliche Tätigkeit geprägt. Und alle großen Flüsse hatten nach dem Anfang des Ackerbaus ein anderes labiles Gleichgewicht angenommen. Mitteleuropa war bereits weitgehend ein Land bäuerlicher Kultur und agrarischer Kulturlandschaft.

Etwa 1800 Jahre v. Chr. begann die Bronzezeit, von den Archäologen nach dem damals neu aufgekommenen Werkstoff benannt. Bronze ist eine Legierung aus Kupfer und einem anderen Metall, in den meisten Fällen Zinn. Das Gemisch aus Kupfer und Zinn ist erheblich härter als reines gediegenes Kupfer. Der Beginn der Bronzeherstellung ist eigentlich nur ein Teil einer ganzen Reihe kultureller Veränderungen, die auch für die Geschichte der Kulturlandschaft große Bedeutung haben, gehörte doch die Erfindung der Bronze zu den wichtigen technischen Verbesserungen, durch die der Mensch ökologische Grenzen überwinden konnte.

Aus Bronze ließen sich Äxte herstellen, mit denen man viel leichter Wälder roden konnte als mit den altmodischen Steinbeilen. Stabileres und schärferes Gerät war zum Bäumefällen notwendig geworden, denn wenn während der Bronzezeit eine Siedlung angelegt wurde, mußten oft nicht, wie 3000 Jahre zuvor, Eichen gefällt werden, sondern viel mächtigere Buchen.

In der Bronzezeit wurde erstmals Ackerland in den Kalkgebirgen der Schwäbischen und Fränkischen Alb angelegt. Die stark steinigen Flächen der Hänge und Höhenlagen, besonders die, wo Felsen an die Oberfläche traten, blieben vielleicht noch unbeackert, aber in den Niederungen, wo das Wasser fruchtbaren Lehm zusammengeschwemmt hatte, konnte man nun Getreide anbauen. Im verschwemmten Sediment waren schließlich nur die von den Karsterscheinungen und vom Frost zersprengten und abgerundeten Kalksteinbrocken enthalten.

Homo sapiens überwand am Beginn der Bronzezeit ökologische Grenzen durch die Umstellung des Getreideanbaus. Das ertragsarme Einkorn verschwand weitgehend. Der Anbau von Weizen, der in manchen Gegenden während der Kupferzeit eine Rolle gespielt hatte, wurde ebenfalls eingestellt. Charakteristisch für diese Getreideart war aber gewiß nicht ihre Ertragsarmut. Vielmehr machte es Schwierigkeiten, Weizen über einen ganzen Winter zu lagern, ohne daß er verfaulte und verschimmelte, wenn keine festen Getrei-

despeicher zur Verfügung standen. Die Bauern der Kupferzeit besaßen sie noch nicht, und man weiß nicht, wie sie gerade im
feuchten Milieu einer Seeufersiedlung mit diesem Problem fertig
wurden. Vielleicht lagerten sie das Getreide in nicht gedroschenem
Zustand, also in ganzen Ähren. Auf Dauer war es aber wohl doch
nicht praktikabel, Weizen im feuchten Klima Mitteleuropas ohne
gute Lagermöglichkeiten anzubauen.

Egon Friedell

Ionischer Frühling

Daß der Mensch ein einfaches Bodenprodukt sei wie seine Brüder,
die Pflanzen und Tiere, ist eine zu naheliegende Meinung, als daß
sie nicht schon sehr früh aufgestellt worden wäre. In der Tat sehen
wir sie bereits von Aristoteles vertreten, der sich seinerseits wieder
auf den Chefarzt von Hellas stützt, Hippokrates den Großen, wie
er ihn mit Recht nennt. Beide erklären ganz unmißverständlich,
die Menschen seien im großen und ganzen genau soviel wert wie
ihr Land und ihr Klima, mit dem sie in Körper und Seele überein-
stimmen. Aber die nächstliegenden Gedanken sind nicht immer die
tragfähigsten: das zeigt sich wiederum bereits bei Aristoteles, der
aus seiner Theorie die Behauptung ableitet, daß die Bewohner der
kalten Gegenden Europas tapfer, jedoch an geistiger Einsicht und
an Kunstsinn arm und zu Herrschaft und echter Staatenbildung
wenig befähigt seien. [...]
  Der Naturcharakter der griechischen Halbinsel läßt sich mit zwei
Worten bezeichnen: der Mittelmeerforscher Theobald Fischer
nennt sie ein maritimes Gebirgsland. Die reiche Gliederung ihres
Reliefs sowohl wie ihrer Küste setzt sie zu Europa in ein ähnliches
Verhältnis wie dieses zu den übrigen Erdteilen: sie verdient in dieser Hinsicht das Europa Europas genannt zu werden; und nicht
bloß in dieser Hinsicht. Steilaufschießende Bergketten, die nur
schmalen Tälern Raum gewähren, erfüllen fast ihr ganzes Gebiet;
Thessalien besitzt die einzige ausgedehnte Ebene in ganz Hellas.
Der sprichwörtliche Unabhängigkeitssinn und Partikularismus der
Griechen hat hier seine Wurzel und ebenso die farbige Mannigfal-

tigkeit der hellenischen Stammeseigentümlichkeiten, die immer wieder das Staunen der Mitwelt und Nachwelt erregt hat: fast jeder größere Taleinschnitt hatte die naturgegebene Möglichkeit, eine eigene Welt zu bilden. Deshalb ist die ausschließliche griechische Staatsform, der Stadtstaat, die *Polis,* ein höchst eigenartiges politisches Gebilde, wie es sich in dieser extremen Zuspitzung in der gesamten Weltgeschichte nur noch bei den Phoinikern findet; und aus ähnlichen Gründen. Eine Zusammenfassung zu machtvolleren Herrschaftsgebieten ist nur in Lakonien und Attika gelungen und nur durch brutalste Gewalt unter steten Rückschlägen aufrechterhalten worden. Der Grieche ertrug keinen anderen Herrn über sich als seine Kommune und empfand jeden Versuch einer großstaatlichen Organisation bereits als Tyrannis. Die Kehrseite davon aber war, daß die Polis über ihre eng zusammengedrängten und streng abgeschlossenen Bewohner selber eine Tyrannei ausübte, wie sie ebenfalls in der Weltgeschichte fast einzig dasteht, und daß das Land sich in wahnwitzigen Bruderkriegen aufzehrte: die Geschichte des alten Hellas ist ein einziger großer Verwandtenmord, und nicht umsonst ist seine Sagenwelt angefüllt mit Familiengreueln. Die Überlieferung hat nur die Erinnerung an die großen Kämpfe aufbewahrt; aber ganz offenbar war der Krieg aller gegen alle, von Dorf zu Dorf, von Tal zu Tal, von Landschaft gegen Landschaft in Griechenland der Normalzustand. Deshalb ist auch die griechische Geschichte so kurz, denn auf die Dauer erträgt auch das lebenszäheste und waffentüchtigste Volk keine solche Selbstzerfleischung.

Andrerseits war Griechenland vermöge seiner Lage und Bodenbeschaffenheit mit den Mitteln, die der antiken Kriegstechnik zur Verfügung standen, nur äußerst schwierig, ja wohl überhaupt nur durch ein Einverständnis mit inneren Feinden zu erobern. Auf drei Seiten vom Meer umgeben und an allen seinen Küsten leicht zu verteidigen, konnte es nur von Norden her ernstlich gefährdet werden. Einer von dort eindringenden Landarmee hatte aber die Natur eine ganze Reihe von Brustwehren entgegengestellt, und auch wenn eine von ihnen durch Übermacht, Fahrlässigkeit oder Verrat fiel, erhob sich sofort dahinter eine neue. Auch dies ist einer der Gründe, warum es nie zu einer griechischen Einheit gekommen ist: sie war keine unbedingte nationale Notwendigkeit.

Lichte Gliederung und leichte Überschaubarkeit ist der Grundzug alles Dichtens und Trachtens der Griechen: ihrer Dramen und

Denkgebäude, Tempel und Bilder, Religionsschöpfungen und Gesellschaftsbildungen. Jede griechische Landschaft läßt sich von den Gipfeln ihrer Berge mit *einem* Blick umfassen und in *einer* Tagreise zu Fuß oder auf dem Saumtier durchwandern.

Hermann Bengtson
Die Perserkriege

War man sich in den Jahren zwischen 493 und 490 in Griechenland wirklich dessen bewußt, was ein Angriff der Perser auf Hellas bedeutete? [...]

Die Perser überquerten mit ihrer Flotte das Ägäische Meer; wir wissen nicht, über wie viele Kriegsschiffe sie verfügten, denn die Zahl 600 ist stereotyp und ganz gewiß beträchtlich übertrieben; auf den Lastschiffen mögen sie ein Heer von vielleicht 15 000 Mann mitgeführt haben, die Hauptmasse bestand aus Infanterie, aber es wurden auch einige Reiterkontingente verladen. [...]

Die Perser landeten zunächst auf der Insel Euböa, die Stadt Eretria fiel in persische Hand, wobei der Verrat eine entscheidende Rolle gespielt haben soll – Eretria hatte sich gleichfalls, wenn auch nur mit einem kleinen Kontingent, am Ionischen Aufstand beteiligt –, es wurde bestraft, die Bewohner wurden verschleppt und in Arderikka, in der fernen Satrapie Susiane, angesiedelt. Die Behandlung Eretrias war ein Exempel, das die Perser hier an einer feindlichen Stadt statuierten, in Athen hatte sich zur Rettung der befreundeten Gemeinde keine Hand gerührt. Dies aber war kein Versäumnis, es ergab sich aus der Notlage, denn es wäre wenig sinnvoll gewesen, auf Euböa ein attisches Kontingent zum Einsatz zu bringen, dies hätte nämlich unweigerlich zu einer Schwächung der Verteidigung der Stadt Athen geführt, ganz abgesehen davon, daß ein Erfolg in Euböa von vornherein fraglich oder zum mindesten unsicher gewesen wäre.

Wie aber sollte man in Athen handeln? Als im Hochsommer des Jahres 490 die Perser auf attischem Boden landeten, mußte man in Athen zu einem Entschluß darüber kommen, ob man das Perserheer hinter den Mauern der Stadt erwarten sollte, in der Hoffnung, daß die spartanische Phalanx die Entscheidung im Felde herbeiführen würde – oder – und dies war sehr viel schwieriger und auf jeden Fall riskanter – ob man dem Feind entgegenziehen und in der Ebene von *Marathon,* wo die Perser an Land gegangen waren, eine Entscheidungsschlacht herbeiführen wollte. Von dem richtigen Entschluß hing das Schicksal Athens, Attikas und der benachbarten Städte ab, denn es war nicht anzunehmen, daß die Perser etwa die Platäer schonen würden, die ganz offen auf die Seite der Athener getreten waren. Hinter Miltiades standen die athenischen Grundbesitzer, die ein vitales Interesse daran haben mußten, ihre Felder und ihre Häuser in Attika vor der Vernichtung durch die Perser zu bewahren – dies aber war nur möglich, wenn man die Scharen der Feinde in einem offenen Kampf bezwingen konnte. Unzweifelhaft hat Miltiades nichts unterlassen, seinen Landsleuten die Überzeugung einzuimpfen, daß auch die Perser überwindlich seien. Bereits im Ionischen Aufstand hatte es Situationen gegeben, in denen sich die kleinasiatischen Griechen dem Gegner überlegen gezeigt hatten. Die Entscheidung war für die Athener von geradezu lebenswichtiger Bedeutung, und es ist ein Glück, daß von Miltiades' Wirken ein Zeugnis erhalten geblieben ist; es ist dies der berühmte Volksbeschluß des *dein exienai,* d.h. man solle aus der Stadt heraus dem Feind entgegenziehen. Antragsteller war niemand anders als Miltiades, dessen Ansehen in jenen Tagen von keinem anderen Athener erreicht wurde. [...]

Für die Perser waren die Verluste ohne weiteres zu verschmerzen, aber der Mißerfolg war auch für sie eine Schlappe, mit der sie nicht gerechnet hatten. Die Absicht, Athen für seine Beteiligung am Ionischen Aufstand zu bestrafen, war nicht erreicht worden, im Gegenteil, die Idee der Freiheit hatte über den Despotismus orientalischer Prägung gesiegt. Die Athener aber hatten gezeigt, was sie vermochten, auch ohne die Hilfe der Spartaner, und Miltiades hatte mit seinen Ratschlägen recht behalten. Noch heute ist der Sieg bei Marathon mit seinem Namen verbunden. Miltiades ist in der griechischen Geschichte der erste Feldherr, der diesen Namen verdient. Und seine Leistung wird durch das Wirken des Kallimachos nicht verdunkelt.

Die Schlacht bei Marathon dürfte entweder am 10. August 490 oder am 9. September stattgefunden haben, doch ist das erstgenannte Datum wahrscheinlicher.

Man kann sich unschwer vorstellen, was die Folgen eines persischen Sieges bei Marathon gewesen wären: Nicht allein Athen, sondern weite Teile des mittleren Griechenlands wären in persische Hand gefallen, und ob die Spartaner bei diesem Zustand das Schicksal der Griechen noch hätten wenden können, ist ganz ungewiß. Mit Recht rühmte man in Athen die Taten der ‚Marathonomachen‘, sie galten als die großen Helden der Perserkriege, immer wieder erscheinen sie bei den Dichtern und Rednern als Vorbilder für die lebende Generation. Insofern ist Marathon ein leuchtendes Symbol für den athenischen Patriotismus; die Athener hatten, mehr oder weniger auf sich allein gestellt − abgesehen von dem kleinen Kontingent aus Platää −, den Persern eine empfindliche Niederlage beigebracht.

Egon Friedell
Platos Gegenstaat

Die vernichtendste Kritik der athenischen Demokratie ist Platos Idealstaat, der ihr vollkommenes Gegenstück darstellt. Plato fordert die Heranzüchtung eines stabilen Beamtenkörpers nach dem Prinzip der Arbeitsteilung, die ihre natürliche Grundlage in der besonderen Veranlagung der Menschen, ihrem Spezialwissen und der ungleichen Stärke ihres sittlichen Charakters habe. Männer, die öffentliche Funktionen ausüben, sollen überhaupt kein Privatvermögen besitzen; aber auch bei den übrigen Bürgern hat die Regierung darüber zu wachen, „daß sich in den Staat weder Armut noch Reichtum einschleiche“. Die Frauen werden den Männern in Erziehung und Lebensweise vollkommen gleichgestellt und haben Zutritt zu sämtlichen Berufen; Weiber und Kinder sollen Gemeingut sein (offenbar weil durch Ehe und Erben Besitztrieb und Eigennutz entsteht). Der Staat soll fern vom Meer liegen, das die Bürger mit Handelsgeist und Gewinnsucht erfüllt und den Volkscharakter arglistig und unzuverlässig macht. Aus den Künsten ist alles zu verbannen, was den Sinnen schmeichelt, bloßem Prunk dient oder ein schlechtes Beispiel gibt (daher Homer wegen seiner unwürdigen Vorstellungen von den Göttern und das Drama, weil darin böse Menschen vorkommen). Mit Recht hat Aristoteles bemerkt, die von Plato geforderte „Symphonie" aller Bürger sei eine Monotonie. Die Wirklichkeit war nun freilich nichts weniger als eintönig. Der Politiker hieß „Rhetor", die Gerichtsverhandlung „Agon". Es war eine permanente Theatervorstellung, und noch dazu fanden diese Kunststücke vor dem athenischen Volk statt, das das beste Publikum der Welt war, und zwar für *alles*.

Karl Christ
Die Römische Republik

Die historische Formation der Römischen Republik hat Zeitgenossen wie Nachwelt immer wieder, freilich unter sehr verschiedenen Aspekten, fasziniert: Es beeindruckten zunächst die Dynamik und das Ausmaß der Machtbildung, das heißt die Tatsache, daß es dieser wirtschaftlich und kulturell, aber auch durch ihr militärisches Potential anfangs keineswegs überlegenen mittelitalischen Republik während des 3. und 2. Jahrhunderts v. Chr. gelungen war, zur Vormacht des gesamten Mittelmeerraums aufzusteigen. Zweitens imponierten die innere Stabilität dieses „Gemeindestaates", die scheinbar vorbildlichen Lösungen sozialer Konflikte im römischen Ständekampf nicht weniger als das Durchstehen der geradezu katastrophalen militärischen Krisen, sei es nach dem Galliereinfall und der weitgehenden Zerstörung des „alten" Rom im Jahre 387 v. Chr., sei es nach der schweren Niederlage von Cannae im Jahre 216 v. Chr.

Drittens ist Rom geradezu zum Symbol republikanischer Tradition geworden: Es wurde zum Vorbild der zweckmäßigen und effektiven Organisation einer politisch autonomen, sich selbst verwaltenden Bürgergemeinde. Seine Verfassung, die zugleich Garant der sprichwörtlichen „Freiheit" des römischen Bürgers war, galt als ideal. Viertens endlich wurde die Struktur der römischen Bundesgenossenschaft bewundert, jenes abgestufte System eines politischen Verbandes, in dem einerseits ein Maximum lokaler Selbstverwaltung bei den Bundesgenossen anerkannt, Exponenten römischer Macht nicht ständig provozierend präsent waren, andererseits aber dennoch die grundsätzliche politische Suprematie Roms gesichert und vor allem die Mobilisierung des militärischen Potentials der Verbündeten für die Sache Roms gewährleistet war.

Diese offenkundig herausragenden Leistungen und Vorzüge führten in der Antike wie in der Neuzeit zur Erörterung der „Ursachen der Größe Roms", wobei sich die Diskussion bezeichnenderweise beide Male ganz eindeutig auf die Phänomene der Römischen Republik konzentrierte. [...]

Wie in kaum einer anderen antiken Gesellschaft wurden in Rom die Leistungen der Vorfahren für die gemeinsame Sache, für die *res publica* – worunter stets mehr und Konkreteres zu verstehen war als lediglich der „Staat" – immer wieder zur Legitimation der Nachkommen vergegenwärtigt. Sie wurden in zahllosen Reden beschworen, als kanonisierte Beispiele der Tradition *(exempla)* ebenso fixiert wie durch die eigentümlichen Bestattungssitten der Nobilität eingeschärft. Dabei wurden die großen Vorfahren mit ihren magistratischen Ehrenzeichen gleichsam wieder zum Leben gerufen; sie nahmen dann den soeben Verstorbenen in ihre Reihen auf. Gerühmt aber wurden im Nachruf nicht nur die Leistungen dessen, von dem man Abschied nahm, sondern nicht weniger Taten und Qualifikationen der *maiores.* Die *mores maiorum,* die mit all dem und noch auf vielen anderen Wegen gefeiert wurden, aber waren ihrem Wesen nach Tugenden, Sitten und Qualifikationen freier Grundbesitzer der alten Führungsschicht, die sich zugleich als Politiker und als Kommandeure bewährt hatten.

Zum Kanon dieser vorbildlichen Verhaltensweisen zählten das umfassende Streben nach männlicher Tüchtigkeit und nach der Bewährung als Mann, das fortgesetzte, geradezu aktivistische Drängen nach Ruhm ebenso wie das Bezeugen von Disziplin und Härte, Gehorsam und Beharrlichkeit, Unbestechlichkeit und Treue, Offenheit und zugleich Verschwiegenheit, aber eben auch das bereitwillige Eintreten für Abhängige, Freunde und später für die Bundesgenossen. Doch über all dem zeichnete die *maiores* nach römischem Selbstverständnis ihre *pietas* aus, die wiederum umfassende Anerkennung religiöser und moralischer Bindungen. Im Einklang mit dem Willen der Götter zu handeln war für die Römer nicht nur ein Gebot privater Frömmigkeit, sondern die wichtigste politische Erfahrung ihrer Geschichte, die es stets zu respektieren galt, wenn sie auch in den Tagen Ciceros bereits weithin zur Ideologie erstarrt schien.

Jedenfalls waren die Römer der Republik Jahrhunderte hindurch in einer sehr naiven Weise davon überzeugt, daß ihre Herrschaft dem Willen der Götter entsprach, jenem Willen, den sie in den Vorzeichen aller Art, durch die Beobachtung des Vogelflugs wie durch Eingeweideschau, durch das Achten auf Blitze wie auf Mißgeburten, auf Ernteschäden und auf andere Naturkatastrophen beflissen und gewissenhaft zu erkunden und dann auch bereitwillig und energisch zu erfüllen suchten. Diesem *sequi deos* meinten sie noch nach der Ansicht des Livius in augusteischer Zeit ihre Herrschaft zu verdanken, und gerade darin erschienen ihnen die großen Vorfahren beispielhaft und vorbildlich.

Natürlich gab es daneben schon früh andere Erklärungsversuche, von denen insbesondere derjenige des Polybios (um 200–120 v. Chr.?) große Bedeutung erlangte, weil in ihm neben der Anerkennung der Qualifikationen der römischen Politiker, Militärs und des römischen Volkes insgesamt mit aller Eindringlichkeit die Vorzüge der römischen Verfassung in den Vordergrund gerückt wurden. Polybios ist für Rom einer der großen Vermittler griechischen Verfassungsdenkens geworden, und gemäß dessen Kategorien schien sich ihm die römische Verfassung als äußerst stabile und ausgewogene Mischung monarchischer, aristokratischer und demokratischer Elemente auszuzeichnen, eine ebenso ingeniöse wie primär theoretische Konzeption, die der Verfassungswirklichkeit indessen kaum gerecht wurde. [...]

Versucht man sich die Eigenart der Römischen Republik bewußt zu machen, so ist die relative Homogenität der sie tragenden, primär agrarisch geprägten Gesellschaft fundamental. Das Zusammenwirken der größeren Grundbesitzer mit der Mehrzahl der Kleinbauern, Handwerker und Händler bestimmte den wirtschaftlichen wie den gesellschaftlichen und politischen Alltag. Dazu kam die ebenso grundlegende Anerkennung von Bindungen und Autorität in Familie, Klientel und Staat. Die Unterwerfung des Individuums, und zwar nicht nur des Sklaven unter den Besitzer und Herrn, sondern auch der Frau und des Kindes, selbst der ältesten, möglicherweise bereits selbst verheirateten Söhne, unter die nahezu unbeschränkte „väterliche Gewalt" des Familienoberhauptes, die Unterwerfung auch des in der Regel wirtschaftlich schwächeren oder abhängigen, juristisch unerfahrenen und unsicheren, politisch zunächst nur bedingt selbständigen, freien Kleinbauern und Bürgers unter einen *patronus* in der Institution der Klientel, und nicht zuletzt die Unterwerfung des einzelnen unter das übergeordnete Interesse der *res publica,* der politischen Gemeinschaft, bildeten zugleich die entscheidenden Beziehungen und Strukturelemente in Gesellschaft und Politik der Römischen Republik.

Dieses von so starken Autoritäten bestimmte System hielt sich jedoch nur deshalb so lange Zeit, weil es in aller Regel nicht einseitig mißbraucht oder durch bloße Willkür bestimmt wurde. Obwohl die in mancher Hinsicht absolute Gewalt des Familienoberhauptes auch noch religiös sanktioniert war, wurde sie allein schon durch die Tradition eingeschränkt. Von dem Familienvater wurde zur Zeit der klassischen Republik zumindest erwartet, daß Beschuldigte vor einer Verurteilung gehört und daß der Rat der Familienmitglieder eingeholt wurde. Die Inanspruchnahme eines beratenden Gremiums, eines *consilium,* ist überdies eine der grundlegenden Normen für die juristische wie für die militärische oder die politische Verfahrenspraxis der Republik gewesen. Der Alltag der römischen Familie, der zentralen gesellschaftlichen Zelle schlechthin, wurde jedenfalls nicht durch den blinden Terror eines Familientyrannen, sondern durch ein Zusammenleben charakterisiert, in dem zwar die Autorität des Familienvaters unbestritten, die Stellung der Frau aber gleichfalls geachtet und – zumindest verglichen mit griechischen Verhältnissen – durchaus angesehen war. Das mußte sie schon deshalb sein, weil die Römerin während der häufigen Abwesenheit ihres Mannes in den Feldzügen der Sommerhalbjahre an seiner Stelle als Herrin den Haushalt leitete.

Hansjörg Küster

Truppen als Entwicklungsfaktor

Als Tacitus das Land Germania mit seinen schaurigen Wäldern und widerwärtigen Sümpfen beschrieb, fehlte Mitteleuropa aus der Sicht eines zivilisierten Menschen zwar die erkennbare Organisation; es war aber ein schon seit Jahrtausenden besiedeltes und beakkertes Bauernland. Den Völkern südlich der Alpen war sehr wohl bekannt, daß Mitteleuropa gute Qualitäten als Agrarwirtschaftsraum aufwies, denn schon lange Zeit gab es wirtschaftlichen Austausch zwischen Süd- und Mitteleuropa. Am Ende dieser Phase des bilateralen Kontaktes stand die Eingliederung eines großen Gebietes nördlich der Alpen in das mediterran geprägte Römische Reich. Ursache für die Einrichtung von Provinzen nördlich der Alpen mag das Machtstreben der Römer gewesen sein, das aus dem Gefühl der kulturellen, wirtschaftlichen und militärischen Überlegenheit resultierte, aber auch ökonomischer Druck. Im Römischen Reich hatte die wirtschaftliche Blüte zum Wachstum der Bevölkerung geführt. In Rom und anderen Städten lebten immer mehr Menschen, die nicht primär einer agrarischen Tätigkeit nachgingen und aus einem ländlichen Umfeld heraus mit dem täglichen Brot versorgt werden mußten. Als im Umland der Städte nicht mehr genug Nahrung erzeugt werden konnte, kam Getreidefernhandel auf. Gerade Landschaften an der Peripherie des Imperiums, in denen Ressourcen zur Versorgung der expandierenden Städte und neue Lebensräume für Teile der wachsenden Bevölkerung in Aussicht standen, wurden daher in das Riesenreich inkorporiert.

Mitteleuropa betraf das „Schicksal", Teil des Römischen Reiches zu werden, in einer Zeit, als der eisenzeitliche Landesausbau noch längst nicht abgeschlossen war. Erst einige der besiedelbaren Gegenden auf Sand- und Urgestein waren unter den Pflug genommen. So war – wie schon erwähnt – mit dem Zeitpunkt der römischen Besetzung die Eisenzeit noch nicht zu Ende; sie dauerte noch mehrere Jahrhunderte länger an.

Einem Agrarland mit prähistorischer schriftloser Kultur wurde im Zuge der Kolonialisierung der „Segen" einer Hochkultur mit Schrift und organisierter Verwaltung übergestülpt; Parallelen zur imperialistischen Kolonialisierung Afrikas, Amerikas und Asiens während der frühen Neuzeit drängen sich auf.

Die Kolonien nördlich der Alpen bekamen von Anfang an eine feste Grenze. Diese hatte es in Mitteleuropa zuvor noch nicht gegeben. Die Römer legten die Grenze quer durch das heutige Deutschland. Rhein und Donau mußten als wichtige Verkehrswege zum Reich gehören, also hatten die Grenzen jeweils am jenseitigen Flußufer zu verlaufen. Militärisch besonders verletzbar war die Grenze im Gebiet zwischen Rhein und Donau, über die europäische Hauptwasserscheide hinweg. Mal am Ufer kleinerer Flüsse entlang, dann wieder andere Flüsse und Täler querend, über die

Gebirge, aber zum Teil entlang eines klimatischen Gradienten (das klimatisch begünstigte Neckarland wurde Teil des Römischen Reiches, das rauhere Hohenlohe nicht) legten die Römer eine aufwendige Grenzbefestigung an, den Limes. Er ist heute noch an vielen Stellen als deutlich sichtbarer Wall zu erkennen. Damals wurden im Abstand von einigen Kilometern entlang des Limes, aber auch in dessen Hinterland wehrhafte Kastelle errichtet; in Rufweite voneinander standen Limestürme. Nachrichten konnten von Turm zu Turm, von Kastell zu Kastell verbreitet werden. Trotz aller Befestigungen konnte der Limes zwischen Rhein und Donau nicht allen Angriffen von außen standhalten; er mußte während der römischen Besatzungszeit schließlich verlegt werden. Zunächst bestand der Obergermanisch-raetische Limes zwischen der Wetterau und der Donau südlich von Regensburg. Später riegelte der Donau-Iller-Rhein-Limes das Römische Reich nach Norden ab; er wurde zwischen dem Ostende des Bodensees und der Illermündung in die Donau (bei Ulm) errichtet.

Zur Sicherung der Grenzen wurde eine große Anzahl Soldaten an die Nordgrenze des Imperiums verlegt. Zu ihrer Versorgung brauchte man Zivilpersonal. Soldaten und Zivilpersonal wurden unmittelbar am Limes und im Hinterland angesiedelt. Zum ersten Mal in Mitteleuropas Geschichte lebten damit große Menschenmassen nördlich der Alpen auf engem Raum zusammen, die sich zudem nicht direkt mit der Produktion von Nahrung befaßten. Sie mußten mit Agrargütern versorgt werden; auch in Mitteleuropa entwickelte sich ein Abhängigkeitsverhältnis zwischen Menschen, die Agrargüter produzierten, und anderen, die damit versorgt wurden.

Damit verbunden ist die Entstehung einer ganzen Reihe von Strukturen innerhalb der Landschaft, die sich gegenseitig voraussetzen und bedingen: stadtartige Siedlungen, Häfen, Straßen, Furten und Brücken, Villen, weitere Kulturen landwirtschaftlich genutzter Pflanzen, intensivere Viehhaltung, Gewinnung von besseren Baustoffen usw. Man kann kaum entscheiden, welche dieser Charakteristika der römischen Kulturlandschaft in Mitteleuropa zuerst da waren; wenn sie im folgenden aufgezählt werden, muß klar sein, daß damit nicht nacheinander, sondern gleichzeitig aufkommende Phänomene beschrieben werden.

Militärpersonal und städtische Bürger hatten ganz andere Denkstrukturen als Bauern. Sie wählten ihre Siedelplätze nach anderen Kriterien als ein agrarisch wirtschaftender Mensch. Der Siedelplatz des Dorfes am halben Hang einer Talflanke ist für Städter und Militär nicht praktisch. Orte auf leicht geneigten Hängen sind nur schwer zu befestigen, man kann sie leicht angreifen, und von ihnen aus kann kaum eine wirksame Verteidigung gegenüber Angreifern erfolgen. Sie haben keinen direkten Zugang zum Wasser, dem wichtigen Transportweg für Güter, mit denen die Siedlungen versorgt werden müssen. Trinkwasser ist nicht unmittelbar in der Siedlung vorhanden, die Abwasserentsorgung ist problematisch. Und in einer Siedlung am halben Hang läßt sich keine Wasserkraft zum Betrieb einer Mühle nutzen, in der das Mehl für die Stadtbevölkerung gemahlen werden muß.

Zur Gründung einer städtischen Siedlung oder eines Kastells wählte man eine andere Geländesituation. Die Siedlung entstand möglichst direkt am Fluß. Weil man wußte, daß dort Überschwemmungsgefahr herrschte, wählte man die Steilhänge, oft die Prallhänge oberhalb der Flüsse als Siedelplatz. Steile Straßen oder Gassen verbanden das Flußufer mit den hochwassersicheren Teilen der Stadt, die dennoch dicht am Fluß lagen. Auf dem Steilhang baute man dicht bei dicht Häuser, wobei es notwendig war, die Häuser vor dem Abrutschen zu sichern, was aufwendigere Bauweise voraussetzte, mit Fachwerk, mit Stein; Häuser aus Holz, mit Lehm beworfen, wie sie in ländlichen Siedlungen nach wie vor standen, waren für die Lage am instabilen Steilhang nicht robust genug.

Wege mußten in die Stadt hineinführen, Wege aus dem nahen und fernen Umland, auf denen Stadt und Kastell von außen mit Wasser, Nahrung, Baustoffen, Heizmaterial versorgt werden mußten. Von Natur aus bestehende Versorgungswege waren die großen Flüsse, in Mitteleuropa vor allem Rhein und Donau. Auf ihnen konnten Güter aus dem Zentrum Europas heraus mit der Strömung in die Peripherie gebracht werden, aber es gelang auch, Güter auf weite Strecken gegen den Strom zu transportieren, am Niederrhein, am Oberrhein, auf dem Bodensee und auf der Donau, überall, wo das Gefälle gering war. Versorgungsgüter wurden aus dem Mittelmeergebiet durch den mitteleuropäischen Grabenbruch an der Rhone bis an die Oberläufe von Rhein und Donau geschafft. Güter des täglichen Bedarfs und Luxusprodukte gelangten so zum Teil auf dem Wasser, zum Teil über Land bis ans Basler

Rheinknie, nach Augst, wo die Römer einen wichtigen Stützpunkt unterhielten. Von dort aus ging der Transport auf dem Wasser weiter, stromabwärts nach Mainz, Köln, Xanten, ins Rheinmündungsgebiet, ja sogar nach Britannien.

Alister E. McGrath
Anfänge des Christentums

Die Ursprünge des Christentums liegen in Palästina – genauer gesagt in Judäa, namentlich in der Stadt Jerusalem. Das Christentum, das sich selbst als Fortsetzung und Weiterentwicklung des Judentums verstand, erblühte anfänglich in den Gegenden, mit denen das Judentum traditionell in Verbindung gebracht wurde, insbesondere in Palästina. Es breitete sich jedoch, zum Teil aufgrund der Anstrengungen frühchristlicher Missionare wie Paulus von Tarsus, rasch in benachbarte Regionen aus. Gegen Ende des ersten Jahrhunderts n. Chr. scheint sich das Christentum im ganzen östlichen Mittelmeerraum zu einer festen Größe entwickelt und selbst in Rom, der Hauptstadt des Römischen Reiches, eine bedeutende Präsenz erlangt zu haben. Als die römische Kirche zunehmend mächtiger wurde, traten Spannungen zwischen der christlichen Führung in Rom und Konstantinopel auf, in denen sich das spätere Schisma zwischen den westlichen und östlichen Kirchen ankündigte, die jeweils in diesen Machtzentren ihren Mittelpunkt fanden.

Im Zuge dieser Ausdehnung traten eine Reihe von Regionen als wichtige Zentren der theologischen Diskussion in den Vordergrund. Drei davon, zwei griechisch- sowie eine lateinischsprachige, gilt es aufgrund ihrer besonderen Bedeutung hervorzuheben.

1. Die im heutigen Ägypten gelegene Stadt Alexandria, die zu einem Zentrum christlich-theologischer Ausbildung wurde. Mit dieser Stadt verband sich ein unverwechselbarer Stil der Theologie, der ihre lange Beziehung zur platonischen Tradition widerspiegelte. Hinweise auf „alexandrinische" Ansätze finden sich in Bereichen wie der Christologie und der Bibelinterpretation – beide werfen ein Licht auf die Bedeutung und Unverwechselbarkeit des mit dieser Gegend verbundenen Gepräges des Christentums.

2. Die Stadt Antiochia und die sie umgebende Region Kappa-
dokien, die in der heutigen Türkei liegt. Bereits zu einem frühen
Zeitpunkt war in dieser nördlichen Region des östlichen Mittelmeers eine starke christliche Präsenz ein nicht zu übersehendes
Faktum. Einige seiner Missionsreisen führten Paulus in diese Gegend, und Antiochia spielte, wie die Apostelgeschichte dokumentiert, an verschiedenen Punkten der Geschichte der ganz frühen
Kirche eine wichtige Rolle. Antiochia selbst entwickelte sich zu
einem führenden Zentrum christlichen Denkens. Wie Alexandria
wurde auch sie zum Inbegriff besonderer Ansätze der Christologie
und der Bibelinterpretation. Der Begriff „antiochenisch" wird häufig verwendet, um diesen speziellen theologischen Stil zu bezeichnen. Die „kappadokischen Kirchenväter" nahmen im vierten Jahrhundert in dieser Gegend, vor allem aufgrund ihres Beitrags zur
Trinitätslehre, theologisch eine wichtige Stellung ein.

3. Das westliche Nordafrika, insbesondere die Region des heutigen Algerien. In der Spätantike lag dort Karthago, eine bedeutende
Mittelmeerstadt, einst politische Rivalin Roms um die Hegemonie
in der Region. Zur Zeit der Ausbreitung des Christentums in dieser Gegend war sie jedoch eine römische Kolonie. Zu den namhaf-
ten Schriftstellern der Region zählen Tertullian, Cyprian von Karthago und Augustinus von Hippo.

Alexander Demandt

Der Tageslauf der römischen Kaiser

„Zwölfmal ist der Anzeiger der Wasseruhr geteilt, nach jeder Stunde ertönt aus dem Wunderwerk des Athenaios ein Pfiff über die
ganze Stadt. So erkennen wir die Zeit auch dann, wenn die Sonne
nicht scheint." In zweimal zwölf Stunden teilten die Römer den
Tag und die Nacht, gerechnet von Sonnenauf- zu Sonnenunter-
gang und umgekehrt. Die Stunden waren mithin sommers und
winters ungleich lang. Sie wurden mit Sonnen- und Wasseruhren
(horologium) gemessen. Reiche Leute ließen die Stunden durch einen Hornbläser *(bucinator)* in der Art des altdeutschen Nachtwäch-
ters verkünden. Augustus baute auf dem Marsfeld die „größte Uhr

aller Zeiten", eine Sonnenuhr, deren Zeiger *(gnōmōn)* ein Obelisk aus Heliopolis in Unterägypten war.

Von mehreren Kaisern ist uns der Tageslauf überliefert. Er unterlag keiner festen Etikette, sondern wurde individuell gestaltet. Die im folgenden beschriebenen Gewohnheiten galten allerdings nur dann, wenn der Kaiser nicht im Felde oder auf Reisen war und kein Fest die Geschäfte unterbrach. Zunächst der Vormittag: Von Vespasian und Septimius Severus hören wir, daß sie schon vor Sonnenaufgang mit der Arbeit begannen. Sie bestand in der Lektüre von Briefen und Eingaben. Sodann pflegten die Freunde zu erscheinen und den Kaiser zu begrüßen, dieser zog eigenhändig Mantel und Schuhe an und machte einen kurzen Spaziergang – von einem Frühstück verlautet nichts. Anschließend hielt er die Morgen-Audienz, die oft einer Gerichtssitzung glich. Die Parteien trugen ihre Wünsche vor, in Streitfällen sprachen beide Seiten. Der Kaiser fragte seine Ratgeber und traf die Entscheidung. Um die Mittagsstunde ritt der Kaiser aus, machte gymnastische Übungen und nahm ein Bad.

Im dritten Jahrhundert hatte sich daran wenig geändert. Severus Alexander begann den Tageslauf – sofern er nicht mit seiner Frau geschlafen hatte und daher nach orientalischen Vorstellungen kultisch unrein war – mit einer Andacht in seiner Hauskapelle, frühstückte und verschaffte sich Bewegung durch Schwimmen, Spazieren oder Jagen. Danach widmete er sich den Staatsgeschäften, mit denen er notfalls schon vor Sonnenaufgang begann. Es folgte Lektüre und abermals Sport: Ballspiel, Lauf oder Ringübung und ein kurzes Bad, vorwiegend kalt. Nach dem Genuß von Milch, Eiern und Met *(mulsum)* kam das Mittagsmahl *(prandium)*.

Dem Mittagessen folgte bei manchen Fürsten ein Ausritt – so Germanicus – oder eine Siesta *(meridiatio)*. Augustus ruhte regelmäßig, jedoch nur kurz in Kleidern und Schuhen, indem er die Hand über die Augen legte. Claudius – immer ein Gegenstand des Spottes – wurde beim Mittagsschlaf mit Oliven- und Dattelkernen beworfen, ohne aufzuwachen. Vespasian ging gewöhnlich mit einem Mädchen ins Bett. Wieder aufgewacht, war er bester Laune; wer jetzt mit einem Anliegen zu ihm kam, hatte gewiß Erfolg. Mittagsruhe hielten ebenfalls Domitian, Trajan und Severus Alexander, der dabei in seinem Zelt ermordet wurde. Am Hof in Konstantinopel bot Anastasius seinen Gästen Sofas zum Mittagsschlaf nach dem Essen an.

Der spätere Nachmittag gehörte bei besonders pflichtbewußten Kaisern wiederum den Staatsgeschäften: die Räte trugen vor, Briefe wurden gelesen, Unterschriften geleistet. Anschließend erschienen die Freunde, die den Staatsrat bildeten, wie bei Severus Alexander so auch bei Constantius II und Jovian. Bisweilen gab es noch einen Spaziergang, auf dem sich der Kaiser lateinisch oder griechisch unterhielt. Heimgekehrt nahm er ein zweites Bad und speiste mit seinen Höflingen oder seinen Gästen zur Nacht *(cena)*. Ein geregelter Tageslauf dieser Art ist allerdings nur von guten Kaisern zu erwarten. Wüstlinge wie Commodus badeten, spielten und aßen ganz nach Laune oder machten, wie Elagabal, die Nacht zum Tage.

Die Schlafgewohnheiten der Kaiser unterschieden sich so wie ihre Charaktere. Mäßigkeit im Schlafen galt als lobenswert, Schlafstörungen wurden auf unausgeglichenen Charakter oder schlechtes Gewissen zurückgeführt. Daher waren gute Kaiser nicht unbedingt Frühaufsteher, schlechte Kaiser nicht durchgehend Langschläfer. Augustus war ein solcher, denn er arbeitete auf seiner Liege oft beim Lampenlicht bis tief in die Nacht, obwohl er nur sieben Stunden ruhte, und zwar im Sommer bei offenen Türen neben dem Springbrunnen im Säulenhof. Wachte er nachts auf, holte er sich Vorleser oder Erzähler *(lectores et fabulatores)*. Caligula konnte keinen Schlaf finden und hielt es nur drei Stunden im Bett aus. Das kennzeichnet den Tyrannen zu allen Zeiten: Rauschning berichtet Entsprechendes von Hitler, auch die Angstträume. Claudius hinwiederum ging spät zu Bett und nickte dafür bei den Gerichtssitzungen ein.

Asketische Naturen verkürzten den Schlaf, um zu studieren. Im bewußten Gegensatz zum Prunk bei Hofe schlief Marc Aurel als Kronprinz auf dem Boden. Es sei so kalt in seinem Schlafraum, schrieb er an Fronto, daß er kaum die Hand aus dem Bett strecken könne. Einmal berichtet er Fronto von einem Skorpion, den er in seinem Bett fand, aber töten konnte, bevor er sich legte. Dem schon regierenden Marc Aurel machte Fronto Vorhaltungen: „Wenn du schon dem Spiel, der Muße, dem Essen und dem Vergnügen den Kampf angesagt hast, so schlafe doch wenigstens!“. Wenig Schlaf benötigte aus anderen Gründen sein lebenslustiger Bruder Verus, während später Gordian I. so schläfrig war, daß er nach dem Gastmahl bei seinen Freunden auf dem *triclinium* einschlummerte – obschon sich das nicht schickte.

Villy Sørensen

Neros Sexualtrieb

Es ist ganz charakteristisch, daß Vindex zwar Neros Grausamkeiten
erwähnt, aber sofort hinzufügt, daß andere sich ähnliches hätten
zuschulden kommen lassen. Dessen sollte man sich entsinnen, da
man sich in Verbindung mit Nero an mehr Verbrechen erinnert,
als er begangen hat, und im Zusammenhang mit anderen an weniger: Wer entsinnt sich schon, daß Konstantin der Große aus
„realpolitischen" Gründen seine Frau und seinen Sohn, seinen
Schwager und seinen Neffen aus dem Weg räumte? Die Tradition
ist Konstantin freundlicher gesonnen gewesen, er machte ja das
Christentum zur bevorzugten Religion, während Nero die Christen hinrichtete. Das tat er, weil er in einer kritischen Situation
Sündenböcke brauchte, nicht weil ihm die Christen als solche zu-
wider gewesen wären, die waren ihm zweifellos gleichgültig. Nero
zeigte sich bei der Hinrichtung der Christen, aber es verlautet
nichts darüber, daß es ihm Freude bereitet habe, dabei zuzusehen.
Ganz im Gegenteil, Tacitus schildert ihn in diesem Zusammenhang
als Gegensatz zu Domitian: „Nero hat wenigstens seine Augen ent-
zogen und Verbrechen befohlen, nicht ihnen zugeschaut." So wie
Nero keine *Angriffs*kriege führte, so entsprang auch seine Grausamkeit der Selbst*verteidigung,* wobei freilich hinzugefügt werden muß,
daß er mit seiner lebhaften Phantasie dazu neigte, überall Gefahren
zu sehen, und mit seinem fehlenden Realitätssinn nicht geneigt
war, sie dort zu sehen, wo sie wirklich lagen.

Nicht Neros Härte, sondern seine Weichlichkeit, seine künstlerische und sexuelle Entfaltung entrüsteten Vindex und die vorneh-
meren Römer besonders, und ihre Unzufriedenheit wurde nicht geringer durch die Tatsache, daß sie selbst gezwungen waren oder sich
gezwungen fühlten, an seinen Spielen teilzunehmen. Die Geschichtsschreiber berichten auch von einer öffentlichen Sexorgie, die im
Jahre 64 von Tigellinus auf einem künstlichen, von provisorischen
Bordellen umgebenen See veranstaltet wurde, wo schöne Frauen der
besten und der schlechtesten Gesellschaft sich gegenüber jedermann
entgegenkommend zeigen mußten, was Anlaß zu Schlägereien gab.
Nero wollte offenbar die Konsequenzen aus seiner Überzeugung
ziehen, daß „es niemanden gibt, der nicht geil ist", und allen Gele-

genheit bieten, es zu sein. Er selbst war in seiner Unsittlichkeit so weit gegangen, daß er nicht verderbter werden konnte, meint Tacitus und berichtet, daß er wenige Tage nach der Sexorgie Pythagoras, einem der Lustknaben (Sueton nennt ihn Doryphorus, aber griechisch war er jedenfalls), unter Einhaltung aller Hochzeitszeremonien angetraut wurde. Der Kaiser erhielt den Brautschleier, aber alles war unverschleiert zu sehen. Nach Poppäas Tod im Jahre 65 heiratete Nero nicht nur Statia Messalina, sondern auch noch einen Jungen, den kastrierten Sporus, der Poppäa ähnlich sah. In diesem Verhältnis trat der Kaiser als Bräutigam auf und tat alles, um Sporus zur Frau zu machen. Darauf spielte Vindex in seiner Rede an.

Nero scheint auf diesem Gebiet wirklich ernst damit gemacht zu haben, daß nichts Menschliches ihm fremd sein solle, und nach Suetons Bericht zu urteilen auch nichts Tierisches: Er erfand ein neues Spiel, das darin bestand, daß man ihn in die Haut eines wilden Tieres einnähte und aus einem Käfig herausließ, worauf er sich in diesem Aufzug auf zum Tode verurteilte und an Pfählen festgebundene Frauen und Männer stürzte und seine Gelüste befriedigte. Nero war auch in seinem Sexualleben phantasievoller als die übrigen römischen Kaiser, ausgenommen vielleicht Elagabal, und die Geschichtsschreiber dürften kaum alles, dessen sie ihn beschuldigen, erfunden haben, obgleich moralische Entrüstung auch erfinderisch machen kann.

Während, wie erwähnt, nichts darauf hindeutet, daß Nero im allgemeinen ein sadistisches Vergnügen daran fand, Menschen gefoltert zu sehen, könnte Suetons Bericht über seine Raubtierattitüde gegenüber seinen Sexualopfern auf eine speziellere sexualsadistische Neigung verweisen. Wenn man denn glauben darf, daß er sich in den Tagen, bevor er Britannicus ermorden ließ, mehrere Male an ihm vergriff, daß er das gleiche mit dem jungen Aulus Plautius tat (von dem im übrigen nichts weiter verlautet), daß er zu Agrippina überaus zärtlich war, als er sich vor dem geplanten Attentat von ihr verabschiedete, und daß er seine heißgeliebte Poppäa quasi zu Tode trat, dann muß man zwischen Neros Zärtlichkeit und Grausamkeit eine dunkle Verbindung feststellen, sowie auch – da es offenbar der Gedanke an den Tod der Opfer war, der ihn erregte – zwischen Mitleid und Sexualität.

„Daß Grausamkeit und Sexualtrieb innigst zusammengehören, lehrt die Kulturgeschichte der Menschheit über jeden Zweifel, aber in der Aufklärung dieses Zusammenhanges ist man über die Betonung des aggressiven Moments der Libido nicht hinausgekommen", schrieb Freud. Ungeachtet der Tatsache, daß man seither vielleicht weiter gekommen ist, können wir uns hier an die stoische Auffassung halten: Nur wer bei Vernunft ist, kann lieben; wo die Vernunft verschwindet, löst sich die Psyche in Affekte auf, und unter ihnen ist der Zorn der stärkste und das größte Übel: „Die brennendste Liebe besiegt es; durchbohrt haben sie daher geliebte Leiber, und in deren, die sie getötet hatten, Umarmungen haben sie gelegen", schreibt Seneca in „Über den Zorn". In „Über die guten Taten" spricht er über die Neigung, demjenigen Böses zu wünschen, dem man Gutes tun möchte: was der Feind einem wünscht, das können sich Liebende gegenseitig wünschen; „so münden Haß und wahnsinnige Liebe in ein und dasselbe."

Karl Christ
Pax Romana

Gegenüber den bekannten Schwächen und Angriffspunkten darf die Leistung des Imperiums nicht übersehen werden. Es war nichts Geringes, daß das Römische Reich unter dem Principat Generationen hindurch, selbst in Spannungsgebieten, den inneren Frieden zu sichern suchte. Ob die Ordnungsmacht Rom zum Beispiel im Nahen Osten erfolgloser war als die dort engagierten Großmächte der Neuzeit, ist keineswegs entschieden. Von den Verteidigungsanstrengungen des Imperiums profitierten jedenfalls die Randlandschaften und Grenzprovinzen stärker als Rom und Italien. Wenn auch Binnenprovinzen während des 1. und 2. Jahrhunderts n. Chr. in seltenen Fällen in römische Bürgerkriege verstrickt wurden, so litten sie darunter in der Regel weniger als unter den Folgen der früheren regionalen Machtkämpfe.

Nicht zu unterschätzen ist daneben die positive Auswirkung der innerhalb des Imperiums garantierten wirtschaftlichen Stabilität und Verkehrssicherheit, der Schutz von Eigentum und Vermögen durch die konsolidierten Rahmenbedingungen, die relativ lange Zeit auch eine stabile Währung einschlossen. In der römischen

Rationalität liegt es begründet, daß sich die imperialen Initiativen nicht in erster Linie in Monumenten politischen und religiösen Wahns niederschlugen wie in anderen Großreichen, sondern in Nutzbauten verschiedenster Art, in Wasserleitungen, Häfen, Brükken, Straßen, die die Lebensqualität weiter Bevölkerungskreise erhöhten.

Der praktische Nutzen, die *salus publica* des Imperiums, kam gewiß vor allem Römern und Italikern zugute. Die Bürger Roms und Italiens profitierten in erster Linie von der immensen Kriegsbeute aus Ägypten, dem Nahen Osten und aus Dakien, von den Großbauten, Spenden und Spielen. Den Preis für die Beschwichtigung, Entpolitisierung, ja die Unterhaltung dieser Schichten beglichen, zugespitzt formuliert, die Gegner und die Unterworfenen Roms. Aber das Imperium war unter dem Principat kein statisches Gebilde; die Eigenart des politischen Systems führte vielmehr zu gravierenden inneren Veränderungen, zu denen der Wechsel in der Zusammensetzung der Führungsschicht, zu Lasten Italiens, ebenso zählt wie die bürgerrechtliche Gleichstellung nahezu aller freien Reichsangehörigen zu Anfang des 3. Jahrhunderts n. Chr. Daß darüber hinaus die römisch-republikanische Tradition insgesamt dem neuen System geopfert wurde, ist evident.

Aber die Entwicklung des Imperiums zeitigte noch andere Resultate. Auf den Druck der wachsenden äußeren wie inneren Bedrohungen und Krisen reagierte das Römische Reich, wie wohl jeder überforderte Großstaat, mit der Überspannung der staatlichen Zugriffe und mit der Einengung der einstigen Toleranz- und Freiheitsräume. Diese neuen Maximen wurden dabei von altgläubigen wie von christlichen Herrschern praktiziert; ihre konsequente Anwendung veränderte das Wesen des Imperiums völlig – mochten auch Name wie Anspruch noch lange Zeit bestehen bleiben.

Blicken wir auf die weitere Entwicklung der politischen Formation des *Imperium Romanum* in der nachkonstantinischen Zeit, so kann diese nur als ein lang anhaltender Prozeß der Erosion und des Machtverfalls bewertet werden. Im Rahmen der Völkerwanderung ging die politische Suprematie eindeutig an die Germanen über. Dabei erfolgten die schwersten Einbrüche der verschiedenen Wellen dieser weiträumigen Bewegungen nicht am Rhein. Dort war es im Gegenteil dem Konstantinssohn Constantius, Julian Apostata und schließlich Valentinian I. (364–375 n. Chr.), einem neuen kraftvollen Herrscher vom Typus der Soldatenkaiser, zunächst gelungen, die römische Herrschaft wieder zu sichern. Die Anlage eines vielgliedrigen Befestigungssystems, konzentrierte, wenn auch in den Radien begrenzte Gegenangriffe in das rechtsrheinische Vorfeld und nicht zuletzt die kontrollierte Ansiedlung von germanischen Foederaten trugen wesentlich zur Stabilisierung der römischen Positionen im Westen bei.

Größere Rückschläge mußte das Imperium dagegen an der Ostgrenze hinnehmen. Die Angriffe der Sassaniden gingen dort auch unter Constantius II. weiter. Während sich der römische Eckpfeiler der Verteidigung, Nisibis, zunächst behaupten konnte, wurde Amida 359 n. Chr. von den Sassaniden eingenommen, die Offensive Julians 363 n. Chr. vor Ktesiphon abgeschlagen. Dessen Nachfolger, Jovian, mußte auf den größten Teil Mesopotamiens samt Nisibis verzichten, in den achtziger Jahren des 4. Jahrhunderts n. Chr. ging der östliche Teil Armeniens an die Sassaniden verloren. Wenn es danach zu einer Entlastung Ostroms an dieser Grenze kam, so verdankten dies die Herrscher von Konstantinopel in erster Linie den anhaltenden Bedrohungen des Sassanidenreiches in dessen Norden, Osten und Süden.

Zum eigentlichen Brennpunkt der römischen Reichsverteidigung wurde der Raum an der unteren Donau. Nach dem Untergang des Kaisers Valens und der Masse des römischen Ostheeres in der Schlacht von Adrianopel (378 n. Chr.) wurde dort die Vormacht der tief in das Reichsgebiet eingedrungenen Germanen nie mehr gebrochen. Friedensschlüsse, wie derjenige Theodosios' des Großen vom Jahr 382 n. Chr., suchten lediglich noch die veränderte Lage in den Grenzzonen zu verrechtlichen und durch die Leistung hoher Tribute an die hunnischen, sarmatischen und germanischen Invasoren wenigstens den Anschein römischer Souveränität aufrechtzuerhalten.

Georg Ostrogorsky
Die Gründung von Konstantinopel

Die Verschiebung des Schwergewichtes des Reiches nach dem Osten war einmal und vor allem durch die größere Wirtschaftskraft der reicher bevölkerten östlichen Reichshälfte bestimmt, zum anderen aber auch durch die neuen militärischen Aufgaben, die dem Kaiserreich im Osten erwachsen: am unteren Donaulauf, wo sich das Vordringen der Barbaren vom Norden, und in Vorderasien, wo sich der Druck von seiten des neupersischen Reiches der Sassaniden immer stärker spürbar macht. Das Reich der persischen Sassaniden war ein weit gefährlicherer Gegner als das von ihm abgelöste Partherreich. Wie sich die byzantinischen Kaiser als Erben der römischen Cäsaren, so betrachteten sich die Sassanidenkönige als Erben der alten Achämeniden und beanspruchten für sich alle Gebiete, die einst zum alten Perserreich gehörten. Schon in der vorbyzantinischen Zeit, seit der Mitte des 3. Jahrhunderts, und im Laufe der ganzen frühbyzantinischen Epoche lastete auf dem Kaiserreich unentwegt die persische Gefahr: der Kampf mit den persischen Großkönigen wurde für den byzantinischen Staat zu einer der wichtigsten politischen und militärischen Aufgaben.

Schon Diokletian, der sich die östliche Reichshälfte vorbehielt und meist in Nikomedeia residierte, seinem Mitkaiser Maximilian aber die westliche Hälfte überließ, hat der veränderten Lage Rechnung getragen. Aber erst Konstantin gab dem Reiche im Osten ein festes Staatszentrum, indem er die am Bosporus gelegene alte griechische Kolonie Byzantion ausbauen ließ und zur Reichshauptstadt erhob. Die Bauten begannen im November 324, sogleich nach der Überwindung des Licinius, die den Machtbereich Konstantins auf den Osten ausgedehnt hatte, und schon am 11. Mai 330 wurde die neue Hauptstadt feierlich inauguriert. Wenige Stadtgründungen haben in der Weltgeschichte eine ähnliche Bedeutung gehabt. Der Ort war mit genialem Scharfblick gewählt. An der Grenze zweier Kontinente gelegen, im Osten vom Bosporus, im Norden vom Goldenen Horn, im Süden vom Marmarameer bespült und nur von einer Seite vom Lande zugänglich, besaß die neue Hauptstadt eine einzigartige strategische Lage. Zudem beherrschte sie den Verkehr zwischen Europa und Asien wie auch den Seeweg vom

Ägäischen zum Schwarzen Meer und wurde bald zum wichtigsten Handels- und Verkehrszentrum der damaligen Welt. Ein Jahrtausend lang sollte Konstantinopel als der staatliche, wirtschaftliche und militärische Mittelpunkt des byzantinischen Kaiserreiches wie auch als sein geistiges und kirchliches Zentrum auf das politische Weltgeschehen und auf die kulturelle Entwicklung der Menschheit die stärkste Wirkung ausüben.

Während die Bedeutung und auch die Bevölkerungszahl von Rom dauernd zurückging, wuchs die neue Hauptstadt unaufhaltsam. Kaum ein Jahrhundert nach der Gründung besaß Konstantinopel eine größere Bevölkerungszahl als Rom, im 6. Jahrhundert zählte es wohl nahezu eine halbe Million Einwohner. Es war das neue Rom, das an die Stelle des alten Rom treten und es als neues Regierungszentrum ablösen und ersetzen sollte. Selbst im Bauplan wurde die neue Hauptstadt in allem der alten angeglichen, und man übertrug auf sie alle an das alte Rom geknüpften Überlieferungen. Die Privilegien, die Rom besaß, wurden auch Konstantinopel zuteil, und schon Konstantin der Große hat nichts unterlassen, um den Glanz und Reichtum der neuen Hauptstadt zu steigern. Er schmückte die Stadt durch Prachtbauten und durch Kunstdenkmäler, die er aus allen Teilen des Reiches herbeischaffen ließ. Besonders eifrig wurde der Kirchenbau betrieben. Von Anbeginn erhielt Konstantinopel einen christlichen Anstrich, von Anbeginn war auch der größte Teil seiner Bevölkerung der Sprache nach griechisch. Durch die Christianisierung des Reiches und die Errichtung der neuen Hauptstadt am Bosporus hat Konstantin dem historischen Sieg des Ostens in doppelter Weise Ausdruck verliehen.

Georg Ostrogorsky

Die Teilung des Römischen Reiches

Nach langem Bürgerkrieg in der westlichen Reichshälfte hat Theodosios kurz vor seinem Tode das gesamte Kaiserreich noch einmal unter seinem Zepter vereinigt. Auf dem Sterbebett verfügte er aber eine neuerliche Teilung des mühsam Vereinigten. Dabei gab der aus dem äußersten Westen stammende Kaiser der Präponderanz des Ostens unmißverständlichen Ausdruck. Denn während Konstantin d. Gr. seinem ältesten Sohn Britannien, Gallien und Spanien zur Verwaltung gegeben hatte, während noch Valentinian I. sich die westliche Reichshälfte vorbehielt und seinem jüngeren Bruder den Osten abtrat, setzte Theodosios im Jahre 395 seinen älteren Sohn Arkadius im östlichen, den jüngeren Honorius aber im westlichen Reichsteil ein. Bald danach wurden auch die umstrittenen Diözesen Dakien und Makedonien dem Osten zuerkannt und zu der Präfektur Illyricum mit dem Zentrum in Thessalonike zusammengefaßt; dem Westen verblieb von dem illyrischen Besitz nur die pannonische Diözese, fortan gewöhnlich Diözese Illyricum genannt. Damit war zwischen Westen und Osten die historische Grenze gezogen, die mit der Zeit sich immer schärfer als die Trennungslinie zwischen dem westlichen, römischen und dem östlichen, byzantinischen Kulturbereich abzeichnete.

Die von Theodosios vorgenommene Teilung bedeutete an sich durchaus nichts Neues. Wichtig ist aber, daß seit dieser Teilung und bis zum Untergang des weströmischen Kaisertums das Reich dauernd in zwei Teile getrennt blieb. Allerdings bestand die Idee der Reichseinheit weiter fort: es gab nicht zwei Reiche, sondern nur zwei Teile eines einzigen Reiches, das unter der Verwaltung zweier Kaiser stand. Des öfteren wurden Gesetze im Namen beider Kaiser publiziert, und die von einem Kaiser erlassenen Gesetze hatten Rechtskraft im ganzen Reiche, falls sie dem anderen kaiserlichen Kollegen zur Veröffentlichung zugeschickt wurden. Beim Ausscheiden eines Kaisers stand dem anderen das Recht zu, für den Ausgeschiedenen den Nachfolger zu designieren. Faktisch wurde jedoch der Zusammenhang zwischen den beiden Reichshälften immer lockerer. Dies um so mehr, als sich die Verhältnisse im Osten und Westen sehr ungleich gestalteten und die Beziehungen zwischen den beiden Regierungen in der Regel alles andere eher denn freundschaftlich waren. Schon unter den Theodosiossöhnen bestand eine dauernde Rivalität zwischen den rasch wechselnden östlichen Regenten, die für den schwachen Arkadius die Regierungsgeschäfte führten, und dem mächtigen Germanen Stilicho, der im Namen des jungen Honorius mehr als ein Jahrzehnt über den Westen gebot.

Die theodosianische Gotenpolitik erlebte eine schwere Krise. Die Westgoten erhoben sich unter Alarich und verheerten die ganze Balkanhalbinsel bis vor die Mauern Konstantinopels und bis zur südlichsten Spitze Griechenlands. Der Hader zwischen den beiden römischen Regierungen lähmte die Gegenaktion, und schließlich wurde der Friede dadurch erkauft, daß die oströmische Regierung Alarich zum kaiserlichen *magister militum per Illyricum* ernannte. Der Gote Gainas erhielt das Amt eines *magister militum praesentalis* und zog mit seinen Truppen in Konstantinopel ein. Indessen machte sich in der byzantinischen Hauptstadt immer stärker eine antigermanische Reaktion bemerkbar, und um die Jahrhundertwende gelangte diese Richtung zur Herrschaft. Die Germanen wurden aus dem Heer ausgeschaltet und es fand eine grundlegende Reorganisation der römischen Wehrkraft statt. Allerdings war man bald wieder gezwungen, Germanen in größeren Mengen einzustellen, und bis zum 7. Jahrhundert bildeten sie in der Reichsarmee das wichtigste und wertvollste Element. Doch wurden sie fortan als Söldner einzeln angeworben und von kaiserlichen Offizieren befehligt, während die gotischen Föderaten unter Theodosios geschlossene autonome Verbände darstellten und ihren eigenen Führern unterstanden. Im Westen dauerte dieser Zustand fort und führte schließlich zum Untergang des weströmischen Kaisertums in der germanischen Flut. Es ist bezeichnend für die Verschiedenheit der Verhältnisse in den beiden Reichsteilen und war für die Verschiedenheit ihres weiteren Schicksals bestimmend, daß die antigermanische Reaktion im Osten zum Ziele führte, die häufigen germanenfeindlichen Ausschreitungen im Westen aber ergebnislos blieben. Bald wurde der östliche Reichsteil auch von Alarich befreit. Er zog mit seinen Truppen nach Italien und hat nach dreimaliger Belagerung im Jahre 410 Rom erstürmt. Die Lage im Westen wurde immer heilloser, im Osten trat dagegen seit dem Beginn des 5. Jahrhunderts eine längere Ruhepause ein.

Richard Krautheimer
Rom zu Beginn des Mittelalters

Gregor der Große, der heilige Gregor, war der erste Papst des Mittelalters. Er war der Gründer des mittelalterlichen Rom, der der Stadt den Platz zuwies, den sie in der westlichen Welt auf Jahrhunderte hinaus innehaben sollte. Aber er war auch der letzte Papst der christlichen Antike, hervorgegangen aus dem alten, nun christianisierten Rom. Beide Aspekte seiner Persönlichkeit müssen gleichermaßen berücksichtigt werden.

Er wurde um 540 in das alte und reiche Geschlecht der Anicii als Urenkel Papst Felix' III. hineingeboren und wuchs auf einem der Familiengüter auf, möglicherweise jenem auf den Hängen des Caelius. Dieser Familiensitz schloß sich an die letzte große Bibliothek an, die in Rom eingerichtet worden war – von Papst Agapitus um 535 –, und stand an der Stelle, wo heute Kirche und Kloster von S. Gregorio Magno liegen. Gregor wurde in die Werke der Klassiker und der Kirchenväter eingeführt und trat in jungen Jahren in den Staatsdienst ein. Nach einer Amtszeit als Stadtpräfekt von Rom zog er sich in eine Klostergemeinschaft zurück, die er in dem Familiensitz auf dem Westabhang des Caelius eingerichtet hatte. [...]

Nachdem Gregor drei Jahre in dem neuen Kloster verbracht hatte, empfing er die Weihen und ging als Legat an den kaiserlichen Hof nach Konstantinopel. Nach seiner Rückkehr wurde er der Sekretär von Papst Pelagius II. – Premierminister wäre eine treffendere Bezeichnung – und im Februar 590 sein Nachfolger. Sein administratives Genie, sein diplomatisches Geschick, sein politischer Scharfblick und sein gesunder Menschenverstand wirkten zusammen und machten die 14 Jahre seines Pontifikats zu einem Wendepunkt in der Geschichte Roms und Europas. [...]

Gregors Biograph malt die Lage Roms im Jahr 590, zu Beginn seines Pontifikats, in den düstersten Farben, wobei er sich teils auf eine Predigt des Papstes, teils auf den Bericht eines Augenzeugen stützt: überall auf dem Lande brennen und plündern die Langobarden; die Stadt ist vom Tiber überschwemmt; die Kornspeicher an seinen Ufern sind zerstört, ebenso wie viele alte Tempel; der Fluß schwemmt große Wasserschlangen – er nennt sie Drachen – und totes Vieh heran; die Menschen verhungern und sterben zu Hunderten an Epidemien; Gebäude brechen zusammen, die Bewohner sind auf der Flucht, die Bevölkerung ist dezimiert; die Wirtschaft ist ruiniert, es gibt nur noch einen Privatbankier in der Stadt. Es entsteht der Eindruck, als sei alles zusammengebrochen. Die Naturkatastrophe wird als die schlimmste dargestellt, die jemals über die Stadt hereingebrochen sei. Der rein äußerliche Verfall der Stadt und ihrer Einrichtungen wird geschildert, als hätte er sich in den vergangenen 50 bis 60 Jahren ereignet und hätte seinen Grund allein in der Abfolge von Kriegen und Invasionen jener Zeit. Daraus ist oft geschlossen worden, daß nur durch Gregors Anstrengungen die Situation verbessert worden sei. Dies ist nur teilweise richtig. In einer Predigt, die zu Reue und Buße aufrief, hat Gregor wohl nur die dunkelsten Aspekte der Lage dargestellt. Naturkatastrophen hatten die Stadt schon früher heimgesucht und brachen noch viele Jahrhunderte lang über sie herein. Der äußerliche Verfall der Stadt und ihrer Einrichtungen war seit langem im Gang; die Kriege während der letzten zwei Drittel des 6. Jahrhunderts hatten den Prozeß nur beschleunigt. Auf der anderen Seite war der Zusammenbruch bei weitem nicht total; es blieb ein Grundgerüst sowohl an wesentlichen Versorgungsdiensten wie an städtischer Organisation. Auf dieses Fundament konnte Gregor bauen, um den Schaden zu beheben und Rom neue Daseinsberechtigung zu geben.

Sicher, zur Zeit Gregors war Rom in schlechtem Zustand. Es war verarmt; seine Bevölkerung war auf schätzungsweise 90 000 Einwohner zusammengeschrumpft; in politischer Hinsicht war Rom nur eine Stadt in einer der Randprovinzen des oströmischen oder byzantinischen Reiches, die von Ravenna aus von einem byzantinischen Vizekönig regiert wurde. Ein Jahrhundert zuvor war die Stadt zusammen mit ganz Italien von den Goten erobert worden und hatte 40 friedliche, wenn auch ruhmlose Jahre unter deren König Theoderich und seinem Kanzler Cassiodorus, einem angestammten Römer, durchlebt. Im Jahre 534 machte sich dann Justinian auf, um den Westen für das oströmische Reich und den wahren Glauben zurückzuerobern und ihn den Händen derer zu entreißen, die in seinen Augen barbarische und ketzerische, weil arianische Usurpatoren waren. Zwei Jahre später wurde Rom von Belisar, dem Feldherrn Justinians, besetzt, ging dann wieder verloren, wurde zurückerobert, ging zum zweitenmal verloren und wurde im Jahre 552 schließlich endgültig von Belisars Nachfolger

Narses eingenommen – Procopius und nacherzählend Robert Graves haben lebendige Berichte von diesen Ereignissen gegeben. Kriegszüge und Belagerungen verwüsteten das Umland; die Wirtschaft in der Stadt brach zusammen, und die Bevölkerung schrumpfte auf ein Minimum. Doch die Stadt scheint sich, wenigstens oberflächlich, unter der straffen Militärverwaltung, die von den Byzantinern eingerichtet worden war, rasch erholt zu haben. Ortsansässige Baumeister und Armeeingenieure setzten die Aurelianische Mauer instand. Die Aquädukte wurden ausgebessert und blieben weitere 200 Jahre lang einigermaßen funktionstüchtig. Die Landstraßen wurden wiederhergestellt und ihre Brücken neu gebaut. Zwei davon sind erhalten geblieben: der Ponte Salario, 562 neu gebaut, aber ein weiteres Mal wiedererrichtet, nachdem er 1867 gesprengt worden war, wobei die Widmungsinschrift des Narses nicht wieder angebracht wurde; ebenso der Ponte Nomentano, der aus dem Jahr 552 stammt und bis 1829 von einem zinnenbewehrten Turm aus dem 15. Jahrhundert gekrönt war – beides beliebte Veduten, die seit dem 16. bis ins 19. Jahrhundert hinein immer wieder gemalt und gezeichnet wurden. Der Friede und das relative Wohlergehen, die mit den Byzantinern wieder eingekehrt waren, wurden jedoch ein weiteres Mal gestört, als die Langobarden seit 568 weite Teile von Nord- und Mittelitalien überrannten und besetzten. Als Gregor den Stuhl Petri bestieg, verwüsteten sie gerade das Umland von Rom. Bischofssitze auf dem Lande mußten aufgegeben werden und wurden in gut zu verteidigende Hügelstädte verlegt. Die Eindringlinge besetzten oder bedrohten die Ländereien der Kirche und der byzantinischen Regierung. Die bäuerliche Bevölkerung, der ländliche Klerus und die Klostergemeinschaften flohen; viele von ihnen drängten nach Rom hinein und ließen die schon zuvor nur schlecht versorgte Bevölkerung anschwellen. Während Gregors Pontifikat mußten allein 3000 Zuflucht suchende Nonnen ernährt und gekleidet werden.

Dennoch beschleunigten diese 50 katastrophalen Kriegsjahre nur den Verfallsprozeß, der die Stadt Rom bereits seit Jahrhunderten aushöhlte. Das großartige Bild, das sie – wahrhaft christlich und zugleich wahrhaft römisch – im 5. Jahrhundert gezeigt hatte, hatte damals schon vor dem ernüchternden Hintergrund wachsender wirtschaftlicher Desorganisation, verblassender politischer Macht und des allmählichen materiellen Verfalls gestanden. Eine wirtschaftliche Rezession überall im Westen hatte längst dazu geführt, daß die Lebensmittelversorgung der städtischen Massen mehr und mehr versiegt war. Die Güter außerhalb der Mauern Roms waren längst unrentabel und seit dem 3. Jahrhundert allmählich aufgegeben worden. Die Felder, die nicht mehr entwässert wurden, waren um 500 zu Sümpfen geworden; die Malaria machte die Campagna di Roma zu der gesundheitsgefährdenden Ebene, die sie bis vor 50 Jahren geblieben ist. Die Versorgung aus überseeischen Gebieten war schon im 3. Jahrhundert empfindlich durch Bauernaufstände, durch den steigenden Eigenbedarf der örtlichen Zentren und durch die wachsende Unrentabilität der Latifundienlandwirtschaft infolge schrumpfender Sklavenzahlen gestört worden. Mit der Besetzung Afrikas durch die Vandalen, der Eroberung Galliens durch die Burgunder und Franken und der Besetzung Spaniens durch die Westgoten, alles im 5. Jahrhundert, brach die Versorgung praktisch zusammen. Als Versorgungsquellen blieben nur Sizilien und Süditalien, und selbst diese beiden Landschaften wurden bedroht, die eine von den vandalischen Piraten, die andere durch die Gotenkriege und die Invasionen der Langobarden. Die immer schärfere Beschneidung der Versorgung verschlimmerte die bereits ungesunde wirtschaftliche Lage in Rom: dauernde Unterbeschäftigung, wachsende Armut und Auflassung der Güter in und nahe der Stadt, die Arbeit und Lebensunterhalt geboten hatten. Schon 396 hatte Paulinus von Nola von den „Armen in Rom, die voll unterstützt werden müssen", gesprochen, von den „Horden frommer Menschen in erbärmlichen Umständen". Am Ende des 5. Jahrhunderts gehörten Hungersnöte ebenso zum römischen Leben wie Malaria-, Cholera- und Pestepidemien. [...]

Die Kirche war als die einzige wirkungsvolle Organisation übriggeblieben, die den wirtschaftlichen, sozialen und auch den politischen Zusammenhalt von Rom gewährleisten konnte. Seit dem 4. Jahrhundert war sie durch Schenkungen und Stiftungen aus kaiserlichen oder privaten Quellen oder durch Kauf und Tausch in den Besitz von riesigen Ländereien gekommen, überall an den Mittelmeerküsten. Die Besitzungen im Osten, in Afrika, Spanien und Gallien waren in der Mitte des 6. Jahrhunderts verlorengegangen. Aber die Güter in Italien blieben erhalten: im Süden; in Sizilien und Sardinien; die wichtigsten in Mittelitalien, wo sie sich in einer lockeren Kette von Rom hinüber bis an die Adriaküste und hinauf nach Tuszien, in die Toskana, nach Ligurien und in die Romagna erstreckten. Die Kirche war somit zum größten und mächtigsten Grundbesitzer auf der italienischen Halbinsel und den nahe gelegenen Inseln geworden. Die langobardischen Eindringlinge gefährdeten oder besetzten zwar große Teile der mittelitalienischen Güter, aber die Verhandlungen Gregors retteten viele davon; diejenigen im Süden und auf Sizilien waren nicht bedroht. Einige dieser Ländereien unterlagen örtlicher Kontrolle; die Mehrheit wurde schon seit dem Ende des 5. Jahrhunderts mit großem Geschick direkt von Rom aus verwaltet: eine zentrale Buchführung wurde in der päpstlichen Kanzlei entwickelt, und anscheinend wurde ein Haushaltsplan ausgearbeitet, wobei ein Teil der Einkünfte der päpstlichen Verwaltung zufloß, ein zweiter für den Bedarf des Klerus aufgewendet wurde, ein dritter für den Erhalt der Kirchenbauten und ein vierter für wohltätige Zwecke. Diese Gelder ermöglichten es dem Papsttum, während des 5. Jahrhunderts ein ehrgeiziges Bauprogramm durchzuführen, zu dem der Bau der Kirchen S. Sabina, S. Maria Maggiore, S. Stefano Rotondo und die Bauarbeiten im Laterankomplex gehörten. Wichtiger noch, sie setzten die Kirche in den Stand, einen Teil des Wohlfahrtsprogramms zur Unterstützung der Stadtbevölkerung wirksam zu übernehmen, das bislang der Staat nur recht und schlecht getragen hatte. Ebenso konnte sie die Versorgung der Stadt teilweise oder in Hungerszeiten ganz übernehmen. Sie konnte in den ersten Jahren des 6. Jahrhunderts Herbergen für die Pilger errichten und überhaupt in dem Machtvakuum im Italien des späten 5. und frühen 6. Jahrhunderts unterderhand ein noch größeres politisches Gewicht gewinnen. [...]

Als Gregor den Stuhl Petri bestieg, galt es als selbstverständlich, daß die Kirche und nicht der byzantinische Staat, der nominell noch immer die rechtmäßige Regierung stellte, für die Versorgung der städtischen Bevölkerung verantwortlich war. Parallel dazu waren auch andere Aufgaben der Regierung, die diese einfach nicht mehr wahrnehmen konnte, allmählich in die Hände der Kirche geglitten, und immer mehr Regierungsfunktionen fielen ihr zu. Die erfahrene und gut organisierte päpstliche Finanzverwaltung war die einzig leistungsfähige in Rom; die der Regierung war zusammengebrochen, und zur Zeit Gregors mußte die Kirche als Zahlmeister der Truppen fungieren. Tatsächlich wirkte ein so energischer Papst wie Gregor auch in militärischen Angelegenheiten mit; er konnte einen Waffenstillstand mit den Langobarden aushandeln oder seinen Vertreter in Ravenna beauftragen, nachdrücklich die Berufung eines von ihm ausgewählten Staatsbeamten zur Beaufsichtigung der römischen Aquädukte zu verlangen. Kurz, die Kirche übernahm einerseits von sich aus die Funktionen und Zuständigkeiten eines weltlichen und unabhängigen Herrschers von Rom und des Patrimonium Petri von Mittelitalien und der Toskana bis nach Sizilien, und sie wurde andererseits dazu auch gezwungen. Diese Entwicklung wurde zur Zeit Gregors und von ihm, wenn auch nicht zu Ende geführt, so doch entscheidend vorangetrieben.

Hans-Werner Goetz

Frühmittelalterliches Mönchtum

Das Mönchtum ist entstanden aus dem Wunsch nach *Askese* (ασκειν = sich üben; *exercitium* sagen die lateinischen Quellen): Mönchtum ist „Übung" im Kampf gegen Sünde und Welt, entsprungen aus dem Wunsch nach einem wahren religiösen Leben in Christusnachfolge und Armut; die Mönche selbst nannten sich *pauperes Christi*. Wesentliches Merkmal war daher seit dem 3. Jh. die Trennung von der übrigen christlichen Gemeinde. Das Mönchtum entstand im Osten, in Palästina, Syrien, Kleinasien, vor allem in Ägypten, in zwei Formen: Das Eremitentum bedeutete Einzelleben in Entsagung und Abgeschiedenheit, das Koinobitentum, zuerst von Pachomios († 346) in Ägypten propagiert, war religiöses Gemeinschaftsleben und wurde die für das Abendland bestimmende Form des Mönchtums, deren Kennzeichen ein gemeinsames Leben im Kloster, die *vita communis,* war. (Oft führte der Weg vom Eremitendasein zum Mönchsleben.) Diese Gemeinschaft verstand sich wiederum als „Familie". Gemeinschaftsleben aber erforderte eine (straffe) Leitung unter einem Abt *(abba),* dem „Vater" der Familie, und eine Ordnung, die bald in einer Reihe von Mönchsregeln verbindlich gemacht wurde. Leben nach gemeinsamer Regel aber hatte eine Vereinheitlichung der Lebensform zur Folge: Es bildeten sich Mönchsorden. Während für das byzantinische Mönchtum schon früh die Regel des Basilius von Cäsarea (um 330–379) wegweisend wurde, entstanden im Abendland in der zweiten Hälfte des 4. Jh. eher private „Hausklöster", die aber von Anfang an in die kirchliche Organisation eingebunden wurden. Von den zahlreichen Ordnungen des 5. Jh. sind die Regel des Kirchenvaters Augustin, die sog. Magisterregel, und vor allem die wohl etwas jüngere und davon abhängige Regel Benedikts von Nursia (um 480–um 560) zu nennen, die wegweisend für das abendländische, eben „benediktinische" Mönchtum werden sollte. Letztere war entstanden, weil der große Zulauf von Benedikts Gründungen zunächst in Subiaco im Aniotal und später in Monte Cassino eine straffe Regelung erforderlich machte; bis sie zur alleingültigen Regel des abendländischen Mönchtums wurde, sollten allerdings noch Jahrhunderte vergehen.

Das mittelalterliche Mönchtum kam zunächst über *Südgallien* ins Abendland. Dort gab es vor allem zwei Formen monastischen Lebens: Das martinische Mönchtum, das sich auf den Bischof Martin von Tours († 397), den späteren Reichsheiligen der fränkischen Könige, berief, trat für eine aktive Weltzuwendung ein; es hatte weder einen festen Sitz noch eine feste Ordnung, übte von seinem Ursprungsgebiet in Aquitanien aus aber einen großen Einfluß im gesamten Frankenreich aus. Noch bedeutender war das Rhonemönchtum mit den wichtigsten Zentren in Marseille (St. Viktor) und auf der Insel Lérins, einem 410 gegründeten Flüchtlingskloster der von den Franken vertriebenen nordgallischen Aristokratie, das sowohl für die Entwicklung des abendländischen Klosters zum Adelskloster als auch hinsichtlich seiner literarischen Tätigkeit wegweisend wurde und im Laufe des 6. Jh. ebenfalls in das übrige Frankenreich hineinwirkte. Bildung galt zunächst nämlich als einem christlichen Leben durchaus abträglich, und es dauerte eine geraume Zeit, bis die Kirche sich zumindest zu dem Teil der antiken Bildung bekannte, der für den Glauben und für theologische Studien notwendig war, dann aber wurde sie zu dem Vermittler antiker Bildung ins Abendland schlechthin. Dem Mönchtum kam dabei die entscheidende Rolle zu. Im 5./6. Jh. war es bereits ein bedeutender Faktor in Kirche und Religion. Viele Bischöfe und auch Päpste (wie Gregor der Große) stammten aus den Reihen der Mönche; die enge Verbindung von Kloster und Bistum wiederum förderte die weitere Ausbreitung des Mönchtums; Mönche erhielten jetzt teilweise auch die geistlichen Weihen und konnten im Pfarrdienst eingesetzt werden. Mindestens ebenso wichtig wie die Eingliederung in die Amtskirche aber war die Förderung durch Königtum und Adel, ohne deren Rückhalt der Erfolg unmöglich gewesen wäre. Im 7. Jh. wurde auch Nordgallien bis zum Rhein, vor allem das Gebiet um Mosel und Maas, eine dichte Klosterlandschaft. Nach 690 griffen die Gründungen über den Rhein hinaus.

Neue Impulse erhielt das gallische Mönchtum durch die Mission der *Iren und Angelsachsen.* Die Iren, die die mittelalterlichen Quellen „Scoti" nannten, hatten eine eigene Form kirchlichen Lebens entwickelt, in dessen Zentrum das Kloster stand; der Abt war zugleich Bischof oder diesem übergeordnet. Die irische Mission entsprang dem Ideal der *peregrinatio,* dem Fremdsein in der Welt, einer „asketischen Heimatlosigkeit", die eine Loslösung von allen Bindungen an die Familie, die Heimat, auch das eigene Kloster beinhaltete und daher zu einer dauernden Wanderschaft trieb. Erster und bedeutendster Vertreter auf dem Kontinent war Columban, der (seit ca. 590), allerdings auch durch Verstimmungen mit den fränkischen Königen weitergetrieben, nacheinander mehrere Klöster gründete: Annegray, Luxeuil und Fontaine im Frankenreich, dann Bregenz in Alamannien und schließlich Bobbio im italienischen Langobardenreich, die, voran Luxeuil, ihrerseits durch eine ganze Reihe von Tochtergründungen weiterwirkten; darüber hinaus übte die strenge Klosterregel Columbans großen Einfluß aus. Die eigentliche Wirkung lag aber erst in der „zweiten Generation", die nicht mehr allein aus Iren, sondern aus vom irischen Missionsgeist beeinflußten Franken (sog. Irofranken) bestand.

Die zweite Missionswelle ging von den an Rom gebundenen Angelsachsen aus, deren berühmtester, Bonifatius, der Gründer des Klosters Fulda, schließlich den Auftrag erhielt, die fränkische Kirche in Germanien insgesamt zu organisieren und dadurch entscheidenden Einfluß für die Folgezeit gewann. Auch für die Angelsachsen war die enge Verbindung von Kloster und Bistum (an einem Ort) kennzeichnend; der Bischof war zugleich Abt, das Bistum nun aber die entscheidende Institution. Der angelsächsischen Mission verdankte das Mönchtum die Ausbreitung östlich des Rheins bis in den bayerischen Raum hinein. Unter ihrem Einfluß strebte man auch nach einer Vereinheitlichung. Befolgten die Klöster bis dahin meist eine Mischregel, so forderten gallische Synoden seit dem 7. Jh. die Alleinbefolgung der Benediktregel, die als „römische Regel" galt und vielleicht durch Papst Gregor d. Gr. und Columban selbst Eingang ins Frankenreich gefunden hatte. Damit wurde eine Entwicklung eingeleitet, die sich allerdings erst viel später, nämlich unter Ludwig dem Frommen durch die Reform Benedikts von Aniane, durchsetzen konnte: Dieser aquitanische Abt (Witiza), der sich mit dem angenommenen Namen ausdrücklich auf Benedikt von Nursia berief, erreichte auf drei Aachener Synoden von 816 bis 819 die ausschließliche Geltung der Benediktregel im ganzen Reich. Erst danach kann man wirklich von einem benediktinischen Mönchtum sprechen, wenn sich der Prozeß in manchen Gebieten auch noch durch das gesamte 9. Jh. hinzog. Die Benediktregel wurde ergänzt durch *consuetudines,* Ausführungsbestimmungen, die zu regeln suchten, was Benedikt nicht oder nicht genau genug angesprochen hatte, allerdings weit weniger einheitlich und in einzelnen Punkten heftig umstritten waren.

Hans Belting
Bilderfeinde in Byzanz

Die rapide wachsende Ikonenverehrung beschwört im 8. Jahrhundert bald die Krise herauf. Der hundertjährige Bilderstreit, der zeitweise in einen Bürgerkrieg ausartet, spaltet die Kirche und die Gesellschaft. In diesem Moment erst beginnt die offizielle und öffentliche Diskussion über das Bild. Sie wird von Theologen und solchen ausgetragen, die sich dafür halten. Die Bilderlehre ist eine Frucht dieser Krise. Sie dient den Gegnern und dann den Anhängern zur theoretischen Rechtfertigung der eigenen Sache. Eine gewaltige Akte an scharfsinnigen und überspitzten Formulierungen entsteht, denen man noch oft ihren polemischen Zweck anmerkt. Eine Kanonbildung wird erzwungen, wo noch kein Kanon existierte. Allerdings kennen wir die Positionen der „Bilderfeinde" *(ikonomachoi)* als die Sicht der unterlegenen Partei nur in der Verzerrung, weil man sie bloß zitierte, um sie gründlich widerlegen zu können. Andererseits werden die Bildvernichtungen von der Polemik der anderen Seite hochgespielt. Doch hat die staatliche Seite zweifellos öffentlich verehrte Ikonen, die in ihrem Besitz waren, entfernt.

Der Bilderstreit ist, wie man weiß, das meistdiskutierte Kapitel aus der Geschichte der Ikone. Die Literatur darüber ist ebenso umfangreich wie die Beurteilung der Vorgänge kontrovers. Jede monokausale Erklärung der Ereignisse ist gescheitert. Zu viele Faktoren und Akteure spielen dabei eine Rolle. Oft waren die Bilder nur der Anlaß von Konflikten, die zwischen Kirche und Staat, zwischen Zentrum und Randprovinzen, zwischen der Spitze und den Randgruppen der Gesellschaft ausgetragen wurden. Der Hof und die Armee auf der einen, die Mönche auf der anderen Seite liefern sich Kämpfe, in denen sich die Frontlinie ständig verschiebt. Dazu treten häretische Bewegungen, vor allem in den anatolischen Randprovinzen, die die Einheit des Reiches gefährden und die Zentrale einmal zum Einlenken und einmal zum Widerstand bewegen. Auch ökonomische Faktoren haben den Ausbruch und den Ablauf des Konflikts mitbestimmt. Endlich hat das Militär, das immer die Überzeugung des Erfolgreichen unterstützt, von Anfang an in das Geschehen eingegriffen. Oft fragt man sich, wenn man die Quellen liest, warum es gerade die Bilder waren, die die Konflikte ausgelöst oder in denen sich die Konflikte ausgedrückt haben. Die Gründe kann man nur vermuten, denn sie werden in den offiziellen Begründungen eher verschwiegen. Das erste Thema der Bilder, die Figur des Gottmenschen, stand natürlich im Mittelpunkt der theologischen Auseinandersetzungen, so daß das Bild entweder als Symbol oder umgekehrt als Hindernis der Reinheit und Einheit des Glaubens betrachtet wurde. Zugleich eignete es sich auch deshalb zum *Corpus delicti,* weil es für alle sichtbar war, weil es verehrt oder geschmäht, aufgestellt oder entfernt werden konnte. Konsens und Dissens ließen sich an ihm sichtbarer festmachen als an Schriften. So förderte es die Disziplin einer Fraktion, wo die spitzfindigen Streitgespräche die Entscheidung verschleierten. Auch die Macht lokaler Bildbesitzer und die Ohnmacht von Kaisern, die sich zu Statthaltern himmlischer Bilder degradiert sahen, waren in diesem Zusammenhang Motive des Handelns. Der Zusammenbruch der Städte in den Araberkriegen verlangte nach einer starken Zentralgewalt, die notfalls auch die Einheit der Kirche über alle potentiell trennenden Symbole (Ikonen) stellen wollte. Nur das Kreuz, als Zeichen kaiserlichen Militärglücks, eignete sich ebensowenig zu theologischem Dissens wie zum Vorwurf der Idolatrie, die einst Gottes Zorn auf Israel geweckt hatte. Das Thema des Bilderstreits überschreitet sichtlich die Grenzen einer Geschichte der Ikone als Bildgattung.

Dennoch soll wenigstens der äußere Ablauf skizziert werden, was sich aber schon als schwierig genug erweist. Die Ereignisse setzen im Jahre 726 ein mit einem Edikt gegen die Bilder und der Zerstörung der Christusikone am Palasttor. Der Patriarch Germanos, der die Sache der Bilder verteidigt, resigniert 730. Kaiser Leo III. (717–741), der den Bilderstreit selbst auslöst, ist offenbar Exponent der Armee und ein Sproß des syrischen Hinterlandes. Für ihn sind Kriegsglück und die richtige Position in Sachen des Glaubens eng verbunden. Das Beispiel des Kalifen stand ihm vor Augen, dessen Armeen das dezentralisierte Reich an den Rand des Ruins gebracht hatten. Deshalb verstand sich Leo mit Blick auf den Kalifen lieber als Repräsentant eines geeinten Gottesvolks nach dem Vorbild des Alten Testaments. Wie er an den Papst schrieb, wollte er als der Eine Kaiser des Einen Gottes mit den zentrifugalen Kräften trennender Kultur und lokaler Autoritäten brechen. Sein Sohn, der später unmäßig beschimpfte Konstantin V. (741–775), brachte offenbar theologisches Niveau in den Kampf. Seine Neigungen scheinen den Monophysiten gegolten zu haben, die auf die eine, göttliche Natur Christi schworen. Folglich war auch das Bild, das gerade die menschliche Natur unterstrich, suspekt. Einen ersten Höhepunkt der beginnenden Bilderlehre brachte die Synode von Hiereia, die 754 unter Konstantins Vorsitz Glaubensdefinitionen in Sachen des Bildes verabschiedete.

Der Siegeszug des Ikonoklasmus kam zu einem vorläufigen Ende, als Leo IV. 780 starb und dessen Witwe Irene anstelle des unmündigen Sohnes die Regentschaft übernahm. Im Verein mit dem Patriarchen Tarasios und mit Unterstützung wichtiger Kreise der Hauptstadt wurde das Steuer herumgeworfen und die Restaurierung des Bildkults eingeleitet. Ein „ökumenisches Konzil" trat 787 in Nicäa zusammen, wo 325 unter dem Vorsitz Konstantins des Großen das erste allgemeine Kirchenkonzil getagt hatte, und verdammte alle Beschlüsse der Vorgängersynode. Schwieriger war der Beweis für die Rechtmäßigkeit und Rechtgläubigkeit des Bilderkults aus der Tradition der alten kirchlichen Literatur zu führen, denn „wir finden nicht in den alten Büchern, daß die Bilder verehrt werden sollen", wie es später auf der Gegenseite heißt. Folglich war die philologische Mühe, Quellen zusammenzutragen, im Verein mit der hermeneutischen Mühe, den Traditionsbeweis zu führen, Hauptanliegen des Konzils, das auch allgemeine *Kanones* verfaßte.

Das Zwischenspiel währte allerdings nicht lange, und 813 brach der Ikonoklasmus von neuem aus. Der Kaiser, von dem die Wende ausging, war wieder einmal der Exponent der Armee und stammte, als Armenier, wieder aus den östlichen Randprovinzen: Nicht zufällig berief er sich schon im Kaisernamen Leo V. (813–820) auf seinen Vorgänger im 8. Jahrhundert. Sein Biograph berichtet von ihm, daß er das Beispiel jener Kaiser, denen der Himmel durch langes Leben und Kriegsglück recht gegeben habe, nachahmen wollte. Diesmal ist der Widerstand im Klerus größer. Unter den Gegnern des Kaisers, die alle inzwischen bei der anderen Seite Karriere gemacht haben, stehen der Patriarch Nikephoros (806–815, gest. 828), der abdanken muß, und der Abt des Studienklosters Theodor (759–826), der ebenfalls ins Exil geht, auch als Bildertheologen an der Spitze. Ein Höfling, Theodotos, gelangt auf den Patriarchenthron. Sein Nachfolger, der „Grammatiker" Johannes (837–843), der den Schimpfnamen „Jannis" erhält, war schon damals der führende Kopf des neuen Ikonoklasmus. Die Synode, die noch im Jahre 815 in der Sophienkirche tagte und die gewünschte Theologie proklamierte, trägt schon seinen Stempel.

Noch einmal, und zum letzten Mal, erfolgt die Wende, als wieder eine Frau, die Witwe Theodora, am 20. Januar 842 für ihren unmündigen Sohn die Regierungsgeschäfte übernimmt. Schon am 4. März 843 wird, wie damals, ein einst verfolgter und mißhandelter Bekenner des Bilderkults, Methodios (843–847), zum Patriarchen eingesetzt. Noch im selben Monat restauriert eine Synode die einstige Position, und der Sonntag der Wiedereinführung der Bilder wird zum „Fest der Orthodoxie" proklamiert. Allerdings sind die eifernden Radikalisten im Mönchtum, die „Zeloten", diesmal mit dieser Wende noch nicht zufrieden. Sie fordern noch größere Autonomie der Kirche, die in ihren Augen vom Kaisertum so entehrt worden ist. Deshalb propagiert das Patriarchat, um einen Heroen zu haben, im Rückblick den Patriarchen Nikephoros als Heiligen und Märtyrer. Seine Gebeine werden nach Konstantinopel überführt, eine Vita wird in Auftrag gegeben.

Ein neuer Konflikt der beiden rivalisierenden Zentralgewalten, Kaiser und Patriarch, ist jetzt vorgezeichnet, und die folgenden Ereignisse stehen in seinem Zeichen, nicht mehr im Zeichen der Bilder. Im Wettbewerb um die erste Rolle sichert sich der Kaiserhof durch seine aktive Bilderpolitik in den nächsten Jahrzehnten den Löwenanteil an den Verdiensten für die Kirche. Das geht so weit, daß die Kaiser sogar in Predigten auf neu eingeweihte Kirchen eine Rolle des Patriarchen übernehmen. Beide Seiten suchen einander in den Rechten einzugrenzen. Der Patriarch Photios wird ein erstes Mal 867 und ein weiteres Mal, unter einem Kaiser der neuen Dynastie der Makedonen, 886 abgesetzt, weil er die Dinge zu weit getrieben hatte.

Die Polemik wird nicht nur mit dem Wort, sondern auch mit der Waffe des karikierenden und schmähenden Bilds ausgetragen: allerdings nicht im Medium der Ikone, von der solche Kontroversen ferngehalten waren, sondern im Medium der illustrierenden Buchminiatur. Bei der ersten Abdankung des Photios fand man unter seinen Büchern gefälschte Synodalakten gegen den Gegenspieler, den Patriarchen Ignatios. Sie waren eigenhändig *(autourgia)* von seinem Anhänger Asbestos, Bischof von Syrakus, mit polemischen Illustrationen geschmückt, in denen Ignatios verunstaltet und mißhandelt wurde und Schimpfnamen trug wie „Teufel", „Brut des Zauberers Simon" und „Antichrist".

Die gleiche Praxis wurde schon vorher, unmittelbar nach 843, gegen die Bilderfeinde angewandt, und diesmal sind die Handschriften, zumindest in zeitgenössischen Zweitausfertigungen, erhalten. Es sind durchweg Psalmenausgaben, die am Textrand nicht durch verbale Glossen, sondern durch Bildillustrationen kommentiert und aktualisiert werden. Die Erstausfertigung entstand wohl in den Jahren 845 bis 847, als es Anlaß dazu gab, den heroischen Widerstand des Patriarchen, in der Gestalt des „Märtyrers" Nikephoros, im Rückblick zu feiern. Ein Psalter aus der Sammlung Chludov, heute im Historischen Museum in Moskau, ist die besterhaltene Kopie. Die Illustration zu Psalm 51, 7 wählt einen Vers, den man auf den Gegner beziehen konnte: „Auch Dich wirft Gott für immer nieder. Du redest lieber Unwahrheit als Wahrheit." Zwei Darstellungen, die im Schema der Typologie analog ausfallen, ‚vergleichen' den posthumen Sieg des Patriarchen über den Erzrivalen aus dem anderen Lager mit dem Triumph Petri über den Simon Magus, den der Apostel, wie die Inschrift sagt, „wegen seiner Habgier *(philargyria)* vernichtet". Damit wird auf die Simonie oder den geistlichen Ämterkauf angespielt. Der rehabilitierte Patriarch steht im Parallelbild darunter in der altrömischen Pose des Siegers, der den Fuß auf die Schulter des Unterworfenen setzt, über dem „zweiten Simon und Bilderfeind", der mit wirrer Haarmähne als häßliches Monster karikiert ist. Der neue Heilige trägt in der Hand eine Rundikone Christi, die den Sieg davongetragen hat, als sichtbaren Beweis der Orthodoxie. Der Maler arbeitet, in dem Verweis auf Petrus und auf den Triumph über die Heiden, mit einer bildhaften Antithese, um den Gegner zu denunzieren und die siegreiche Partei in die Heilsgeschichte einzuordnen.

Diese Bildwaffe, die mit dem Psalmvers operiert, als hätte der Psalmist die Ereignisse vorausgesehen, wiederholt sich noch mehrmals, so bei Psalm 25, 4, wenn „einst" und „jetzt" ganz konkret die ikonoklastische Synode von 815 und den damals verjagten, jetzt bestätigten Patriarchen bezeichnen. *Damals* wurde, wie man sieht, die Ikone Christi übertüncht, wobei, wie nach einer körperlichen Verletzung, daneben Blut herabfließt. *Jetzt* wird die gleiche Ikone demonstrativ rehabilitiert. Der Prälat hält sie, wie er sonst nur das Evangelienbuch zu halten pflegt, im Bausch seines Meßgewandes und fordert mit der Rechten zur Kenntnisnahme und zur Verehrung auf. Am Ende der langen Geschichte des Bilderstreits, die jetzt endgültig zu Ende geht, wird damit noch einmal unterstrichen, daß die Abbildung Christi als Zeugnis für den rechten Glauben, für das richtige Verständnis der Person Christi im Zentrum der Debatte stand.

Friedrich Prinz

Das Frankenreich – der Anfang Europas?

In der historischen Literatur ist es gewissermaßen selbstverständlich geworden, die fränkische Großreichsbildung, und besonders das Karolingerreich, als die Keimzelle Europas zu betrachten und Karl den Großen zum „Vater des Abendlandes" zu küren. Ganz abgesehen davon, daß man auch dem hl. Benedikt und anderen diesen Ehrentitel gegeben hat, scheint es doch notwendig, dieser fast zum

Gemeinplatz gewordenen These etwas sorgfältiger nachzugehen und sie auf ihre Stichhaltigkeit hin zu überprüfen.

Im 8. Jahrhundert reduzierte sich nach dem Fall des Westgotenreiches in Spanien das System der bisherigen germanischen Nachfolgestaaten des Imperiums auf das Franken- und Langobardenreich sowie auf die angelsächsischen Königtümer auf den britischen Inseln. Die westslawische Welt war zwar bereits ausgebildet und leistete sogar mit dem Samo-Reich in der ersten Hälfte des 7. Jahrhunderts zeitweise dem Merowingerreich spürbar Widerstand, brachte aber insgesamt noch kein dauerhaftes Herrschaftssystem hervor, das der romanisch-germanischen Welt vergleichbar gewesen wäre. Seit den erfolgreichen Abwehrkämpfen gegen die islamische Welt unter Karl Martell (714–741) blieb das fränkische Großreich über drei Generationen von gefährlichen Invasionen verschont. Das war zweifellos ein historisches Verdienst der Karolinger, mochte auch die wachsende Aufspaltung der islamischen Welt indirekt zu dieser Konsolidierung nicht unwesentlich beigetragen haben.

Das fränkische Großreich erweiterte sich noch im 8. Jahrhundert nach Süden; es griff mit dem militärischen Sicherungsgürtel der spanischen Marken weit über den Pyrenäenkamm hinaus und wurde durch die Eroberung des Langobardenreiches 773/74 Herr von Ober- und Mittelitalien, damit aber auch unmittelbarer Nachbar sowohl von Byzanz wie von Rom. Es bezog das Papsttum in seine Gesamtherrschaft ein und einigte durch die Eroberung des sächsischen Stammesbundes in jahrzehntelangen schweren Kämpfen alle kontinentalgermanischen Völker, die angelsächsische und skandinavische Welt ausgenommen. Die Vernichtung der sehr mobilen awarischen Herrschaft im Donauraum beseitigte eine schwere akute Bedrohung des Frankenreiches und ebnete damit den Weg für eine festere politische Organisation der westslawischen Völker, die nur vorübergehend in tributäre Abhängigkeit gebracht werden konnten. Ob die Westslawen vorerst nur – wie zuvor die Germanen – eine „Dritte Welt" waren, muß dahingestellt bleiben, da wir, von archäologischen Zeugnissen abgesehen, fast nur aus westlichen schriftlichen Quellen etwas über die slawische Kultur wissen und eigentlich erst seit dem 10. Jahrhundert Präziseres über deren politische Organisationsformen erfahren. Der rasche Aufstieg des Großmährischen Reiches im 9. Jahrhundert läßt jedoch vermuten, daß man den Entwicklungsstand von Gesellschaft und Herrschaft unterschätzt hat. Auch die zielstrebige Entfaltung der přemyslidischen Herrschaft in Böhmen deutet in diese Richtung. Für die slawische Völkerwelt bekam es schicksalhafte Bedeutung, daß sie in das politische wie kirchliche Spannungsfeld zwischen dem Frankenreich und Rom einerseits und Byzanz andererseits geriet, wodurch diese ethnische Großgruppe letztlich religiös gespalten wurde. [...]

Kaisertum, Papsttum, Byzanz. Der faktischen politisch-militärischen Gewalt, welche die austrischen Karolinger seit Karl Martell und Pippin dem Jüngeren errangen, folgte um die Mitte des 8. Jahrhunderts die päpstliche Sanktionierung des neuen karolingischen Königtums, dessen Festigung und sakrale Erhöhung durch die kirchliche Salbung des Frankenherrschers. Abgeschlossen wurde diese Entwicklung durch die Kaiserkrönung Karls des Großen am Weihnachtstage des Jahres 800 in Rom. Im Gegenzug konnte sich das Papsttum durch das dauerhafte Bündnis mit den Karolingern politisch-staatlich festigen und durch die Gründung des Kirchenstaates unter fränkischem Schutz eine Position gewinnen, von der aus erst, ungeachtet aller Rückschläge, sein gewaltiger Aufstieg bis zum Höhepunkt unter Papst Innozenz III. (1198–1216) möglich wurde. Freilich, Karl der Große selbst hat diese, das gesamte Mittelalter bestimmende Entwicklung zum Dualismus zwischen Kaisertum und Papsttum nicht begünstigt. Unter ihm sind eher caesaropapistische Tendenzen erkennbar. Auch die Art und Weise der Kaiserkrönung in Rom entsprach offenbar nicht Karls Intentionen. Wie er selbst sich eine Kaiserkrönung dachte, läßt sich an der Kaisererhebung seines Sohnes Ludwig im Jahre 813 ablesen, die mit der Zustimmung der Großen des Reiches in der Aachener Kaiserpfalz stattfand. Protest gegen das neue westliche Kaisertum kam aus Byzanz, vor allem auch gegenüber der aus byzantinischer Sicht eindeutigen Kompetenzüberschreitung des römischen Bischofs. Indessen brachte das neue „Zweikaiserproblem" keine Dauerkonfrontation mit sich. Nach anfänglicher militärischer Auseinandersetzung, bei der es unter anderem auch um Venedig ging, kam es schon 812 zu einem formellen Friedensschluß zwischen Karl und dem byzantinischen Kaiser Michael I. Zwar gab es immer wieder Konflikte politischer und kirchlicher Natur, auch und besonders um die Missionsbereiche in der slawischen Welt, aber die Schwelle zur großen Auseinandersetzung wurde kaum überschritten.

Mit Recht hat man übrigens betont, daß sich beide Kaiserreiche in ihrer inneren Struktur und äußeren politischen Zielsetzung schon so weit auseinanderentwickelt hatten, daß man eventuelle Parallelen zwischen West und Ost nicht überbewerten dürfe. Dies galt besonders für Verfassung und Gesellschaft. Weder besaß die geistliche und weltliche Grundherrschaft, wie sie sich in der Karolingerzeit ausbildete, eine Entsprechung im byzantinischen Bereich, noch kann man den konstitutiv gewordenen Dualismus zwischen Adel und Königtum oder den Prozeß der Ausbildung des mittelalterlichen Lehnswesens mit der Entwicklung im Ostreich sinnvoll vergleichen, will man nicht bei äußerlichen Ähnlichkeiten stehenbleiben. Schließlich sollte nicht übersehen werden, daß die gewaltige räumliche Ausdehnung des Karolingerreiches, so sehr sie auch im 9. Jahrhundert durch Normannen und Sarazenen zeitweise bedroht war und so schwierige Verwaltungsprobleme sie auch zur Folge hatte, dennoch den Rahmen für die Ausbildung der europäischen Völker- und Kulturwelt schuf. Byzanz hingegen mußte in fast ununterbrochenen und erschöpfenden Abwehrkämpfen gegen die islamische Welt wie später gegen die Seldschuken seine Kräfte verzehren. Unter diesen Umständen war seine Leistung für die christliche Welt gewaltig, aber zu einer entscheidenden Expansion kam es nicht mehr, wenn man die kirchlich-kulturelle Eroberung des ostslawischen und balkanslawischen Bereichs nicht als eine solche gelten lassen will. Anders hingegen verliefen die Dinge im karolingischen Westen. Auch der Zerfall der Reichseinheit seit 843 und die Regionalisierung der politischen Macht im Gefolge des generellen Feudalisierungsprozesses konnten am Endergebnis einer stabilisierten europäischen Völkerwelt nichts mehr ändern. Man wird somit nach wie vor das Frankenreich als die politisch-gesellschaftliche Ausgangsbasis für die Entstehung Europas bewerten müssen.

Werner Conze

Christliche Mission in Osteuropa

Es war das Schicksal Europas, daß seine Ursprungsepoche zweigeteilt einsetzte. Zwar wurde am Gedanken der Einheit des Reichs und der Kirche festgehalten, nachdem das weströmische Reich im 5. Jahrhundert zu Ende gegangen war. Aber trotz zeitweiliger Erfolge ist es dem Kaiser und mit ihm dem Patriarchen von Konstantinopel nicht gelungen, den Westen kirchlich und imperial zu behaupten oder wiederzugewinnen. Die Teilung in eine westliche und eine östliche Kirche wurde faktisch durch Kaiser Leon (717–741), einen Syrer, bekräftigt, als er vergeblich die Dekrete gegen die kirchliche Bilderverehrung den Päpsten Gregor II. und Gregor III. aufzuzwingen versuchte und gleichzeitig mit drastischen Besteuerungen, Enteignungen und Jursidiktionsverboten gegen die römische Kirchengewalt in Süditalien, Sizilien und Illyrien vorging. Nicht ohne Zusammenhang mit der päpstlichen Abbindung von Konstantinopel kam es kurz darauf (751) zum Bündnis das Papstes mit dem fränkischen König, und im Jahre 800 wurde mit der Kaiserkrönung Karls des Großen das Römische Reich im Westen mit allen daraus folgenden Ansprüchen ausdrücklich erneuert. Es gab fortan in der Wirklichkeit zwei Kaiserreiche und zwei Reichskirchen, die sich in ihren Missionsbestrebungen gegenseitig ausschlossen.

Das ist für die bis zum 8. Jahrhundert noch ungestaltet gewesenen Gebiete Mittel- und Osteuropas von folgenschwerer Bedeutung geworden. Zur Gestaltung, die in jener Zeit nur durch das Zusammenwirken von politischer Herrschaftsbildung und christlicher Mission zustandekommen konnte, gehörte an erster Stelle die Frage, ob die nach Christianisierung ihrer Völker verlangenden Fürsten sich westlich oder östlich anzulehnen suchten. Von diesen Entscheidungen, die im 9. und 10. Jahrhundert gefallen sind, hing es ab, wie die Grenze oder besser der Grenzsaum zwischen der römischen und der byzantinischen Kirche sich bilden und verfestigen konnte. Eine Zeitlang war vieles noch flüssig, und manche Entscheidungen, die schon getroffen zu sein schienen, mußten revidiert werden. Es war keineswegs vorgegeben, welche Gebiete zwischen der oberen Donau und dem Schwarzen Meer sowie zwischen Istrien und den Ägäischen Inseln römisch oder griechisch missioniert werden konnten. Bezeichnend war es, daß um 860 Boris, der Fürst der Bulgaren, sich an den Papst in Rom mit der Bitte wandte, die Bulgarenmission zu übernehmen, und daß andererseits etwa gleichzeitig der Mährerfürst Rastislav Gesandte nach Konstantinopel schickte, die um Übersendung von Missionaren nach Mähren bitten sollten. In beiden Fällen suchten sich die Fürsten der Bedrohung nächstgelegener Nachbarn durch solche Kirchenpolitik zu entziehen. Beide Male wurde ihrer Bitte entsprochen. Doch beide Versuche scheiterten nach anfänglichen Erfolgen an den gegebenen Machtverhältnissen. Gegen Ende des 9. Jahrhunderts war die Offenheit der Chancen endgültig beendet. Es war entschieden, daß Böhmen und Mähren sowie das dalmatinische und pannonische Kroatien unter römischer, Serbien, Makedonien, Griechenland, Bulgarien, seit dem Ende des 10. Jahrhunderts auch die Kiever Rus' unter byzantinischer Jurisdiktion stehen sollten. Damit war der Grund für die Abgrenzung Mitteleuropas von Osteuropa gelegt. Die kirchliche Trennung wurde entscheidend für die Verschiedenartigkeit der Kulturen. Die Verwendung des lateinischen Alphabets westlich, des griechischen und kyrillischen östlich der Trennungslinie war ein äußeres Kennzeichen für tiefergreifende Wesensunterschiede: der Liturgie, des Kirchenbegriffs, des Verhältnisses zur bildenden Kunst, der Entwicklung von Kultur, Wissenschaft und Politik.

Nicht nur in den beiden genannten Konflikten zwischen Rom und Byzanz, in der Bulgarenmission und im Wirken der Slaven-Lehrer Kyrill und Method in Mähren, sondern auch in Kroatien war der Wettbewerb zwischen Rom und Byzanz, somit zwischen der lateinischen und der griechischen Sprache, dadurch belastet, daß es, abgesehen von den romanisch sprechenden dalmatinischen Stadtbürgern, fast ausschließlich um die Missionierung slavisch sprechender Völker ging (die Germanenmission war, außer im Norden, abgeschlossen und ist nie zwischen Konstantinopel und Rom strittig gewesen). Die Brüder Kyrill und Method führten einen Ritus in kirchenslavischer Sprache ein, die aus der Mundart ihrer makedonischen Heimat entwickelt worden war, bedienten sich dazu des glagolitischen Alphabets und missionierten mit Hilfe landeseingeborener Kleriker in der jeweiligen Volkssprache. Der Gebrauch der Volkssprache und damit einer verständlichen Sprache der Liturgie war nicht nur missionswirksam, sondern entsprach auch dem Willen der sich dem überlegenen Christentum zuwendenden Fürsten, die in die Richtung eigener, möglichst unabhängiger Landes- oder Nationskirchen strebten. Sowohl der Patriarch in Konstantinopel als auch vorübergehend und zögernd sogar der Papst in Rom gaben diesen Tendenzen nach. Doch ist im Westen die kirchenslavische Sprache mit der „Glagolica" nur in Kroatien, in geringen Resten bis in die Gegenwart, erhalten geblieben, obgleich das Erzbistum Spalato (Split) endgültig seit 928 dem römischen Stuhl unterstellt gewesen ist.

Die bis zum Ende des 9. Jahrhunderts erreichte Abgrenzung der römischen von den griechischen Missionsgebieten und Kirchenprovinzen im südöstlichen Europa wurde in den Jahren nach 894 durch den Einbruch des heidnischen Steppen-Reitervolks der Ungarn in den Donauraum noch einmal gründlich in Frage gestellt. Die Kontinuität der Christianisierung wurde für ein halbes Jahrhundert unterbrochen. Nach der verlorenen Schlacht auf dem Lechfeld (955) fügten sich die Ungarn jedoch selbst in die Christianisierung ein. Sie begnügten sich mit ihren festwerdenden Wohnsitzen im Raum südlich der Beskiden sowie westlich der Karpaten und öffneten sich, ausgehend vom Herrscherhaus, der römisch-christlichen Mission. Obwohl Ungarn auch mit Byzanz, sogar durch fürstliche Eheschließungen, in vielfältige Beziehungen trat, wurde es kirchlich, kulturell und politisch ein Teil des römisch-fränkisch-deutsch bestimmten Mitteleuropa.

Die Ungarn haben also durch ihren Einbruch in den Donauraum den Prozeß der kirchlichen Abgrenzung zwischen Rom und Konstantinopel nur aufgehalten, haben aber dann durch ihre westliche Einfügung ein für allemal bestätigt, daß Pannonien und Transsylvanien Latein-Europa zugehören sollten.

Nördlich der Erzgebirgs-Sudeten-Karpaten-Linie hatte die Christianisierung erst später, im 10. Jahrhundert, begonnen. So bildete sich auch im Nordosten allmählich ein Grenzsaum zwischen der westlichen und der östlichen Kirche heraus. Die römisch-christliche Taufe des Herzogs Mieszko von Polen (966) einerseits, die Taufe des Kiever Fürsten Vladimir (988) mit der allmählich darauffolgenden Hinwendung des Fürstentums Kiev zur griechischen Kirche andererseits, sind die entscheidenden Daten des Beginns für einen langen Christianisierungs- und Trennungsvorgang, der sich bis in das 13. und 14. Jahrhundert hingezogen hat.

Hans-Werner Goetz

Europäisches Rittertum

Das Rittertum war eine gesamteuropäische Institution, die sich von Südfrankreich aus nach Norden und über Flandern und Burgund nach Westen ins Deutsche Reich ausbreitete und ihre Blüte von etwa 1100 bis 1250 erlebte. Während im allgemeinen Geschichtsbild über den Ritter meist klare Vorstellungen herrschen, ist dieses Phänomen in der Forschung heftig umstritten. Daher soll zunächst ein dem heutigen Forschungsstand angemessenes Bild vom Rittertum als dem Träger höfischen Lebens gezeichnet werden.

Die *Ursprünge* des Rittertums liegen im Kriegswesen: Ritter (= Reiter) war der bewaffnete Krieger zu Pferde. Diese Bedeutung trugen auch die beiden gebräuchlichen lateinischen Begriffe: *caballarius* war ganz parallel gebildet (daraus entwickelten sich französisch *chevalier,* spanisch *caballero* und italienisch *cavaliere*); der meistverbreitete Begriff *miles* dagegen bezeichnete in der Grundbedeutung zunächst allgemeiner den Krieger schlechthin, wurde im hohen Mittelalter aber ebenfalls immer mehr auf den Ritter beschränkt. Diese Begriffsverengung begründete sich aus dem Wandel der Heeresstruktur seit dem 8./9. Jh.: War bis in die hohe Karolingerzeit das aus den Freien gebildete Fußheer maßgeblich, so wurde die Kerntruppe des Heeres fortan aus schwer bewaffneten Reitern auf selbstgezüchtetem und trainiertem Schlachtroß gebildet. Das erforderte einmal eine ständige Ausbildung, so daß man – nicht ganz treffend – gern von einem „Berufskrieger" spricht. Der „Beruf" des Ritters war allerdings komplizierter. Reiterkrieger zu sein war nämlich teuer; Pferd und Ausrüstung erreichten schon im 8. Jh. zusammen den Wert von 45 Kühen oder 15 Stuten, im 11. Jh. war das Pferd allein 5–10 Ochsen wert. Voraussetzung für das Rittertum war folglich ein entsprechender Reichtum; die Ritter waren weithin identisch mit der Schicht der Grundbesitzer bzw., da sie ihr Land nicht selbst bearbeiteten, der weltlichen Grundherren. Grundbesitz aber kam in verschiedenen Formen vor: Eigenbesitz hatte (neben König und Kirche) vor allem der Adel. Wirtschaftliche Lebensgrundlage war oft aber auch (vielfach zusätzlich) ein Lehen, das der König, ein geistlicher Grundherr oder ein höherer Adliger oder Amtsträger verlieh. Zum Rittertum zählten daher neben dem Adel vor allem die Vasallen des Königs, der Kirche und des hohen Adels, die zum Dienst *(servitium)*, das heißt vor allem zum Kriegsdienst, verpflichtet waren; die Heeresstruktur des hohen Mittelalters baute völlig auf einem mehrstufigen Lehnswesen mit Vasallen und Untervasallen auf. In der Person des Ritters vereinigten sich demnach verschiedene Funktionen: Das Rittertum war die personell identische Schicht der Grundbesitzer, Krieger und Vasallen, die einen ihrer Stellung entsprechenden Lebensstil entfalteten.

Ein Problem bildet dabei die Stellung des Adels, der man in den letzten Jahren vor allem durch begriffsgeschichtliche Untersuchungen näherzukommen suchte. Die *Begriffe* machten nämlich einen Wandel durch: *caballarius* wurde vom ‚Pferdeknecht‘ zum ‚Pferdebesitzer‘, der beritten in den Krieg zog. (Ähnlich verhält es sich auch mit dem englischen *knight,* der ursprünglich mit „Knecht“ zusammenhing). *Miles* besaß nach den Forschungen Dubys über das Mâconnais in Südfrankreich am Ende des 10. Jh. noch die militärische, zur Jahrhundertwende aber bereits eine soziale Bedeutung, indem es den Adel erfaßte und *nobilis* ersetzte und damit zur Standesbezeichnung für den Adel wurde, der sich jetzt unter neuem (kriegerischem) Aspekt sah. (Damit setzte sich die [...] Zweiteilung der Gesellschaft in *milites* und *rustici* durch; gleichzeitig hoben sich die *milites* von den *clerici* ab, so daß der Theorie nach eine Dreiteilung der Gesellschaft in Geistliche, Ritter und Bauern entstand). In der deutschen, mehr verfassungsgeschichtlich orientierten Forschung stellt sich das Problem etwas anders dar: Nach Johrendt bezeichnete *miles* im 11. Jh. den Vasallen, allerdings nicht in ständischer Hinsicht die untere Adelsschicht, zu dem dann der hohe Adel hinzukam, sondern als ein ständisch offener Funktionsbegriff, der alle Krieger vom König bis zum Knappen *(armiger)* umfaßte. Das entscheidende Kriterium war demnach nicht die soziale Herkunft, sondern die Feudalbeziehung. Eine soziale Trennung zwischen Adel und Rittertum ließe sich also nicht am Ritterbegriff festmachen. Dennoch ist man in Deutschland nach wie vor geneigt, das Rittertum eher als niederen Adel zu verstehen, wie man überhaupt die Unterschiede zwischen Frankreich und Deutschland herausgestellt hat. Tatsächlich bildet die ständische Abschließung des Adels nach heutiger Ansicht den Endpunkt einer längeren Entwicklung, während eine soziale Abgrenzung schon relativ früh erfolgte; das Selbstverständnis des Rittertums als privilegierter Kriegerstand setzte also weit früher ein als eine rechtliche Vereinheitlichung und *Standesbildung,* die sich (in Etappen) erst in der Stauferzeit durchsetzen ließ; im Landfrieden von 1152 zum Beispiel wurde der gerichtliche Zweikampf nur noch Rittern ritterlicher Herkunft gestattet, 1186 wurden Priester-, Diakonen- und Bauernsöhne vom Rittertum ausgeschlossen; erst im 13. Jh. aber war eine, wenngleich nach unten hin noch immer durchlässige, rechtliche Abschließung erreicht. Nach oben hin wurde der Adel vom Rittertum erfaßt und suchte sich, als Reaktion, seinerseits abzugrenzen; dadurch entstand überhaupt erst die für das spätere Mittelalter charakteristische, rechtliche Unterscheidung zwischen einem hohen und einem niederen Adel, in den nicht zuletzt auch die Ministerialen aufstiegen, ursprünglich Unfreie aus der *familia* des Herrn, die in gehobenen Positionen in Verwaltung, Heeresdienst und Burgmannschaft ihre Stellung verbessern und schon im 11. Jh. durch sog. „Dienstrechte" sichern konnten. Im niederen Adel verschmolzen demnach die beiden Gruppen der niederen Vasallen und der Ministerialen.

Horst Fuhrmann
Das Heilige Römische Reich Deutscher Nation

Raum, Zeit und Mensch: Wenn nach diesem Schema mittelalterliche Lebensformen angedeutet wurden, so könnten über die Schilderung der Lebensumstände die übergreifenden Ideen außer Blick geraten sein. Fragen wir zur Ergänzung nach einigen Leitideen jener Zeit. Allerdings sind auf die Frage nach den gestaltenden Ideen im europäischen und deutschen Mittelalter höchst verschiedene, zeit- und standortgebundene Antworten und Bewertungen gegeben worden.

Im 19. Jahrhundert, in der Blütezeit des Nationalgedankens, hat die deutsche Geschichtswissenschaft als zentrale mittelalterliche Idee den Kaisergedanken und das Kaisertum herausgestellt. Fast ein Jahrhundert, von der Mitte des 19. Jahrhunderts bis in die Zeit des Zweiten Weltkriegs, wurde heftig diskutiert, ob es für die Deutschen gut gewesen sei und den riesigen Aderlaß gelohnt habe, daß sich ihre Könige um das römische Kaisertum, das Imperium, bemüht hätten.

Mittelalterliches Deutschland, das ist das *Heilige Römische Reich Deutscher Nation*, das ist das Kaisertum des deutschen Königs. Der erste abendländische (nicht deutsche) Kaiser war Karl der Große, am Weihnachtstag des Jahres 800 im römischen Petersdom vom Papst gekrönt. Sein Kaisertum schuf eine neue Situation, denn damals gab es bereits einen Kaiser: den *Basileus* in Byzanz-Ostrom, der sein Kaisertum in ununterbrochener Folge vom antiken römischen Kaiser ableitete. Durch Karls des Großen neues und konkurrierendes Kaisertum, das ebenfalls beanspruchte, ein „römisches" zu sein, entstand eine eigentlich nicht zulässige Konstellation, die man in gelehrter Sprache das „Zweikaiserproblem" nennt. Daß man sich in Byzanz und in Rom an die Vorstellung eines „römischen" Kaisertums klammerte, hatte seinen besonderen Grund. Es gehörte zur mittelalterlichen Überzeugung, daß das römische Kaiserreich das letzte in der Abfolge der heils- und weltgeschichtlichen Reiche sei. Der Kirchenvater Hieronymus († 420) hatte den Traum Daniels (*Daniel* 7) so ausgelegt: Erst habe das babylonische Reich bestanden, dann das medisch-persische, gefolgt vom griechischen; den Schluß vor dem Jüngsten Gericht bilde das römische Reich. Kein Volk konnte eine neue Weltherrschaft begründen, das Imperium Romanum konnte nur übertragen werden. Diese „Übertragung der Herrschaft", die *Translatio imperii*, ist Gegenstand zahlloser mittelalterlicher Traktate. Von den schwachen Oströmern, die Reich und Kirche nicht hätten schützen können, sei das römische Kaisertum – so wurde argumentiert – auf die Franken, auf Karl den Großen, übertragen worden. Eine von der Kurie aufgestellte Theorie behauptete, daß der Papst der Stifter dieses westlichen Kaisertums sei, denn er habe mit der Krönung das römische Kaisertum vergeben.

Am 2. Februar 962, am Fest Mariä Lichtmeß, einem Sonntag, wurde der deutsche König Otto I. in der Peterskirche zu Rom vom jugendlichen Papst Johannes XII., den er gegen italienische Feinde schützen sollte, zum Kaiser gekrönt. Man mißtraute sich gegenseitig und sicherte sich durch Eide ab. Von Otto ist ein Wort an seinen Schwertträger Ansfried überliefert: „Wenn ich heute am Apostelgrab bete, dann halte Du immer das Schwert über meinem

Haupt. Ich weiß sehr wohl, welche Erfahrungen meine Vorgänger mit der Treue der Römer gemacht haben. Bete nachher soviel Du willst, wenn wir wieder im Lager sind."

Das Bündnis zwischen Papst Johannes und Kaiser Otto hielt denn auch nur wenige Monate, aber fast ein Jahrtausend war der deutsche König Inhaber oder Anwärter des römischen Kaisertums. Der letzte von einem Papst in Rom gekrönte deutsche König war Friedrich III. (1452). So wirkkräftig die Idee eines Kaisertums auch gewesen sein mag, so hat es in den 490 Jahren zwischen 962 und 1452 nur rund 180 Jahre gegeben, da ein vom Papst gekrönter Kaiser herrschte. Der deutsche König war Aspirant auf die Kaiserkrone, aber nicht jeder Inhaber der Königswürde erschien dem Papst als geeignet, als ein *idoneus*, wie es mit dem lateinischen Terminus hieß. Hatte der Papst nicht das Recht, auch die Kandidaten für den deutschen Königsthron zu prüfen, wenn der deutsche König später Kaiser wurde? Der große Papst Innozenz III. (1198–1216) erhob diesen Anspruch als päpstliches Dauerrecht, und erst das Reichsgesetz der Goldenen Bulle von 1356 wies die römische Einmischung zurück, indem sie die Königswahl allein dem Kolleg der Kurfürsten vorbehielt.

Ein Kaiser oder ein König, der ein „künftiger Kaiser" (imperator futurus) war, hatte als „Verteidiger der Kirche" die Aufgabe, über das Wohl der Christenheit und damit zugleich über die Integrität des Papsttums zu wachen. Weithin sichtbar war die Tat des deutschen Königs Heinrich III., der 1046 drei konkurrierende Päpste absetzen und einen Mann seiner Wahl einsetzen ließ. Das Kaisertum forderte Kraft und Einsatz außerhalb des näheren Herrschaftsbereichs, und viele deutsche Könige waren einen großen Teil ihrer Regierungszeit in Rom und Italien. Friedrich Barbarossa, der 38 Jahre, von 1152–1190, regierte, war etwa 16 Jahre, rund ein Drittel seiner Regierungszeit, mit italienischen Angelegenheiten beschäftigt.

Schon zu seiner Zeit aber ließen Kraft und Ansehen des Kaisertums nach: andere Nationen verbaten sich die kaiserliche Bevormundung und Oberaufsicht. „Wer hat die Deutschen zu Richtern der Nationen bestellt? Wer hat diesen plumpen und wilden Menschen das Recht gegeben, nach Willkür einen Herrn über die Häupter der Menschenkinder zu setzen?" fragte der englische Staatstheoretiker Johannes von Salisbury eben zur Zeit Barbarossas, dessen Kanzler Rainald von Dassel den französischen König in hochfahrender Weise als „Provinzkönig" einstufte. Man wehrte sich gegen diese Unterordnung und formulierte den Grundsatz: „Ein jeder König ist Kaiser in seinem Reich." Der französische König zum Beispiel wollte niemanden über sich anerkennen – außer Gott.

Die allmähliche Aushöhlung des Kaisertums konnte durch weihevolle Formeln nicht aufgehalten werden. Seit dem 11. Jahrhundert wurde die heilsgeschichtlich wichtige „römische" Qualität des Reiches besonders hervorgehoben; man sprach vom „Kaiser der Römer" und vom „Römischen Reich". Barbarossa betonte in dem Bewußtsein, Nachfolger der antiken Imperatoren, der *divi Augusti*, zu sein, es sei ein „heiliges Reich". Vom 13. Jahrhundert an kam die zusammenziehende Formel „Heiliges Römisches Reich" auf, der im Spätmittelalter der Genitiv „Deutscher Nation" hinzugefügt wurde, um die deutschen Teile des Reiches von den anderen abzuheben. Dieses „Heilige Römische Reich Deutscher Nation", dessen Kaiser nicht mehr der Krönung durch den Papst bedurfte, sondern durch die Königswahl der Kurfürsten, wie es heißt, „wahrer Kaiser wird", bestand bis 1806. Solange die Idee eines übergreifenden Kaisertums stark war, hatte es eine ordnende Macht der abendländischen Christenheit dargestellt. Im Zeitalter autonomer und sich selbst genügender Nationalstaaten war es jedoch, so hat man formuliert, zu einem „leblosen und theoretischen Schematismus" abgesunken.

Aaron J. Gurjewitsch
Heidnischer Volksglaube

Die Pfarrkirchen waren Mittelpunkte nicht nur des religiösen Lebens; in ihnen spielte sich zu einem beträchtlichen Maße auch das soziale Dasein ab: In der Kirche wurden Abmachungen getroffen und Gastmähler gehalten, ihre Räume konnten der Aufbewahrung von Getreide und dem Handel dienen. Sie bildeten den Schauplatz für Spiel und Kampf. Sogar Feiern, die nicht ohne heidnischen Beigeschmack waren, wurden mitunter auf Kirchhöfen begangen, was nach C. Erickson nicht unbedingt eine bewußte Gotteslästerung bedeutete. So zog die Pfarrkirche das Volk aus vielen ganz verschiedenen Gründen an.

Die Mitglieder einer Gemeinde durften nur mit dem eigenen Pfarrer geistlichen Umgang haben, so daß sie unter eine strenge Aufsicht gerieten. Aber es war zugleich eine von den Pfarrkindern gemeinschaftlich geübte Aufsicht. Eine Voraussetzung des religiösen Lebens im Mittelalter bildete nach J. Sumption der unausgesprochene Gedanke, die Sünde des einzelnen wäre eine Angelegenheit aller Gemeindemitglieder. Das ganze Leben eines jeden Ansässigen spielte sich vor ihren Augen ab: Einer beobachtete den anderen. Obwohl die Beichte ein Geheimnis bildete, erfolgte sie doch vor den Augen der anderen Pfarrkinder. Eine beträchtliche Anzahl von Menschen pflegte ihren Wohnort in dem Bestreben zu verlassen, der ständigen Aufsicht des Pfarrers und der Gemeinde zu entgehen. Es fiel ihnen leichter, sich außerhalb des eigenen Kirchspiels von Sünden zu reinigen, als sich der Aufsicht der Gemeinde zu unterwerfen.

Die Bindung des Menschen an seine Kirchgemeinde hatte natürlich auch tiefe psychologische Wurzeln. Vor der Zeit des Lebenden hatten hier seine Vorfahren gewohnt. Die Grenzen des Kirchspiels bezeichneten größtenteils den Umkreis seiner menschlichen Beziehungen; ebenda, in der Nähe der Kirche, sollte er nach dem Ende seines irdischen Daseins begraben werden. Diese kleine Welt bestimmte alle Seiten des Verhaltens der ihr angehörenden Leute, sogar das Gefüge ihrer Gedanken und Gefühle. Die von Bergson überlieferte Anekdote von dem Mann, der inmitten der Menschen, die in der Kirche während einer Predigt weinten, ungerührt blieb und auf die Frage, warum er allein keine Tränen vergösse, die Antwort gab: „Ich komme aus einer anderen Gemeinde", veranschaulicht aufs beste die sozial-psychologische Bindung der Pfarrkinder an ihre kleine Welt.

Dem Haupt der Gemeinde, dem Pfarrer, fiel die durchaus nicht einfache Aufgabe zu, diese Gemeinschaft als anerkannter Lenker ihres Glaubenslebens zu führen. Allerdings wäre ihm die Aufsicht über seine Schäfchen schwer geworden, wenn es nicht solche Nachschlagewerke wie das Bußbuch gegeben hätte. [...]

Außerordentlich reich sind die Bußbücher an Mitteilungen über die Magie; ihre Verfasser kommen ständig darauf zu sprechen, und ich stelle mir keineswegs die Aufgabe, den Stoff erschöpfend zu behandeln. Doch macht es sich erforderlich, bei denjenigen Vorschriften der Bußbücher zu verweilen, die sich gegen die „unrechten" und „heidnischen" Bräuche richteten, mit denen Erfolge im täglichen Leben erzielt werden sollten.

Damit die Arbeiten in der Landwirtschaft gelingen, muß zuallererst der Wechsel der Jahreszeiten beobachtet werden und müssen sich die Tätigkeiten dem Kreislauf der Natur anpassen. Wachsen und Reifen erscheinen dem „primitiven" Menschen nicht als etwas Selbstverständliches; vielmehr hält er es für notwendig, auf die „Elemente", die Bewegung der Sterne, der Sonne und des Mondes durch Magie Einfluß zu nehmen. Bei Neumond mußte „dem Mond geholfen werden, seinen Glanz wiederzugewinnen", zu welchem Zweck Zusammenkünfte einberufen und Zauberkünste geübt wurden. Bei einer Mondfinsternis bemühten sich die erschreckten Menschen, durch Geschrei und Hexenkünste Schutz zu gewinnen. Das Verhältnis zwischen den Menschen und den Naturerscheinungen stellt sich hier als Wechselbeziehung oder gar als gegenseitige Unterstützung dar: Nach diesen Auffassungen können die Elemente den Menschen helfen, und die Menschen wiederum sind fähig, die Elemente vermittels besonderer Verfahren in die erforderliche Richtung zu lenken.

Vor uns erstehen ganz archaische Vorstellungen, bei denen der Mensch von sich in denselben Begriffen wie von der Außenwelt denkt und keine Loslösung von ihr empfunden hat. Mit anderen Worten: Seine Beziehungen zur Natur sind nicht auf dem Verhältnis des Subjekts zum Objekt aufgebaut, sondern er geht von der Überzeugung aus, daß der Mensch und die Natur in innerer Einheit und wechselseitiger Durchdringung stehen, daß sie im Wesen verwandt und durch Magie verbunden sind. Der Begriff des Teilhabens ist anscheinend am besten zur Beschreibung dieses Verhältnisses gegenüber der Welt geeignet. Die Natur und der Mensch bestehen aus denselben „Elementen", und gerade die Überzeugung von der völligen Entsprechung der Außen- und der Innenwelt regt die Menschen an, auf die Natur und den Gang der Dinge, also auch auf die Zeit einzuwirken. Bei seiner Verurteilung dieser Vorstellungen und Bräuche betrübt sich Burchard von Worms besonders darüber, daß sie im Bewußtsein des Volkes so tief verwurzelt sind und „gewissermaßen von den Vätern auf die Söhne vererbt werden". Die Erbitterung des Bischofs ist völlig verständlich, denn solche *traditiones paganorum* befanden sich im schreienden Widerspruch zu den kirchlichen Lehren, nach denen allein die göttliche Vorsehung die Welt beherrscht und all ihre Bewegungen gelenkt hätte. Eine ganze Anzahl von Handlungen, die im neuen Jahr Segen verbürgen sollten, darunter auch brauchtümliche Gastmähler mit Gesängen und Beschwörungen, wurde am ersten Januar vorgenommen: gerade an diesem Tage glaubte man, in die Zukunft schauen und sie so bestimmen zu können, daß „einem im neuen Jahr mehr Erfolg vergönnt sein werde als vorher", besonders wenn man sich mit einem Schwert umgürtete und auf dem Dach seines Hauses Platz nahm, sich auf einer Ochsenhaut auf einem Kreuzweg niederließ oder in der Nacht ein Brot buk, das gut aufgehen mußte.

Eine weitere Voraussetzung einer erfolgreichen Landwirtschaft ist gutes Wetter. Die Bußbücher verdammen die Zauberer, die Gewitter besprachen und auf das Wetter einwirkten. Mit der ihm eigenen Anschaulichkeit beschreibt Burchard von Worms die Bräuche, mit denen Dürre verbannt wurde. Diese Schilderung erlaubt uns, einen Blick auf ein deutsches Dorf am Anfang des 11. Jahrhunderts zu werfen. Nachdem es lange nicht geregnet hat und die Bauern sehr unter der Trockenheit leiden, versammeln nach Burchards Schilderung die Frauen eine Menge kleiner Mädchen und stellen eines davon an die Spitze des Zuges. Es wird splitternackt ausgezogen, woraufhin sich alle zum Dorfrand aufmachen, um dort ein Kraut zu suchen, das auf deutsch *belisa* (Bilsenkraut – d. Ü.) heißt. Das nackte Mädchen muß die Pflanze mit dem kleinen Finger der rechten Hand ausreißen. Daraufhin bindet man die Wurzel des Krautes an die kleine Zehe des rechten Fußes des Mädchens, wonach die anderen Kinder mit Gerten in der Hand das Mädchen, das die Pflanze mit seinem Fuß hinter sich herzieht, zum nächsten Bach führen und es dort mit den Gerten naßspritzen müssen, wobei sie durch Beschwörungen den Regen herbeirufen. Zuletzt führen sie das nackte Mädchen in umgekehrter Richtung vom Bach zum Dorf, wobei es „wie ein Krebs" rückwärts gehen muß.

Dieses Herauslocken des Nasses durch magische Bräuche, die von unschuldigen Kindern geübt werden, erinnert lebhaft an ähnliche Verfahrensweisen von Völkern, die auf einer frühen Entwicklungsstufe verharren und von denen sich die Bauern des Frühmittelalters anscheinend noch nicht allzuweit entfernt hatten – sofern man jedenfalls nach ihrem Zauber urteilt. Burchard von Worms bemerkt, daß Frauen sich der beschriebenen Handlungen zu bedienen pflegten, aber dann wendet er sich an die Beichtenden: „Falls du so getan hast oder damit einverstanden gewesen bist, mußt du zwanzig Tage bei Wasser und Brot fasten."

Wie Burchard an einer anderen Stelle ausführt, sprechen „ruchlose Leute" (Schweinehirten, Rinderhirten, Jäger) teuflische Sprüche offenbar magischen Inhalts über ein Brot, über Kräuter oder irgendwelche Knoten und werfen diese dann auf Stellen, wo sich zwei oder drei Wege kreuzen, wenn sie die eigenen Herden oder Hunde von der Pest oder einer anderen Plage befreien und fremde Tiere verderben wollen. In anderen Bußbüchern geht die Rede gleichfalls von Knoten, von Beschwörungen und Hexensprüchen, die in Wäldern oder auf Kreuzwegen hergesagt werden, all das zu dem Zweck, daß das Vieh vor einer Seuche bewahrt bleibt. In ähnlicher Weise stehlen die Bauern ihren Nachbarn durch Besprechen Milch und Honig. Sie locken die Ausbeute zu ihren Kühen und Bienen, und mit Worten, dem bösen Blick oder auf eine andere Weise rufen sie Schäden unter fremden Küken, Ferkeln oder anderen Jungtieren hervor. Burchard verurteilt die Zaubersprüche und -bräuche, die Frauen beim Spinnen und Weben murmelten und die ihnen offenbar die Arbeit erleichtern sollten. Burchard selber glaubt nicht an diesen Zauber und nennt ihn „Aberglauben" und „Trug". Seine Zeitgenossen aus dem einfachen Volk dachten offensichtlich ganz anders darüber.

Werner Rösener

Agrartechnische Revolution

Beurteilt man die Entwicklung der bäuerlichen Arbeitsgeräte als Ganzes, so läßt sich zusammenfassend konstatieren, daß das zu Beginn des 14. Jahrhunderts erreichte agrartechnische Niveau sich deutlich von den Verhältnissen des frühen Mittelalters abhob und einen Standard erreichte, der „in vieler Hinsicht als historischer Typ normensetzend über seine Zeit hinauswirkte". Das 12. und

13. Jahrhundert bilden offenbar die entscheidende Epoche, in der parallel zur beträchtlichen Ausdehnung des kultivierten Landes im Zuge des Landesausbaus und in Wechselwirkung zur Entfaltung der Stadtkultur wichtige Neuerungen im landwirtschaftlichen Gerätewesen erfolgten und eine höhere Stufe des agrartechnischen Fortschritts erreicht wurde. Zu den Verbesserungen, die sich in dieser hochmittelalterlichen Zeitspanne durchsetzten und während der nachfolgenden Jahrhunderte erhalten blieben, gehörten vor allem der Beetpflug, das Arbeitspferd mit Hufeisen und modernem Zuggeschirr, die Grasmähsense, der Ackerwagen, der Dreschflegel, die Wasser- und Windmühle und nicht zuletzt die Dreifelderwirtschaft, auf die noch näher einzugehen ist. Die agrartechnische Entwicklung verlief dabei nicht gleichmäßig, sondern nach Region und verkehrsmäßiger Lage verschieden. Diese oder jene Verbesserung wird sich bald verbreitet haben, anderes viel langsamer. Im bäuerlichen Gerätewesen stieß man selbst im 19. und 20. Jahrhundert, als die volkskundliche Forschung eine systematische Inventarisierung bäuerlicher Arbeitsgeräte vornahm, auf eine erstaunliche Unterschiedlichkeit der Entwicklung in den einzelnen Landschaften; in einigen Gebieten erhielten sich altertümliche Geräte und Arbeitsverfahren mit großer Hartnäckigkeit, während benachbarte Regionen bereits den neuesten Standard der Agrartechnik erreicht hatten.

Im Hochmittelalter ist insgesamt eine deutliche Zunahme der eisernen Teile bei den Arbeitsgeräten der Bauern zu beobachten, wodurch die Geräte längere Haltbarkeit und größere Arbeitseffektivität erreichten. Dies trifft besonders auf Pflug und Ackerwagen, auf Sichel und Sense zu, schließt aber auch den Spaten ein, der nun in der Regel mit eisernen Beschlägen versehen war. Die zunehmende Eisenproduktion und verbesserte Eisenverarbeitung des Hochmittelalters wirkten sich dabei günstig auf den Gerätebestand der Landwirtschaft aus. Das städtische Zunfthandwerk war an der Produktion landwirtschaftlicher Geräte zwar beteiligt, doch spielte das Dorfhandwerk bei der Herstellung bäuerlicher Geräte offenbar die größere Rolle. Neben den Stellmachern ist hier vor allem der Schmied zu nennen, der bei der Herstellung eiserner Geräte wie Pflugscharen und Sensenblättern eine unentbehrliche Funktion ausübte. Soweit wie möglich wurden Holzgeräte und hölzernes Zubehör von Arbeitsgeräten in den bäuerlichen Haushalten selbst hergestellt, besonders Sensenbäume, Sichelgriffe, Spatenstiele, Eggerahmen und hölzerne Bestandteile des Pfluges. Das dafür notwendige Holz besorgten sich die Bauern aus den Wäldern der dörflichen Allmende. Die Eigenproduktion von Arbeitsgeräten stand also bei den Bauern zweifellos im Vordergrund, sie wurde aber seit dem Hochmittelalter in steigendem Maße durch handwerkliche Produktionsformen ergänzt, als die zunehmende Marktverbundenheit der bäuerlichen Wirtschaft sich auch im Gerätesektor auswirkte.

Einen wesentlichen Faktor für den agrarwirtschaftlichen Fortschritt des Hochmittelalters stellt die Ausbreitung der Dreifelderwirtschaft dar. Die Anfänge dieses Bodennutzungssystems gehen zwar auf die Karolingerzeit zurück, doch erstreckte sich seine damalige Anwendung im wesentlichen auf wenige herrschaftliche Äcker. Die eigentliche Ausbreitung der Dreifelderwirtschaft in Gestalt der dörflichen Dreizelgenwirtschaft fand erst im Hochmittelalter statt, so daß dieses Feldsystem im Spätmittelalter schließlich zur vorherrschenden Form der Ackerlandnutzung in den meisten Landschaften wurde. In vielen Abhandlungen, die sich mit Gestalt und Entwicklung der mittelalterlichen Dreifelderwirtschaft befassen, werden ihre Entwicklungsphasen zu pauschal dargestellt: Dreizelgenwirtschaft liegt – wie oben näher ausgeführt wurde – erst vor, wenn die Gewannflur eines Dorfes in drei Zelgen (Großfelder) eingeteilt ist und eine für alle Bauern verbindliche Rotation von Wintergetreide, Sommergetreide und Brache erfolgt. Eine Dreifelderwirtschaft in diesem speziellen Sinne – ihre Anwendung im dörflichen Rahmen mit Flurzwang – breitet sich erst seit dem 12. und 13. Jahrhundert in verstärktem Maße aus und ist eng mit dem allgemeinen Vorgang der Vergetreidung und der intensiveren Bewirtschaftung der bebauten Dorfflur verbunden. Die verzelgte Gewannflur geht jedenfalls nicht auf die germanische Frühzeit zurück, wie man früher annahm, sondern ist ein Produkt des Hochmittelalters: Der Prozeß der Verzelgung, die Zusammenfassung der bebauten Flurstücke zu Großfeldern, läßt sich erst seit dem Hochmittelalter beobachten und ist eine höchst bedeutsame Form der Rationalisierung im mittelalterlichen Getreideanbau. Obwohl immer noch keine genauen Daten zur Entstehungszeit und zur massenhaften Einführung dieses Feldsystems in den einzelnen Landschaften und Ländern vorliegen und auch nur schwer zu erbringen

sein werden, scheint heute festzustehen, daß sich die Dreifelderwirtschaft im Hochmittelalter zuerst in den großen Getreidebaulandschaften Nordfrankreichs, der Niederlande und Westdeutschlands entwickelt und sich von dort in unterschiedlichem Tempo
auf die Nachbarregionen ausgebreitet hat.

Hansjörg Küster

Zentralörtlichkeit

Inmitten der Versorgungsräume, inmitten des dörflichen Umlandes
entwickelte sich während des Mittelalters städtische Kultur. Die
Städte waren in der Versorgung mit Naturalien vom Land abhängig. Weil es aber in ihnen Handel und damit Geld gab, übernahmen sie die führende ökonomische Rolle; es entstand eine Abhängigkeit des Landes, also der Dörfer, von der Stadt. Stets wurde eher
die Abhängigkeit vom Geld als entscheidend angesehen, weniger
das Abhängigkeitsverhältnis, das sich aus der Naturalienversorgung
ergab. Man muß sich aber klarmachen, daß im Grunde genommen
zwar die Dörfer ohne die Städte existieren konnten, nicht aber die
Städte ohne ihr ländliches Umfeld.

Jede Stadt mußte sogar von einer ganzen Anzahl von Dörfern
umgeben sein, um genügend Versorgungsgüter erhalten und genügend wirtschaftliche Potenz auf ihrem Markt bündeln zu können.
Die zentralen Orte durften nicht zu dicht beieinander liegen. Es
entwickelte sich eine „Zentralisierungs-Pyramide" aus Dörfern,
Kleinstädten oder Unterzentren, Großstädten oder Oberzentren,
die Walter Christaller in einer schon fast klassisch zu nennenden
Darstellung aus ökonomischer Sicht beschrieben hat.

Städte waren attraktive Wohnorte, und zwar nicht nur, weil
städtische Bürgerrechte Privilegien mit sich brachten und Stadtluft
„frei" machte. In den Städten gab es Märkte, Kultur, Kirchen, Zugang zu Nachrichten, ein hohes Maß an Sicherheit. All dies zog
Menschen an, weshalb das städtische Areal immer sehr dicht bebaut
werden mußte, um Wohnraum für alle Zuzügler zu schaffen. Ein
Charakteristikum der städtischen Siedlung ist das „verdichtete
Wohnen". In jeder Stadt war die äußere Befestigung, die aus Mau-

ern, Türmen, Toren, Zugbrücken und Gräben bestand, nur unter größten Anstrengungen zu errichten und zu unterhalten. Und es war leichter, kurze Mauerstrecken zu verteidigen, als lange. Deshalb mußten die Mauern und Gräben so kurz wie möglich sein. Erst dann, wenn die städtische Bevölkerung so stark angewachsen war, daß die Stadt aus allen Nähten platzte, entschloß man sich zur Erweiterung des Mauerringes.

Viele Städte erhielten im Lauf des Mittelalters noch einen weiteren äußeren Verteidigungsring, eine Landwehr, die nicht wie die Mauer in sich völlig abgeschlossen sein mußte. In Berlin erinnert daran der Landwehrkanal, in Hamburg der Name eines S-Bahnhofes. Die Weichbilder Rothenburgs und Schwäbisch Halls werden von noch heute gut sichtbaren Wällen, Hecken und anderen Befestigungsanlagen umschlossen, den Landhecken, die man von Landtürmen aus bewachte. Landhecken gibt es auch im Siegerland. Ein Teilstück einer Landwehr in Südthüringen blieb als derart markante Landschaftsstruktur bis ins 20. Jahrhundert hinein erhalten, daß man ihr einen Abschnitt der ehemaligen innerdeutschen Grenze folgen ließ.

Viele Stadtbewohner waren Bauern, sogenannte Ackerbürger. In der Stadt wurden Rinder, Schweine und Pferde gehalten, die unter anderem auf dem „Brühl", dem herrschaftlichen Weideland, vor den Mauern weideten. Die Ackerbürger besaßen Getreideäcker, Obst- und Weingärten vor den Toren der Stadt. Am Rand der nur wenig befestigten städtischen Gassen, vor den Mauern der Stadthäuser wuchs das Unkraut, das später für die Dörfer charakteristisch wurde, Brennessel, Andorn, Katzenminze und Guter Heinrich.

Dann gab es Handwerker in der Stadt, Schuster, Brauer, Bäcker, Metzger, Schiffbauer, Färber, Gerber, Müller, Zimmerleute, Leineweber. Kaufleute lebten in der Stadt, Geistliche, Lehrer, städtisches Verwaltungs- und Wachpersonal. All dies hat unmittelbar mit der Kulturlandschaft im Umfeld der Stadt zu tun, denn im Gemeinwesen der Stadt mußten sehr verschiedene Bedürfnisse von Bürgern befriedigt werden. Deshalb sollte sie eine möglichst optimale Lage in der Landschaft haben.

Viele mittelalterliche Städte entstanden in ähnlicher landschaftlicher Situation wie die Städte der Römerzeit. Manche von ihnen, zum Beispiel Köln und Trier, waren auch in der Völkerwanderungszeit zentrale Orte geblieben. Sie blühten im Mittelalter als

Folge der wiedererstarkten ökonomischen und politischen Organisation auf. Notwendig für die Stadt waren eine enge Bindung an das Umland, eine ausreichende Wasserversorgung, ein Flußübergang, Möglichkeiten zum Betrieb von Wassermühlen in unmittelbarer Siedlungsnähe, Hafen und Märkte, eine Befestigung. Die dörfliche Siedellage bot alle diese Voraussetzungen nicht. Städte sind nicht aus Dörfern ohne Grund „gewachsen"; sie sind auch nicht grundsätzlich das Ergebnis planerischer Prozesse, wie Cord Meckseper meint. Die für die Stadtentwicklung geeigneten Orte waren durch landschaftliche Prädisposition determiniert; in vielen Fällen kann man begründen, warum sich an einem bestimmten Ort nur eine Stadt entwickeln konnte und niemals ein Dorf.

Das wird im Fall von Siedlungen besonders deutlich, die sich auf kleinen Inseln inmitten von Gewässern und Feuchtgebieten entwickelten. Konstanz, eine der wichtigsten Städte des Mittelalters, liegt auf einem schmalen Hügelsporn, der auf fast allen Seiten vom Bodensee und von Mooren umgeben ist. Vor dem Mittelalter befand sich dort ein kleiner Weiler, der nur einen Teil des Hügels bedeckte; auf der anderen Hälfte des Hügels konnte die landwirtschaftliche Nutzfläche gelegen haben. Der ganze Hügel bot sich auf Grund seiner Nähe zum Wasser, der Möglichkeit, einen Rheinübergang einzurichten, und wegen der idealen Voraussetzungen für die Anlage einer Befestigungsmauer als Ort für eine Stadt an. Siedelte man aber den gesamten Hügelsporn auf, gab es keinen Platz mehr für Äcker. In dieser Form konnte die Siedlung nur dann weiterexistieren, wenn sie von außen, aus dem Umland, mit Agrargütern versorgt wurde; sie „mußte" fortan Stadt sein. Über den Markt kamen Güter von außen nach Konstanz, andere Güter wurden dort an das Umland verteilt, der Markt zog allmählich auch den Fernhandel an.

Es gibt zahlreiche Siedlungen in Mitteleuropa, die in Insel- oder Halbinsellage entstanden und deshalb irgendwann einmal die wirtschaftliche Organisationsform der Stadt annahmen, um überleben zu können. Ein berühmtes Beispiel für so eine Stadtlage ist die Ile de la Cité, der Kern von Paris.

Evamaria Engel

Kölns Ringen um Freiheit

Zur Feier des Osterfestes 1074 hatte sich Erzbischof Anno von
Köln den Bischof von Münster in seinen erzbischöflichen Palast
eingeladen. Für dessen Rückreise ließ der Kölner Kirchenfürst
durch seine Diener das zu einer Handelsreise mit Waren beladene
Schiff eines sehr reichen Kölner Kaufmanns beschlagnahmen. Dieser Vorfall löste in der Stadt einen Aufstand gegen den überheblichen und strengen Erzbischof aus, „der so oft Widerrechtliches
anordne, so oft Unschuldigen das Ihre wegnehme, so oft die eh-
renwertesten Bürger mit den unverschämtesten Worten anfalle"
und „mit tyrannischem Hochmut über sie" schalte, wie der durchaus nicht bürgerfreundlich eingestellte Annalist Lampert von Hers-
feld Annos Charakter, Haltung und Politik gegenüber den Bürgern
beschreibt. Der unrechtmäßige Eingriff in das persönliche Gut eines Kaufmanns war nur der Anlaß, der die schon länger angestaute
Unzufriedenheit mit dem geistlichen Stadtherrn von Köln in Aufruhr und Empörung umschlagen ließ. Der Chronist nennt als Teilnehmer des Aufstandes die „Großen" und „Vornehmen" *(primores)*
der Stadt, die vor allem Kaufleute waren, und – undifferenziert und
allgemein – das „Volk". Sein Bericht erlaubt die Interpretation, daß
die Aufständischen verabredet vorgingen, ohne daß eine beschwo-
rene Einung, eine *coniuratio,* erkennbar wird und der Aufstand in
die Ausbildung einer Kölner Stadtgemeinde einmündete. Deutlich
machen Lamperts Annalen allerdings das die Kölner anstachelnde
Beispiel der Wormser Bürger, die jüngst, 1073, ihren bischöflichen
Stadtherrn und dessen Ministerialen in die Schranken gewiesen
hatten. Mit Hilfe von außen, u.a. von Bauern der Umgebung, gelang es dem Kölner Erzbischof, den Aufstand niederzuschlagen; die
von den Bürgern erbetene Unterstützung durch König Heinrich IV. blieb aus.

Gut 30 Jahre später, 1106, zeigt sich schon eine größere politische Selbständigkeit der Kölner Bürger. Sie vertrieben Erzbischof
Friedrich I., den Parteigänger König Heinrichs V., aus der Stadt
und stellten sich in den Kämpfen zwischen Kaiser Heinrich IV. und
seinem Sohn Heinrich V. auf die Seite des Vaters. Sie verstärkten
die Stadtbefestigung und bezogen weitere Vorstädte in den Mauer-

ring ein. Drei Wochen lang belagerte Heinrich V. erfolglos die Stadt. Die erlangte Wehrhoheit war ein bedeutendes Recht, das nun die Bürger ausübten und das die Existenz von gemeindlichen Organisationsformen voraussetzte. Wehrhoheit und Gemeindebildung verliefen auch in anderen Städten parallel. Eine solche wird in dem Schöffenkolleg, 1103 erstmals erwähnt, deutlich. Die Schöffen, 20 bis 30 an der Zahl, stellten das erste kommunale Verwaltungsorgan in Köln dar, welches das Zollregal wahrnahm. Das Vorhandensein eines Stadtsiegels, das als „Siegel der Bürger" 1149 erstmals bezeugt ist und damit zu den ältesten Stadtsiegeln Europas zählt, ferner die gleichzeitige Existenz eines Bürgerhauses als Vorläufer des Rathauses, die frühe Zunftentstehung in Köln, der selbständige Abschluß von zweiseitigen Verträgen mit den Städten Trier und Verdun seit der Mitte des 12. Jahrhunderts deuten die fortschreitende Emanzipation der Kommune aus der Stadtherrschaft des Erzbischofs an. Der Vertrag mit Verdun befreite die Kaufleute von Verdun bei Schuldklagen in Köln vom Gottesurteil des Zweikampfes (Duell), in dessen Ausgang man ein Zeichen Gottes sah, und schaffte damit einen für den Kaufmann unangenehmen Bestandteil des frühmittelalterlichen Strafrechts ab; an seine Stelle trat der Eid.

Auf dem Wege ihrer allmählichen Befreiung setzten die Kölner wiederholt auch finanzielle Mittel ein, um sich von Erzbischöfen oder Kaisern Gnade und Rechte zu erkaufen. In einem wechselvollen, jahrhundertelangen Ringen zwischen Erzbischof und Stadt verblieben dem Stadtherrn schließlich nur noch Reste der Hochgerichtsbarkeit. Dieses Ringen hatte verschiedene Höhepunkte. So 1180, als die Kölner, gegen den Willen des Erzbischofs, die Stadt erweiterten und mit einem neuen, großen Mauerring umgaben. Zur gleichen Zeit ist in Köln erstmals die Richerzeche als genossenschaftliche Organisation der Kaufleute sicher belegt, die von da an vor allem das wirtschaftliche Leben in der Stadt leitete. So seit der Mitte des 13. Jahrhunderts, als die patrizischen Kaufleute und führenden Geschlechter die Unabhängigkeit der Stadt gegen den machtgierigen Erzbischof Konrad von Hochstaden, der sich unter Ausnutzung innerer sozialer Gegensätze mit Handwerkern und den Armen verbündete, und gegen dessen Nachfolger verteidigen konnten. So erneut 1288, als Köln in der Schlacht bei Worringen um das Limburger Erbe siegreich auf der Seite des städtefreundlichen Brabanter Herzogs gegen den Kölner Erzbischof kämpfte und damit die militärische Bedeutung des Städtebürgertums ankündigte. Eine Besonderheit der kommunalen Entwicklung Kölns bestand darin, daß sich in dieser wirtschaftlich fortgeschrittensten deutschen Stadt ein Stadtrat als selbständiges Verwaltungsorgan der Bürger erst spät, 1216 bzw. 1242 erwähnt, bildete. In der Rheinstadt nahmen seine Funktionen in Verwaltung und Gericht andere kommunale Organe wahr, wie das Schöffenkolleg, die Richerzeche mit den von ihr bestimmten zwei Bürgermeistern und die in Anlehnung an die Pfarrsprengel der Innenstadt existierenden Sondergemeinden mit gewählten Meistern *(magistri)* an der Spitze, die im Verteidigungs- und Steuerwesen und besonders bei der Grundstücksverwaltung Aufgaben hatten.

Walter Rüegg/Paolo Nardi
Erste Universitätsgründungen

Die Universität ist eine, ja die europäische Institution *par excellence:* Als Gemeinschaft von Lehrenden und Lernenden, ausgestattet mit besonderen Rechten der Selbstverwaltung, der Festlegung und Ausführung von Studienplänen und Forschungszielen sowie der Verleihung öffentlich anerkannter akademischer Grade ist sie eine Schöpfung des europäischen Mittelalters. Die Universität ist zum andern die einzige europäische Institution, deren grundlegende Strukturen und gesellschaftliche Rollen sich im Wandel ihrer Geschichte erhalten, ja gefestigt und ausgeweitet haben. Von den drei anerkannten Mächten des Mittelalters, *regnum, sacerdotium, studium,* hat die erste, die politische Gewalt, tiefgreifende Veränderungen erfahren. Die zweite hat zwar in der römisch-katholischen Kirche ihre Struktur bewahrt und sich über den ganzen Erdball ausgebreitet, jedoch ihr Heilsmonopol verloren. Ähnliches gilt für andere Schöpfungen des Mittelalters, die typisch europäischen Formen der Geldwirtschaft, der bildenden Kunst, der Architektur, der Musik.

Keine andere europäische Institution hat wie die Universität mit ihren überlieferten Strukturen und ihren wissenschaftlichen Leistungen in der ganzen Welt universale Geltung erlangt. Die Titel der mittelalterlichen Universität, Bakkalaureat, Lizenziat, Magistergrad, Doktorat, werden in den unterschiedlichsten politischen und ideologischen Systemen anerkannt. Die vier mittelalterlichen Fakultäten der Theologie, Jurisprudenz, Medizin und der *Artes* haben zwar teilweise andere Bezeichnungen erhalten. So wurde die Artistenfakultät zur philosophischen, zu derjenigen der *lettres, sciences, humanities.* Zahlreiche, vor allem sozialwissenschaftliche und technologische Disziplinen kamen hinzu, doch bilden die alten Fakultäten nach wie vor auf der ganzen Welt den Kern der Universitäten. Selbst der Name der *universitas,* der im Mittelalter für Genossenschaften unterschiedlichster Art gebraucht wurde und dementsprechend zunächst nur die korporative Organisation von Lehrern und Schülern bezeichnete, erhielt im Lauf der Jahrhunderte eine geistige Aufwertung: Als *universitas litterarum* verkörpert die Universität seit dem 18. Jahrhundert die Bildungsinstitution, welche die Gesamtheit der Wissenschaften zu pflegen und zu vermitteln hat.

Die Universität ist schließlich eine europäische Institution, weil sie in ihrer sozialen Rolle europäisch bestimmt ist. Sie entwickelt und vermittelt wissenschaftliche Erkenntnisse und Methoden, die auf dem gemeinsamen Erbe Europas gründen. Gleichzeitig bilden sie eine geistige Elite aus, deren Ethos auf einer gemeinsamen europäischen Wertordnung beruht und alle nationalen Schranken transzendiert [...]

Frühere Vorstellungen, wonach die Kaiser von Anfang des 12. Jahrhunderts an eine aktive Hochschulpolitik betrieben hätten, sind von der neueren Forschung überzeugend widerlegt worden. Es gibt in der Tat keine Beweise für die These, daß die Universität Bologna auf Veranlassung der Gräfin Mathilde von Canossa nach deren im Mai 1111 erfolgten Ernennung zum Reichsvikar gegründet worden sei. In den ersten Jahrzehnten des 12. Jahrhunderts sah sich nicht einmal die Kirche in der Lage, den neuen Schulen, die überall in Europa entstanden, einen institutionellen Rahmen zu geben, obwohl der Klerus seit der gregorianischen Reform sich in verstärktem Maße mit theologischen und juristischen Studien beschäftigte. Festere offizielle Beziehungen erschwerte die Art dieser Schulen: Ihr Erfolg hing weniger vom Unterrichtsort als vom Geschick des Lehrers ab, einen Kreis von Schülern um sich zu sammeln und sie so zu beeindrucken, daß sie ihm überallhin folgten.

Zugleich war man allgemein überzeugt, daß „lukrative" Berufe dem Glauben abträglich seien. Dementsprechend verboten die Konzilien von Clermont 1130, von Reims 1131 und das zweite Laterankonzil 1139 den Mönchen und Kanonikern, sobald sie die Weihe empfangen hatten, Medizin oder Recht zu studieren. Gleichwohl pflegte die Kurie die Kontakte mit den wichtigsten Schulen, so für das Recht mit Bologna, für die Theologie mit Paris: Der Kardinal Haimerich, Kanzler der Heiligen Römischen Kirche von 1123 bis 1141, stand mit dem berühmten Bologneser Glossator Bulgarus in Verbindung, und 1144 übernahm sein Amt als Kanzler Kardinal Pullen, ein englischer Theologe, der in Paris gelehrt hatte.

Der erste Beweis kaiserlichen Interesses für Tätigkeit und Bedürfnisse der Lehrer und Scholaren war zweifellos die *Authentica habita,* das kaiserliche Gesetz, das Friedrich Barbarossa erließ, als er zum ersten Mal nach Italien kam, um die Kaiserkrone in Empfang zu nehmen. Nach der Darstellung des anonymen *Carmen de Gestis Frederici I* wurde der Kaiser im Mai 1155 bei einer Begegnung mit Magistern und Studenten der Rechtsschulen in der Nähe Bolognas gebeten, die ausländischen Scholaren von der Haftung für Schulden ihrer Landsleute zu befreien und ihnen die notwendige Bewegungsfreiheit zu gewähren, „auf daß niemand die Studierwilligen am Studienort wie auf dem Wege dorthin und zurück behindere", *ut nemo studium exercere volentes/impediat stantes nec euntes nec redeuntes.* Friedrich verabschiedete darauf das berühmte Gesetz. Darin bekräftigte er vor allem den Wert wissenschaftlicher Erkenntnis und versicherte alle, die studienhalber in der Fremde leben müßten, seiner Anerkennung und seines Schutzes. Er erteilte den Professoren des Zivilrechts sowie den Studenten das Privileg, sich frei zu bewegen und sich in Sicherheit an ihren Studienorten aufzuhalten. Nachdem er sein Mitgefühl für die mit den Studien in der Fremde verbundenen finanziellen Opfer und persönlichen Gefahren bekundet hatte, verordnete er ferner, daß niemand die Scholaren verletzen, insbesondere für Schulden ihrer Landsleute belangen dürfe. Er setzte eine Buße in der Höhe des vierfachen Streitwertes für die Mißachtung dieses Verbotes fest und verfügte bei dessen mangelhafter Durchsetzung durch die Behörden den lebenslangen Ausschluß aus öffentlichen Ämtern. Schließlich sprach Friedrich den Scholaren das Recht zu, im Fall einer Anklage ihre Lehrer oder den Bischof als Richter zu wählen, und erklärte eine – noch so begründete – Anklage, die einem anderen Richter vorgelegt würde, für hinfällig. Damit wurde das bisher auf die Kleriker beschränkte Gerichtsprivileg, das *privilegium fori,* auf die Laienstudenten ausgedehnt und so ein antikes Kaisergesetz wieder eingeführt, das den Bologneser Magistern wohlbekannt war: es fand sich in der Konstitution *Omnem,* mit der Justinian dem Bischof und den Professoren bei Beirut die Gerichtsbarkeit über die Studenten dieser Stadt übertragen hatte. Die *Habita* wurde auf Veranlassung Friedrichs in den Codex Justinians eingefügt und bildet deshalb ein wichtiges Zeugnis für den Willen des Kaisers, das römische Reich in den Ordnungen des *Sacrum Imperium,* des „Heiligen Reichs", zur Anwendung zu bringen. Diese Absicht entsprach ganz dem Interesse der Bologneser Magister, dem Justinianischen Recht, das sie auslegten und unterrichteten, allgemeine Anerkennung und Wirkung zu verschaffen.

Luisa Muraro (Hg.)

Inquisitionsprotokoll:
Mayfreda von Pirovano und die feministische Häresie

Andreas, Sohn des verstorbenen Girardus Saramita, Stadt Mailand, außerhalb der *Porta Cumensis,* kam vor die Brüder Guido de Cochenato und Raynerius de Pirovano aus dem Dominikanerorden die durch die Ermächtigung des Heiligen Stuhls als Inquisitoren der ketzerischen Verbrechen in der Lombardei und der Mark Genua eingesetzt worden sind. Von den Inquisitoren unter Eid und der Androhung von Strafen, wodurch er gebunden und dem Amt für Inquisition verpflichtet ist, befragt, ob er am Tag und zu der Stunde des Todes von *Guillelma,* die beim Kloster Clarevalis begraben ist, anwesend gewesen sei antwortete er, er sei dabeigewesen und er glaube, Magister Jacobus de Ferno und Herr Danixius Cotta seien ebenfalls anwesend gewesen. Dieser Herr Danixius sei mit Andreas zum Markgrafen von Montferrat oder vielmehr zu Amedotus, dem Sekretär des genannten Markgrafen, gegangen, und der habe ihnen Geleit gegeben, damit sie Guillelma sicher zum Kloster von Clarevalis hätten überführen können, da ja damals Krieg zwischen den Mailändern und den Bewohnern von Lodi geherrscht habe. Befragt, ob er sich erinnere, welche Worte Guillelma um die Stunde ihres Todes gesagt habe, antwortete Andreas, er habe von Guillelma selbst oder von den dort anwesenden Frauen, nämlich von Alegrantia de Perusiis, Karabella de Toschanis, Bonacossa de Marescho, von einer von diesen oder von mehreren anderen gehört, daß Guillelma in ihrem Beisein gesagt habe: Ihr glaubtet zu sehen, was ihr wegen eurer Ungläubigkeit nicht sehen werdet, und sie, Guillelma, habe von den fünf Wundmalen gesprochen, die sie an ihrem Körper gehabt haben soll, wie Christus sie an seinem Körper hatte. Andreas glaubt, daß es unter den Anhängern und Anhängerinnen der Guillelma die allgemeine Meinung gegeben habe, sie habe diese Wundmale an ihrem Körper. Die Anhänger erwarteten diese Wundmale zu sehen, aber sie hätten sie nicht gesehen. Befragt, ob er gehört habe, daß Guillelma kurz vor ihrem Tode gesagt hat: Eine kleine Weile, und ihr werdet mich nicht sehen, und wieder eine kleine Weile, und ihr werdet mich sehen, antwortete er, er selbst habe diese Worte nicht gehört, wohl aber habe er etwas darüber von Magister Jacobus de Ferno gehört. Magister Jacobus habe jedoch nicht gesagt, daß er jene Worte von Guillelma gehört habe. Befragt, ob er jemals von Herrn Beltramus Malcolzatus oder einer anderen Person, tot oder lebendig, die er in seinen anderen Aussagen nicht genannt habe, gehört habe, daß Guillelma *der Heilige Geist* sei, daß sie vor dem jüngsten Tag auferstehen und in den Himmel auffahren werde, daß durch sie die Juden und Sarazenen erlöst würden und anderes, das er, Andreas, in seinen anderen Aussagen über Guillelma gesagt habe, antwortete Andreas, er habe dem Priester Miranus de Garbagniate von der Stiftskirche St. Firmus in Mailand gesagt, daß Guillelma der Heilige Geist sei und daß sie vieles getan habe, was den Taten Christi ähnlich sei. Befragt, ob er jemals gesagt habe, daß der Papst Bonifaz, der zur Zeit Papst sei, kein wahrer Papst sei, antwortete er, er habe das niemals gesagt. Befragt, ob die heilige Guillelma ihm jemals gesagt habe, sie sei der Heilige Geist, offen, ausdrücklich oder indirekt durch eine Umschreibung oder auf irgendeine andere Art, auf die sie das habe behaupten oder unterstellen wollen, antwortete Andreas mit nein. Befragt, ob er selbst jemals irgend jemandem gesagt habe, er habe von Guillelma gehört, sie habe behauptet oder unterstellt, daß sie der Heilige Geist sei, antwortete Andreas mit nein. Befragt, ob ihm jemals irgend jemand gesagt habe, er habe von Guillelma gehört oder sie habe gesagt oder unterstellt, daß sie der Heilige Geist sei, antwortete Andreas mit nein. Andreas wurde befragt: Wenn er gesagt habe oder in seiner schriftlich niedergelegten Aussage geschrieben habe, daß der Erzengel Raphael der Mutter der Guillelma, der seligen Constantia, die Menschwerdung der Guillelma verkündet habe, wie der Erzengel Gabriel der Heiligen Maria die Menschwerdung Christi verkündet habe, daß sie an dem Tag empfangen wurde und solange im Leib ihrer Mutter geblieben sei, und daß sie an einem solchen Tag geboren wurde, wie Andreas in seiner Aussage geschrieben habe, die er vor dem Inquisitor Bruder Guido gemacht hat, woher er das habe und woher er das wissen könne. Darauf antwortete er, er habe das von Guillelma gehört, daß sie an Pfingsten geboren sei. Andreas und Schwester *Mayfreda* hätten einmal im Gespräch über Guillelma gesagt, daß sie es glaubten und daß es ihnen so zu sein scheine, weil es so sein müsse: Wie der Erzengel Gabriel der Heiligen Maria die Menschwerdung Christi verkündet habe, so habe der Erzengel Raphael der Frau Constantia, der Königin von Böhmen, die Menschwerdung der Guillelma verkündet. Befragt, ob er jemals jemandem gesagt habe oder ob er geglaubt habe, daß Guillelma größer in ihrem Ruhm sei als die Mutter Christi, die Heilige Maria oder als irgendein anderer Heiliger, antwortete Andreas, er habe das niemals jemandem gesagt, aber daß er Guillelma, insofern er glaube, sie sei die Person des Heiligen Geistes und in ihr sei göttliches Wesen, für größer halte in ihrem Ruhm als irgend einen anderen Heiligen, auch als die Heilige Maria, und er hätte das gesagt, wenn er nicht gefürchtet hätte, die Leute damit zu erschrecken. Insofern aber der Leib der Guillelma bis jetzt noch nicht glorifiziert sei, glaube er nicht, daß Guillelma größer sei als die Heilige Maria. Befragt, ob er zu dieser Zeit gesagt und geglaubt habe, daß Schwester Mayfreda als Stellvertreter des Heiligen Geistes ihren Sitz in Rom nehmen müsse, den Heiligen Stuhl innehaben und der wahre Papst sein müsse so wie der heilige Petrus der Stellvertreter Christi und an dessen Stelle gewesen sei und der allerheiligste Vater Papst Bonifaz es jetzt sei, daß das Papsttum der römischen Kirche und sein Ritus weichen sollten, antwortete Andreas, er glaube, daß genannte Schwester Mayfreda Papst sein solle, daß sie der wahre Stellvertreter des Heiligen Geistes auf Erden sein solle und daß der Papst und das Papsttum der römischen Kirche, sein Ritus, die Autorität und die Kardinalskurie weichen müßten. Und Schwester Mayfreda habe die Autorität des Papstes und des Papsttums der römischen Kirche und sie werde die Juden, die Sarazenen und alle anderen Nationen, die außerhalb der Christenheit stehen und noch nicht getauft sind, taufen. Er glaube auch, daß die vier Evangelien, die es jetzt in der römischen Kirche Jesu gäbe, ihre Stellung, die sie jetzt hätten, so lange behielten, bis Schwester Mayfreda friedlich und ruhig auf dem Heiligen Stuhl sitze. Andreas glaube, daß Guillelma, d. i. der Heilige Geist, vier Weise auswählen werde, die dann vier Evangelien mit dem Namen jener vier Weisen schrieben. Dann müßten die vier jetzt noch gültigen Evangelien und ihre Lehre sowie die der anderen Apostel weichen. Geschehen in Mailand im Haus des Amtes für Inquisition der ketzerischen Verbrechen vor den obengenannten Inquisitoren Bruder Guido und Bruder Raynerius. Es waren dort als benannte und geladene Zeugen anwesend Bruder Jordanus de Montecucho aus dem Dominikanerorden und Johannes, der Sohn des Ugo de Colboze aus Argentina, ein Vertrauter des genannten Inquisitors Bruder Guido. Samstag, der 13. August 1300, in der 13. Indiktion. Aufgenommen vom Notar des Amtes für Inquisition der ketzerischen Verbrechen Beltramus Salvagnius. [...]

Im Namen des Herrn Amen. Im Jahre 1300 nach dessen Geburt. Mittwoch, 17. August 1300, in der 13. Indiktion. Schwester *Mayfreda de Pirovano* vom Orden der Humiliaten sagte vor dem obengenannten Inquisitor Bruder Guido de Cochenato unter Eid aus. Von dem obengenannten Inquisitor befragt, wie lange es her sei, daß die Mutter des Andreas Saramita, Ricodona, gestorben sei, antwortete die genannte Schwester Mayfreda, es sei ungefähr zehn Jahre her. Ebenso befragt, wie lange es her sei, daß Melior, die Schwester des Andreas, gestorben sei, sagte sie, es sei ungefähr sieben Jahre her. Befragt, ob aus dem Kloster von Blassono von den Schwestern, die in diesem Kloster zurückgeblieben seien, irgendeine dasselbe glaube wie sie, Schwester Mayfreda, antwortete sie nein, diese seien die obenaufgeführten Dinge nicht gelehrt worden. Aber die vorher genannten Frauen, Ricadona und Melior, seien belehrt worden und hätten sehr wohl geglaubt, aber ob sie bis zu ihrem Tode an diesem Glauben festgehalten hätten oder ob sie irgendwann zu glauben aufgehört hätten, das wisse sie nicht. Befragt, ob sie jemals gehört oder geglaubt habe, daß die heilige Guillelma, die beim Kloster Clarevalis begraben ist, bedeutender als die Jungfrau Maria sei, antwortete sie, dadurch, daß sie glaube, Guillelma sei der Heilige Geist, glaube sie sehr wohl, daß sie von größerer Vollkommenheit sei. Befragt, wer jene Flos sei, die sie in einer ihrer Aussagen genannt habe, antwortete sie, sie sei die Schwiegermutter des Rugerius de Lova und wohne in Verdarium. Befragt, ob Frau Bellacara de Karentanis unter den ersten gewesen sei, die diesen Glauben hatten, antwortete sie ja, und sie halte bis jetzt daran fest, wie sie zeige. Ebenso sagte sie, sie habe im Haus des Guillelmus Codega, wo sie wohne, viele Hostien gesegnet und sie dort verteilt und sie habe sehr wohl zugelassen, daß ihr Hände und Füße geküßt würden. Geschehen in Mailand, im Kloster der Brüder des Humiliatenordens von Marliano, vor dem obengenannten Inquisitor Bruder Guido. Es waren dort als benannte und geladene Zeugen anwesend Bruder Matheus de Senago und Bruder Martinus Benzonus de Carate, beide aus dem Humiliatenorden des genannten Klosters von Marliano. Aufgenommen von Bruder Leonardus aus dem Dominikanerorden.

Schwester Mayfreda de Pirovano aus dem Humiliatenorden des Klosters von Blassono in Mailand wurde vorgeladen vor Bruder Guido de Cochenato aus dem Dominikanerorden, der als Inquisitor der ketzerischen Verbrechen in der Lombardei und in der Mark Genua durch die Ermächtigung des Heiligen Stuhls eingesetzt worden ist. Sie hatte in ihrer Aussage vom 6. August des obengenannten Jahres vor obengenanntem Inquisitor gesagt, daß sie falsch ausgesagt und nicht die Wahrheit gesagt habe, ebenso in einer anderen Aussage vom Dienstag, dem 19. April des genannten Jahres, vor obengenanntem Inquisitor und in einer Aussage vom Dienstag, dem 2. August, vor demselben Inquisitor und im obengenannten Jahr. Sie wurde jetzt unter der Verpflichtung des geleisteten Eides und unter der Androhung von Strafen, wodurch sie gebunden und dem Amt für Inquisition verpflichtet ist, befragt, ob sie gestehe, in ihren obengenannten Aussagen wissentlich einen Meineid geschworen zu haben. Sie antwortete mit ja. Befragt, warum sie nicht die Wahrheit gesagt habe, antwortete sie, sie habe damals teils aus Einfalt, teils aus Furcht, anderen Anhängern und Anhängerinnen der heiligen Guillelma, die beim Kloster Clarevalis begraben ist, zu schaden, nicht die Wahrheit gesagt. Befragt, ob sie Andreas Saramita, Jacobus de Ferno und anderen Anhängern der Guillelma gesagt habe, sie sollten vor dem Inquisitor nicht die Wahrheit sagen, wenn sie befragt würden, antwortete sie, daß es so sei, da sie geglaubt habe, sie und andere würden Schaden erleiden, wenn die Wahrheit herausgefunden würde. Und sie sagte, daß sie glaube, andere Anhänger würden mehr wegen ihr und auf ihre Veranlassung hin als wegen irgendeiner anderen Person die Wahrheit verschweigen und Falsches aussagen. Befragt, auf wen die Anhänger und Anhängerinnen der Guillelma mehr hörten, ob auf sie, Schwester Mayfreda, oder auf Andreas Saramita, antwortete genannte Schwester Mayfreda, die Anhänger würden durchaus auf Andreas hören, aber mehr auf sie. Befragt, ob alle Personen, die sie in ihrer obenerwähnten Aussage vom Samstag, dem 6. August genannt habe, von ihr, Mayfreda, gelehrt und unterwiesen worden wären zu glauben, daß Guillelma der Heilige Geist gewesen sei, daß in ihr göttliches Wesen sei, daß sie vor dem jüngsten Tag auferstehen und sichtbar in den Himmel fahren werde und daß durch Guillelma die Juden, Mohammedaner und Sarazenen gerettet würden, so wie sie es nach ihrer obengenannten Aussage vor obengenanntem Inquisitor von Andreas gehört habe, antwortete genannte Schwester Mayfreda, sie habe alle Personen, die sie in ihrer Aussage genannt habe, im Glauben an die obenerwähnten Dinge unterwiesen und sie diesen Glauben gelehrt. Und sie selbst, Schwester Mayfreda, habe das geglaubt, und sie gestehe, daß sie in allen Dingen, bei denen sie das Gegenteil behauptet habe, wissentlich gelogen habe. Befragt, ob ihr Andreas im Gespräch einmal gesagt habe, woher er diese Lehre habe, antwortete sie, Andreas habe ihr einmal gesagt, er habe sie von den Engeln, aus dem freien Willen und von dergleichen Dingen. Befragt, ob sie selber Litaneien und Musikstücke über den Heiligen Geist, d. h. über die heilige Guillelma, verfaßt habe, antwortete sie ja, und zwar in der Absicht, das Wort an die heilige Guillelma zu richten. Und es sagte genannte Schwester Mayfreda, die heilige Guillelma sei ihr, Schwester Mayfreda, nach ihrem Tod erschienen und habe sie angewiesen, die obengenannten Dinge zu tun. Geschehen in der Stadt Mailand, in der Kirche der Humiliaten von Marliano, an der *Porta Ticinensis,* vor obengenanntem Inquisitor Bruder Guido. Es waren dort als benannte und geladene Zeugen anwesend Bruder Jordanis de Montechucho aus dem Dominikanerorden und Bruder Conradus de Migloe aus dem Humiliatenkloster von Mirasole. Samstag, der

20. August 1300, in der 13. Indiktion. Aufgenommen vom Notar
der Inquisition der ketzerischen Verbrechen Beltramus Salvagnius,
Stadt Mailand, an der Porta Nova.

Klaus Bergdolt
Der Schwarze Tod

Der Schwarze Tod kam aus Asien. In China, erzählte man sich in
den Hafenstädten des Mittelmeeres, starben seit einiger Zeit viele
Menschen auf unheimliche Art und Weise. Vor allem in Italien
verbreitete sich deshalb Unruhe. Der Florentiner Chronist Matteo
Villani berichtete 1346: „In diesem Jahr begann sich im Osten, in
China und Nordindien und weiteren Gebieten, die an die dortigen
Küstenregionen grenzen, unter den Menschen jeden Alters und
Geschlechts eine Pestseuche auszubreiten. Man fing an, Blut zu
spucken, und der eine starb sofort, der andere nach zwei oder drei
Tagen ... Die Pest kam in Schüben und erfaßte ein Volk nach dem
anderen und innerhalb eines Jahres ein Drittel des Erdteils, der Asi-
en heißt. Und zuletzt erreichte sie die Völker am Schwarzen Meer,
in Syrien, der Türkei und Ägypten, ferner die Küsten des Roten
Meeres und im Norden Rußland, Griechenland, Armenien und
die angrenzenden Landstriche ..." Der Autor ahnte nicht, daß er
sehr bald selbst, mitten in Europa, der unbekannten Krankheit zum
Opfer fallen sollte.

Wo aber war deren Ursprung? Der arabische Arzt Ibn Hatimah
vermutete ihn in „Hata, das heute nach der Sprache der Perser
China heißt". Sein Landsmann Ibn Battuta wollte ihr bereits 1332
am Südhang des Himalaya begegnet sein. Ihr eigentlicher Ur-
sprungsherd lag wohl in der Gegend des Balchaschsees in Zentral-
asien, wo Archäologen bei Ausgrabungen in christlichen Katakom-
ben für die Dreißigerjahre des 14. Jahrhunderts eine auffallend hohe Sterblichkeit registrierten. Von den damals mongolisch beherrschten, aber von nestorianischen Christen bewohnten Gebieten
Transoxaniens erreichte die Seuche über das Issykkul-Gebiet im
Westen Täbris, im Osten Nordindien und China. Letztendlich
dürfte Europa die Seidenstraße zum Verhängnis geworden sein.

Westlich des Aral-Sees läßt sich die tödliche Spur der Pest über die Urst-Ur-Platte um den Nordrand des Kaspischen Meeres herum bis Astrachan verfolgen, das 1346 heimgesucht wurde. Weiter südlich erreichte sie das Don-Gebiet, das Asowsche Meer und schließlich das Nordufer des Schwarzen Meeres. Ihre letzten außereuropäischen Etappen wurden bereits von byzantinischen Geschichtsschreibern wie Nikephoros Gregoras und Johannes Kantakuzenos ausführlich beschrieben [...]

Nach zeitgenössischen Berichten erreichte die Pest im Frühjahr 1347 erstmals eine europäische Stadt, Caffa (das heutige Feodosia) auf der Krim, damals eine Handelsniederlassung der Genuesen, die hier mit tartarischen, russischen und asiatischen Händlern ihre aus Italien importierten Waren tauschten. Wiederum sollte der Handel der Ausbreitung der Seuche Vorschub leisten.

Caffa wurde seit 1346 von den Tartaren unter der Führung von Djanibek Khan belagert. Nachdem sich die Bewohner der umliegenden Orte in die Mauern der Stadt geflüchtet hatten, versuchte der Tartarenfürst, diese auszuhungern, freilich nicht mit letzter Konsequenz, was die Ankunft von Entsatzschiffen in unregelmäßigen Abständen beweist. Unter den Tartaren brach nun völlig unerwartet die Pest aus. Sie stellte für die Belagerten, die bereits an die Übergabe gedacht hatten, zunächst einen Hoffnungsschimmer dar, da der feindliche Ring um die Stadt abbröckelte. Doch scheint ein frühes Beispiel bakteriologischer Kriegsführung deren Schicksal besiegelt zu haben. Gabriele de Mussis, ein junger Notar aus Piacenza, der seit 1346 in Caffa lebte, später aber nach Italien flüchten konnte, berichtet, wie sich in wenigen Wochen ein Inferno entwickelte:

„Zu diesem Zeitpunkt befiel die Seuche die Tartaren. Ihr ganzes Heer geriet in Panik, und täglich starben Tausende. Den Eingeschlossenen erschien es, als ob Rachepfeile vom Himmel flögen, um den Übermut der Feinde zu zügeln. Diese zeigten nämlich nach kurzer Zeit charakteristische Symptome an ihren Körpern, nämlich verklumpte Körpersäfte an den Gelenken und Leisten. Folgte dann das Fäulnisfieber, starben sie, denn die Ärzte konnten ihnen weder Rat noch Hilfe bieten. Als die nunmehr von Kampf und Pest geschwächten Tartaren bestürzt und völlig verblüfft zur Kenntnis nehmen mußten, daß ihre Zahl immer kleiner wurde und erkannten, daß sie ohne irgendeine Hoffnung auf Rettung dem

Tod ausgeliefert waren, banden sie die Leichen auf Wurfmaschinen und ließen sie in die Stadt Caffa hineinkatapultieren, damit dort alle an der unerträglichen Pest zugrundegehen sollten. Man sah, wie sich die Leichen, die sie auf diese Weise hineingeworfen hatten, zu Bergen türmten. Die Christen konnten sie nämlich weder wegschaffen noch vor ihnen fliehen.

Eine Rettung schien nur dadurch möglich, daß man die herabstürzenden Leichen, soweit es möglich war, in den Fluten des Meeres versenkte. Bald war jedoch die ganze Luft verseucht und ebenso das Wasser durch die krankmachende Fäulnis vergiftet. Es breitete sich ein solcher Gestank aus, daß von Tausenden nur noch einer in der Lage war, das Heer zu verlassen und die Flucht zu wagen. Auch er trug die Pest mit sich und brachte ihr Gift überall zu den Menschen, wobei er allein durch seinen Anblick Orte und ihre Bewohner infizierte."

Daß die Krankheit durch den „Anblick" übertragen wurde, beweist, daß die Lungenpest grassierte. De Mussis fügt hinzu, daß die Seuche zu dieser Zeit bereits Persien, Kardien, Armenien, Tarsus, Georgien, Mesopotamien, Nubien, Äthiopien, Turkmenien, Ägypten, Griechenland sowie das Gebiet der Sarazenen erreicht hatte. In kurzer Zeit brach der Handel in der Levante zusammen. Auf Schiffen von Kaufleuten gelangten infizierte Pest- und Menschenflöhe, versteckt im Fell von Hausratten, in der Kleidung der Seeleute sowie in Pelzen, Stoffen und Getreidefässern, nach Süden und Westen. Trapezunt an der Südküste des Schwarzen Meeres war ebenso wie Alexandria oder Zypern noch 1347 betroffen. Entlang der großen Ströme eroberte die Pest auch das Hinterland. Niemand konnte sich freilich erklären, warum sie sich flußabwärts schneller als flußaufwärts ausbreitete oder warum manche Städte zunächst über Jahre von ihr verschont blieben. Im Sommer 1347 beklagte man auch in Konstantinopel die ersten Opfer. Die Hauptstadt des byzantinischen Reiches erlebte somit die zweite große Pestkatastrophe ihrer Geschichte. Selbst Mitglieder der kaiserlichen Familie kamen um. Der Kaiser selbst, Johannes Kantakuzenos, berichtete in seiner Chronik:

„Die Krankheit war unbezwingbar, so daß weder eine bestimmte Lebensweise noch starke Körpersäfte gegen sie ankamen. Sie befiel nämlich jeden Körpertypus, ob schwach oder stark. Wer sich behandeln lassen konnte, starb ebenso wie die Allerärmsten. Dieses

Jahr zeigte auch keine Tendenzen, andere Seuchen zu entwickeln. Im Gegenteil, wer vorher an anderen Krankheiten litt, fürchtete jetzt nur noch diese. Die ärztliche Kunst konnte nichts ausrichten. Die Seuche zeigte dabei unterschiedliche Verlaufsformen. Manche starben noch am gleichen Tag, an dem sie erkrankt waren, ja einige bereits nach einer Stunde. Wer aber zwei oder drei Tage überlebt hatte, wurde zunächst von einem heftigen Fieber und, nachdem die Seuche den Kopf befallen hatte, von einer Sprachlähmung und Wahrnehmungstrübung gegenüber allem, was um ihn herum geschah, befallen, worauf eine tiefe Bewußtlosigkeit folgte. Erwachte er und wollte er reden, war ihm die Zunge gelähmt und das meiste, was er sagen wollte, unverständlich, da die Nerven im Nacken abgestorben waren. Und er starb dann sehr schnell." [...]

Die Pest, der zwischen 1347 und 1351 rund ein Drittel der Einwohner Europas zum Opfer fiel, offenbarte auf grausamste Weise die Grenzen menschlicher Belastbarkeit und Toleranz. Nur in wenigen Fällen konnten Erziehung, Kultur, Tradition und Religion im Moment der Gefahr und Todesangst Panikreaktionen und rücksichtsloses Verhalten verhindern. Mitleid und Opferbereitschaft schwanden, die Gesellschaft lebte in einem physischen und psychischen Ausnahmezustand. Die „Psychopathologie" des Schwarzen Todes muß zu denken geben, ja gerade den heutigen Menschen beunruhigen. Die Frage, warum sich die Seuche nach vielen regionalen Katastrophen seit dem 18. Jahrhundert aus Europa weitgehend zurückgezogen hat und selbst die Ballungszentren der Dritten Welt von Epidemien verschont blieben, ist durchaus ungeklärt und keinesfalls mit der Wirksamkeit von Antibiotika oder der Vermehrung von „Wanderratten" zu beantworten. Beunruhigend bleibt, daß die modernen Mikrobiologen Katastrophen wie die von 1348/51 für die Zukunft keinesfalls ausschließen können. Mutationen oder die Anwendung bakteriologischer Waffen hätten auch heute verheerende Folgen. Möge uns, was Pestseuchen wie den Schwarzen Tod des Mittelalters angeht, das Privileg der zeitlichen Distanz erhalten bleiben!

Iris Origo

Toskanisches Bürgerleben: Der Briefwechsel von Margherita und Francesco Datini

Müßte der Gegenbeweis gegen die Annahme, daß der Kaufmann des vierzehnten Jahrhunderts nicht gerne zur Feder griff, überhaupt noch angetreten werden – hier wäre er. „Ich fühlte mich gestern aber nicht recht wohl", schrieb Francesco mit über 60 Jahren, „weil ich in den beiden letzten Tagen so viel geschrieben habe, ohne auch nur ein Auge zugetan zu haben, weder bei Nacht noch bei Tag. Und dabei habe ich in diesen zwei Tagen nur einen Laib Brot gegessen." Immer wenn er die Geschäftskorrespondenz mit seinen *fondaci* erledigt hatte, griff er nochmals zur Feder und schrieb seine langen privaten Briefe: an Ser Lapo Mazzei über den Wein, den er gerade auf Flaschen zog, über die Rebhühner, die sie in der kommenden Woche zusammen verspeisen würden, oder über die Predigt, die Fra Giovanni Dominici in Santa Liberata gehalten hatte; an seinen Sozius in Florenz über das Bild, das er für sein Schlafzimmer suchte, und ein neues, scharlachrotes Barett, das in England gefärbt sein sollte; an seinen Agenten in Genua, daß er eine kräftige kleine Sklavin für ihn besorgen solle; an den Agenten in Venedig, daß er ihm ein Stück Brokat zu einem Kleid für seine Frau schikken solle und dazu ein Pfauenpärchen – aber womit füttert man sie? Und wie viele Hennen braucht man für einen Hahn? Vor allem aber schrieb er mindestens zweimal jede Woche Briefe an seine manchmal recht aufmüpfige junge Frau, die ihre Meinung immer unverblümt äußerte.

Das Bemerkenswerteste an dieser Korrespondenz zwischen zwei Eheleuten (es sind nämlich auch mehr als 100 Briefe Margheritas vorhanden) ist nicht einmal, daß sie erhalten ist, sondern mehr noch, daß diese Briefe überhaupt geschrieben wurden. Öffentliche und amtliche Dokumente aus dieser Epoche gibt es ebenso in Mengen wie Aufzeichnungen und Briefe über Geschäftsvorgänge. Aber private Briefe, in denen die kleinen Begebenheiten des Alltags, Haushalts- und Familienangelegenheiten zu Papier gebracht wurden, sind rar. Vor allem existieren natürlich kaum Briefe, die Eheleute aneinander schrieben, denn es kam nur selten vor, daß sie getrennt waren. Aber auch wenn sich ein verheirateter Mann jahrelang auf einem Kreuzzug in fernen Landen aufhielt oder dem Handel in fremden Hafenstädten nachging, war die Zahl der Briefe, die er nach Hause schrieb, den Umständen entsprechend spärlich, dauerte es doch häufig sehr lange, bis sie ihre Adressatin erreichten. Der vorliegende Briefwechsel aber wurde geführt von einer Ehefrau, die in Prato wohnte und das Haus ihres Mannes besorgte, und einem Ehemann, der die ganze Zeit über nicht weit entfernt lebte, manchmal in Florenz, manchmal in Pisa. Auf dem Rücken eines Maultiers wanderten ihre Briefe einmal, ja manchmal sogar zweimal in der Woche hin und her, zusammen mit der Wäsche, die in Prato gewaschen wurde, oder mit Geflügel, Eiern, Gemüse, die von ihrem Hof bei Prato kamen und nach Florenz oder Pisa gesandt wurden. Daher sind diese Briefe so unmittelbar und natürlich im Ton und von solchem Reichtum an Details, wie wir es erst wieder in Briefen des 18. und 19. Jahrhunderts finden. Francesco schickt seiner Frau eingehende Anweisungen über jede Kleinigkeit der Haushaltsführung, und in ihren Antwortbriefen legt Margherita Rechenschaft ab über alles, was sie getan hat, und gibt ihm dazu noch manch handfesten Ratschlag. Viele Dinge, die, hätte das Paar zusammengelebt, manchmal nur im Zorn hingesagt worden wären, sind so für immer aufs Papier gebannt.

Diese Briefe geben uns daher ein ganz besonders unmittelbares und unverstelltes Bild vom Leben eines Ehepaars im 14. Jahrhundert. Dabei sind sie für uns in zweifacher Hinsicht interessant: als Tatsachenbericht und als Charakterstudie. Die Informationen, die sie uns über den Alltag eines toskanischen Kaufmanns und seiner Familie liefern, sind so reich an Einzelheiten, daß man fast das Gefühl hat, man wäre selbst zu Gast gewesen in dem klotzigen Backsteinhaus, das sich Francesco nach seiner Rückkehr aus Avignon gebaut hatte, um seinen Reichtum zur Schau zu stellen, und das er so eifersüchtig hütete, daß während seiner Abwesenheit nicht einmal die Tür zur Straße aufgeschlossen werden durfte, bevor nicht seine Frau selbst aufgestanden war und nach dem Rechten sah. Wir erfahren, was für Kleider Francesco und Margherita trugen, wieviel sie dafür bezahlten, was sie aßen und tranken, was für Diener und Sklaven sie hielten und wie wenig diese taugten, wieviel Francesco ausgab für die Mitgift seiner unehelichen Tochter, für ein Pferd oder dafür, eine von ihm geschwängerte Magd noch schnell unter die Haube zu bringen, für Essen und Trinken, für Geschenke und für Almosen; wie Francesco eine Wallfahrt nach Signa machte; wie er sich gesund kurierte, wenn er krank war; wie er mit der ganzen Familie vor der Pest nach Bologna floh. Vor allem aber lernen wir Francesco und Monna Margherita als Menschen kennen. Was aus diesen unliterarischen, unausgefeilten, unromantischen Briefen voller Wiederholungen entsteht, sind die lebendigen Bildnisse eines Mannes und einer Frau, so realistisch gezeichnet, daß wir die beiden gleich wiedererkennen würden, wenn wir ihnen in Prato auf der Straße begegneten.

Interessant ist es, dieses Bild einer Ehe zu vergleichen mit den „Ratschlägen an seine junge Frau", die beinahe zur gleichen Zeit von einem französischen Ehemann von vergleichbarem Stand, dem *Ménagier de Paris,* geschrieben wurden. Der *Ménagier* schrieb eleganter als Francesco, aber man darf nicht vergessen, daß seine Briefe immer mit dem Blick auf die Veröffentlichung verfaßt wurden, Francescos Briefe dagegen nicht. Auch zeugen die Antwortbriefe Margheritas oft nicht gerade von Geduld oder Unterwürfigkeit, obwohl sie, die er mit über vierzig geheiratet hatte, fast 25 Jahre jünger war als ihr Mann. Manchmal kritisierte sie Francescos Betragen und lehnte seine Entscheidungen so unverblümt und mit klugen Worten ab, daß es erstaunlich ist, mit welcher Gelassenheit er es hinnahm. „Was Du sagst", schrieb er ihr bei einer solchen Gelegenheit, „ist so wahr wie das Vaterunser."

Francescos Charakter tritt sehr deutlich hervor – unmöglich, sich eine treffendere Verkörperung eines Toskaners vorzustellen. Er war durch und durch Individualist und verdankte seinen Erfolg seinem schöpferischen Unternehmungsgeist, einem Wagemut, der stets im rechten Augenblick durch Klugheit und Mißtrauen gegenüber seinen Mitmenschen gezügelt wurde. Als harter Geschäftsmann holte er sich seine Goldgulden, wo er konnte: Er handelte mit Waffen, Wolle, Erz und Getreide; er stellte Tuch her und handelte mit Sklaven; er gründete eine Bank, obwohl er sich damit den Vorwurf einhandelte, Wucher zu treiben. Aber gleichzeitig versäumte er es nie, seinen religiösen Pflichten nachzukommen: Er vergaß keinen Fastentag, bestimmte einen gebührenden Teil seines Gewinns für Almosen und wohltätige Zwecke, ließ Kapellen errichten und trug zur Ausschmückung von Kirchen bei. Während der erfolgreichen Jahre in Avignon führte er ein zügelloses Leben – „ich hielt mir eine Frau und aß jeden Tag Rebhühner" – und zeugte etliche kleine

Bastarde, aber wenn es ums Geschäft ging, war er auch fähig, ein geradezu mönchisches Leben voll harter Arbeit und Entbehrung zu führen.

Heiter war er sein ganzes Leben lang nicht. Mit über sechzig schrieb er an seine Frau: „Das Schicksal hat es gewollt, daß ich seit dem Tag meiner Geburt keinen einzigen Tag vom Morgen bis zum Abend glücklich sein sollte." Der Wurm, der von früher Jugend bis ins Alter an jeder Freude nagte und der aus fast jeder Zeile seiner Briefe spricht, ist Angst. Vielleicht ist es gerade das, was uns Datini heute so vertraut und wie einen Vorläufer moderner Unternehmer erscheinen läßt. Er war ein schlauer und erfolgreicher Kaufmann, aber dabei voll innerer Unruhe. Jeder einzelne seiner *fondaci* war Quelle ständiger Angst und Sorge: Allen und jedem mißtraute er, seinen Partnern, seinen Geschäftsbevollmächtigten, den Kapitänen, die seine Waren auf ihren Schiffen transportierten; und ständig verfolgte ihn außerdem die Angst davor, was diesen Schiffen alles zustoßen könnte: sie könnten ja Schiffbruch erleiden, von Piraten überfallen werden, zu schwere Ladung an Bord haben, oder unter der Mannschaft könnte die Pest ausbrechen. Und als er schließlich sein großes Vermögen angehäuft hatte, kamen noch weitere Ängste hinzu. Er machte sich über seine Investitionen Sorgen, über Steuern und Bußgelder. Er traute seinen Verwaltern und Dienern zu Hause kein bißchen mehr als denen in der Fremde. Er lebte, nach Mazzeis Worten, in täglicher Furcht, daß man ihn auch noch „um die Schuhschnallen der Magd, die seiner Sklavin dient", betrügen könne.

Und mit zunehmendem Alter kam die letzte und schlimmste Angst: eine verzweifelte Furcht vor dem, was ihn in einem jenseitigen Leben erwarten würde. Wallfahrten, Fastenzeiten, Schenkungen von Bildern an Kirchen, von Ländereien an Klöster und endlich noch die Stiftung seines gesamten großen Vermögens für wohltätige Zwecke – all das konnte ihn nicht von dem Schuldgefühl befreien, das ihn nicht mehr losließ und die letzten Jahre seines Lebens verdüsterte: eine nagende Seelenpein, eine ständige *maninconia*.

Auch andere Charaktere gewinnen in diesen Briefen Gestalt. Da sind die habgierigen, armen Verwandten, Margheritas Familie, die immer darauf aus sind, daß von des reichen Mannes Tisch auch ja genug Brosamen für sie abfallen, und die dann doch ewig unzufrieden sind, „denn Francesco könnte mehr aufbringen als das". „Du hast Dich so aufgeführt", antwortete Margherita ihrem Bruder auf einen seiner Bettelbriefe, „daß meine Lippen Francesco gegenüber für immer versiegelt sein werden." Die Tradition der Familienbande war jedoch so stark, daß sich Francesco verpflichtet fühlte, als eben dieser Bruder – das schwarze Schaf der Familie – starb, nicht weniger als 259 Goldgulden für die Trauerkleidung der ganzen Familie samt Dienerschaft auszugeben. Da sind auch Francescos Firmenpartner und Freunde, unter ihnen der fröhliche Florentiner Domenico di Cambio, der nie verstehen konnte, warum Francesco bei all seinem Reichtum nicht glücklicher war. „Ich schwöre, daß ich an einem Tag mehr Freude an meiner Handvoll *soldi* habe als Du mit Deinem Reichtum in einem ganzen Jahr." Und dann ist da der weise, gütige Familienfreund, Ser Lapo Mazzei, die wahre Verkörperung der toskanischen Tugenden Frömmigkeit und Mäßigung, der Francesco immer still und eindringlich dazu riet, sich klug zu verhalten und gute Werke zu tun. Er war stolz auf den Reichtum seines Freundes, ohne den leisesten Wunsch, davon etwas abzubekommen; er konnte sich ganz schlicht darüber freuen, mit ihm genüßlich ein paar feiste Rebhühner zu verspeisen oder ein Glas vom roten Carmignano zu trinken, aber er lehnte es immer ab, größere Geschenke anzunehmen. Und als Francesco älter wurde, versuchte er seinen Freund einfühlsam und vorsichtig darauf vorzubereiten, sich allmählich von den Dingen zu lösen, die er ja doch bald auf Erden zurücklassen müsse. Seine Beziehung zu Francesco ist eigentlich das Positivste der ganzen Korrespondenz, denn es war eine selbstlose Freundschaft, die die beiden Männer verband. [...]

Vor allem zeigen uns diese Briefe, wie häufig damals, als man wenige Bücher las, diese dafür aber um so öfter, Sentenzen aus diesen Werken in die Alltagssprache eingingen. Seneca, die Briefe des Hl. Hieronymus, Boëthius, Dante, Jacopone da Todi, die *Fioretti* des Hl. Franz, das war Francescos Lektüre. Außerdem kannte er viele Bibelstellen auswendig, die er als begeisterter Predigtbesucher immer wieder aus dem Mund volkstümlicher Prediger hörte. Er verwendete sie in seinen Briefen, ohne sie in Anführungszeichen zu setzen; vielleicht war er sich nicht einmal mehr bewußt, daß es nicht seine eigenen Worte waren, so vertraut waren sie ihm. Als er einmal von seinem fortgeschrittenen Alter sprach, gebrauchte er Dantes Formulierung: *„calar le vele e raccoglier le sarte"* (die Segel einholen und die Taue aufrollen) – oder handelte es sich um eine Redewendung, die damals schon allgemein in Gebrauch war und die Dante seinerseits aufgegriffen hatte? Denn Francesco fügte noch hinzu: *„e morir in porto"* (und im Hafen sterben). Er spricht davon, man müsse dem Kaiser geben, was des Kaisers ist. Und nach einer Bußpredigt setzt er sich am Abend wieder hin und schreibt an seine Frau: „Ich habe mein Haus auf Sand gebaut, und seine Mauern stürzen ein. Ich habe mehr Hoffnung in die Menschen gesetzt als in Gott, und die Welt hat es mir vergolten." Das ist offensichtlich Inhalt und Wortlaut der Predigt, die er eben gehört hatte.

Abgesehen von der Rolle, die diese Briefe für die Erforschung der Wirtschaftsgeschichte spielen, liegt ihr Hauptwert darin, daß sie ein unverfälschtes Bild des wirklichen Lebens wiedergeben. Die Welt, die sie widerspiegeln, ist die Welt Boccaccios und Sacchettis: eine kleine, betriebsame, erdverbundene Gesellschaft, die weder kultiviert noch raffiniert ist, in der die Menschen derbe Späße lieben, deftige und stark gewürzte Speisen, Gewänder aus schwerem Samt und Pelzwerk, das über grober und dürftiger Leinenunterwäsche getragen wurde. Trotz aller Gewalt, Habgier und sozialen Ungerechtigkeit ist es eine merkwürdig unschuldige Welt, und zwar insofern, als sie ohne List und Tücke ist – so wie grausame Streiche von Kindern; eine urbane Gesellschaft, der die Würze der Landluft noch nicht ganz abhanden gekommen ist, in der Gärten fast ebensoviel Platz innerhalb der Stadtmauern einnehmen wie die Häuser, in der ein Prediger sich nicht scheut, wie ein Frosch zu quaken oder wie ein Hahn zu krähen, nur um die Aufmerksamkeit der Menge wach zu halten. Eine Welt, in der die Menschen sich äußerlich zwar städtisch kleiden, im Herzen aber Schläue, Argwohn und Wirklichkeitssinn des Bauern bewahrt haben.

Aber das ist noch nicht alles: Es ist auch eine Gesellschaft im Aufbruch, in der die korporative Organisation der Gilden abgelöst wird durch die Herrschaft einiger weniger großer Unternehmer und die Kommunen von reichen Kaufleuten und Bankiers regiert werden. In dieser Welt der Gegensätze, in der gleichzeitig ein Kult mit franziskanischer Armut getrieben und ein gieriger Kampf ums Geld geführt wird, sehen wir auf der einen Seite eine kleine, in sich abgeschlossene Gesellschaft von Handwerkern und Ladenbesitzern, die immer noch völlig mit sich und ihren lokalen Interessen ausgefüllt sind, auf der anderen Seite aber eine Handvoll von Männern, deren Marktplatz ganz Europa ist, deren Ehrgeiz und deren Unternehmungen so weit reichen wie ihr Aktionsradius. Die meisten richten ihr Leben noch nach den Geboten der Kirche und nach den Statuten der Gilden ein, aber einige benutzen diese Regeln nur noch als Tarnung, in deren Schutz sie ihre individuellen kühnen Projekte entwickeln. Der bedingungslose Glaube des Mittelalters weicht allmählich dem skeptischen, forschenden Geist der Renaissance. Unter den Pionieren dieser neuen Weltordnung finden sich die Männer, die notgedrungen auf Eigeninitiative, Anpassungsfähigkeit und Schlauheit angewiesen waren, um ihre Ziele zu erreichen: die Kaufleute.

Edith Ennen
Die Visionen der Jungfrau

In diesem Bauernmädchen aus Domremy – hier wurde sie am 6. Januar wahrscheinlich des Jahres 1412 geboren – verband sich eine religiös geprägte visionäre Berufung mit einer unbedingten Anhänglichkeit an das angestammte Königshaus und das verelendete Heimatland – verwüstet durch den englisch-französischen Krieg und durch Bürgerkrieg – der Herzog von Burgund stand auf der englischen Seite – zu unwiderstehlicher, mitreißender Kraft. An der Jungfrau von Orléans ist die Personalunion England-Frankreich unter englischer Führung gescheitert. „Als ich dreizehn Jahre alt war, hatte ich eine Stimme, die von Gott kam, die mir half, mein Leben gut zu führen. Und das erstemal hatte ich große Furcht. Und diese Stimme kam im Sommer um die Mittagsstunde im Garten meines Vaters … Die Stimme war mir von Gott geschickt worden, und nachdem ich diese Stimme dreimal gehört hatte, habe ich erkannt, daß es die Stimme eines Engels war … Vor allen Dingen sagte er [der heilige Michael] zu mir, ich solle ein braves Kind sein und Gott würde mir beistehen. Und unter anderem hieß er mich dem König von Frankreich zu Hilfe eilen … Und der Engel erzählte mir von dem großen Jammer, der im Königreich Frankreich herrsche …" Die Not in Frankreich war in der Tat groß. Die Frau eines hohen Finanzbeamten, die dann auch zu Johannas unmittelbarer Umgebung gehören sollte, schildert das Elend, die Geldknappheit, die Verzweiflung selbst der Königstreuen: „Und die Stadt Orléans war von den Engländern belagert, und es gab kein Mittel, ihr zu Hilfe zu kommen. Und inmitten all dieser Not erschien Johanna, und ich glaube ganz fest, daß sie von Gott kam und gesandt worden war, den König und die ihm treu gebliebenen Völker wieder aufzurichten, denn zu dieser Zeit gab es keine Hoffnung außer auf Gott." Das Mädchen Johanna zog nun gerüstet wie ein Hauptmann in den Kampf – um anzuführen, nicht um zu töten: „Ich trug diese Fahne, wenn man zum Sturm gegen den Feind antrat, und vermied so, einen Menschen zu töten. Ich habe nie jemanden getötet." Zum eigentlichen Zeichen ihrer Sendung wurde der Entsatz von Orléans. Am 29. April zog sie in das belagerte Orléans ein. Am 6. Mai war sie „die erste, die an die kleine Bastion der Brücke die Sturmleiter anlegte". Diese Bastion war die wichtigste unter denen, welche die Befestigungsanlagen zur Verteidigung des Brückenkopfes deckten. Am 8. Mai gaben die Engländer die Belagerung auf, die sie am 12. Oktober 1428 begonnen hatten. Schon jetzt beginnen sich die Gruppen für oder gegen Johanna in Frankreich selbst abzuzeichnen. Nach der Salbung des Königs ließ sich Johanna Steuerfreiheit für die Leute von Greux und Domremy bewilligen, und im Dezember 1429 erhob der König sie in den Adelstand. Ihr gilt das letzte, 1429 erschienene Werk der Christina da Pizzano. Am 23. Mai 1430 geriet sie in englische Gefangenschaft und wurde am 30. Mai 1431 in Rouen als Ketzerin auf dem Scheiterhaufen verbrannt, nach einem Prozeß, der einen gleicherweise den kirchlichen französischen Autoritäten wie der englischen Besatzungsmacht anzulastenden abscheulichen Justizskandal darstellt. Ihre Heiligsprechung in unserem Jahrhundert gehört in die moderne, nicht in die mittelalterliche Kirchengeschichte. Johanna war Laie, keine „religiöse Frau"; sie lebte in der Welt und für die Welt. Die Befreiung Frankreichs, die Krönung und Salbung des Dauphins aus dem Haus Valois waren politische, von Johanna als „gottgewollt" interpretierte Ziele. Johanna kommt auch nicht aus der städtischen Gesellschaft, sondern vom Land, von einem Landstrich, der seinen ländlichen Charme bis heute bewahrt hat. Im Formelbuch der Kanzlei König Sigismunds hat sich unter Johannas Namen ein lateinischer Brief an die Hussiten gefunden, der diese Häretiker heftig anklagt; er ist von Johannas Beichtvater unterzeichnet und kündigt an, Johanna werde, nach Vertreibung der Engländer, da sie „an menschlichen und göttlichen Kräften allen ebenbürtig sei", kommen, um Vergeltung zu üben. Wie dieser Brief in Johannas Namen auch zustande gekommen sein mag, er bezeugt ihre weitreichende Wirkung noch auf Sigismund und seine Umgebung.

Eine rein religiöse Dimension bekommt ihr Schicksal während des Prozesses, als dieses einfache Landmädchen, bei allem Gehorsam gegen die Kirche, ihre inneren Eingebungen, die Entscheidungen ihres Gewissens gegenüber der Kirche verteidigt: „Ich unterwerfe mich Gott, der mich gesandt hat, der heiligen Jungfrau und allen Heiligen des Paradieses. Und meiner Meinung nach sind Gott und die Kirche eines und dasselbe, und man soll daraus keine Schwierigkeiten machen."– „Befehlen Euch Eure Stimmen, Euch nicht der streitenden Kirche auf Erden, noch ihrem Urteil zu unterwerfen?" (Johanna): „Ich kann nichts anderes antworten, als was ich in meinem Kopf finde, aber was ich antworte, ist das, was mir meine Stimmen befehlen; sie befehlen mir nicht, ich solle der Kirche nicht gehorchen, wenn in erster Linie Gottes Wille erfüllt ist". Wie weit ihr Widerruf – aus begreiflicher menschlicher Schwäche – ging, bleibt m. E. ziemlich unerheblich. Letzten Endes starb sie für ihr Festhalten an einer Gewissensentscheidung. Johanna war keine Ketzerin, sie hat auch keine Zauberei getrieben, wie ihr vorgeworfen wurde.

Hartmut Boockmann

Ein Bürgersohn wird Kirchenfürst:
Die Amtseinführung des Sylvester Stodewescher

Die Geschichte des rigischen Erzbischofs Sylvester Stodewescher (1448–1479) bietet ein Beispiel für Karrieren, wie sie damals nur die Kirche bot. Nicht alle Domkapitel waren so zusammengesetzt wie das Straßburger, über das Erasmus von Rotterdam spöttisch bemerkte, daß Christus ihm nicht hätte angehören können. Im Norden des Reiches kamen viele Domherren und Bischöfe aus nichtadligen Familien. Im Falle Stodeweschers war es der Deutsche

Orden, der den aus Thorn gebürtigen Bürgersohn auf den Stuhl der Erzbischöfe von Riga brachte. Die Herkunft des künftigen Kirchenfürsten dürfte dabei nicht von Bedeutung gewesen sein. Alles kam vielmehr darauf an, daß der Orden sich auf den neuen Erzbischof verlassen konnte, denn dieser Wechsel auf dem Erzstuhl sollte den Orden endlich an das Ziel seiner jahrzehntelang verfolgten Wünsche bringen und das Erzstift Riga dem Herrschaftsbereich des Ordens einfügen. [...]

Am 22. Juni, einem Sonntag, erreichte der Erzbischof endlich die Stadt Riga, und hier geschah, was in einem solchen Falle geschehen mußte – der geistliche Würdenträger wurde in einer feierlichen Prozession eingeholt. Stodewescher schreibt, daß ihm zunächst seine Diener in zwei Gruppen entgegengekommen seien, danach seine Mannschaft, also die Ritterschaft des Erzstifts, kostbar gekleidet und begleitet von einem großen Haufen von Pfeifern und Posaunern. Die Blechbläser produzierten damals nicht Unterhaltung, sondern vielmehr staatsrechtliche Demonstrationen. Wenn eine Stadt eigene Bläser haben durfte, so war das ein Zeugnis für ihre Selbständigkeit; wenn der Herrscher mit Blasmusik eingeholt wurde, gehörte das zum traditionellen Empfangszeremoniell. So war der Empfang Stodeweschers durch Pfeifer und Posauner ein Anzeichen dafür, daß man ihn anerkennen würde, und für die zweitausend Pferde, die von den zu seiner Begrüßung Aufgebotenen bewegt wurden, galt das gleiche. Stodewescher hatte freilich nicht die Muße gehabt, diese Zahl selbst abzuschätzen, und so relativiert er, sorgfältig wie er ist, die rechtlich bedeutungsvolle Nachricht, daß so viele Pferde zu seiner Begrüßung benutzt worden seien, mit dem Zusatz: „Wie man mir sagte."

Danach begrüßten den Erzbischof die „Herren von dem Hause", nämlich die Deutschordensritter, von denen der wichtigste, der livländische Meister, allerdings fehlte. Er war schwerkrank, so hieß es, und Stodewescher mußte sich fragen, was das zu bedeuten habe – zumal der livländische Meister in der Vergangenheit im Vergleich mit dem Hochmeister in den Auseinandersetzungen mit dem Erzstift kompromißbereit gewesen war. Konnte der neue Erzbischof und Agent des Hochmeisters also auf den livländischen Ordensmeister nicht rechnen, oder würde ihn dieser stützen? So mußte sich Sylvester Stodewescher fragen – soweit angesichts des aufwendigen und anstrengenden Empfangs überhaupt Zeit zu derartigen Zweifeln blieb. Als nächste Gruppe empfingen den Erzbischof die Bürger. Insgesamt war der Begrüßungszug, an dem er entlangreiten mußte, wie er schreibt, über eine Meile lang.

Am Ende des Zuges war vor der Stadtmauer ein Baldachin aufgestellt, und unter dem Baldachin wurde der Erzbischof nach dem Empfang durch Schüler, also künftige Weltgeistliche, und Mönche mit denen konfrontiert, von denen er härtesten Widerstand befürchten mußte und gegen die sein Auftrag vor allem gerichtet war: mit den Mitgliedern des Domkapitels von Riga. Sie hatten den Widerstand gegen den Orden getragen, und sie in diesen Orden zu zwingen war Sylvester Stodewescher beauftragt. Auch ohne diesen besonderen Auftrag wäre die Begegnung heikel gewesen. Domherren waren damals längst nicht mehr die Helfer eines Bischofs, sondern seine nächsten Konkurrenten. Ihr Verhältnis zum Bischof konnte dem der Landstände zu einem Fürsten gleichen und in Wahlkapitulationen gefaßt werden.

So bedurfte es eines Herrschaftsvertrages. Die Domherren präsentierten dem Erzbischof ein Eidformular. Sie beschworen, und zwar jeder persönlich, daß auch des Erzbischofs Vorgänger diesen Eid, den Stodewescher vor der Kirche, also vor seiner feierlichen Inthronisierung, schwören sollte, geleistet hätten, und der Erzbischof schwor diesen Eid am Ende auch – abgesichert durch einen Notar, durch den „Schreiber" des livländischen Meisters, also durch des bisherigen Hochmeister-Schreibers nächsten Kollegen, durch neutrale Zeugen sowie durch einen Rechtsvorbehalt. Der Eid sollte nur dann gelten, wenn Stodeweschers Vorgänger ihn tatsächlich wörtlich, so wie er jetzt, geschworen hatten.

Dann wechselte der Erzbischof das Kostüm. Er zog geistliche Gewänder – einen seidenen Chorrock und eine Almutie – über sein Reisegewand, hängte sich das schon erwähnte Kreuz, das ihm der Hochmeister geschenkt hatte, vor die Brust, folgte der Prozession bis an die Domtür und sprach hier seinen Eid, dessen Wortlaut man nun endlich erfährt. Man möchte enttäuscht sein, denn der Text, der da so hartnäckig abgesichert wurde, erscheint banal. Und das schreibt der Erzbischof beinahe auch. Der Eid sei ganz unschädlich gewesen, teilt er dem Hochmeister mit, denn er garantiere nur dem Domkapitel seine Rechte und Freiheiten.

Doch war der einstige Kanzler des Hochmeisters ja gerade mit dem Auftrag nach Riga gekommen, diese Rechte und Freiheiten nicht zu schützen, sondern im Kern zu beseitigen. Noch bevor er die Schwelle seines Doms überquerte, wurde er mit der Fatalität seiner Lage konfrontiert. Einen Eid würde er wohl brechen müssen – den eben geschworenen oder den, den er dem Hochmeister geleistet hatte.

Doch das zu bedenken war nun keine Zeit. Die Prozession rückte bis zur Mitte des Doms vor. Der Erzbischof bestieg den hier errichteten Thron. *Das Te Deum laudamus* erfüllte den Raum. Danach ließ sich der Erzbischof neben dem Hochaltar nieder. Die Messe begann.

Was sich daran anschloß, war wohl eine Huldigung der Ritterschaft, wenn freilich auch noch nicht die Erneuerung der Lehnseide. Genau erfährt man das nicht, denn der Bericht Stodeweschers konzentriert sich auf einen einzigen Punkt, der in seinen Augen der kritischste Moment der ganzen Inthronisation war.

Nach der Messe trat dem Erzbischof ein Vertreter der Ritterschaft mit einem kostbaren Zeremonialschwert gegenüber, mit jenem Schwert, das dem Erzbischof später, wie er schreibt, bei feierlichen Gelegenheiten vorangetragen zu werden pflegte – wie weltlichen Herren, wie dem König. Jetzt freilich sollte das Schwert in der unmittelbaren Nähe des Erzbischofs aus der vergoldeten Scheide gezogen und neben ihm getragen werden, am Altar und überall in der Kirche. Der Erzbischof mußte sich also einer Art von Rundgang durch die Kirche unterziehen, und ein Mitglied der Ritterschaft begleitete ihn mit gezücktem Schwert: durch die Kirche bis hin zum Altar.

An einen Altar hatte sich schon mancher Geistliche in Todesnot vergeblich geflüchtet. Sylvester Stodewescher konnte an den Tod des hl. Thomas Becket denken. Vielleicht entsann er sich auch der Vertreter des rigischen Domkapitels und der anderen livländischen Geistlichen, die der Deutschordensvogt von Durben im Jahre 1428 hatte ertränken lassen, als sie auf dem Wege nach Rom waren, um Klage gegen den Deutschen Orden zu führen. Ein Jahr darauf hatte der römische Vertreter des Ordens dem Hochmeister mit Rücksicht auf diese Gewalttat und deren Folgen, die ihm in Rom Mühe machten, geschrieben, daß es doch schließlich unauffälligere Methoden gebe, sich seiner Gegner zu entledigen: *Man sülde solchen luthen essen adir trynken geben, das sy nemmerme dornoch hungerte adir dorste.*

Immerhin wurde der Erzbischof nicht überrumpelt. Er schreibt nämlich, daß er sich beim Ordensmeister, der ja, wie gesagt, bei dem feierlichen Akt gar nicht zugegen sein konnte, vergewissert habe, ob er diese Zeremonien dulden sollte. Der Ordensmeister fand nichts dabei. Er habe nichts dagegen, ließ er dem Erzbischof bestellen. Doch ihm war der Umgang mit blanken Waffen ja vertraut. Anders dem Erzbischof. Nachdem die Ritterschaft beteuert hatte, eher sterben als auf diesen Teil der Feierlichkeiten verzichten zu wollen, mußten die Dinge ihren Gang gehen – so schwer es dem Kirchenfürsten auch fiel. Denn, so schreibt er, bevor er – die Aufregung klingt noch nach – die Absicherung durch den Ordensmeister noch einmal berichtet: *Ich byn nicht gewonet, blose swerte veel czu seheen, dorumbe was mir grawsam dorczu, ouch was ich trawen forchtig unde nicht ee in meynem gemute rugsam, wenn do das swert in die scheide gestoszen wart.*

Danach folgte endlich – nach wie vielen Stunden ohne Essen und ohne Trinken? – das Festmahl, das die Domherren dem Erzbischof ausrichteten. Doch auch nun bestand kein Grund, die Angst zu vergessen. Die Schwerter blieben zwar in der Scheide, aber das Messer, mit dem ein Ritter dem Erzbischof als Vorschneider den Braten tranchierte, war lang und scharf genug, um den fürstlichen Esser zu verwunden, und ob die drei anderen Ritter, die dem Erzbischof als Schenken und als Truchseß dienten, ihr Amt nicht zur Vergiftung von Speise und Trank nützen würden, stand dahin. Auf Gift sollte der Erzbischof bald angesprochen werden.

Auch diese Zeremonien waren vorher ausgehandelt worden. Die Ritter hatten sich auf das Herkommen berufen. Sie hätten dem Erzbischof auch sagen können, daß der neugewählte König sich die gleichen Tischsitten von den Kurfürsten gefallen lassen mußte. Doch das dürfte keinem der Beteiligten bekannt gewesen sein. Die Ritter argumentierten einfacher. Er brauche von ihren Tischdiensten nichts zu befürchten, sagten sie dem Erzbischof. Reagierten sie also auf die sichtbare Angst des Stubengelehrten? Oder übertönten sie vielmehr ihre eigenen – bösen – Absichten?

Der Erzbischof jedenfalls faßte Mut – vielleicht auch dank den Stärkungen durch Speisen und Getränke, die ihm die Ritter darreichten. So gelang es ihm endlich, sich aus dem bösen in den guten Traum zu retten, den er schon zu Anfang der Feierlichkeiten geträumt hatte. War es denn kein Traum, was der Thorner Bürgersohn da an sich geschehen ließ? Wer ihn da bediente? *Die dieneten mir alle mit czu tische mit groszer demut unde fleisze unde woren alle kastlich gecleidet in sammet unde seydene stucke unde hatten umbe sich veele grosz gesmeide von ketten unde halszbande etc.*

Edgar Hösch

Lieber türkisch als römisch?
Das osmanische Südosteuropa nach der
Eroberung Konstantinopels

Die osmanische Eroberung ist über das balkanische Binnenland nicht wie ein unvorhersehbares Naturereignis hereingebrochen. Schon die vernichtende byzantinische Niederlage des Jahres 1071 bei Mantzikert, die den Seldschuken den Weg nach Kleinasien geöffnet hatte, mußte die Gefährlichkeit der sich rasch herausbildenden türkischen Fürstentümer im Osten vor Augen führen. Der Aufstieg der Dynastie der Osmanen zu Beginn des 14. Jahrhunderts weitete sich bald zu einer akuten militärischen Bedrohung aus. Sie war aus der militärischen Eliteschicht der Glaubenskämpfer *(Gazi)* hervorgegangen und hatte sich im Kampf gegen Byzanz und die christlichen Kreuzfahrerstaaten auf kleinasiatischem Boden für größere staatsmännische Aufgaben empfohlen.

Die osmanischen Herrscher fügten zunächst von ihrem Sitz in Brussa/Bursa aus die zahlreichen türkischen Feudalherrschaften in Kleinasien zu einem wohlorganisierten Staatsgebilde zusammen. Im Jahre 1352 wagten sie schließlich den Sprung auf das europäische Festland, über dessen Verhältnisse sie durch ihre Teilnahme am byzantinischen Bürgerkrieg (1345 Bündnis zwischen Johannes Kantakuzenos und Urchan) hinreichend informiert waren. Schon 1365 konnte Sultan Murad I. (1359–1389) seine Hauptstadt von Bursa nach Adrianopel verlegen, das 1362 in osmanische Hände gefallen war. In Philippopel (Plovdiv) ließ sich als erster Statthalter des Sultans im europäischen Reichsteil Lala Şahin nieder. Er führte den Titel eines Beglerberg von Rumelien (d. i. von Byzanz, aufgrund der offiziellen Bezeichnung der Byzantiner als ‚Rhomäer‘). Die Heerführer des Sultans warfen in den folgenden Jahrzehnten die verbliebenen balkanischen Kleinstaaten und lokalen Herrschaften nieder und stürmten 1453 schließlich den Mauerring Konstantinopels.

Dieses grandiose Eroberungswerk ist ihnen nicht nur durch die unwiderstehliche Schlagkraft ihrer Truppenverbände und die überlegene Kunst der Kriegführung, sondern gerade auch durch die mangelnde Zusammenarbeit der christlichen Fürsten erleichtert worden. Versuche der päpstlichen Diplomatie und einzelner einsichtiger Potentaten, den untergehenden christlichen Balkanstaaten in einer abendländischen Stützungsaktion von außen eine wirksame Hilfe zu leihen, sind immer wieder kläglich gescheitert, zumal sie in der Regel mit unrealistischen Unionsforderungen der römischen Kirche verbunden waren. [..]

Während der Regierungszeit des großen Eroberers Mehmed II. wurden die letzten lokalen Widerstände auf der Balkanhalbinsel niedergeworfen. Schon 1453 hatte die christliche Welt mit innerer Anteilnahme den Fall der stolzen Kaisermetropole am Bosporus vernommen (Erstürmung am 29. Mai 1453), der einen jahrzehntelang konzentrisch vorgetragenen Angriff der Osmanen von der Land- und von der Seeseite her abschloß. Das Symbol der orthodoxen Welt, die berühmte Hagia Sophia, wurde in eine Moschee umgewandelt. Die verbliebenen griechischen Restgebiete haben den Untergang Konstantinopels nur wenige Jahre überlebt. Mistra (auf der Peloponnes) wurde 1460, das Kaiserreich von Trapezunt 1461 besiegt.

Nicht minder bedeutsam für die Festigung der osmanischen Macht war die sich anschließende Unterwerfung der slawischen und albanischen Stämme im westlichen und nordwestlichen Balkan. 1463 sah der letzte bosnische König, Stefan Tomašević (1461–1463), sein Reich einem überraschenden Vorstoß türkischer Truppen erliegen. Vergeblich hatte er durch eine radikale Wendung in der Religionspolitik (Absage an die „bosnische Kirche" und Begünstigung des Katholizismus) sich noch westliche (päpstliche) Hilfe erhofft. Der bosnische Adel (Hrvoje Vukčić-Hrvatinić, Sandalj Hranić Kosača, die Pavlovići) hatte in den vorausgegangenen Jahrzehnten in der Ausspielung der Türken gegen den ungarischen Druck einen gefährlichen Weg beschritten. Als Hrvoje Vukčić-Hrvatinic den Feind ins Land rief, war der Untergang nicht mehr aufzuhalten. Die Abneigung der Bogumilen gegen die katholischen

Kroaten und Ungarn wie gegen die orthodoxen Serben hatte längst nationale Formen angenommen und einer weitgehenden Islamisierung Bosniens während der Türkenherrschaft den Boden bereiten helfen. Der unmittelbare Übergang von der „bosnischen Kirche" zum Islam wird allerdings von neueren Forschungen erheblich in Zweifel gezogen. Gegen Massenübertritte der ansässigen Bevölkerung spricht die Tatsache, daß anfänglich weniger die von den „Häretikern" besiedelten ländlichen Regionen als die städtischen Zentren von der Islamisierungswelle erfaßt worden sind. Immerhin hat es ein Teil des bosnischen Adels verstanden, durch die Hinwendung zum mohammedanischen Glauben seinen ererbten Grundbesitz und seine privilegierte soziale Stellung auch unter den veränderten äußeren Bedingungen zu bewahren. Eine spätere Zuwanderung orthodoxer Bevölkerungsgruppen aus dem serbischen Siedlungsraum, die vor dem osmanischen Druck auszuweichen suchten, hat in den folgenden Jahrhunderten Bosnien zu einer der widerspruchsvollsten Landschaften Südosteuropas werden lassen, in der sich auf engstem Raume West- und Ostkirche mit dem Islam berührten.

Albert Kapr

Medienrevolution: Enea Silvio Piccolomini berichtet als erster vom Buchdruck Gutenbergs

Enea Silvio Piccolomini, der damalige Sekretär König Friedrichs III., der vom 5. bis 31. Oktober 1454 auf dem Reichstag in Frankfurt am Main weilte, um die Unterstützung der deutschen Fürsten für einen Feldzug gegen die Türken zu erreichen, berichtete später in einem Brief vom 12. März 1455 von Wiener Neustadt an den spanischen Kardinal Juan de Carvajal nach Rom von einer interessanten Begegnung: „Über jenen zu Frankfurt gesehenen erstaunlichen Mann ist mir nichts Falsches geschrieben worden. Vollständige Bibeln habe ich nicht gesehen, vielmehr einige Quinternen mit verschiedenen Büchern (nämlich der Heiligen Schrift) in höchst sauberer und korrekter Schrift ausgeführt, nirgendwo nachgemacht; deine Gnade würde sie mühelos und ohne

Brille lesen können. Von mehreren Gewährsmännern erfuhr ich, daß 158 Bände fertiggestellt seien; einige versicherten sogar, es handle sich um 180. Über die Zahl bin ich nicht ganz sicher; an der Vollendung der Bände zweifle ich nicht, wenn man (diesen) Leuten Glauben schenken kann. Hätte ich deinen Wunsch gekannt, dann hätte ich ohne Zweifel einen Band (für dich) gekauft. Einige Quinternen sind hier zum Kaiser gebracht worden. Ich werde versuchen, wenn es sich machen läßt, eine noch käufliche Bibel hierher schaffen zu lassen und sie für dich bezahlen. Ich fürchte aber, es wird nicht gehen, sowohl wegen der langen Wegstrecke als auch, weil, wie man berichtet, noch vor der Vollendung der Bände habe es (für sie schon) bereitstehende Käufer gegeben. Daß deine Gnade aber in so hohem Maße gewünscht hat, Gewißheit über die Sache zu erlangen, schließe ich aus der Tatsache, daß du mir dieses durch einen Kurier mitgeteilt hast, der schneller als Pegasus ist. Doch nun genug des Scherzens."

Diese erst in jüngerer Zeit aufgefundene Briefstelle bedeutete für die Gutenbergforschung eine Sensation. Offensichtlich hatte Piccolomini, der spätere Papst Pius II., bereits früher über den „erstaunlichen Mann" geschrieben und jetzt die Rückfragen Carvajals beantwortet. Es besteht kein Zweifel, daß er von der Fertigstellung der 42zeiligen Bibel schreibt. Wir erfahren einige Tatsachen, die bisher unbekannt waren. Die wichtigste betrifft den Termin der Fertigstellung: Bereits auf den Herbst 1454 datiert sie der Brief. Die zweite Erkenntnis betrifft die Auflagenhöhe: Piccolomini schreibt, daß ihm von 158 und von 180 Exemplaren berichtet worden sei. Vielleicht steht diese unterschiedliche Angabe in Beziehung mit der Tatsache, daß die Auflage bald nach Beginn des Drucks erhöht worden war, denn von einem Teil der Exemplare, nämlich Blatt 1 bis 32r und 129 bis 158v des ersten Bandes sowie Blatt 1 bis 16 und Blatt 162r des zweiten Bandes, liegen auch Drucke im Neusatz vor. Es ist denkbar, daß die erste Auflage 158 und die erhöhte Auflage 180 Exemplare betrug. Die dritte Erkenntnis könnte besagen: Die gesamte Auflage konnte sofort nach Beendigung des Drucks verkauft werden, und selbst der Kaiser in Wien und seine Umgebung, ebenso ein Kardinal in Rom waren von dem Ereignis informiert worden.

Arnold Esch

Prozessionen, Kirchen, Damenmode

Unter den überlieferten Parallelberichten seien hier einmal die vier Berichte des Jahres 1480 gewählt. Für die Pilgerreise-Saison dieses Jahres hatte der Rat von Venedig ausdrücklich nur ein Schiff zugelassen, um dem Reeder Agostino Contarini die Gelegenheit zu geben, die im Vorjahre unverschuldet erlittenen Verluste wieder einzufahren. Um so besser für unsere Fragestellung: denn so haben wir für dieses Jahr sogar vier parallele Reiseberichte aus demselben Schiff! Sicherlich sind in dieser dichten Reisegruppe von rund 100 Pilgern noch mehr Berichte niedergeschrieben worden, die uns verloren oder noch nicht bekannt sind; einer dieser vier Berichte (Barbatre) ist denn auch erst vor kurzem zufällig in Familienbesitz entdeckt worden.

Machen wir uns mit den vier Pilger-Autoren eingangs kurz bekannt. Da ist zunächst der Mailänder *Santo Brasca,* damals 35jährig und schon im gehobenen Dienst der Herzöge von Mailand, wo er weitere Karriere machen wird. In seinem Bericht (gewidmet dem herzoglichen Generalthesaurar, weil dieser wegen beruflicher Unabkömmlichkeit die Reise selbst nicht machen könne) weiß Brasca mehr als andere das Eigentliche der Pilgerfahrt vom Reisebetrieb zu scheiden. Zwar versteht er, schon aus professioneller Schulung, auch das Drum und Dran an Welt wahrzunehmen und noch in der Unruhe des Lebens an Bord aufzuzeichnen. Aber er verweist es an seinen Platz, so wie er die praktischen Hinweise für künftige Pilger (mit eigenen Ratschlägen für ärmere Reisende!) zu einem Anhang aussondert und mit der Mahnung einleitet, man möge die Pilgerfahrt aus Devotion antreten „und nicht mit dem Vorsatz, zu sagen: ich bin da gewesen, ich habe gesehen …". Daß er selbst dieser Devise folgte, dafür ist (manchmal möchte man sagen: leider) der Bericht dieses Laien beredtes Zeugnis mit seiner dichten Folge von Gebetstexten, die seine ganze Darstellung durchziehen. Er reist in leicht bevorrechtigter Stellung, genießt Achtung und Aufmerksamkeiten des Schiffseigners, wohnt auf Zypern beim Repräsentanten der Loredan „wie ein Fürst" und in Jerusalem im Zionskloster statt im Pilgerspital, sieht also die Welt vom Kapitänsdeck aus, gewissermaßen aus einer Perspektive einen Meter höher als die drei anderen Autoren: das zeigt sich sowohl in der Präzision seiner Informationen wie in seiner Parteinahme bei Konflikten zwischen Passagieren und Reiseleitung.

Ganz anders der nächste Reisende, ein französischer Priester, *Pierre Barbatre* aus Vernon in der Normandie, 55jährig (so stellt er sich eingangs selbst vor). Sein umfangreicher Bericht wirkt unter den vieren als der „privateste" und hat auch keinen erkennbaren Adressaten. Barbatre ist als Beobachter äußerst präzise, ja rechenhaft, aber doch auch mehr als das: sein ausgeprägtes Interesse für Architektur macht seinen Bericht besonders interessant. Überhaupt versteht er, genau hinzusehen und eigene Beobachtungen in eigene Worte zu fassen.

Ihm am nächsten steht ein weiterer französischer Pilger, dessen Namen und Stand leider unbekannt bleiben, der aber wahrscheinlich Geistlicher war und aus Paris stammte (darum im folgenden als *Pariser Anonymus* bezeichnet), wie seine häufige Bezugnahme auf diese Stadt vermuten läßt: Venedig, halb so groß wie Paris, hat mehr Schiffe, als Paris Pferde und Maultiere hat, ein Hügel ist so hoch wie der Montmartre in Paris usw. Sein Bericht, aufgrund täglicher Notizen in französischer Sprache geschrieben und (wie viele Reiseberichte) ausdrücklich für die Unterrichtung künftiger Pilger gedacht, will eingestandenermaßen Erlebnisbericht sein und nicht Landeskunde vom Schreibtisch: *non pas par maniere de cosmographie ou aultres descriptions artifficielles,* sondern einfach so wie es sich dem Reisenden geboten hat: *mais simplement et ainsi que les choses se sont offertes.* Dieser Vorsatz, so sehr er nach Topos klingt, gibt ein echtes Kriterium: der Verfasser wirkt frei von dem Zwang anderer Pilger-Autoren, der Vollständigkeit halber Dinge aufzunehmen, die er hätte sehen können, aber nicht gesehen hat. Er will nicht systematisch sein und ist es auch nicht.

Endlich *Felix Fabri,* Dominikanermönch in Ulm aus Zürcher Familie, mehrfacher Autor, bekannt vor allem durch die Beschreibung seiner zweiten Jerusalemfahrt 1483: ein Bericht, unübertrefflich in seiner Beobachtungsfülle und Ausdruckskraft, seiner Art, Wirklichkeit aufzunehmen mit allen Sinnen – aber auch von schrecklicher Vollständigkeit, in seiner Abfolge von Assoziationen weitschweifig, wie der Titel *evagatorium* selbst eingesteht, und doch so unterhaltend, wie er ausdrücklich auch sein will, unterhaltend und belehrend. In der Pilgerliteratur ist Fabri denn auch, und zu Recht, der wohl meistgenannte Autor überhaupt [...] Etwa 40jährig ist er bei Antritt seiner ersten – nämlich unserer – Jerusalemfahrt von 1480. [...] Der Bericht über seine erste Reise (der einzige lateinische Bericht übrigens, die anderen schreiben in ihrer Muttersprache) ist erst im Zusammenhang mit der zweiten Reise niedergeschrieben worden. Solch späte Niederschriften stellen immer besondere Probleme, da wir nicht ausschließen können, daß sich dem Verfasser unterdessen die Perspektive verschoben hat und die Darstellung ein anderes Relief bekommt: nivelliert auf ein allgemeines, episodenarmes Reiseerlebnis (zumal bei Benutzung von früheren Pilgerberichten, wozu ja auch Fabri gegriffen hat); oder aber auch umgekehrt: daß die auslesende Erinnerung gerade die persönliche Tönung nun noch stärker hervortreten läßt. Und eben so wirkt der Bericht von Fabris erster Reise, unser Parallelbericht: ausgewählte Impressionen, Stimmungen, Szenenbilder menschlichen Verhaltens.

Lassen wir die Pilger in Venedig eingetroffen sein (denn erst von hier an werden die Erlebnisse vergleichbar) und ihre Quartiere beziehen. Die beiden Franzosen logieren im Gasthaus „Zum Wilden Mann" (wohl nicht allzu schlecht, denn Venedig bringt dort auch den türkischen Gesandten unter); der Ulmer Mönch zieht den „Hl. Georg" vor, denn der ist deutschsprachig bewirtschaftet, und so kann Fabri dem Radebrechen in fremder Zunge hier noch aus dem Weg gehen; der Mailänder hingegen wohnt privat bei einer befreundeten mailändischen Familie.

Von diesen ihren Quartieren aus entdecken die Pilger nun Venedig, jeder das seine. Zeit bleibt ihnen, vier Wochen vor Abfahrtstermin eingetroffen, noch genug, um sich während der Reisevorbereitungen ein Bild zu machen von dieser unvergleichlichen Stadt, die die Pilger zwar merken ließ, daß sie auch von ihnen lebte (*Pellegrino e Commercio,* Name eines venezianischen Hotels heute, gibt die Elemente treffend wieder), ihnen aber immer schon mehr noch bot, was des Erzählens wert war. Während Brasca hier eher knapp und summarisch bleibt (die beiden Franzosen schreiben über Venedig viermal so viel, der Mailänder dafür ein Mehrfaches über das Hl. Land) und Fabri über das Venedig seiner ersten Reise kaum Worte verliert, zeigt Barbatre hier bereits sein auffallendes Interesse und seine besondere Begabung für die Beschreibung von Architektur. Wo der Mailänder, darin den meisten Pilgern ähnlich, von Kirchen nur gerade zu sagen weiß, sie seien *bellissime,* begreift und beschreibt Barbatre das eigentümliche Detail, etwa daß San Marco ein Zentralbau ist mit Kuppeln und überhaupt von fremdartigem Stil, *point de la fasson de celles de France.* Nicht daß Brasca flüchtig beobachtet hätte: den Dogenpalast besichtigt er sogar ausführlich, *da la cima al fondo* – aber was er beschreibt, ist eher Verfassungsgeschichte; er sieht durch die Fassade hindurch auf die Funktion des Baues als Rathaus. Dagegen sieht Barbatre das, was vor Augen ist: das Material ist Backstein oder Quader, die Mauern sind verkleidet oder nicht, die Stützen sind Pfeiler oder Säulen. Anders als beim durchschnittlichen Beobachter, der Kirchen allenfalls nach ihrer Größe unterscheidet, sind bei Barbatre etwa Kathedrale und Frari-Kirche wirklich zwei verschiedene Baukörper mit unterschiedlicher Raumwirkung. Wo Kirchen im Bau sind, wird auch das ausdrücklich vermerkt: am Dom von Mailand 200 Bauarbeiter, der Campanile von S. Pietro in Castello noch in den Anfängen, Michelozzos Frührenaissance-Palast in Dubrovnik *toute neufve,* „wenn das alles erst mal fertig ist …" über eine Baustelle in Korfu. Auffallend auch sein kennerisches Interesse für kirchliche Innenausstattung. Chorgestühl und Altarbilder wissen auch andere Pilger wahrzunehmen und ihren Preis zu erkunden; aber Barbatre achtet auch auf Ausmalung: *bien paincte* bemerkt er verschiedentlich und nennt gelegentlich auch das Bildprogramm. Oder er notiert verständnisvoll, zum Orgelspiel in S. Salvatore kämen die Leute *pour l'ouyr plus que par devocion.*

Er sieht, und er zählt: die Lampen, die Stufen, die Gräber, die Statuen an der Fassade – eine Lust am Messen und Zählen, die auch seine anderen Vorlieben durchzieht: sein Interesse fürs liturgische Detail und für Prozessionsordnungen (in denen sich Venedig seinen Besuchern freilich auch besonders eindrücklich darstellte), seitenlang die Kerzen, die Fahnen, die Kreuze zählend, die Bruderschaften, die Gewänder, die Farben sortierend. Zwischen Prozessionsordnung und Ablaß einige Beobachtungen, die nicht aus dem Pilgerführer abzuschreiben waren, über die venezianischen Damen etwa. *C'est triomphe de les voir,* Venus, Pallas und Juno sind nichts dagegen, präziser: auch nicht die Frauen von Paris, Rouen und Lyon; und dann, genauer hinsehend: die Damenmode hier ist schulterfrei, der Damenschuh unglaublich hoch.

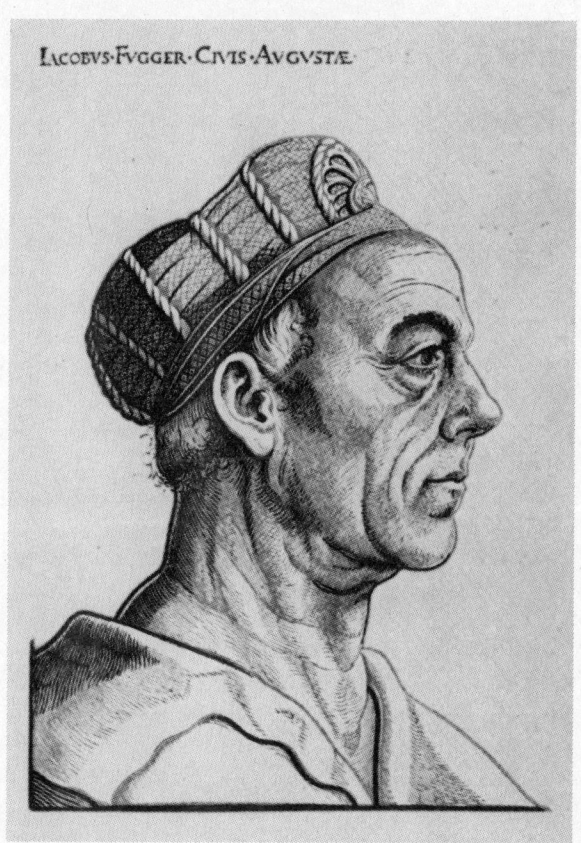

IACOBVS·FVGGER·CIVIS·AVGVSTÆ·

Paolo Rossi

Neue Welten gegen altes Wissen:
Die Folgen der Entdeckung Amerikas

„Auf den westindischen Inseln" – schreibt José d'Acosta – „ist alles wunderbar, alles überraschend, alles verschieden und auf einer höheren Stufe als das, was es in der Alten Welt gibt." Wie später Galilei, Hooke und Leeuwenhoeck hatten auch Christoph Kolumbus, Fernão de Magellan und die zahlreichen anderen Reisenden und Seefahrer der frühen Neuzeit nie zuvor Gesehenes mit eigenen Augen geschaut. Die Entdeckung neuer Länder hatte ebenfalls dazu beigetragen, den Glauben an die Überlegenheit der antiken Geistesgrößen zu erschüttern. Einfache Seeleute, so meinten viele, sind in der Lage, das Gegenteil dessen zu *sehen,* was griechische Philosophen und Kirchenväter über die Bewohnbarkeit der Trockengebiete, die Existenz der Antipoden, die Schiffahrt auf den Ozeanen oder die Unpassierbarkeit der Säulen des Herkules behauptet haben.

In der Neuen Welt finden sich unbekannte Pflanzen (Mais, Maniok, Kartoffel, Bohne, Tomate, Paprika, Kürbis, Avocado, Ananas, Kakao, Tabak, Gummibaum) und nie gesehene Tiere (Truthahn, Lama, Luchs, Puma, Kondor, Jaguar, Tapir, Vikunia, Kaiman). Beschreibungen neuer Tiere und Pflanzen enthält die *Historia general y natural de las Indias* (1526) von Gonzalo Fernández de Oviedo y Valdés, der über vierzig Jahre lang Goldinspektor in Santo Domingo war. Auf Welt- und Landkarten des frühen 16. Jahrhunderts ist der neue Kontinent bevölkert mit Einhörnern, hundsköpfigen Affen und Menschen, bei denen Augen, Nase und Mund auf der Brust liegen. Oviedo verzichtet dagegen auf die Beschreibung von Monstern und Phantasiewesen. Nach seiner Auffassung gibt es eine einzige Natur, die in den verschiedenen Teilen der Welt unterschiedliche Formen annimmt. Pflanzen können in einem Teil der Welt schädlich, im anderen nützlich, Menschen weiß oder schwarz sein, und die Tiger, welche sonst behende und schnell, „sind im Indien Eurer Majestät träge und schwerfällig". Auch der Jesuit José d'Acosta beschreibt in seiner *Historia natural y moral de las Indias* (1590) die besondere Beschaffenheit des Bodens, der Mineralien, Vulkane, Metalle, Pflanzen, Landtiere, Fische und Vögel. Die Neue Welt ist für ihn bevölkert „von Tieren, deren

Anzahl und Aussehen ohne Beispiel sind und von denen weder Griechen noch Römer, noch irgendein Volk des *mundo de acá* etwas gewußt haben". Mit den gleichen Themen befaßt sich auch die kurze Schrift *A Briefe and Troue Report of the New Land of Virginia* (1588) von Thomas Hariot, einem der bedeutendsten Mathematiker seiner Zeit, Bewunderer Galileis und Briefpartner Keplers. In Italien erwirbt Federico Cesi das Manuskript des sogenannten *Tesoro messicano* oder *Rerum medicarum Novae Hispaniae thesaurus,* eine monumentale Enzyklopädie der exotischen Botanik und Zoologie, die auf Francisco Hernández, den Leibarzt Philipp II., zurückgeht. Nach verschiedenen Anläufen wird das Buch 1651 von Francesco Stelluti gedruckt.

Über die Menschen der Neuen Welt und ihre Sitten hatte sich Acosta lang und breit ausgelassen. Sein Buch, das ins Englische (1604), Italienische (1606) und Holländische (1624) übersetzt wurde, stand im Mittelpunkt einer ausgedehnten Diskussion, die das gelehrte Europa von der Mitte des 16. Jahrhunderts bis zur Zeit Vicos beschäftigte. Es warf eine Reihe von Fragen auf, die nicht einfach zu beantworten waren. Wie läßt sich die biblische Geschichte mit der Existenz von Menschen an einem derart weit vom Zentrum der jüdisch-christlichen Religion entfernten Ort vereinbaren? Sind die Wilden Amerikas in die Barbarei zurückgefallene Abkömmlinge von einst zivilisierten Völkern? Haben die verschiedenen Völker unterschiedliche Ursprünge, oder erschienen die Menschen gleichzeitig in den diversen Regionen der Erde? Wie läßt sich die direkte Abstammung aller Menschen von Adam rechtfertigen? Überschwemmte die Sintflut alle Gebiete der Erde, oder war sie lokal begrenzt? Träfe letzteres zu, wäre dann nicht die biblische Geschichte nur die Geschichte eines besonderen Volkes an einem bestimmten Ort? Wie erklärt sich das Vorhandensein einer anderen als der uns vertrauten Natur? Wie gelangten die Tiere der Neuen Welt in die Arche Noah? Warum überlebte kein einziges dieser Tiere in der Alten Welt? Muß man annehmen, daß Gott nach dem sechsten Schöpfungstag sein Werk fortsetzte und die Neue Welt schuf? Vor allem aber: Wie gelangten die Menschen der Alten Welt in die Neue Welt?

Freigeister *(Freethinkers, esprits forts)* unterschiedlicher Herkunft nahmen die Entdeckung der Neuen Welt zum Anlaß, um ihre Zweifel an der Gültigkeit der biblischen Geschichte anzumelden und jene Thesen zu verbreiten, die als frevlerisch galten und im späten 17. und im Verlauf des 18. Jahrhunderts als lukrezianisch, spinozistisch oder materialistisch bezeichnet wurden. Girolamo Cardano (1501–1576) vertrat implizit die These einer unmittelbaren Abstammung der Menschen aus der Materie.

Rainer Wohlfeil
Luthers Reformation als Angebot einer alternativen Lebensform

Luthers lateinisch abgefaßte Thesen erregten schnell über den Kreis der zur Disputation aufgeforderten Theologen hinaus breitgestreute Aufmerksamkeit. Sie griffen nämlich ein Thema auf, das in der christlich normierten Gesellschaft das tägliche Leben unmittelbar berührte, den ‚Ablaßhandel‘, der nicht nur Probleme des Gott-Mensch-Verhältnisses aufwarf, sondern als Kritik am kurialen Fiskalismus auch wirtschaftliche Fragen zur Diskussion stellte. Zugleich wirkten die Thesen zusammen mit dem anschließend regionübergreifenden ‚öffentlichen Tätigwerden‘ Luthers als ‚Katalysator‘ für bereits vorhandene kirchenkritische Tendenzen und reformerische Strömungen, die durch seine Initiative kanalisiert und – wenn auch nur zeitweise – integriert wurden.

Der zunehmende Widerhall der Thesen veranlaßte Luther unter der generellen Zielsetzung, die Kirche zu verlebendigen und die Frömmigkeit zu erneuern, weitere Aspekte des christlichen Lebens aufzugreifen, zunächst nur von dem Willen gelenkt, die überlieferte Kirche von Mißbräuchen, aber auch Irrtümern zu befreien. Seine breit anlaufende literarische Tätigkeit fand ihren reformatorischen Höhepunkt 1520 in den drei großen Reformschriften *An den christlichen Adel deutscher Nation von des christlichen Standes Besserung, De captivitate Babylonica ecclesiae praeludium* und *Von der Freiheit eines Christenmenschen*. In der Erörterung seiner Thesen und Gedanken begann sich eine überregionale und nunmehr Sozialgruppen und Standesdenken überwindende ‚reformatorische Öffentlichkeit‘ zu entfalten (s. Kap. Reformatorische Öffentlichkeit), die sich ebenso wie Luthers eigenes unmittelbares Wirken ungestört durch geistliche und weltliche Obrigkeiten entwickelte, weil Papst Leo X. (1475–1521) und Kaiser Maximilian I. (1459–1519) vor allem in der Frage der Nachfolge des Kaisers engagiert waren.

Die Kurie beging den Fehler, Luthers Kirchenkritik als Mönchsgezänk abzuwerten. Insbesondere der Interventionsversuch des Papstes bei der Kaiserwahl von 1519 führte zur zeitweiligen Sistierung des bereits 1518 eingeleiteten römischen Ketzerprozesses. Er wurde erst 1520 mit der Verurteilung Luthers durch die Bulle *Exsurge Domine* beendet. Inzwischen hatte Luther sich 1518 beim Verhör durch Kardinal Cajetan (1469–1534) auf dem Augsburger Reichstag geweigert, seine für häretisch erklärten Thesen zu widerrufen und das Papsttum durch seinen Appell an ein allgemeines Konzil herausgefordert. Geradezu aggressiv mußte es die Auslassungen des gelehrten widerspenstigen Mönches gegen päpstlichen Primat und kirchliche Tradition in seiner Auseinandersetzung mit Johannes Eck (1486–1543) auf der Leipziger Disputation 1519 empfinden. Luther verstörte aber auch Kritiker des Papsttums, als er darüber hinaus sogar die Unfehlbarkeit eines Konzils bestritt. In seiner Lehre vom allgemeinen Priestertum aller Gläubigen entzog er dem Papsttum nicht nur den Anspruch, alleingültig die Bibel auszulegen, sondern stellte überhaupt seine Grundlagen und Legitimation in Frage.

Zu dem erstaunlichen Anfangserfolg Luthers trug zweifellos der Schutz bei, den ihm sein Landesherr gewährte. Kurfürst Friedrich III. von Sachsen, der Weise (1463–1525), erreichte, daß der 1519 gewählte Kaiser Karl V. den gebannten Mönch unter freiem Geleit auf seinen ersten Reichstag 1521 nach Worms berief. Dort bekannte sich Luther im April vor Kaiser und Reich zu seinem reformatorischen evangelischen Prinzip und lehnte jeden Widerruf ab, es sei denn, er würde durch die Heilige Schrift oder einen klaren Grund widerlegt werden. Der Kaiser reagierte mit dem *Wormser Edikt* vom 8. Mai 1521, durch das über den am 3. Januar 1521 mit kirchlichem Bann belegten Luther die Reichsacht verhängt sowie Lektüre und Verbreitung seiner Schriften verboten wurden. Reichsacht bedrohte auch seine Anhänger.

Luthers Bekenntnis in Worms und das Edikt schlossen die Anfangsjahre der Reformation ab. Sein theologisch initiiertes reformatorisches Wirken hatte die weitverbreitete, aber ungezielte Kritik großer Bevölkerungsteile an der überlieferten Anstaltskirche gebündelt und auf das Papsttum zentriert. Erst im Anschluß daran entfaltete sich eine eigentliche reformatorisch-lutherische Volksbewegung. Auf sofortigen Widerhall und erregte Zustimmung war Luther besonders bei sozialen Gruppen gestoßen, die schon vor 1517 auf Reformen oder gar Veränderungen gedrängt hatten und sein Tätigwerden als wenn nicht identischen, so doch kongenialen Ausdruck ihres Wollens interpretierten. Seine Wirkung resultierte also nicht allein aus seiner seelsorgerischen Überzeugungskraft, sondern aus vielschichtiger, differierend motivierter Aufnahmebereitschaft, muß demnach im Zusammen- oder Gegenspiel und nicht zuletzt auch im Nebeneinander mit anderen Zeitgenossen begriffen werden. Zustimmung und Anhänger fanden sich während der Anfangsjahre vor allem unter den Humanisten und ihrer urbanen oder höfischen Umwelt (s. Kap. Humanismus-Reformation-Stadt), aber auch unter dem Klerus. Bald gehörte jedoch der nach klärenden Worten und Taten verlangende Gemeine Mann ebenfalls dazu. Ebenso fand Luther schnell politischen Rückhalt, allerdings aus sehr andersartigen Gründen.

Luthers theologisch-religiöse Konzeption (s. Kap. Reformatorische evangelische Lehren), die sich in späterer Systematisierung als ‚evangelisch-reformatorische Erkenntnis‘ in vier Prinzipien individueller Heilserlangung zusammenfassen läßt – ‚allein‘ durch den Glauben *(sola fide),* ‚allein‘ durch die Gnade Gottes *(sola gratia),* ‚allein‘ in Christus (solus Christus), ‚allein‘ durch die Heilige Schrift *(sola scriptura)* – erschien interessierten Zeitgenossen als das Angebot einer alternativen christlichen Lebensform mit sowohl religiös-kirchlichem als auch sozial-politischem Bezugs- und Handlungsfeld. Als Kern begriffen sie aber offenkundig weithin Luthers entscheidende Erkenntnis von der Rechtfertigung durch den Glauben als „umfassender Ausdruck des Heilshandelns Gottes überhaupt und damit bestimmendes Zentrum" (Ernst Kinder). Auch für sie stand im Mittelpunkt von Luthers Angebot die Reaktivierung des Christus-Bezugs, die sich gegen ein religiöses Leistungsdenken im Verständnis der Heilswirksamkeit ‚guter Werke‘ wandte, das – unbeschadet entgegenstehender Auffassungen in der spätmittelalterlichen Schultheologie – um 1500 die Volksfrömmigkeit beherrscht hatte. Indem Luther gegen die religiöse Leistung und damit gegen ‚Werkgerechtigkeit‘ protestierte und seinen Mitmenschen bei ihrem Suchen nach Sicherheit des Heils einen neuen Weg wies, zugleich aber in seinem reformatorischen Handeln auch die überkommene Kritik am bestehenden Kirchenwesen in polemischer Schärfe fortführte, kulminierend in der apokalyptisch begründeten Aussage, der Papst sei der Antichrist, wirkte er nicht nur gesellschaftlich, sondern wurde er auch in breiten Kreisen der Gesellschaft so verstanden. Gesellschaftliches Verständnis konnte schon dadurch gefördert werden, daß nach Steven E. Ozments These Luthers Rechtfertigungslehre nicht ausschließlich angenommen wurde im Sinne geistiger Identifikation mit dem Sola-gratia-Prinzip, sondern vornehmlich aufgegriffen als Möglichkeit, sich religiös zu befreien von den Anforderungen eines kirchlichen Systems, das mit seinen psychischen und sozialen Lasten zu viel gefordert hatte. Theologisches und wie immer geartetes und begründetes gesellschaftliches Verstehen gingen zunächst parallel – verbunden über jenen Antiklerikalismus, den Luthers Angriffe gegen die überlieferte Kirche nicht nur aktiviert, sondern darüber hinaus auch stark verschärft hatten. Im Verlauf des historischen Prozesses differenzierten sie sich aber merklich, vor allem als Luther und andere Reformatoren sich mit den sozialen Wirkungen konfrontiert sahen, die sie entbunden hatten, von denen sie sich aber strikt zu distanzieren suchten.

Christof Windhorst

Radikale Reformation:
Balthasar Hubmaier und die Täufer von Waldshut

Mit Sorge beobachtete der Konstanzer Bischof Hugo von Landenberg im Frühjahr 1523 die Entwicklung seines Waldshuter Priesters, der die Pfaffen angeprangert habe, „die Mönchsträume predigen und das Evangelium zurückhalten". Auf einer Reise nach St. Gallen feierte man ihn als evangelischen Prediger. In Zürich sprach er mit Zwingli besonders über die Kindertaufe, die sie damals beide ablehnten. Wenig später nahm Hubmaier an der Oktoberdisputation 1523 über Bilder und Messe in Zürich teil. Er forderte die Beseitigung des Meßopfers und im Sinne Zwinglis eine schlichte Feier zum Gedächtnis an den Tod Christi. Daß er die

Einsetzungsworte als Verkündigungsworte verstanden wissen wollte, zeigt die gute Verarbeitung der Lektüre Luthers.

Wieder in Waldshut bereitete Hubmaier die Reform der Messe vor. Während kirchliche und weltliche Obrigkeit seine Auslieferung forderten, stellte der Waldshuter Rat sich hinter seinen Pfarrer und dessen Reformationswerk. Für ein Religionsgespräch in Waldshut (April 1524) verfaßte Hubmaier *Achtzehn Schlußreden.* Sie enthielten ein klares reformatorisches Programm: allein der persönliche Glaube als Erkenntnis der Barmherzigkeit Gottes mache den Menschen vor Gott recht und münde notwendig „in allerlei Werk brüderlicher Liebe". Da werden alle menschlichen Lehren und Bräuche der alten Kirche überflüssig. Die katholische Partei in Waldshut konnte dies Programm nicht akzeptieren. Ihre Priester mußten die Stadt verlassen. Erzherzog Ferdinand von Österreich drohte indes, seine ungehorsamen Untertanen mit Gewalt gefügig zu machen. In dieser zugespitzten Situation begab sich Hubmaier nach Schaffhausen, um seiner bedrängten Stadt politischen Spielraum zu verschaffen.

Hubmaier schrieb hier eine *Thesenreihe gegen Johann Eck,* die den Bruch mit der alten Kirche dokumentiert. Etwa gleichzeitig entsteht die Schrift *Von Ketzern und ihren Verbrennern,* ein *flammendes Plädoyer gegen jede Art inquisitorischer und gewaltsamer „Bekehrung"* zum „richtigen Glauben der Kirche" –, ein früher Ansatz zum Toleranzgedanken! Die Vermischung von weltlichen und geistlichen Argumenten und Kompetenzen sollte um des Evangeliums willen ein Ende haben und mehr Geduld in der Bemühung um die Wahrheit des Glaubens walten. Der angefochtene Glaube ist für Hubmaier nicht schon Häresie, sondern Station auf dem Wege zur Wahrheit, die sich am Ende durchsetzen wird. Daher gilt es daran festzuhalten: „Die Wahrheit ist untödlich! (untötbar)" Fast jede seiner Schriften hat er mit diesem Lebensmotto versehen.

Als Hubmaier im Oktober 1524 nach Waldshut zurückkehrte, wurde er enthusiastisch empfangen. Man feierte die Messe in deutscher Sprache, Bilder und sakrale Gegenstände wurden aus den Kirchen entfernt. Die politische Lage verschärfte sich. Aus Zürich kam eine kleine Schar Freiwilliger zum Schutze der Stadt. Unter ihnen waren Anhänger des Grebelkreises. Zugleich stand Waldshut während der Bauernerhebungen in Süddeutschland im Bündnis mit aufständischen Gruppen, denen es Hilfe und Schutz bot. Hubmaier förderte diese Politik ganz bewußt auf dem Hintergrund der *Zwölf Artikel der Bauernschaft zu Schwaben*. Die Habsburger aber waren im Krieg gegen Frankreich gebunden und konnten sich um Waldshut nicht kümmern.

Unterdessen arbeitete Hubmaier theologisch weiter. Er las Schriften von Karlstadt und Müntzer, den er wahrscheinlich Ende 1524 in Waldshut traf. In ihnen wurde die Kindertaufe wie vom Grebelkreis in Zweifel gezogen. Er korrespondierte über dies Problem mit Oekolampad, von dem er weitgehende Zustimmung erfuhr. Aber er ließ sich Zeit, selbst als Reublin Anfang 1525 in Waldshut zu taufen begann. Die politische Situation war keine gute Voraussetzung für radikale kirchliche Reformen. Außerdem war Hubmaier an einer Einigung mit Zwingli stärker interessiert als an dem separatistischen Treiben der Zürcher Täufer. Schließlich wollte er durch Unterweisung und Predigt die Gemeinde so gut wie möglich vorbereiten.

Ostern 1525 erfolgte dann der entscheidende Schritt. Der Aufstand der Bauern erreichte seinen Höhepunkt, ihre und Waldshuts Truppen waren siegreich. Die Gelegenheit war günstig. Am Ostersonntag empfing Hubmaier mit 60 anderen Bürgern von Reublin die Taufe und spendete sie selbst etwa 300 Menschen und dem größten Teil des Rates. Anschließend feierten sie die Messe als schlichtes Gedächtnismahl. In Waldshut war unter Hubmaiers Führung ein „territoriales Täufertum" entstanden. Damit hatte hier die Reformation eine radikale Wendung genommen, wie sie zunächst auch Grebel für Zürich vorschwebte, aber dort von Zwingli und dem Rat aufgehalten wurde. Trotz der unterschiedlichen Entwicklung bemühte sich Hubmaier aber weiterhin um eine Einigung mit Zwingli, allerdings ohne Erfolg. Statt dessen entbrannte der literarische Kampf zwischen den beiden Reformatoren. Zwingli hatte schon im Mai ein Buch gegen die „Taufleugner" geschrieben und die Kindertaufe verteidigt. Hubmaier antwortete im Juli mit einer genauen Widerlegung, ohne jedoch Zwingli zu nennen, was diesen wiederum zu einer noch schärferen Gegenschrift veranlaßte, die Hubmaier natürlich nicht unbeantwortet ließ. – Insgesamt verfaßte Hubmaier sieben Schriften zur Tauffrage.

Sein im Juli 1525 erschienenes Taufbuch *Von der christlichen Taufe der Gläubigen* zählt zu den besten Begründungen der Gläubigentaufe jener Zeit: Die wahre Ordnung des Christenlebens besteht in der

Abfolge von Wort, Glaube, Taufe, Werk. Den Anfang bilden Predigt, Buße und Glaube an die Vergebung. Diesen Vorgang nennt er „Geisttaufe" und beschreibt ihn als Wiedergeburt, die der Hl. Geist auf die Predigt hin wirkt. Dem folgt das doppelte Bekenntnis der Sünde und des Glaubens sowie die doppelte Verpflichtung zum „neuen Leben nach der Regel Christi" und zur Unterwerfung unter die brüderliche Strafe und den Bann. Dies alles wird im Akte der Wassertaufe zusammengebunden. Sie ist öffentliches Bekenntnis und nimmt in die Kirche auf. So wird die Taufe die nach außen hin sichtbare Wendemarke einer neu gewonnenen inneren Qualität, die ihrerseits in das äußere Handeln drängt. Damit setzt sich der Christ in Gegensatz zur Welt, die „ihre eigene Satzung und Regel" hat. In diesem Kampf zwischen Christus und Welt wird der Glaubende die Erfahrung des Leidens und der Verfolgung machen.

Hans Belting

Die Bestrafung der Heiligen als Akt der Emanzipation

Die Bilderkritik war in der Reformation kein neues Thema, auch wenn die Reformatoren großen Wert darauf legten, daß sie als erste den Mißbrauch der Bilder brandmarkten. Im katholischen Spätmittelalter häufen sich warnende und mäßigende Stimmen, welche die Auswüchse des Bilderkults und seine Diskreditierung als Gelegenheit zur Kapitalanlage begleiteten. Neu war der Zusammenhang, in den die Bilderkritik jetzt geriet. Es war die allgemeine Kirchenreform, in der sie einen Signalwert für den Umbruch erhielt. Die neue Lehre ging auf Distanz zur alten Papstkirche. Dabei waren ihr die dortigen Mißstände im Bilderkult und Ablaßwesen nur willkommen, denn sie erlaubten eine scharfe Abgrenzung dort, wo jedermann die Grenzen sah.

So konnte man auch nicht bei der bloßen Bilderkritik stehenbleiben. Die Situation verlangte nach einer neuen Praxis. Die Selbstdarstellung der Neugläubigen war auf das Gesicht einer bilderlosen Kirche angewiesen. Die Reinigung des Tempels von den Händlern und von den Bildern sollte die Zustände einer Urkirche, die noch nicht auf die schiefe Bahn geraten war, wiederherstellen. So sah man die Dinge, und so fand man den Angelpunkt der Kirchenreform. Ein gereinigter Tempel setzt aber voraus, daß man ihn erst einmal reinigt. In diesem Sinne ist der Bildersturm angewandte Bilderkritik. Allerdings ist er ein Thema mit vielen Facetten, ja auch mit Widersprüchen. Nicht einmal die Reformatoren waren sich darin einig, wie sie ihn bewerten sollten. Karlstadt betrieb ihn als Gelegenheit zum Aktivismus, Luther bekämpfte ihn als Gefahr des allgemeinen Umsturzes, und Zwingli vertrat mit der geordneten Bildentfernung eine Mittelposition zwischen den „Bilderstürmern" und „Bilderschirmern". [...]

In Genf war der Bildersturm am 8. August 1535 das zentrale Ereignis für die Konsolidierung der Reformation. Die neuen Prediger beherrschten die Szene, nachdem der Bischof als Stadtherr vertrieben war. Calvin stieß 1536 zu ihnen, konnte aber erst seit 1541 ein theokratisches Regime in der Stadt errichten, in dessen Politik die alten Grenzen zwischen profanem und kirchlichem Leben hinfällig wurden. Die neue Ära, die nach der Säuberung der Kirchen gleichsam in einer Stunde Null begann, wurde in einer quadratischen Bronzeinschrift (99 cm²) gefeiert, die bis zum Jahre 1798 am Rathaus angebracht war: „Im Jahre 1535 wurde die Tyrannei des römischen Antichrists niedergerungen. Wir haben dem Aberglauben abgeschworen und die sakrosankte Religion Christi wieder in den Urzustand, seine Kirche in eine bessere Ordnung zurückversetzt. Die Stadt, deren Feinde wir in die Flucht trieben, erhielt nicht ohne ein Wunder des Himmels die Freiheit wieder. Senat und Volk von Genf haben zur ewigen Erinnerung daran das Monument an diesem Ort errichten lassen. Möge es für die Nachfahren ihren Dank an Gott bezeugen."

Das Denkmal, eine antikische Ehreninschrift in klassischem Latein, ist gleichsam eine ,Ikone des Worts', die dem Bildgedächtnis das Schriftgedächtnis entgegensetzt. Zugleich ist es ein Manifest der humanistischen Bildung, in welcher der Geist, repräsentiert im Wort, über die Materie und das „äußerliche Bild" triumphieren sollte. Am Genfer Rathaus drückte die Inschrift den Sieg der ,Aufklärung' und den Willen zur religiösen Selbstbestimmung aus. Sie tut dies in der Form der Proklamation und im Tonfall des Gesetzes, das alle, Prediger, Gemeinde und Stadt, an das Wort Gottes bindet. Die Religion war im Leben der Öffentlichkeit und des einzelnen durch das Bibelwort sowohl präsent wie repräsentiert. Jede Repräsentation im Bild war in der „Calvinischen Religion", wie sie ein niederländischer Kupferstich nennt, verpönt. Die Ehreninschrift der Stadt hält die Gründung einer neuen Ära im kollektiven Gedächtnis fest. Der Bildersturm (und nicht die drei Jahre frühere Einführung der Reformation) lieferte dafür das offizielle Datum.

Die Formen, in denen sich andernorts der Bildersturm vollzog, lassen manchmal erkennen, welche Motive hinter den Aktionen standen. Der Reutlinger Chronist Fizion beschreibt, wie im Jahre 1531 die Hauptkirche „ganz von abergläubischer Substanz und päpstlicher Abgötterei ausgesäubert wurde". Man zerstörte auch die Altäre „und riß die Bilder weg mit Gespött". Zwei Motive stehen dabei im Vordergrund. Es geht darum, die Ohnmacht der Bilder zu demonstrieren, denen man immer so viel Macht zugeschrieben hatte. Zum anderen will man die alten Institutionen, besonders die römische Kirche, bloßstellen, die mit solch wirkungslosen Bildern über die Menschen hatte Macht ausüben wollen.

Deshalb geht man einen Schritt über die bloße Entfernung der Bilder hinaus, wenn man sie am alten Ort stehenläßt, aber ihre Gesichter und Hände abschlägt, sie also jener Merkmale beraubt, mit denen sie die Menschen am meisten beeindruckt hatten. Wenn dann der Frevel ungesühnt blieb, war die Machtlosigkeit von Bildern, die nur aus totem Stoff bestanden, um so mehr bewiesen. Die Verhöhnung der Bilder war zuweilen wichtiger als ihre Entfernung. Die Bloßstellung der Institutionen, die diese Bilder verwaltet hatten, nahm manchmal die Form der stellvertretenden Bestrafung *in effigie* an. Wenn man die Schuldigen nicht erreichte, ließ man den Unmut an den Bildern aus, die sie zurückgelassen hatten. Das waren im normalen Strafrecht die Porträts und Wappen. Nun sind es die Kultbilder, in welchen man die alte Kirche bestraft. So kam es manchmal zu einem rituellen Akt, für den bekannte Methoden des Strafvollzugs gewählt wurden. Wenn die Bilder wie ihre eigenen Karikaturen, verstümmelt und verhöhnt, stehenblieben, konnte sich der Betrachter, der mit dem Respekt vor ihnen aufgewachsen war, immer neu seiner eigenen Emanzipation versichern.

Benvenuto Cellini erschießt den Postmeister
von Siena [1540]

In Siena nahm ich in der Herberge ein gutes Quartier und bestellte Unterkunft und Verpflegung für fünf Leute; das Pferd schickte ich durch den Knecht des Gasthofes nach dem Posthause, das vor dem Tore Camollia lag; ich hatte aber vergessen, meine Steigbügel und mein Sattelkissen von der Stute herunterzunehmen. Wir brachten den Abend des grünen Donnerstags sehr fröhlich zu; am Morgen des Karfreitags aber fielen mir meine Steigbügel und mein Sattelkissen wieder ein. Ich schickte danach, aber der Postmeister sagte, er gäbe sie nicht heraus, denn ich hätte sein Pferd zuschanden geritten. Es wurde noch mehrere Male hin- und hergeschickt und der Mann sagte immerzu mit unerträglich frechen Worten, er gebe meine Sachen nicht heraus. Mein Wirt aber sagte zu mir: „Seid froh, wenn er Euch nichts anderes antut, als daß er das Kissen und die Steigbügel zurückbehält; denn er ist der gewalttätigste Mensch der ganzen Stadt und hat außerdem zwei Söhne; die sind sehr tapfere Soldaten und ebenso gewalttätig wie er. Darum rate ich Euch: kauft Euch, was Ihr braucht, reitet weiter und sagt kein Wort."

Ich kaufte ein Paar neue Steigbügel; doch hoffte ich mit einigen freundlichen Worten mein gutes Kissen herausbekommen zu können; und da ich sehr gut beritten und mit Panzerhemd und Armschienen ausgerüstet war, auch eine ausgezeichnete Büchse vor mir auf dem Sattel hatte, so machte die angebliche große Gewalttätigkeit des verrückten Kerls mir keine große Angst, zumal da ich meine jungen Leute daran gewöhnt hatte, Panzerhemd und Armschienen zu tragen.

Besonders setzte ich großes Vertrauen auf meinen jungen Römer, der während unseres Aufenthaltes in Rom fast niemals aus der Rüstung herausgekommen war, so jung er auch war. Außerdem war es Karfreitag, und da dachte ich, auch die Verrücktheit der verrückten Kerle könnte wohl einmal Feiertag machen.

Vor dem Tore Camollia erkannte ich sofort den Postmeister an den Zeichen, die man mir angegeben hatte; er war nämlich auf dem linken Auge blind. Ich ritt auf ihn zu, indem ich meine jungen Leute und alle meine Begleiter zurückließ und sagte freundlich zu ihm: „Postmeister, wenn ich Euch versichere, daß ich Euer

Pferd nicht zuschanden geritten habe, warum wollt Ihr mir denn nicht mein Kissen und meine Steigbügel herausgeben?"

Als er mir nun hierauf wirklich so grob und wild antwortete, wie man es mir vorausgesagt hatte, entgegnete ich ihm: „Was? Seid Ihr nicht ein Christ? Wollt Ihr Euch und mir den heiligen Feiertag auf so ärgerliche Weise verderben?"

Er sagte, ihm sei es ganz einerlei, ob Gottes oder des Teufels Feiertag sei, und wenn ich nicht machte, daß ich fortkäme, würde er mich mit seinem langen Spieß trotz meinem Schießgewehr vom Pferde stechen.

In dem Augenblick, da ich diese Worte sagte, trat ein alter senesischer Edelmann in seinen Sonntagskleidern herzu; er hatte eben seine Andacht verrichtet, wie man dies an jenem Feiertage zu tun pflegt, und da er nun von ferne alle meine Reden mit angehört hatte, so kam er eifrig herbei, ergriff meine Partei und schalt den Postmeister; auch dessen beiden Söhnen sagte er, sie täten nicht ihre Schuldigkeit gegen die durchreisenden Fremden und brächten durch ihr gotteslästerliches Fluchen die Stadt Siena in Verruf. Die beiden jungen Söhne sagten nichts, schüttelten den Kopf und gingen ins Haus hinein. Der wütende Vater aber ergrimmte über die Worte des ehrenwerten Edelmannes noch mehr, fällte unter ungeheuerlichen Flüchen seinen Spieß und schwor, er wolle mich ganz gewiß totschlagen. Als ich seinen grimmigen Entschluß sah, senkte ich die Mündung meiner Büchse ein wenig, um ihn zurückzuhalten. Trotzdem aber drang er wütend auf mich ein. Obwohl ich nun das Recht gehabt hätte, mein Leben zu verteidigen, hatte ich die Büchse noch nicht auf ihn gerichtet, sondern hielt noch immer die Mündung hoch. Plötzlich aber ging der Schuß von selber los; die Kugel fuhr gegen den Torbogen, prallte zurück und traf den Mann in die Gurgel, daß er tot zu Boden fiel. Schnell liefen nun die beiden Söhne herzu; der eine ergriff eine Partisane, der andere den großen Spieß seines Vaters. Hiermit warfen sie sich auf meine jungen Leute, und der Sohn mit dem Spieß traf zuerst meinen Pagolo oberhalb der linken Brustwarze; der andere rannte einen Mailänder an, der sich unserer Gesellschaft angeschlossen hatte und ein rechtes Narrengesicht hatte. Er hätte dem Handel ausweichen können, wenn er einfach gesagt hätte, daß er nicht zu mir gehörte; dies tat er aber nicht, sondern wehrte vielmehr die Stöße der Partisane mit einem Stöckchen ab, das er in der Hand hielt; mit diesem konnte er freilich nicht gut parieren, und so erhielt er einen kleinen Stoß an seinem Munde. Meister Cherubino trug Priesterkleider; denn obwohl er nur, wie gesagt, ein trefflicher Uhrmacher war, hatte er vom Papst gute Pfründen mit reichlichen Einkünften erhalten. Ascanio war sehr gut bewaffnet und dachte daher nicht daran, die Flucht zu ergreifen, wie der Mailänder es getan hatte. So blieben denn diese beiden unbehelligt. Ich hatte unterdessen meinem Pferde die Sporen gegeben und in vollem Galopp meine Büchse geladen; sofort kehrte ich wieder um, denn nun gedachte ich Ernst zu machen, während ich bisher die Sache als Spaß betrachtet hatte. Ich glaubte, meine jungen Leute wären totgeschlagen, und ritt darum zurück mit dem festen Entschluß, sie zu rächen, und wenn ich selber sterben sollte. Ich war jedoch erst eine kurze Strecke geritten, da kamen sie mir entgegen. Ich fragte sie, ob sie Schaden genommen hätten, und Ascanio antwortete mir, Pagolo sei von einem Hellebardenstoß tödlich getroffen. Da rief ich: „O Pagolo, lieber Junge, ist denn der Speer durch das Panzerhemd gedrungen?"

„O nein!" antwortete er; „das Panzerhemd hatte ich heute morgen in den Mantelsack gesteckt."

„Ach so! Man trägt also in Rom das Panzerhemd, um sich vor den schönen Damen zu zeigen, und am gefährlichen Ort, wo man's nötig hätte, da hat man's im Mantelsack! Es geschieht dir ganz recht, daß du verwundet bist; aber um deinetwillen gehe nun auch ich in den Tod."

Kaum hatte ich dies gesagt, so sprengte ich davon. Ascanio aber und Pagolo ritten mir nach und baten mich, ich möchte doch um Gottes willen mein und ihr Leben retten, denn ich ginge ganz gewiß in den sicheren Tod. Unterdessen traf ich auch den Meister Cherubino mit dem verwundeten Mailänder. Cherubino schalt mich wegen meiner Wut aus: niemandem sei etwas zuleide geschehen, und Pagolos Wunde sei nur oberflächlich; der alte Postmeister liege tot auf der Erde; die Söhne und andere Leute, die sie herbeigerufen, seien jetzt bewaffnet und würden uns ganz gewiß in Stücke hauen. Das erstemal seien wir glücklich davongekommen, aber das zweitemal werde uns das Glück wohl nicht so hold sein.

Ich antwortete ihm: „Wenn es Euch recht ist, so soll es auch mir recht sein. Pagolo und Ascanio, gebt euren Pferden die Sporen, wir wollen ohne anzuhalten nach Staggia galoppieren; dort sind wir in Sicherheit."

Der verwundete Mailänder sagte: „Hole die Pest die Sünden; dies Unheil ist mir nur deshalb widerfahren, weil ich gestern die Sünde beging, ein bißchen Fleischbrühe zu essen; anderes war nämlich nicht da."

Trotz unserer großen Sorge mußten wir doch ein bißchen über den dummen Kerl und sein törichtes Geplapper lachen. Wir gaben unseren Pferden die Sporen und ließen Herrn Cherubino und den Mailänder nach ihrer Gemächlichkeit nachreiten.

Andreas Kappeler

Zar Ivan IV. und die russische Expansion nach Asien

Die Traditionen des frühen Moskauer Vielvölkerreiches, die sich im Mittelalter herausgebildet hatten, stellten wichtige Voraussetzungen für das polyethnische Imperium dar, das seit der Mitte des 16. Jahrhunderts entstand. Ein zweites Bündel von Voraussetzungen liegt im erfolgreichen territorialen Wachstum Moskaus seit dem 14. Jahrhundert, das gemeinhin als „Sammeln der Länder der Rus'" bezeichnet wird. In weniger als zwei Jahrhunderten wurde das kleine, politisch unbedeutende Fürstentum Moskau zum territorial größten Staat Europas, wobei das ehemals von Novgorod abhängige riesige Taiga- und Tundragebiet im Norden und Nordosten allerdings sehr dünn besiedelt war. Im „Sammeln der Länder der Rus'" entwickelten die Moskauer Herrscher Grundmuster einer Expansionspolitik, die eine Vielzahl von Methoden anwandte: eine geschickte Diplomatie, die oft das Instrument des „divide-et-impera" einsetzte, fremde Eliten abwarb und in eigene Dienste nahm; ein schrittweises Vorgehen von einem durch eine Loyalitätserklärung besiegelten Protektorat bis zur später folgenden endgültigen Annexion; den Kauf kleinerer Territorien; die militärische Eroberung mit brutalen Repressionen; die Legitimation der Annexionen mit politischen Argumenten, wie dem Vorwurf der Kollaboration mit ausländischen Feinden Moskaus, oder historischen Begründungen, wie dem Anspruch, alle Gebiete des ehemaligen Großfürstentums Vladimir seien das „Vatererbe" (votčina) des Moskauer Herrschers. In der Eingliederung der Territorien von

Novgorod, Vjatka und Pskov gingen die Moskauer Großfürsten besonders brutal vor, indem sie die von Moskau wesentlich abweichende sozio-politische Ordnung zerstörten und große Teile der adligen Elite und der Kaufleute in die zentralen Gebiete des Moskauer Staates umsiedelten.

Flexible Diplomatie und gewaltsame Eroberung kamen auch in der Auseinandersetzung mit Polen-Litauen zum Zug, die am Ende des 15. und zu Beginn des 16. Jahrhunderts zur Angliederung einer ganzen Reihe der im 14. und frühen 15. Jahrhundert von den litauischen Großfürsten eroberten ostslawischen Fürstentümer führte. Ein wichtiges Element der Expansion war hier der freiwillige Übertritt ostslawischer orthodoxer Fürsten in Moskauer Dienste. Der Moskauer Großfürst, der sich nun „Herrscher der ganzen Rus'" nannte, entwickelte das Sammeln der Länder der Rus' zu einem Anspruch auf das Vatererbe des ganzen Kiever Reichs weiter, der auch vom in Moskau residierenden Metropoliten der orthodoxen Kirche unterstützt wurde. Der weitere Konflikt mit Polen-Litauen um die unter dessen Herrschaft stehenden, von orthodoxen Ostslawen bewohnten Gebiete war damit vorprogrammiert. Er sollte die russische Außenpolitik der Folgezeit prägen [...].

Ein dritter Komplex von mittelalterlichen Voraussetzungen des multinationalen Russischen Imperiums ergibt sich aus der jahrhundertelangen Zugehörigkeit der nordöstlichen Rus' zur Goldenen Horde. Mit dem Niedergang des mongolischen Großreiches im 15. Jahrhundert entbrannte der Kampf um ein Erbe. [...]

Am 2. Oktober 1552 eroberte ein großes russisches Heer unter Führung des jungen Zaren Ivan IV. die Stadt Kazan': „Mit Hilfe unseres allmächtigen Herrn Jesus Christus und den Gebeten der Gottesmutter ... kämpfte unser von Gott gekrönter rechtgläubiger Zar und Großfürst Ivan Vasil'evič, Selbstherrscher der ganzen Rus', mit den Gottlosen, und er überwand sie endgültig und nahm den Zaren von Kazan' Ediger-Mahmet gefangen ... und er nahm das Zartum und die bevölkerungsreiche Stadt Kazan' ein. Der Zar ließ die Frauen und kleinen Kinder gefangennehmen, die Bewaffneten aber ließ er wegen ihres Verrats alle erschlagen", so ein Auszug aus der offiziellen zeitgenössischen russischen Chronik.

Die Eroberung von Kazan' war ein bisher beispielloser Schritt in der Geschichte des Moskauer Staates. Hatte sich das „Sammeln der Länder der Rus'" auf historische, dynastische und religiöse Rechtfertigungen stützen können, so sprengte die Annexion eines souveränen Staatswesens, das nie zur Rus' gehört hatte, sondern Bestandteil des vom mongolischen Weltreich begründeten dschingisidischen Staatensystems und der islamischen Gemeinschaft war, die traditionellen Rechtsvorstellungen. In den zeitgenössischen Quellen und in zahlreichen Werken der russischen Historiographie wird deshalb die Eroberung von Kazan' mit einer Vielzahl von – oft willkürlich konstruierten – Argumenten legitimiert, so als Verteidigungsakt gegen die Raubzüge der Kazan'-Tataren und als Vergeltung für ihren Verrat, als Kreuzzug gegen die Ungläubigen (wie im oben zitierten Chronikbericht), als (von Gesandtschaften erbetene) Befreiung vom Joch der Krim und des Osmanischen Reiches. In direkter Anlehnung an das Sammeln der Länder der Rus' wird das Khanat sogar als Erbbesitz (votčina) des Moskauer Herrschers, als „altes Land der Rus'" bezeichnet, was wiederum mit bis auf die Kiever Zeit zurückgreifenden dynastischen Ansprüchen „belegt" wird.

[...] Die Eroberung des Khanats von Kazan' und die vier Jahre später folgende des Khanats von Astrachan' sind epochale Schlüsselereignisse in der Geschichte Rußlands und ganz Eurasiens. Der überwiegend ostslawisch-orthodoxe nordosteuropäische Moskauer Staat würde nun endgültig ein polyethnisches, multireligiöses Imperium.

Heide Wunder

„Sie ist der Mond": Frauenleben in der Frühen Neuzeit

Der Blick auf die Frauen in der Gesellschaft der Frühen Neuzeit – auf die realen Lebensumstände sowie auf die normativen Setzungen, die ihr Leben leiten sollten – hat gezeigt, daß in der ständischen Gesellschaft die „Kategorie Geschlecht" nicht die universelle Strukturierungskraft wie in der bürgerlichen Gesellschaft des 19. Jahrhunderts besaß. Bis weit in das 18. Jahrhundert hinein war die Wirksamkeit der Geschlechtszugehörigkeit nach Lebensalter, Zivilstand und sozialer Schicht gestuft. Ihre größte Wirksamkeit entfaltete sie für Ehefrauen, während ledige Frauen mehr persönliche Freiheiten besaßen, aber nicht über eigene Herrschaftsrechte in einem Haushalt verfügten. In der frühneuzeitlichen ständischen Gesellschaft kam den Ungleichheiten zwischen Frauen und Männern zwar grundlegende Bedeutung zu, gleichwohl gab es keine generelle Unterordnung aller Frauen. Vielmehr galt für die Eheleute ebenso wie für die Mitglieder der verfaßten Gemeinde der Grundsatz, daß Freud und Leid zu teilen seien. Dieses „Teilen" war keine schematische Verteilung von Rechten und Pflichten an die Eheleute. Es ging vielmehr darum, gemeinsam soziale Selbständigkeit zu erlangen und zu bewahren, ein Ziel, das weder Mann noch Frau als alleinstehende Person erreichen konnten. Gleichheit von Ehefrau und Ehemann im Sinne von Gleichwertigkeit wurde somit über die ihnen beiden gemeinsamen Werte und Ziele hergestellt, deren Bezug außerhalb der einzelnen lag. Ihre Beziehung läßt sich als reziprok charakterisieren, als Tauschbeziehung, in der Ungleiches getauscht wurde, die jedoch wegen der wechselseitigen Verwiesenheit von Ehemann und Ehefrau keine generell ungleiche war.

Das materielle Aufeinanderangewiesensein von Ehemann und Ehefrau habe ich ausführlich dargelegt. Ebenso wichtig waren jedoch die Bilder und Vorstellungen, in denen diese Beziehungen symbolisiert, gedacht und reflektiert wurden. Das *Ehzuchtbüchlein* des Straßburgers Johann Fischart aus dem Jahre 1578 bietet dafür ein anschauliches Beispiel:

> *Er ist die Sonn, Sie ist der Mon,*
> *Sie ist die nacht, Er hat Tagsmacht,*
> *Was man von der Sonnen, Am tag ist verpronnen,*
> *Das kült die nacht, Durch des Mons macht:*
> *Also wird gstillt, auch was ist wild:*
> *Sonst gern geschicht, Gleich wie man spricht,*
> *Zween harte stain, Maln nimmer klain.*

Fischart stellt die Beziehungen zwischen Ehemann und Ehefrau in Analogie zu den Gestirnen Sonne und Mond, ganz im Sinne seiner Zeit, die den Mikrokosmos als Entsprechung zum Makrokosmos deutete. Die Analogie Mann-Frau/Sonne-Mond hatte er nicht zufällig gewählt, denn Sonne und Mond wurden auch als Ehepaar oder Liebespaar vorgestellt. […]

Es soll der Man sein wie die Sonn
  Und die Frau soll sein wie der Mon,
Die Sonn hat wol ein klärern schein,
Doch hat der Mon gleichfalls das sein,
  Und gleich wie nicht die Sonn zerstöret
  dem Mon sein schein, sonder den mehret:
Also soll auch ein rechter Man
Seiner Männin jr ehr thun an,
  Diweil die ehr doch ist gemein,
  Wie auch das gut keins hat allein:
Und wa man nicht solch gmeinschaft behalt,
Und jedes Licht sein schein erhalt,
  So kan es gleich so wenig bestohn
  Als wann die Sonn verstis den Mon,
  Oder der Mon verstis die Sonn.

Fischart wuße sehr wohl, daß der Mond seine Leuchtkraft von der Sonne empfängt, aber ihn interessierte nur, daß beide leuchten, die Sonne stärker, der Mond schwächer. Er benutzte die Abhängigkeit des Mondes von der Sonne nicht etwa, um darauf eine statische hierarchische Ordnung der Geschlechter zu begründen. Vielmehr war sein Bestreben, in der Ehe eine „himmlisch Concordantz" zu sehen, gerade weil viele gelebte Ehebeziehungen diesen Vorstellungen nicht entsprachen. Gleichwohl waren seine Vorstellungen nicht aus der Luft gegriffen, sondern gründeten sich auf Entsprechungen in der Lebenspraxis, insbesondere im Hinblick auf das Ehepaar als Arbeitspaar und auf seine gemeinsame Haushaltsführung. Fischart fügte eine neue, allerdings zentrale Dimension hinzu: einander „die Ehre geben". Wenn es schon nicht gelang, daß – wie er vorschlug – Liebe die Eheleute verband, Ehemann und Ehefrau als Liebhaber und Venus zusammenlebten, so sollte doch gegenseitige Achtung zwischen den Eheleuten vorhanden sein. Ehre stellte in der Gesellschaft der Frühen Neuzeit ein hohes Gut dar, das durch Feindschaft zwischen den Eheleuten leicht verloren werden konnte. Nicht zufällig war „Hausehre" eine Bezeichnung für die Hausfrau, die „ehre und frumkeit" des Hauses verkörperte. Von einer generellen Unterordnung der Ehefrau unter die Autorität des Ehemannes kann in diesem Konzept der Geschlechterbeziehungen keine Rede sein. Das verdeutlichten auch Fischarts Erläuterungen von Tagmacht des Mannes und Nachtmacht der Frau: Was die Sonne am Tag verbrannt hat, lindert die Kühle der Nacht. Sonne-Mond, Tag-Nacht wurden von Fischart also nicht nur als Gegensätze verstanden, sondern zugleich als Phasen in einem zyklischen Prozeß, der beide nacheinander zur Geltung bringt.

Solches Denken der Differenz von Mann und Frau ist ungewohnt, gehen wir doch wie selbstverständlich davon aus, daß der Gegensatz von Mann und Frau ein absoluter und universeller sei, zumindest in den Hochkulturen. Man hat diese Auffassung der Geschlechterdifferenz als Kontinuum vom ‚Sündenfall' der griechischen Philosophie (Aristoteles) bis in die Gegenwart dargestellt. Aber eine derart konstruierte „Vorgeschichte des dualistischen Denkens", das am Ende des 18. Jahrhunderts als „Polarisierung der Geschlechtscharaktere" (K. Hausen) erscheint, ist zu linear angelegt. Selbst die *Querelle des femmes*, der Jahrhunderte andauernde Diskurs der „Frauenfeinde" und „Frauenfreunde" über das Wesen der Frau, wird falsch verstanden, wenn er nur dualistisch interpretiert wird: Argument und Gegenargument bilden die rhetorische Struktur des Diskurses ab, nicht aber dessen Inhalt. Denn gestritten wurde immer um Gleichheit von Mann und Frau: vor Gott, vor der Vernunft, vor dem Recht. Angesichts der sozialen Ungleichheit von Frau und Mann wurde Gleichheit abstrakt im Hinblick auf diese Instanzen hergestellt. Daß gleichwohl die Konkretisierung jener Konzepte – der Gottebenbildlichkeit, des Postulats „Vernunft hat kein Geschlecht" (Descartes), Rechtsgleichheit für Mann und Frau – unterschiedlich und nie vollständig gelang, stellt keinen Widerspruch dar. Noch galten nicht die modernen absoluten Gleichheitsvorstellungen, die die Konstellation Individuum – Staat zur Bedingung haben. Vielmehr waren Männer und Frauen eingebunden in soziale Gruppen, die ihnen ihren Status und Rang verliehen und in denen andere Gleichheitsvorstellungen herrschten, wie ich am Beispiel der Ehe erläutert habe. Frauen und Männer gewannen ihren Selbstbezug und ihr Selbstwertgefühl nicht „aus sich selbst", sondern durch die Einbindung in Haushalt, Generationenverband, Arbeit und Beruf, durch ihre gemeinsame Orientierung auf weltliche „ehre und frumkeit" und auf ein Leben nach dem Tode. Dies Bezüge boten auch Frauen die Möglichkeit der „Selbstthematisierung".

Bernd Roeck

Reizarmut und die Plausibilität des Wunderbaren

An eine wichtige, grundlegende Voraussetzung des mittelalterlich-frühneuzeitlichen Weltbildes ist indessen zu erinnern, sie ist elementarer, von allgemeinerem Charakter als der Hunger, der auf die eine oder andere Weise natürlich auch die Weltwahrnehmung beeinflußt haben mag. Ich meine die *Reizarmut* der frühneuzeitlichen Umwelt. Sie war es, die einen Schildkrötenpanzer, einen Elefanten, dann eben auch ein Wolkengebilde zur Sensation werden ließ. Gewiß, in einer Reichsstadt von der Größe Augsburgs war immer noch mehr Kommunikation möglich als auf dem Land; hier schnitten sich Wirtschaftswege und Nachrichtenverbindungen. Und es bedarf keiner Erläuterung, daß unter den schwierigen Reisebedingungen der Zeit das Bürgertum immer noch die beweglichste Schicht war − vielleicht abgesehen von entwurzelten Existenzen, fahrendem Volk, von dem noch zu berichten sein wird. Doch was man draußen sah und was an Bildern und Texten greifbar gewesen ist, war nicht im geringsten zu vergleichen mit der unüberschaubaren Fülle an Information und Unterhaltung, die dem modernen Menschen zugänglich ist. Vor allem die Tatsache, daß die Welt der frühen Neuzeit (und anderer Epochen vor Erfindung der Photographie) eine *bilderarme* Welt war, dürfte von größter Bedeutung für die Art, wie man sie sah und interpretierte, gewesen sein. Die Fülle der in den Museen erhaltenen Gemälde und Graphiken täuscht über diese Tatsache hinweg; denn wann und wo sah der „gemeine Mann" im 16. Jahrhundert schon Bilder? In der Kirche natürlich, vielleicht auch auf Häuserfassaden oder Stadttoren, dann noch auf Prozessionsfahnen und bei prunkvollen Einzügen hochgestellter Persönlichkeiten. Aber schon in den Wohnungen der Bürger waren Bilder höchst seltene Objekte − zu den Palästen des Patriziats und des Adels mit ihren Kabinetten und Wunderkammern hatte man kaum Zutritt. Nicht einmal Kupferstiche oder Holzschnitte waren verbreitete Inventarstücke.

Ein Grund für die große Seltenheit von Bildern dürfte der vergleichsweise hohe Preis solcher Dinge gewesen sein. Ein Kupferstich konnte schon einmal zehn Kreuzer und mehr kosten, dafür mußte mancher eine halbe Woche arbeiten; die Kosten schließlich für ein Ölbild, oft mehrere hundert Gulden, mochten dem Jahresverdienst eines einigermaßen wohlhabenden Handwerkers entsprechen. Selbst in der Dienstwohnung der patrizischen Proviantherren der Reichsstadt Augsburg fand sich als einziges Bild eine gemalte „dafel, die figur charitas".

Was an und in öffentlichen Gebäuden und Kirchen dennoch zu sehen war, so steht zu vermuten, muß einerseits das Publikum ungleich tiefer beeindruckt haben als Betrachter, für die das Erlebnis des Bildes – sei es auch nur des in der Zeitung gedruckten Photos oder des auf den Fernsehschirm projizierten Films – tägliche Gewohnheit ist. Als Konsequenz der Bilderarmut der vorphotographischen Zeit ergibt sich zunächst, daß die Menschen den sie umgebenden Raum anders wahrnahmen als wir; besonders deutlich wird das etwa an der Art, wie unbeholfen manche Maler und Zeichner noch im 17. Jahrhundert mit der Zentralperspektive umgehen: Die Projektion dreidimensionaler Zusammenhänge auf eine Ebene, die Raumillusion, war ungewohnt.

Von größter Bedeutung war indessen, daß die Menschen ihre Umwelt weitgehend *direkt* erfuhren, die Vermittlung von Wahrnehmungen über Bilder weniger wichtig war. Das hatte Folgen. Zum einen muß ein Bild – wenn es denn begegnete – besonders eindrucksvoll, überzeugungsmächtig gewirkt haben, es zog intensives Interesse auf sich, gewann eine eigene Existenz, die sich nicht im rein Physischen erschöpfte. Es gibt immer wieder Belege dafür, daß mancher Darstellung in der Auffassung noch der frühen Neuzeit eine geistige, nachgerade magische Wirklichkeit zugebilligt wurde. Negativ erweist sich das im Bildersturm, in der Zerstörung des Kunstwerkes oder – weniger dramatisch – in der Ablehnung, die etwa dem religiösen Bild entgegengebracht wird. Kölderers Aufzeichnungen lassen solche Skepsis immer wieder erkennen, etwa, wenn er gegen „papistische" Götzenbilder wettert. Wenn er andererseits Kupferstiche in seine Chronik einklebt – Porträts, Belagerungsdarstellungen und anderes – oder Zeichnungen hinzufügt, läßt sich vermuten, daß es hier nicht allein um zweckfreie Illustration ging. Das Bild konstituiert Wirklichkeit, schon deshalb, weil es einen Sachverhalt „offenlich" mitteilt. Sein Druck hat gewöhnlich obrigkeitliche Billigung, als Massenmedium liegt ihm die (zumindest hypothetische) Anerkennung einer Mehrheit zugrunde. Der Inhalt der grellen, sensationell aufgemachten

„zeyttung" kann schon deshalb Wahrheit oder Wahrscheinlichkeit beanspruchen.

Indessen bestimmten eben weder Texte noch Bilder die Phantasie des „gemeinen Mannes" in besonderer Weise. Die Reizarmut der frühneuzeitlichen Welt muß die geistige Schöpfung jener seltsamen Gebilde, die wir in den Chroniken der Zeit so häufig geschildert finden, begünstigt, ja überhaupt erst ermöglicht haben. Anders gesagt: Die Schwelle, ab der etwas als außergewöhnlich und damit als aufschreibenswert erachtet wurde, war ziemlich niedrig. Für die Unterscheidung des Besonderen vom Normalen galten andere Kriterien, ein Umstand, der überhaupt erst erklärt, wie ein Bericht über „selzames katzenlermen" in eine ernsthafte Chronik geraten konnte – und natürlich erst recht die Wirkung eines Elefanten. Der Auftritt dieses „grauen Ungeheuers" in der kleinen Welt einer frühneuzeitlichen Stadt muß um so wirkungsvoller gewesen sein, als die Mehrzahl der Schaulustigen weder durch Beschreibungen noch durch Texte auf das vorbereitet war, was sie erwartete.

Sonst suchte sich die Phantasie andere Anknüpfungspunkte. Die Menschen der Epoche müssen Gedanken und Blick freigehabt haben für ständige intensive Beobachtung ihrer Welt. Typisch, wie Kölderer einmal schreibt, am Himmel habe sich leuchtendes Gewölk gezeigt, dies habe einen „überwunderbaren" Schimmer gegeben, so daß man eine Erscheinung erwartet habe – aber es sei schließlich doch nichts geschehen.

Man wartete also auf Bilder und Zeichen, sah sie, weil man sie sehen *wollte;* glaubte der Wundererzählung, dem reißerischen Flugblatt, weil man sich die Wirklichkeit dieser Sensationen vorstellen konnte, sie für wahrscheinlich hielt. Glauben und Erzählung, schließlich eigene Wahrnehmung des relativ Außergewöhnlichen in einer ‚einfachen' Welt müssen sich wechselseitig bestärkt haben. Im Abstand von der technisch schlechterdings nicht oder nur unzureichend reproduzierbaren Erscheinung bemächtigte sich die Phantasie des Vergangenen, gestaltete es aus und bekräftigte die Plausibilität des Wunderbaren.

Volker Press

Kaiser Rudolf II. flüchtet in die Kunst

An der Beurteilung Rudolfs II. scheiden sich noch heute die Geister. Am 18. Juli 1552 wurde er als ältester Sohn in die Ehe des toleranten, erst evangelischen, dann ‚kompromiß-katholischen' Kaisers Maximilian II. mit der entschiedenen Katholikin Maria von Spanien, der Tochter Karls V., geboren, in eine intellektuell und künstlerisch anregende Atmosphäre, die den begabten jungen Erzherzog tief beeinflußte. 1563 wurde er mit dem nächstältesten Bruder Ernst nach Spanien geschickt, um die Einheit der Dynastie zu sichern und eine katholische Erziehung zu garantieren – die Tragödie des spanischen Thronfolgers Don Carlos (gest. 1568), die Rudolf miterlebte, ließ zeitweilig eine spanische Thronfolge möglich erscheinen. Die gravitätisch-zeremonielle Atmosphäre des spanischen Hofes prägte Herrscher- und Dynastiebewußtsein des schüchternen Prinzen; Philipp II. suchte dem Neffen eine entschiedene Katholizität nahezubringen. 1571 kehrten die Erzherzöge über Genua nach Wien zurück, wo Maximilian II. über die steife Würde seines Ältesten entsetzt war.

1572 wurde Rudolf ohne Komplikationen König von Ungarn; 1575 wählten ihn die böhmischen Stände zum König – Voraussetzung dafür, um 1575 auch die Römische Königswahl durchzusetzen, trotz der Vorbehalte vieler deutscher Fürsten gegen den von Spanien geprägten Erzherzog. Rudolf wurde am 27. Oktober in Regensburg zum Römischen König gewählt und am 1. November dort auch gekrönt. Der Vater hatte ihn zuvor auf Landtage in Böhmen und Ungarn geschickt und ihn dann auch als Statthalter über die österreichischen Erblande eingesetzt. Aber als Maximilian II. am 12. Oktober 1576 auf dem Regensburger Reichstag überraschend starb, kam Rudolf doch als politisch völlig Unerfahrener an die Macht. Nach dem Urteil vieler Zeitgenossen besaß er zwar einen eindringenden Verstand, Scharfblick und Urteilsfähigkeit, auch Herrscherwillen und einen Sinn für die politischen Kräfteverhältnisse. Aber all dies wurde überlagert durch eine ausgeprägte Schüchternheit, die sich mit Rudolfs depressiven Anlagen verband. Daraus entwickelte sich eine zuweilen abenteuerliche Flucht aus der Wirklichkeit, die in irrealen Plänen gipfelte. Auf der anderen Seite mag die bemerkenswerte Intelligenz des Kaisers und die Einsicht in die Schwierigkeit der Situation die Neigung zur Depression gefördert haben. Der spanische Herrschaftsstil kam Rudolfs Neigung zur Absonderung entgegen – die politische Inaktivität wurde immer mehr zu einem Markenzeichen von Rudolfs Herrschaft.

So ist die Regierungsgeschichte des Kaisers auch eine Krankheitsgeschichte. Das psychische Leiden verband sich mit körperlichem. 1578 und 1580/1581 erlebte Rudolf schwere gesundheitliche Krisen – seither zog er sich von Jagden, Turnieren und Festen zurück, was Einsamkeit und körperliches Unwohlsein steigerte. Der Kaiser speiste möglichst allein; größere Gesellschaften, unangenehme Begegnungen, schlechte Nachrichten vermochte er immer weniger zu ertragen; auf sie reagierte er mit depressiven Schüben. 1598 erreichte die Krankheit einen neuen Höhepunkt, nachdem ein allgemeines Mißtrauen gegen seine Umgebung zunehmend Herrschaft über Rudolf gewonnen hatte, bis hin zur Furcht vor Verhexung und Vergiftung, bis zum Gefühl der Besessenheit durch den Teufel. Selbstmordpläne und Mißhandlungen von Untergebenen waren die Folgen seines Jähzorns. In seinen letzten Jahren kam dann auch noch ein übermäßiges Trinken hinzu. Dabei verstand es Rudolf durchaus, Menschen an sich zu fesseln, sie zu beeindrukken, sie durch seine natürliche Großzügigkeit zu gewinnen.

Das Junggesellendasein wurde von manchen Zeitgenossen als Wurzel der Probleme angesehen. Dem Kaiser war Philipps II. Lieblingstochter Isabella Clara Eugenia versprochen – er zögerte nicht weniger als 18 Jahre, die Verlobung zu realisieren, allerdings hegte auch Philipp II. immer wieder andere Pläne. Als die Infantin dann 1599 Rudolfs Bruder Albrecht heiratete, um mit ihm die Niederlande zu regieren, erlitt der Kaiser einen Tobsuchtsanfall – und suchte seither alle Nachfolgepläne im Zusammenhang mit Albrecht zu durchkreuzen. Immer neue Heiratskandidatinnen waren im Gespräch – eine Ehe mit dem bindungsscheuen Rudolf kam jedoch nicht zustande. Immerhin gab es eine lange bestehende Beziehung zu Anna Maria (nicht Katharina), der Tochter seines Antiquars Jacopo de la Strada, aus der nicht weniger als sechs Kinder hervorgingen, das letzte ein halbes Jahr vor dem Tode Rudolfs. Das bekannteste, der Liebling des Kaisers, Don Giulio, war aber geisteskrank und starb nach einer grauenhaften Mordtat in der Haft.

Eine Flucht war bereits die Übersiedlung von Wien nach Prag – Rudolf begab sich aus dem Zentrum seiner Erblande an ihre Peripherie; der Prager Hradschin war für den herrscherstolzen Rudolf attraktiver als die bescheidene Hofburg in Wien. Gern weilte der Kaiser auch in lieblicher Landschaft an der Elbe in seinem Jagdschloß in Brandeis, das er im Stil der Zeit umgestalten ließ. Die Prägung durch den Aufenthalt in Böhmen mit seiner eigentümlichen Adelskultur um die Rosenberg, Pernstein, Lobkowicz ist nicht zu unterschätzen. Interessen und intellektuelle Neigungen Rudolfs fanden hier Anstoß und Bestätigung. Überdies war der Kaiser den Kerngebieten des Reiches in Prag näher als in Wien – dies entsprach seinem Stolz auf die Kaiserwürde. 1583 verlegte er endgültig seine Residenz nach Prag, die er kaum mehr verließ. Der Aufenthalt in Böhmen hat jedoch auch zur Beruhigung dieses Landes mit seinem mächtigen Adel beigetragen, zum Zusammenwachsen der österreichischen und böhmischen Aristokratie. [...]

Zwar war Rudolf unstreitig entschieden katholisch; er sah in der Durchsetzung der Katholizität in seinen Ländern auch einen Ausdruck seiner Autorität. Aber er scheute sich nicht, Nichtkatholiken, böhmische Utraquisten und deutsche Lutheraner, ja sogar Calvinisten in seine Dienste zu nehmen. Nicht umsonst erkor er sich seinen Großvater mütterlicherseits, Karl V., zum Vorbild – demonstrativ behauptete Rudolf die kaiserliche Autorität gegen alle Ansprüche Frankreichs und Spaniens. Selbst Philipp II. verweigerte er die Übertragung des Reichsvikariats in Italien. Er betonte seine kaiserlichen Rechte in Reichsitalien und in den Niederlanden. Vor allem aber gegen die Ansprüche des im Zeichen der Gegenreformation wieder erstarkenden Papsttums wehrte sich Rudolf. Einzelne Nuntien konnten ihm zwar manche Konzessionen abzwingen, aber der Kaiser vergaß eine solche ihm aufgedrängte Entscheidung nie. Die Jesuiten förderte Rudolf anfangs, aber er weigerte sich, ihnen die Prager Universität zu übergeben, an deren Autonomie er festhielt – das Mißtrauen gegen ihre Machtansprüche wuchs rasch; so entstand die Konkurrenzsituation zwischen dem ehrwürdigen Carolinum und dem Clementinum der Jesuiten. Als Beichtvater hatte sich der Kaiser schließlich den bemerkenswerten nunmehrigen Prälaten Johannes Pistorius aus Nidda erkoren, der eine Gratwanderung vom Luthertum über den Calvinismus zum Katholizismus hinter sich hatte. Immer wieder mußten jedoch die engagierten Katholiken die Distanz Rudolfs zu ihrem Glauben feststellen, trotz eines unbestreitbar katholischen Fundaments der kaiserlichen Religiosität.

Das Zögern Rudolfs gegenüber den Sakramenten der Kirche dürfte auch mit seiner *intensiven Beschäftigung mit okkulten Wissenschaften* zusammengehangen haben, die wohl ebenfalls ihre Anstöße am Hofe *Maximilians II.* erfahren hatte. Hier tut sich eine faszinierende Welt auf, die Rudolfs Prager Hof eine beträchtliche Attraktivität verschaffte – neben der lateinischen Dichtung und der Geschichte waren vor allem die *Naturwissenschaften ein Lieblingsobjekt des Kaisers: Mathematik, Physik, Astronomie.* Widmungen aus diesem Bereich akzeptierte er gern, der *Kaiser las viel.* Neben einer Reihe bedeutender Ärzte zog Rudolf nacheinander die großen Astronomen *Tycho de Brahe* und *Johannes Kepler* in seine Dienste, die einander vorzüglich ergänzten – Brahe als Theoretiker und *Instrumentenbauer,* Kepler als Praktiker und Mathematiker. Beide freilich pflegten – heutigem Wissenschaftsverständnis entrückt – auch enge Beziehungen zur *Astrologie.* Damit aber ist der Bereich des Okkulten berührt, der die Gestalt Rudolfs II. bis heute geheimnisvoll und fremd macht. Die Zuneigung entsprach jedoch dem Wesen und dem Wissenschaftsverständnis des Kaisers. „Auch der Beschäftigung mit dem Okkulten lag der Versuch zugrunde, durch die Welt der praktischen Erfahrung zu der eigentlichen Realität vorzustoßen, ebenso wie durch die künstlerische Anwendung des Symbols und des Emblems. Die Auflösung von der Natur spielte dabei eine wichtige Rolle; denn die Naturforscher jener Zeit studierten die Kräfte der Natur nicht als Beispiel eines ursächlichen Zusammenwirkens, sondern als Elementargeister, die innerhalb des göttlichen Schöpfungsplans mit Hilfe von korrespondierenden Kräften wirkten." Mit dem Versuch einer Weltdeutung durch die *Alchimie* rückte diese gefährlich nahe an die Rolle eines Ersatzes für die christliche Religion. Hinzu kam, daß die Prager Alchimie vielfach durch Gerüchte verzeichnet wurde, zumal der Kaiserhof für Scharlatane eine durchaus hohe Attraktion hatte.

Neuerdings wird die Verbindung der kaiserlichen Kunstpolitik mit diesen Ideen verstärkt herausgearbeitet; Rudolf sah in den Künstlern übernatürliche Kräfte wirksam. Der Prager Hof wurde zu einem Zentrum des *Manierismus.* Die Konzentration bedeutender Künstler ließ frühere Historiker fälschlich von einer Prager

‚Hofakademie' sprechen: *Giuseppe Arcimboldo,* Organisator von Hoffesten, mit einer Vorliebe für grotesk-illusionistische Bilder, *Bartholomäus Spranger,* der Rudolf als Gott der Okkultwissenschaften *Hermes Trismegistos* darstellte, *Hans von Aachen,* der Bildhauer Adrian de Vries, der Graveur Aegidius Sadeler. Die Förderung der Goldschmiedekunst kulminierte in der faszinierenden Kaiserkrone Rudolfs, dem späteren Symbol des Kaisertums Österreich. Als Auftraggeber und Sammler war Rudolf in ganz Europa berühmt, *insbesondere bemühte sich der Kaiser hartnäckig um Werke Dürers und Peter Breughels des Älteren.* Die Suche nach dem *„perpetuum mobile"* machte Rudolf zum engagierten Uhrensammler; auch in der Musik fragte er nach der Harmonie der Sphären und interessierte sich auch für automatische Instrumente. Die künstlerischen Aktivitäten Rudolfs beruhten auf einem sehr differenzierten und ausgedehnten Hof, der der kaiserlichen Repräsentation entsprach und seltsam mit der Einsamkeit des Herrschers kontrastierte. [...]

Gewiß haben die Erfahrungen des Dreißigjährigen Krieges das Bild dieses Kaisers in milderem Lichte erscheinen lassen. Man wird immer darüber streiten können, ob eine konzentriertere Reichspolitik Rudolfs den Reichsverband stabilisiert hätte – eine Chance hätte sie gewiß gehabt, auch wenn sie nicht mehr dem fortschreitenden Konfessionalisierungsprozeß (Schilling) und der damit verbundenen Polarisierung im Reich entsprochen hätte. Die zweifellos vorhandenen Einsichten in das politische Geschehen haben Rudolf nicht zum Handeln bewegt, sondern vielmehr Depression und Regierungsunfähigkeit verschärft. So flüchtete der Kaiser aus der leidvollen Realität seiner Zeit in andere Welten, sei es in die geheimnisvolle der Wissenschaften, sei es in die schöne der Kunst. Hier liegt die bleibende Faszination dieses begabten Mannes.

Michael Stolleis
Debatten um die Staatsräson

Um zu verstehen, unter welchen Bedingungen die latinisierte Formel *ratio status* der italienischen *ragione di stato* um 1600 in Deutschland aufgenommen wurde und welche ideologischen Vorbehalte bereits bestanden, ist es notwendig, den Blick nochmals zu Machiavelli und dem mit seinem Namen verbundenen politischen Denken zurückzulenken. Machiavelli hat die Formel der *ragion di stato* in seinen Schriften zwar nicht verwendet, aber die allgemeine Ansicht ist plausibel, die Formel sei vor ihrer Verwendung bei Francesco Guicciardini (1523) und Giovanni Della Casa bereits in der Umgangssprache vorgeprägt gewesen und habe inhaltlich auf eine rationale Erfassung der eigenen politischen Interessen in dem von Machiavelli beschriebenen Sinn gezielt.

Guicciardini berichtete in seinem *Dialogo del Reggimento di Firenze* von der Bemerkung, die Tötung der gefangenen Pisaner sei zwar nicht christlich, entspreche aber der *ragione e uso degli stati*. Um 1547 forderte dann Giovanni Della Casa (1503–1556) in der fiktiven *Orazione per la restituzione della Città di Piacenza* von Karl V. die Herausgabe der Stadt aus mehreren Gründen, solchen des Glaubens, solchen der Billigkeit, der Ehre, der herrscherlichen Milde, aber auch aus Gründen der *ragione, con la quale gli Stati son governati e retti*. Er unterschied die *falsa ragione* von der *ragione vera e legittima* und berief sich bereits auf einen Sprachgebrauch, wenn er vom negativ bewerteten Nützlichkeitsgesichtspunkt sprach, *che oggi si chiama Ragion di Stato*. Daneben finden sich in der Mitte des 16. Jahrhunderts „auctorité, raison und nécessité", *il rispetto di stato* und andere Synonyma.

1589 endlich stieg die Formel in einen Buchtitel auf und verbreitete sich von da an über ganz Europa. Giovanni Boteros (1540–1617) *Della Ragion di Stato libri dieci,* vorbereitet durch dessen kleine Schrift *De regia sapientia libri tres, quibus ratio Reipub. benè, feliciterq: administrandae continetur* von 1583, wurde alsbald ins Französische, Lateinische und Deutsche (1596) übertragen, ohne daß es bezeichnenderweise im Deutschen zu einer adäquaten Formel kam. Eingang fand zunächst die latinisierte Form, wie dies ohnehin angesichts der Dominanz der Gelehrtensprache Latein in Deutschland nahelag: In dem 1602 in Erfurt erschienenen *Discursus Politicus de Prudentia Politica comparanda* unterschied Jakob Bornitz zwischen der wahrhaften *Prudentia politica* und der geheuchelten der Pseudopolitici und Machiavellisten, deren *ratio certè non prudentia, sed summa malitia est.* Die Staatsräson war für ihn das mit dem Anschein des Guten geschminkte Böse: *Ratio status, quae titulo fucato proponitur, falsa est et apparens, vera illa, quae religione et virtute innititur, quae etiam veris politicis curae, altera detestanda est.* Letztere rät zur Rechtsverletzung, erklärt sie geradezu zur Voraussetzung des Erfolgs, sie ist ein *falsum et impium dogma,* da sich die wahre Lehre niemals vom Gerechten und Ehrenhaften trennen dürfe. Wer der *Ratio status* folge, sei ein Pseudopoliticus, ein *Cacopoliticus,* ein Spießgeselle *(assecla)* des Machiavelli.

Bornitz' Auseinandersetzung mit der Staatsräson ist zwar für den deutschen Sprachraum als früheste bekannte Äußerung bemerkenswert. Sie enthält jedoch, bezogen auf die europäische Diskussion, keinen neuen Gedanken. Die Unterscheidung zwischen guter und schlechter Staatsräson war seit Botero, Lipsius, Ammirato, Boccalini, Ribadeneira, Frachetta und Hippolithus à Collibus üblich geworden. Speziell Scipione Ammirato, den Bornitz gelesen hatte, war mit dieser Differenzierung schulbildend. Aber auch zahlreiche andere Autoren vor 1600 standen Bornitz zu Gebote, so etwa die lateinische (evtl. auch die deutsche) Fassung von Innocent Gentillets *Antimachiavellus* von 1580 und das lateinische Original von Botero.

Wie dicht das neue Wort unter der Oberfläche lag, zeigt sich an Arnold Clapmarius, der sich ebenfalls 1602 mit der Materie beschäftigte. Er unterschied *Arcana* und *Jura dominationis* und fuhr dann fort: ... *arcana Dominationis (Italis et Gallis est ragion di stato, Germani non efferunt, nisi forte per Reichsstand/vel per Reichssachen) sunt certa et secreta privilegia conservandae dominationis, introducta boni publici causa, quibus opponit Tacitus flagitia dominationis (Itali la cattiva ragione di stato) quibus fides et relligio violatur.*

Mit anderen Worten: die italienischen Staatsräsonautoren und die Kommentatoren des Tacitus hatten längst vorbereitet, was Bornitz und Clapmarius nun 1602 ans Licht hoben. Auch das Denkmuster, zwischen der wahren, durch *ius divinum* und Naturrecht gebundenen, und der bösen, „machiavellistischen" Staatsräson zu unterscheiden, sollte sich in der Folgezeit als stabil erweisen.

Ohne Rücksicht auf historische Stimmigkeit verknäulte sich nun politische und kirchliche Propaganda mit Leben und Werk des florentinischen Staatssekretärs. Vor allem in der theologischen Literatur um 1600 stieg Machiavelli zum politischen Oberteufel auf. In einer 1606 in Rostock gehaltenen Rede wurde ihm zunächst die enge Beziehung zu Cesare Borgia angekreidet, seine Schriften erschienen dem Redner wirr und kenntnislos, seine politischen Ratschläge als Verstöße gegen sämtliche ethischen, juristischen und theologischen Fundamentalsätze *(contra omnium gentium jura et leges)*. Daß er seine Lehre ausgesprochen habe, um vor ihr zu warnen, sei abwegig. Alle politischen Verbrechen der letzten Jahrzehnte gingen auf ihn zurück, überall werde er gelesen. Italien, das so viele hervorragende und gute Menschen hervorgebracht hatte, sei wegen dieses Scheusals nur zu bedauern. Hierin zeige sich das Wirken des Satans. „Ist derowegen", heißt es kurz darauf bei einem lutherischen Zeitgenossen, „des Machiavelli vnd seines gleichen Lehr/ man rede davon Theologicè oder Politicè, nicht allein Gottloß/ sondern auch gefährlich und hochschädlich/und derowegen besser/daß man folge der Lehr des weisen Manns im 1. Cap. seines Buchs v. 36 da er also sagt: Sihe zu daß deine Gottesfurcht nicht Heucheley sey/und diene jhm nicht mit falschem Hertzen."

Töne dieser Art hört man nun im ganzen 17. Jahrhundert. Allerdings gibt es auch hier, in der direkten Auseinandersetzung mit Machiavelli, einen Prozeß der Versachlichung. Während es zunächst nur wenige herausragende Köpfe sind, die ein Wort zu seinen Gunsten wagen (J. Lipsius, F. Bacon, A. Gentili, N. Amelot de la Houssaie, G. Scioppio, G. Naudé, B. Spinoza), wird es um die Mitte des Jahrhunderts allmählich akzeptabel, wenigstens Machiavellis politischen Scharfblick, seine Erfahrung, seinen Stil zu loben. Den eigentlichen Durchbruch zu einer wissenschaftlichen Auseinandersetzung mit Machiavelli erzielte dann Hermann Conring mit einer kommentierten Ausgabe des *Principe* von 1660.

Von einer Beschäftigung mit Machiavelli läßt sich aber die Ausbreitung der Staatsräsonformel in Deutschland trennen, auch wenn die Gegenstände engstens verwandt sind. Die *Ratio status* hat von Anfang an die Tendenz, sich als Argumentationstopos zu verselbständigen. Sie konnte, trotz des im Hintergrund immer noch sichtbaren teuflischen Machiavelli, allmählich davon abstrahiert in Systemen der „Politik" oder im *ius publicum* diskutiert werden.

Wolfgang Behringer

Höhepunkt der Hexenverfolgung im Dreißigjährigen Krieg

Die Klimax der Verfolgungsperiode fand in den Jahren 1626–1630 statt, als in Mitteleuropa ein Verfolgungsfieber ausbrach, das alles frühere in den Schatten stellte. Die Wirren des Dreißigjährigen Krieges bildeten den Hintergrund für das ungelöste Problem der Knappheitskrisen, die durch lange kalte Winter, späte Frühjahre und feuchte Sommer ausgelöst wurden. Dazu kam ein in der europäischen Agrargeschichte einmaliges meteorologisches Ereignis. Das Tagebuch des Friedrich Rüttel in Stuttgart meldet für den 24. Mai 1626 Hagel von mehr als einem Meter Höhe, für den 26. Mai schneidend kalten Nordwind, für den 27. Mai so starken Frost, daß das Wasser einfror und nicht nur Wein, Roggen und Gerste, sondern sogar das Laub an den Bäumen schwarz wurde. Die polaren Frostnächte im fortgeschrittenen Frühjahr riefen blankes Entsetzen hervor. Chroniken wie die der Familie Langhans im unterfränkischen Zeil (Hochstift Bamberg) stellen den Konnex zum Beginn der Hexenverfolgungen her: „Anno 1626 den 27. May ist der Weinwachs im Frankenland im Stift Bamberg und Würzburg aller erfroren, wie auch das liebe Korn, das allbereit verblüett. Im Deichlein und in der Aue, in der Altach wie auch ander Orten zu und umb Zeil, [ist] alles erfroren, das bei Manns Gedenken nit beschehen und ein große Theuerung verursacht ... Hierauf ein großes Flehen und bitten unter dem gemeinen Pöffel, warumb man so lang zusehe, das allbereit die Zauberer und Unholden die Früchten sogar verderben, wie dan ir fürstliche Gnaden nichts weniger verursacht solches Übel abzustrafen, hat also seinen Anfang dis Jars erreicht ..." Publikationen wie der *Thewrungs Spiegel* eines Würzburger Geistlichen im folgenden Jahr beschäftigten sich mit der Frage, ob Hexen für Frost, Hagel und Preissteigerungen verantwortlich gemacht werden konnten.

Denn es blieb nicht bei einer Anomalie. Das Jahr 1628 wird von Klimahistorikern als „Jahr ohne Sommer" bezeichnet. Eine 1629 veröffentlichte *Neue Zeitung von sechshundert Hexen, Zauberern und Teufelsbannern, welche der Bischof von Bamberg hat verbrennen lassen,* stellt ebenfalls einen direkten Zusammenhang zwischen Klimakatastrophe, Mißernte und Hexenverfolgung her. Dieser entsetzlichen Verfolgung fiel der langjährige Hochstiftskanzler Dr. Georg Haan (1568–1628) samt Familie zum Opfer. Die Bamberger Verfolgungen wurden noch durch die im Hochstift Würzburg übertroffen, wo in den Jahren 1626–1630 etwa 900 Menschen verbrannt wurden, darunter viele Adelige und hohe Geistliche. *Es wird Wirtzbürgisch Werck werden,* zitiert der Kurkölner Hexenkommissar Heinrich Schultheis (ca. 1580–1646) einen Stadtrat, und dies war im Hinblick auf die Verfolgungen in den Territorien des Kölner Kurfürsten Ferdinand von Bayern (1577–1650) nicht übertrieben. Mit 2000 Hexenverbrennungen im Erzstift und dem Herzogtum Westfalen gilt er als Verantwortlicher für die entsetzlichste Hexenjustiz im deutschsprachigen Raum. Gerhard Schormann hat argumentiert, Ferdinand habe für seinen *Krieg gegen die Hexen* „ein zentral gesteuertes Exstirpationsprogramm" gehabt. Diese Deutung entspricht dem Bedürfnis nach einer Erklärung des Unbegreiflichen, doch ist ihr von Thomas Becker und Walter Rummel widersprochen worden. Auf der Grundlage serieller Quellen führen sie den Beweis, daß die Verfolgungen erst Jahrzehnte nach dem Regierungsantritt (Koadjutor seit 1594) ausbrachen, als im Zusammenhang mit der Agrarkrise von 1626 die Inhaber der Gerichtsherrschaften von der Bevölkerung massiv unter Druck gesetzt wurden.

Zu den politisch Verantwortlichen für die größten Verfolgungen gehörten die vornehmsten Fürsten des Reiches, die drei geistlichen Kurfürsten, angeführt von dem Kurfürsten/Erzbischof von Mainz, als Reichserzkanzler Inhaber des obersten Reichsamtes nach dem Kaiser. Neben den Kurfürsten und Erzbischöfen von Köln und Trier finden wir auf der Täterliste die fränkischen Bischöfe und Fürsten der fränkischen Hochstifte Würzburg, Bamberg und Eichstätt, die Bischöfe von Augsburg und von Straßburg, von Minden und Osnabrück, den Fürstabt von Fulda und den Bischof von Breslau. Wohl gab es auch geistliche Territorien mit wenig Hexenhinrichtungen, doch waren diese insgesamt besonders betroffen. Dafür kann man strukturelle Gründe anführen wie das Fehlen großer Städte, die defizitäre Staatlichkeit, die hohe Selbständigkeit von Domkapitel, Rittern und Bauerngemeinden, wobei der politische Partikularismus in krassem Widerspruch stand zu dem hohen ideologischen Anspruch im Zeitalter der Gegenreformation.

Die großen Verfolgungen korrespondierten nicht zufällig mit den entsprechenden Persönlichkeiten auf den Bischofsstühlen. Im Falle Johann Christophs von Westerstetten (1565–1637) summieren sich die etwa 300 Opfer aus seiner Zeit als Fürstpropst von Ellwangen (reg. 1603–1613) zu denen seiner Eichstätter Zeit (reg. 1612–1637), wobei an beiden Orten die Verfolgungszeit mit seiner Regierungszeit identisch war. Man muß es im Zusammenhang mit der Entwicklung bestimmter Persönlichkeitsstrukturen sehen, wenn die erste Generation von Bischöfen, die im Geist fanatischer Härte gegen sich selbst und andere erzogen worden war, zu Radikallösungen neigte. Grundlage dieser Verhärtung war eine *Verdüsterung des Weltbildes,* die gelegentlich Anzeichen einer chiliastischen Endzeitstimmung trägt und damit das subjektive Bewußtsein einer Ausnahmesituation, die Ausnahmemaßnahmen erlaubte. Götz von Pölnitz hat mit Gespür für psychologische Feinheiten in seiner Biographie des Würzburger Reformbischofs Julius Echter von Mespelbrunn (1545–1617, reg. 1573–1617) geschrieben: „Die ganze Generation ... beherrschte ein Kampfgeist äußerster Härte, der sich zum Teil gegen die Glaubensgegner, zum Teil auch gegen Schädlinge im eigenen Lager, am schärfsten aber gegen das eigene Ich und alles, was man an ihm als sündig empfand, richtete." Der Fundamentalismus mag durch die konfessionelle Konfrontation gestärkt worden sein. Es ist wohl kein Zufall, daß die größten Hexenverfolger in Deutschland dem Sonderbund der *Katholischen Liga* angehörten. Deren Neigung zur gewaltsamen Problemlösung, die im Falle der Hexen die Anwendung eines Ausnahmerechts *(processus extraordinarius)* für ein Sonderverbrechen *(crimen exceptum)* bedeutete, kulminierte im Vorfeld des Restitutionsedikts.

Wie der Blick auf die Mittelmeerländer oder Irland lehrt, war dies keine offizielle Politik der katholischen Kirche. Papst Urban VIII. (1568–1644, amt. 1623–1644) blickte mit Verachtung auf die *Zelanten* in Deutschland. Der Jesuit Friedrich Spee (1591–1635) begriff die Hexenverfolgungen als „die unselige Folge des frommen Eifers Deutschlands".

Hanno-Walter Kruft

Absolutistische Machtdemonstration:
Kardinal Richelieu plant eine Stadt

Die Stadt wurde im Norden des Schlosses – im Blickfeld aus dem Appartement des Kardinals über niedrig gehaltene Gärten – geplant. Der Stadtgrundriß ist ein Rechteck von ca. 682 m × 487 m. Eine Mittelachse von etwa zwölf Meter Breite verbindet als ‚Grande Rue‘ das nördliche und südliche Stadttor. Diese Mittelachse wird von einer schmaleren transversalen Straße geschnitten. Weitere, deutlich subordinierte Straßen verlaufen parallel zur ‚Grande Rue‘. Zwei quadratische Plätze im Norden und Süden der Stadt werden von der ‚Grande Rue‘ durchschnitten. Der südliche Platz (‚Place du marché‘) vereinigt die wichtigsten öffentlichen Funktionen (Kirche und Markthalle), der nördliche Platz (‚Place des Religieuses‘) war lediglich Sitz der städtischen Akademie. Die Plätze wurden 1642 als ‚Place Royale‘ (im Norden) und ‚Place Cardinale‘ (im Süden) bezeichnet. Diese Bezeichnung spielt auf die beiden Pole der Macht an, die auch im Schloß zur Darstellung kommen. Der südlichere, näher zum Schloß gelegene Platz ist durch seine öffentlichen Funktionen eindeutig der wichtigere. Die Stadt ist völlig von einer Stadtmauer mit vorgelagertem Wassergraben umgeben. Die Ecken sind durch zweigeschossige Wohnpavillons markiert. Die Stadtmauer hat eine die Grenzen der Stadt definierende, keine fortifikatorische Funktion. Bereits 1638 heißt es in einer Reisebeschreibung über die Stadtmauern: *Ses murailles sont peu espoisses et non tant faictes pour sa defense que pour son ornement.*

Der Stadtgrundriß ist spiegelsymmetrisch angelegt. Die rationalisierte Totalität der Gesamtplanung wurde konsequent bis in die einzelnen Gebäude durchgeführt. *Ein* Architekt, Jacques Lemercier (unterstützt von seinen Brüdern Pierre und Nicolas) trug die Entscheidung vom Gesamten bis ins Einzelne. Die Vollmacht des Architekten gleicht der des ersten Staatsministers in der Monarchie. Die Architektur der Häuser bezieht sich nicht auf die Individualität der Bewohner, sondern die Häuser werden als einheitlicher Entwurf auf Typen reduziert. Die Planung der Häuser wird in gleicher Weise dem Gesamtkonzept der Stadt unterworfen, wie der Mensch funktional in den Staatsorganismus eingeordnet ist.

Die totale Planung der Stadt spiegelt die von Richelieu völlig rationalisierte Struktur der Gesellschaft im *Politischen Testament*. Der Staat wird von Richelieu wiederholt mit der Metapher des menschlichen Körpers beschrieben, dessen Organe dem Ganzen ein- und untergeordnet sind. Die Natur funktioniert nach den Gesetzen der Vernunft, und der Mensch darf nur nach der Vernunft handeln, wenn er nicht gegen die Natur verstoßen will: *Die natürliche Einsicht läßt jeden erkennen, daß, da der Mensch ‚raisonnable' geschaffen ist, er alles nur aus der Räson heraus tun darf, denn sonst würde er gegen seine Natur handeln.* Die Stände (geistlicher Stand, Adel, Beamtenschaft) sind die Hauptträger der Funktionen des Staates und müssen im Sinne der Raison „diszipliniert" werden. Die *Raison des Staates* ist das oberste Gesetz. Staatsraison bedeutet für Richelieu Disziplinierung der Stände und Disziplinierung des einzelnen. Er vergleicht das Volk mit Mauleseln; es dürfe keinesfalls von seiner Last befreit werden, um es in den Schranken der Pflicht und in seiner Funktion im Staat zu erhalten. Doch fordert Richelieu ein *gesundes Verhältnis zwischen der Last und den Kräften derer, die sie tragen.* Jeder Stand, jeder Mensch hat seine Funktion im Staat.

Richelieu sieht den Staat in der Metapher des Körpers. Seit Alberti war die Vorstellung der Analogie von Staat und Haus geläufig – der Staat als großes Haus, das Haus als kleiner Staat –, und Richelieu bekannte sich, wie wir gesehen haben, ausdrücklich zu der Analogie von Staat und Architektur. Die Parallelisierung Staat-Körper-Architektur darf bei Richelieu mit Sicherheit vorausgesetzt werden. Der rationale Staatskörper fand daher seine Entsprechung in der rationalen Stadtgestalt. Die Vorstellung des Staates als organisches Lebewesen findet sich wiederholt in der Staatstheorie des 17. Jahrhunderts. So bezeichnet Thomas Hobbes seinen *Leviathan* als *Kunstwerk oder als künstlichen Mensch.*

Der Stadtgrundriß von Richelieu hat keine Vorbilder. Frühere Planstädte besitzen in der Regel *ein* Zentrum. Die Setzung von zwei spiegelbildlich angeordneten Plätzen muß zeichenhaften Wert besitzen, wie auch die Stadtmauer ohne reale Funktion nur um der Signifikanz willen errichtet worden ist. Die abbildhaften Absichten, die wir beim Schloß aufgezeigt haben, wiederholen sich bei der Stadt. Die Stadt ist nicht errichtet worden, weil für sie Bedarf bestand, sondern weil Richelieu mit ihr eine Idee darstellen wollte. Er hatte vergleichbare Schwierigkeiten, seine Stadt zu bevölkern, wie Pius II. in Pienza und Vespasiano Gonzaga in Sabbioneta.

Ich glaube nicht, daß die Hinweise auf die Gemeinsamkeiten der Planung von Richelieu mit der Philosophie von René Descartes oder der Geometrielehre von Girard Desargues besonders aufschlußreich sind, wenn man von der Berufung auf die *raison* absieht. Es ist keineswegs sicher, ob sich Descartes und Richelieu jemals begegnet sind, obwohl Descartes 1628 anläßlich der unter Richelieus Oberbefehl stehenden Belagerung nach La Rochelle kam. Für das mechanistische Denken Richelieus bei seiner Vorstellung vom Staatsorganismus könnte man an Descartes' Formulierung in seinem *Traité de l'homme* (ca. 1646) erinnern, *que le Corps n'est autre chose qu'une statue ou machine de terre, que Dieu forme tout expries.* Richelieus und Descartes' Denken haben eine gemeinsame Wurzel.

Die abbildhafte Funktion der Stadt als architektonische Darstellung der Staatstheorie mußte sich nicht nur in einer vernünftigen, d.h. geometrischen, Planung und Einteilung des Straßennetzes spiegeln, sondern die ständisch-hierarchische innere Struktur des Staates mußte ihre Entsprechung auch im Platz- und Straßensystem finden. Die oberste Staatsmacht, König und erster Staatsminister, war in ihrem Zusammenwirken im Schloß dargestellt, in der Stadt erinnerten die beiden Plätze an ihre Präsenz. Der Straßenzug der ‚Grande Rue‘ zwischen den beiden Plätzen ist das Rückgrat der Stadt, d.h., die Bewohner und ihre Häuser mußten ein Abbild vom Rückgrat des Staates sein. Richelieu hat sich mit der Bebauung der ‚Grande Rue‘ persönlich intensiv beschäftigt, indem er durch Grundstücksschenkungen mit entsprechenden Bauauflagen die Bewohner und ihre Häuser vollständig kontrollierte. Richelieus Schenkungs- und Baupolitik für die ‚Grande Rue‘ ist durch eine Reihe von Dokumenten ab 1633 gut belegt. Der Straßenzug wurde in seinem Abschnitt zwischen den beiden Plätzen auf jeder Seite in 14 etwa gleich große Grundstücke aufgeteilt. Die Häuser und ihre Fassaden zu beiden Seiten der Straße sollten sich spiegelbildlich entsprechen. Die Einheitlichkeit der Straße sollte durch die Einheitlichkeit der Planung garantiert werden. Dieses Ziel wurde erreicht und ist bis heute beim Gang durch die ‚Grande Rue‘ nachvollziehbar. Die von Richelieu mit Grundstücken beschenkten Bauherren verpflichteten sich, nach vorgegebenem Plan Häuser für die beachtliche Summe von je 10 000 Livres zu finanzieren. Es handelte sich um Mitglieder der von Richelieu kontrollierten französischen Verwaltungshierarchie, die größtenteils nicht das geringste Interesse haben konnten, sich im entlegenen Poitou anzusiedeln, aber vom Kardinal genötigt wurden, mit einem Haus in seiner Stadt vertreten zu sein. Der Bau der Häuser war *à fonds perdu* und ohne jeden praktischen Nutzen für die Bauherren. Der Sinn der Maßnahme lag für Richelieu in der architektonischen Demonstration einer disziplinierten Staatsverwaltung.

Roy Porter
Wissenschaftsrevolution

Nimmt man den Begriff der Revolution ernst, so verlangt er einen wirklichen Umbruch, und erst – bis zu einem gewissen Grad – im 16. Jahrhundert sowie – im höherem Maß – im 17. Jahrhundert findet man eindeutige, tiefgreifende Bruchstellen: die Ablehnung des klassischen wissenschaftlichen Erbes; die Erwartung, daß die Wissenschaft über den Stand des Altertums hinaus fortschreiten kann, muß und will; schließlich den tatsächlichen Sieg radikal neuer wissenschaftlicher Theorien. Es ist hier nicht der Platz, die erstaunlichen Veränderungen der Wissenschaften im 17. Jahrhundert im einzelnen darzustellen. Doch einige wesentliche Elemente, die den revolutionären Charakter dieser Veränderungen zeigen, verdienen erwähnt zu werden: So betrachteten sich viele ihrer Vorkämpfer als Kreuzritter in einem Kampf auf Leben und Tod für eine radikal „neue Wissenschaft" und gegen die engherzigen Dogmen der Universitäten. Die Titel von Bacons *New Atlantis,* Keplers *Astronomia nova* und Galileis *Zwei neue Wissenschaften* lassen den Kampfruf der Erneuerung ertönen.

Dem Gefühl des Umbruchs zu einer neuen Zeit gab der Vertreter einer experimentellen Naturphilosophie, Henry Power, 1644 so Ausdruck: „Dies ist die Zeit, in der die Philosophie wie eine Springflut hereinbricht, und die Aristoteliker könnten sich ebenso der eitlen Hoffnung hingeben, die Flutwellen oder – wie Xerxes – das Meer aufhalten zu können wie die Überschwemmungen der freien Philosophie zu verhindern: Mich dünkt, ich sehe, wie diese gewaltige Flut den alten Plunder wegschwemmt und die baufälligen Gebäude zum Einsturz bringt. Dies sind die Tage, die eine neue, großartige und unzerstörbare Philosophie begründen werden: Sie wird empirisch und mit Hilfe der menschlichen Sinne die Naturerscheinungen erforschen und ihre Ursachen aus Prinzipien der Natur ableiten, die durch Kunst und die unfehlbaren Beweise der Mechanik reproduzierbar sind. Und tatsächlich ist dies die einzige Methode zur Konstruktion einer echten und dauerhaften Philosophie."

Bacon und Galilei prangerten den Leichengeruch der Orthodoxie mit einer Heftigkeit an, die man beispielsweise bei Kopernikus und Vesal nicht findet, und noch weniger bei deren Vorläufern. Gewiß war vieles davon rhetorische Übertreibung; zweifellos zielten die Angriffe weitgehend auf Pappfiguren von Schulmeistern; und ohne Zweifel verdankten die Naturphilosophen des 17. Jahrhunderts dem Erbe der Scholastik mehr, als sie zugaben. Doch gab es im 17. Jahrhundert eine heftige Auseinandersetzung zwischen verschiedenen Naturphilosophien, und der Ruf nach Befreiung von engstirniger Orthodoxie ertönte das ganze Jahrhundert hindurch. Er gipfelte im Streit zwischen „den Alten und den Neuen", in der „Schlacht der Bücher", wobei in der Naturwissenschaft die „Modernen" den Sieg davontrugen.

Die Bannerträger der neuen Wissenschaft waren tatsächlich in eine Art Schlacht verwickelt. Die überlieferten Lehren hatten sich in Seminaren und Universitäten, Lehrbüchern, Lehrplänen und Vorlesungen verschanzt. Sie wurden auch beschützt durch Wachtürme geistiger Orthodoxie, die christlichen Kirchen, vor allem das Papsttum, mit Waffen wie dem Feuertod Brunos und der Verurteilung Galileis, aber auch der Verpflichtung zu konfessionellen Glaubensbekenntnissen. Man darf diese Auseinandersetzung nicht als Krieg zwischen den Mächten der Finsternis und den Kindern des Lichts karikieren. Doch bleibt das 17. Jahrhundert Schauplatz heftiger naturphilosophischer Streitigkeiten, die sich oft als Kämpfe zwischen dem Alten und dem Neuen verstanden und – weit mehr als im 16. Jahrhundert – mit dem Sieg des Neuen endeten.

Außerdem erfuhren viele Naturwissenschaften fundamentale Veränderungen, sowohl in ihren theoretischen Grundlagen wie in Einzelheiten. In der Astronomie herrschten noch um 1600 geostatische und geozentrische Systeme vor. Doch um 1700 hatte die internationale wissenschaftliche Elite die heliozentrische Lehre übernommen. Um 1600 waren die Lehren der aristotelischen Physik über die Endlichkeit, die Ortsveränderung und die vier Elemente allgemein akzeptiert, oft in erneuerten und verbesserten Formen. Um 1700 wurden sie von keinem maßgebenden Wissenschaftler mehr vertreten. Theorien über die Materie beruhten nicht mehr auf den traditionellen vier Elementen und Eigenschaften, sondern verwandten Begriffe wie „Teilchen" und „Kräfte geringer Reichweite" und führten zu neuen Bewegungsgesetzen und den Grundlagen der Dynamik. Die herkömmliche Unterscheidung zwischen den Wissenschaften himmlischer und irdischer Körper wurde durch Galileis Entdeckungen in Frage gestellt und in Newtons Lehre der universellen Schwerkraft aufgehoben. In der Methodik machte die Beobachtung dank der Entwicklung wissenschaftlicher Instrumente wie des Fernrohrs und des Mikroskops Fortschritte. Dies erschloß neue Welten auf der Makro- und Mikroebene, sowohl in der Theorie wie in der Beobachtung, und trug zur allgemeinen Entwicklung des Forschungsinstrumentariums bei, das in der modernen Naturwissenschaft eine beherrschende Rolle spielen sollte. Zugleich führte das Experiment zu neuen Wegen der Forschung und bestärkte die Wissenschaft in ihrem Anspruch auf objektive Wahrheit. Außerdem erlaubten die Fortschritte der Mathematik, insbesondere der analytischen Geometrie durch Descartes und der Infinitesimalrechnung durch Newton und Leibniz, die Naturwissenschaften − Wissensgebiete, die bisher unwissenschaftlich behandelt wurden − exakten Berechnungen zu unterziehen. Die Liste könnte noch erheblich verlängert werden.

Diese Veränderungen waren keineswegs nur gedankliche Revolutionen, fromme Wünsche für eine große Erneuerung, wie sie etwa der [...] Hermetismus entwickelte. Sie waren dauerhafte und vielversprechende faktische Errungenschaften. Für sich genommen, brachten die Werke von Kepler oder Descartes, Galilei oder Boyle ebensoviel Verwirrung wie Lösungen. Doch insgesamt ergaben ihre Untersuchungen eine Folge fruchtbarer Umformulierungen fundamentaler Hypothesen, bis sie − vor allem dank Newton − zu einer weithin begrüßten kohärenten, in Umfang und Potential faszinierenden Synthese führten, die ebenso imstande war, alltägliche Probleme zu lösen − was Kuhn *normal science* nennt − wie auch weitere Forschungen anzuregen.

So veränderten sich Konzepte und Praktiken mancher Einzelwissenschaften wie der Kinetik, Hydraulik, Pneumatik, Optik. Das Vertrauen in die Physik führte zur Anwendung mechanischer Modelle auf neuen Gebieten, wie zum Beispiel in Borellis Physiologie. Das Ansehen der Naturphilosophie stieg derart, daß sie als Gipfel wahrer Wissenschaft gelten konnte, wie die Begeisterung zeigt, mit der im 18. Jahrhundert die Einsichten Newtons von der Ästhetik und Psychologie, der Sozial-, Moral- und Staatsphilosophie übernommen wurden. Für die radikalen Intellektuellen der Aufklärung bedeuteten die Erfolge der Wissenschaft das Ende der Metaphysik und Theologie. Für Locke bestand die Aufgabe der Philosophie in Handlangerdiensten für die eigentlichen Baumeister der Wissenschaft. Für Diderot, d'Alembert, Priestley und Erasmus Darwin war Wissenschaft der Motor des Fortschritts.

Die Veränderung der Wissenschaft erfolgte jedoch vor allem im 17. Jahrhundert. Sie bestand in einer fundamentalen wissenschaftstheoretischen Umorientierung von den alten Dogmen hin zu neuen und dauerhaften wissenschaftlichen Konzepten. Auf einer allgemeineren Ebene bedeutete dies eine neue Sicht der Stellung des Menschen im Kosmos und die Begründung seiner Herrschaft über die Natur. Damit erlaubte sie weitreichende Visionen materieller und geistiger Macht, des Fortschritts, der Aufklärung und nicht zuletzt der gesellschaftlichen Schlüsselrolle der Wissenschaft.

Urs Herzog

Samuel Pepys und der Predigtschlaf

Die Wirklichkeit des barocken Predigtwesens? Es wird schwerfallen, ein Dokument zu finden, das darüber besser, lebhafter oder gar skurriler Auskunft geben könnte als die Tagebücher des Samuel Pepys. [...]

Zunächst fällt auf, wie häufig die Predigt Erwähnung findet. Allein daran schon erweist sich die Wichtigkeit und Selbstverständlichkeit, mit der sie in die Welt des Barock integriert ist. Allermeist ist der Eintrag sehr kurz. Der bloße Besuch wird erwähnt, gerne mit Angabe der betreffenden Kirche, nebst einer knappen Qualifikation des Vortrags. Pepys wechselt die Kirchen so fleißig, daß der Eindruck entsteht, als machte ihm solches Zirkulieren ein eigenes Vergnügen. Er wechselt den Prediger, als wär's, es grob zu sagen, ein Theater, auf dem die eine Vorstellung die andere ablöst. Die Beurteilung erfolgt in wenigen Stichworten und ist vielfach unvorteilhaft, gelegentlich vollends empört. So heißt es unter dem 17. Februar 1661: „Eine unausstehliche, impertinente Predigt von einem irischen Doktor über den Text ‚Zerstreue alle, die am Krieg ihre Freude haben, o Herr‘. Sir W. Batten und ich sehr erzürnt über den Pastor." Wenig später heißt es von einer „langweiligen Predigt", gehalten von einem Studienfreund aus Cambridge. Unter dem 8. Februar 1663 ist zu lesen von einer „kümmerlichen, lahmen Predigt"; „zudem dauerte sie entsetzlich lange, was die Sache noch verschlimmerte". Einmal ist die Predigt „trocken" („aber sehr gute Musik danach"), dann wieder „sehr unterwürfig", so am 8. Juli 1660: „Der Bischof von Chichester predigte vor dem König, sehr unterwürfig; mir gefällt es nicht, daß der Klerus sich in Staatsgeschäfte einmischt." Der Vermerk vom 14. Oktober desselben Jahres: „In die Kapelle von Whitehall, wo ein Dr. Crofts eine uninteressante Predigt hielt. Danach sang der Chor, miserabel, worüber der König lachen mußte." Es ist das nicht die einzige Beobachtung, die unwillkürlich an den Blick des Hofes hinauf zur königlichen Loge gemahnt. Einmal geht Pepys an Bord zur Predigt: „In den Werften. Hörte an Bord der ‚Schwalbe' im Dock die Predigt unseres Flottenkaplans, sehr traurig, voller Unsinn und falschem Latein." Falsches Latein, ein Ärgernis, auf das auch die Satire der Zeit einzugehen pflegt, auf den Mißbrauch und Unverstand im Umgang mit lateinischen Zitaten. Bedenklicher noch, unter dem 2. August 1663: „Hörte eine kümmerliche Predigt in der Dorfkirche von Chatham, mit vielen falschen griechischen Zitaten." Griechisch in einer Dorfkirche? Wir lesen Pepys, keinen Satiriker.

Andere Predigten finden Lob. Einmal wird vermerkt, doch mehr als das ist nicht zu erfahren: „die beste Predigt, die ich je in meinem Leben gehört habe." Pepys verlangt vom Prediger Ehrlichkeit: „In der überfüllten Kapelle von Westminster in Anwesenheit des Königs eine sehr ehrliche Predigt gehört, u. a. gegen die Sünde des Ehebruchs, was dem König zu denken gegeben haben wird." Am 23. April 1665 war eine „schlichte, würdige und eindringliche Predigt" zu hören – doch der Eintrag ist es wert, vollumfänglich zitiert zu werden: „Meine Frau zum Gottesdienst in die Kapelle nach Whitehall gebracht und auf der Orgel-Empore plaziert. Ich selbst ging in eine Kneipe, trank und amüsierte mich mit der Wirtstochter. Danach in die Kapelle, hörte den berühmten jungen Stillingfleet predigen, den ich noch aus Cambridge kenne und der einer der begnadetsten Prediger seit der Zeit der Apostel sein soll. Eine schlichte, würdige und eindringliche Predigt."

Solche lobenden Urteile halten den negativen ungefähr die Waage. Der häufigste Vorwurf ist der der Langeweile: „eine langweilige, dürftige Predigt", „so langweilig, daß ich einschlief". Zum 25. März 1660 wird notiert: „Mit dem Kapitän Austern gegessen. Anschließend in der Predigt eingeschlafen, Gott verzeih's." Es ist nicht das erste und bleibt nicht das letzte Mal, daß ihn der Schlaf übermannt, der sprichwörtliche Predigtschlaf.

Klaus Malettke

Die Bildung Ludwigs XIV.

Als Siebzigjähriger hat sich Ludwig XIV. in seinen Gesprächen mit Madame de Maintenon, die der König nach dem Tode von Marie-Thérèse (31. 7. 1683) am 9. oder 10. 10. 1683 im geheimen in zweiter Ehe geheiratet hatte, über die Unzulänglichkeit der ihm in seiner Kindheit vermittelten Schulkenntnisse beklagt. So war der König noch im Alter irritiert über seine lückenhaften Lateinkenntnisse. Eine genauere Analyse dieses Gesamtkomplexes läßt jedoch erkennen, daß der gealterte König in seinem rückschauenden Urteil wohl zu streng war. Zwar hat Mazarin Péréfixe nicht geradezu gedrängt, sehr früh mit dem Lateinunterricht zu beginnen, aber die Ludwig XIV. zuzuschreibenden lateinischen Texte lassen erkennen, daß seine Unterweisung im Lateinischen von hoher Qualität gewesen sein muß. Vergleichsweise gut war wohl auch der von Péréfixe erteilte Geschichtsunterricht. Grundkenntnisse besaß der König aber auch im Staatsrecht, im Kirchenrecht, in der Mathematik und auf dem Sektor der lebenden Sprachen.

Mazarin wollte aus seinem Mündel keinen Pedanten machen, sondern den jungen König behutsam, aber zielstrebig auf die Leistung der Staatsgeschäfte vorbereiten. Der Kardinal führte ihn in die Feinheiten der Diplomatie und in die vielschichtigen Probleme des Kriegswesens ein. Er brachte ihm aber auch die Liebe zur Kunst sowie die Verpflichtung zum Mäzenatentum nahe. Frühzeitig veranlaßte Mazarin den jungen König, an Sitzungen des Staatsrates teilzunehmen. Schon sehr bald zeigte sich der Kardinal sehr zufrieden mit den Fortschritten seines Schülers. Dennoch scheint Voltaire der Wahrheit recht nahe gekommen zu sein, als er in seinem 1752 erschienenen Werk *Le Siècle de Louis XIV* (Das Jahrhundert Ludwigs XIV.) feststellte: „Mazarin hat die Kindheit des Monarchen soweit wie möglich verlängert."

Nachhaltig geprägt wurde der junge Ludwig XIV. durch einige innenpolitische Vorgänge und Ereignisse, die seine schulische Erziehung durch unmittelbare Erfahrungen ergänzten. Als der Bürgerkrieg der Fronde, der das Königreich, das seit 1635 direkt in den Dreißigjährigen Krieg verwickelt war, von 1648 bis 1653 erschüttern sollte, ausbrach, war der König noch keine zehn Jahre alt. In den Jahren vom neunten bis zum fünfzehnten Lebensjahr erlebte ein intelligenter Knabe, der über einen wachen Verstand und ein erstaunliches Gedächtnis verfügte, aus unmittelbarer Nähe die dramatischen Höhepunkte einer für das Königreich gefährlichen Rebellion, die in einen Bürgerkrieg einmündete. Der junge König wurde nicht nur mit dem Verrat naher Verwandter, seiner Vetter und zahlreicher Herzöge und Marschälle, sondern wiederholt auch persönlich mit aufrührerischen Aktionen konfrontiert. So verließ die königliche Familie in Begleitung einiger Höflinge und der Minister in der Nacht vom 5. auf den 6. 1. 1649 fluchtartig Paris und begab sich nach Saint-Germain-en-Laye, das für die plötzliche und standesgemäße Aufnahme der Königsfamilie nur sehr unzureichend vorbereitet war, um von außen das aufrührerische Parlament und die Kapitale zur Kapitulation zwingen zu können. Schließlich wurden in der Nacht vom 9. zum 10. 2. 1651 der König und die Regentin faktisch zu Gefangenen in ihrem eigenen Palast, und eine größere Zahl von Parisern konnte bis in das Gemach Ludwigs XIV. im Palais-Royal vordringen. Andererseits führte eine Reise des Königs, die er während der Fronde durch Frankreich machte, diesem drastisch die Fragilität der durch den auswärtigen Krieg belasteten Wirtschaft, die auf Dauer unerträgliche exzessive fiskalische Belastung der Masse der Bevölkerung sowie die administrative

Anarchie im Königreich vor Augen. Diese während der Fronde gemachten Erfahrungen haben sich tief in das Gedächtnis des jungen Königs eingegraben, was nicht nur zahlreiche spätere Äußerungen, sondern auch eine Reihe von innenpolitischen Maßnahmen Ludwigs XIV. belegen.

Liselotte von der Pfalz
Launisch wie ein alter Hund am Hof des Sonnenkönigs

Versailles, 21. Juli 1682. Trost habe ich hoch vonnöten, denn ich bin wieder so launisch wie ein alter hund, und ich glaube, daß seider ein jahr hier der teufel sich in menschliche gestalt verwandelt hat, um mich aus der haut fahren zu machen und zu erlernen alles, was die teuflische und menschliche falschheit vermag. Und hierin bin ich nun so perfekt gelehrt, daß meine lehrmeisters mich nun wohl einmal in ruhe sollten lassen, denn ich weiß nun nur gar zu wohl und experimentiere solches nur täglich gar zu viel, was lügen sein, woran nicht ein einziges wort wahr an ist, was viel versprechen und nichts halten ist, was gute mienen sein, wenn man einem den größten affront von der welt präpariert, und einem heimlich die ehre abschneidt, ja was es ist, sich anzustellen, als wenn man was böses von einem glaube, da man doch in dem grund alles viel besser weiß, was es endlich ist, sich verwundern, warum man traurig ist, solches an alle menschen fragen, da man doch in seinem gewissen weiß, daß man täglich und stündlich ursach dazu gibt ... Mein böser humor würde mir wohl bald vergehen, wenn man mir erlauben wollte, Euer Liebden eine zeitlang aufzuwarten, aber diese freude darf ich mir nicht machen, muß also diesen text auch quittieren, sonsten werden mir die grillen noch ärger im kopf steigen als sie schon sein. Wovon soll ich Euer Liebden denn weiter entretenieren? ... In einer stund werden wir in eine opéra gehen, so man in der reitschule spielen soll. In etlichen tagen wird madame la Dauphine wohl eine andere musik machen, denn sie ist nun bei die fünf wochen in ihrem neunten monat und erwartet alle stund der niederkunft. Ich bin nicht in denen sorgen, denn es ist nun vier jahr und mehr, daß man mich ganz züchtig läßt leben;

dieses sage ich jetzt Euer Liebden, weilen ich glaube, daß ich hier eine sichere gelegenheit habe, denn auf der post würde ich es nicht wagen, so doll zeug hervorzubringen als in diesem brief stehet. Alleweil schlägt es sieben, und weilen ich Carllutz ein paar wort schreiben will, als werden mir Euer Liebden erlauben, zu schließen.

Paul Münch

Calvinistischer Kaffee, katholischer Kakao?

Der Kaffeegenuß, der in bürgerlichen Kreisen im öffentlichen Rahmen beim Besuch eines Kaffeehauses nach und nach zu Hause beim Frühstück und als Nachgetränk bei größeren Mahlzeiten üblich wurde, scheint einige gesellschaftliche Bedürfnisse befriedigt zu haben. Er regte den Geist an, begründete eine neue moderate Trinkkultur und förderte damit eine höhere Art der Geselligkeit, die der entstehenden bürgerlichen Gesellschaft angemessen war. Das Kaffeetrinken ersetzte alkoholische Getränke nicht, aber es durchbrach die bis dahin unangefochtene Rolle, die Bier und Wein als beliebte Getränke gespielt hatten. Man hatte beides, weil Wasser oft verdorben war, überall in teilweise riesigen Mengen konsumiert. Die enormen Quantitäten, von denen berichtet wird – ein Durchschnittsverbrauch von 3 Litern Bier und 2 Litern Wein pro Tag und Person war keine Seltenheit –, sind nur zu verstehen, wenn man weiß, daß Bier und oft auch Wein gewöhnlich einen geringeren Alkoholgehalt als heute aufwiesen und außerdem meist verdünnt getrunken wurden. Der Kaffee als alkoholfreies und ernüchterndes Stimulans war für diejenigen Schichten, die auf Vernunft setzten und die sich mit Arbeit und Leistung ihre Position in der Gesellschaft erkämpfen mußten, das ideale Getränk. Während Wein und Bier ermüdeten, die Verstandestätigkeit außer Balance brachten und nur zu oft bedenkliche gesellschaftliche Differenzen auslösten, schärfte Kaffee das Denkvermögen, wirkte anregend und führte höchstens zu hitzigen Wortgefechten und verbalen Duellen. Waren die Schenken und Wirtshäuser des „gemeinen Mannes" Orte grober, lauter und zuweilen aggressiver Unterhaltung und Auseinandersetzung, so zeigten Kaffeehäuser das Signum gepflegter, ruhiger und geistreicher Geselligkeit. Als Nachrichtenbörsen und Diskussionsforen, in denen bald Zeitungen auslagen, entwickelten sie sich neben den Theatern, Salons, Sozietäten und Logen zu Kommunikationszentren von erheblicher Attraktivität. Mehr als die anderen bürgerlichen Geselligkeitsformen, die vielen Zugangsbeschränkungen unterlagen, fungierten die Kaffeehäuser als kaum reglementierte Umschlagplätze von Meinungen mit einem nicht zu unterschätzenden Anteil an der Entstehung einer stände- und schichtenübergreifenden Öffentlichkeit.

Anders als der Kaffeeverbrauch blieb der Schokoladenkonsum im wesentlichen auf den Süden Europas, auf Spanien und Italien, beschränkt. Man könnte, wie das Wolfgang Schivelbusch in anregender Weise getan hat, den Kaffee als „ein protestantisch-nördliches Getränk" und die Schokolade als sein „katholisch-südliches Gegenstück" bezeichnen. Aufgrund ihres größeren Nährwertes diente die Schokolade in katholischen Regionen als Fastenspeise. Doch sie war zugleich Statussymbol der spanischen, später der französischen Aristokratie, Begleitgetränk des lässigen „Levers". Mit Kaffee und Schokolade standen sich zwei kulturelle Erkennungszeichen gegenüber: auf der einen Seite der am Tisch getrunkene, ernüchternde, mental stimulierende, antierotische und körperfeindliche bürgerliche Kaffee, Sinnbild leistungsbezogener protestantischer Askese, auf der anderen Seite die nährende, potenzsteigernde, aristokratische Schokolade, Symbol barock-katholischer Körperlichkeit, wenngleich schon morbides Menetekel des untergehenden Ancien Régime. Obwohl diese These einiges für sich zu haben scheint, geht sie nur annäherungsweise auf. Am ehesten überzeugt der schichtenspezifische Gegensatz zwischen bürgerlichem Kaffee und aristokratischer Schokolade, obwohl der Kaffee nie exklusiv auf einen Stand beschränkt geblieben ist: Vom Bauern bis zum Adligen haben ihn schließlich alle getrunken. Die konfessionelle Zuweisung zeigt dieselben Mängel, die auch Max Webers bekannter These über den angeblichen Zusammenhang von protestantischer Ethik und kapitalistischem Geist anhängen. Sowenig sich der luftige „kapitalistische Geist" an die Konfessionsgrenzen hielt, sowenig blieb der Kaffee auf den protestantischen Nordwesten beschränkt. Gerade im katholischen Süden und Westen war erein Modegetränk und ist es bis heute geblieben. Das erste europäische Kaffeehaus eröffnete 1647 unter den Arkaden des Markus-Platzes in Venedig.

Die Anzahl der Kaffeehäuser im katholischen Paris vermehrte sich von 250 Kaffeeschenken im Jahr 1690 auf etwa 4000 im Jahr 1807, zu schweigen von der hochentwickelten Kaffeehauskultur in Wien, dem erzkatholischen Zentrum des Reiches.

Richard van Dülmen

Ende der „selbstverschuldeten Unmündigkeit": Das Zeitalter der Aufklärung

Zweifellos war die Aufklärung in ganz Europa vor allem eine intellektuelle Bewegung, daher eher vergleichbar mit dem Humanismus als mit der Reformation. Sie wollte die Wissenschaften fördern, allgemein das Wissen verbreiten, alle Bereiche menschlichen Denkens der Vernunft unterwerfen. Erkenntnis und Wahrheit waren Ideal und Ziel der Aufklärung. Aber es blieb nicht nur bei Gelehrsamkeit und intellektueller Erkenntnis, die Aufklärung zielte darüber hinaus auf eine gänzliche Reform der gesellschaftlichen Zustände und des menschlichen Lebens; kurz, es ging um die Befreiung von Aberglauben und Tradition, von Fremdbestimmung und Rechtlosigkeit zugunsten einer vernunftgeleiteten Sozialordnung, die die menschlichen Rechte sicherte und das Glück der Menschen garantierte, ohne allerdings die gesellschaftlichen Grundlagen des absolutistischen Staates und der Ständegesellschaft bewußt in Frage zu stellen oder gar zu ändern. Die Aufklärung implizierte zum einen eine Neubegründung des Gemeinwesens außerhalb theologisch-religiöser Begründung und eine materielle Verbesserung im Sinne öffentlicher Wohlfahrt durch Ausbau einer Infrastruktur, durch Besserung der Rechtspflege und durch Förderung von Handel und Landwirtschaft. Zum anderen erstrebte sie eine Besserung der Menschen durch Befreiung von Aberglauben und Unwissenheit, durch Förderung von Erziehungs- und Schulanstalten sowie durch Stärkung der sozialen Moral in Familie und Gemeinde. Zum Ideal wurde der vernunftgeleitete, tugendhafte Mensch.

Aufklärung war jedenfalls nicht nur eine Angelegenheit der Theorie, des wissenschaftlichen Fortschritts, sondern war auf Praxis, auf Änderung angelegt; insofern kann von einer soziokulturellen Bewegung gesprochen werden.

Die Aufklärung war zwar eine gesamteuropäische Erscheinung, genauso wie die Entwicklung der Naturwissenschaften und der Pädagogik oder der Literatur des 18. Jahrhunderts kann sie letztlich nur in gesamteuropäischem Kontext bewertet und analysiert werden. Doch obwohl die intellektuellen Diskurse im 18. Jahrhundert sehr weit reichten, gab es eine eigene deutsche Aufklärungsbewegung mit besonderen Merkmalen, die nur aus der deutschen Geschichte zu erklären sind und für ihre Wirksamkeit bedeutsam wurden. Einmal (1) kennzeichnet die deutsche Aufklärung ihr stark gelehrt-akademischer Charakter. Dies heißt zwar nicht, daß die Universitäten, wie bereits hervorgehoben, die Hochburgen der Aufklärung waren, aber der Anteil der akademisch gebildeten Gelehrten war in der Aufklärungsbewegung besonders hoch, ebenso ging es lange und wesentlich um die Diskussion akademischer und gelehrter Probleme. Im Unterschied zu Frankreich und England wurden soziale Fragen bis zum späten 18. Jahrhundert stark ausgeblendet. Weiterhin (2) fällt die Nähe zur obrigkeitlich-staatlichen Reformpolitik auf, weswegen es kaum zu antiobrigkeitlichen Tönen kam; die meisten Aufklärer waren mit den Zielen des aufgeklärten Absolutismus einig. Dies erklärt sich natürlich auch als Resultat der sozialen Zusammensetzung, waren die Hauptträger doch vor allem Beamte, deren aufklärerisches Engagement z.T. aufging in der staatlichen Reformpolitik; demokratisches Denken war ihnen daher fremd. Nicht zuletzt (3) fehlte der deutschen Aufklärungsbewegung ein kultureller Mittelpunkt. Zu einer entsprechenden Konzentration aller aufklärerischen Kräfte wie in Paris und London, wo sich alle Aufklärer trafen, konnte es in Deutschland nicht kommen. Zwar wurden Berlin, Hamburg, Leipzig, Mainz, Mannheim usw. wichtige Zentren, aber ein besonderes Zeichen der deutschen Aufklärung blieb ihre Heterogenität. Viele Aufklärer lebten eingebunden in kleine Herrschaften und kannten sich nicht persönlich. Um so stärker und bedeutsamer wurden das Zeitschriftenwesen und die Briefwechsel. Für die Politisierung der Aufklärer gab es eindeutige Grenzen. Schließlich (4) kreiste die aufklärerische Diskussion in Deutschland stark um religiöse Probleme, die vor allem durch die konfessionelle Spaltung bedingt waren, aber auch die enge Verbindung der Aufklärung mit dem Protestantismus sowie das lange Zusammenwirken von Aufklärung und Pietismus hinterließen Spuren. Nicht zuletzt zählten Pfarrer und Theologen zu den entschiedenen Aufklärern. Jedenfalls fehlte der deutschen Aufklärung eine starke soziale und politische Komponente, die kulturellen und literarischen Ansprüche und Ziele überwogen.

Die deutschen Aufklärer haben selbstbewußt von ihrer Zeit als von einem Zeitalter der Aufklärung gesprochen. Der Begriff „Aufklärung" taucht erstmals bereits zu Ende des 17. Jahrhunderts auf. Kaspar Stieler schrieb 1696: „Gleich wie in allen dingen, so zur Aufklär- und Verbesserung des Verstandes gehören, zufördters eine gute Natur oder Geburts-Art gehöret; ... also erfordern wir auch bey der Zeitung (es ging um der *Zeitungs Lust und Nutz*) eine Geistigkeit, gutes Gehirn und ingenium." Als Epochenbegriff erscheint er allerdings erstmals 1741. Die Hamburger „Staats- und Gelehrte Zeitung" erklärt: „Dieses Bemühen (die Wissenschaft begreiflich zu machen), welches wir der Fertigkeit geschickter Männer zuschreiben müssen, ist mit einem so guten Erfolg fortgesetzt worden, daß wir deswegen unsere Zeiten aufgeklärte Zeiten nennen können." Fortan wird der Begriff zur Signatur der Anstrengungen eines Jahrhunderts; um 1780 stand die Aufklärung in Deutschland auf dem Höhepunkt ihrer gesellschaftlichen Geltung. Unter den Versuchen, sie präzise zu beschreiben, ragt besonders die Definition des Philosophen Kant hervor: „Aufklärung ist der Ausgang des Menschen aus seiner selbst verschuldeten Unmündigkeit. Unmündigkeit ist das Unvermögen, sich seines Verstandes ohne Leitung eines anderen zu bedienen. Selbstverschuldet ist diese Unmündigkeit, wenn die Ursache derselben nicht am Mangel des Verstandes, sondern der Entschließung und des Muthes liegt, sich seiner ohne Leitung eines andern zu bedienen. *Sapere aude!* Habe Muth, dich deines eigenen Verstandes zu bedienen! ist also der Wahlspruch der Aufklärung."

Karl Geiringer

Widerspenstiger Musikus:
J. S. Bach trotzt dem Herzog von Sachsen-Weimar

Im großen und ganzen muß die berufliche Tätigkeit in Weimar Bach mehr zugesagt haben als seine Arbeit in Arnstadt oder Mühlhausen. Vor allem gab sie ihm Gelegenheit, als Orgelvirtuose die allerhöchste Meisterschaft zu erreichen und unsterbliche Werke für sein Instrument zu schaffen. In Weimar entwickelte sich Bach zum größten Orgelkomponisten aller Zeiten. Dennoch ergaben sich auch hier Probleme. Die Beziehungen zwischen dem regierenden Herzog Wilhelm Ernst und dessen Neffen und Thronfolger, Prinz Ernst August, waren höchst gespannt. Jeder der beiden veranstaltete seine eigenen Musikaufführungen, und als das Zerwürfnis zwischen ihnen sich verschärfte, verbot Herzog Wilhelm Ernst seinen Untergebenen, im „roten Schloß" seines Neffen zu musizieren. Bach schätzte jedoch den jungen Prinzen, musizierte gerne bei ihm und scheute sich auch nicht, beim Geburtstag des Prinzen eine eigene Kantate zur Aufführung zu bringen. Dies erregte den Unwillen des Herzogs, und er brachte dies zum Ausdruck, indem er nach dem Tod seines Kapellmeisters im Dezember 1716 das Amt nicht – wie zu erwarten war – Bach übertrug, sondern Verhandlungen mit anderen Kandidaten aufnahm. Sebastian empfand dies als eine ausgesprochene Demütigung, die ihm jede Freude an seiner Tätigkeit raubte, und er wünschte sich, Weimar verlassen zu können. Eine glückliche Wendung des Schicksals fügte es nun, daß ein Schwager von Prinz Ernst August, der junge Prinz Leopold von Anhalt-Köthen, nach einem neuen Kapellmeister für seine Hofmusik Ausschau hielt. Er hatte von seiner Schwester viel über Bach gehört und wohl auch der Aufführung der Kantate beim Geburtstag seines Schwagers beigewohnt. So bot der junge Herrscher dem Komponisten das Amt zu äußerst günstigen Bedingungen an. Bach sagte zu, wobei er sich klar war, daß der neue Pflichtenkreis in diametralem Gegensatz zu seiner bisherigen Tätigkeit stand. Orgelspiel und Komposition geistlicher Musik wurde von ihm nicht erwartet, denn der Köthener Hof war 1596 zur reformierten Kirche übergetreten und duldete im Gottesdienst nur die einfachste Art kalvinistischer Psalmen. Der Hofkapellmeister sollte sich vor allem auf dem Gebiete instrumentaler Musik betätigen, und gerade die Neuartigkeit seiner Obliegenheiten zog den stets experimentierfreudigen Künstler ungemein an. Ab 1. August 1717 befand Bach sich daher in Fürstlich Köthenschen Diensten, obwohl er noch gar nicht seine Demission vom Weimarer Hof erhalten hatte. Er reichte nun sein Gesuch ein und nahm nicht an, daß sich irgendwelche Schwierigkeiten ergeben würden. Der Weimarer Herzog war jedoch durchaus anderer Ansicht. Er war nicht bereit, seinem Hof einen Musiker zu entziehen, der als Orgelvirtuose hohes Ansehen genoß und kürzlich auch als Klavierist in Dresden, bei einem Wettstreit mit dem berühmten Louis Marchand, als Sieger hervorgegangen war. So wurde Bachs Ansuchen glattweg abgelehnt, und der Herzog nahm an, daß der Künstler sich mit der Sachlage abfinden würde. Hiebei verkannte er aber die Natur seines Organisten, der nicht bereit war, sich den Wünschen des Fürsten zu fügen. So klar machte Bach seinen Standpunkt, daß es in den Akten heißt: „d. 6. Nov., ist der bisherige *Concert*-Meister u. Hof-*Organist,* Bach, wegen seiner Halsstarrigen Bezeugung v. zu erzwingenden *dimission,* auf der Land-Richter-Stube *arrêtiret* ... worden." Vom 6. November bis zum 2. Dezember weilte Bach im Gefängnis. Da er jedoch keineswegs willens war nachzugeben und da andererseits der Herzog es nicht zu einem offenen Streit mit dem Köthener Hof kommen lassen wollte, wurde er schließlich „mit angezeigter Ungnade" entlassen.

Sebastian Bachs entschlossenes Auftreten gegen fürstliche Anordnungen bedeutet einen Markstein in der Geschichte allmählich errungener sozialer Freiheit für den schaffenden Künstler. Hier brach er mit der Familientradition. Johann Ambrosius und Johann Christoph waren beide gezwungen worden, gegen ihren Willen in Eisenach zu verbleiben und ein gutes Angebot von anderer Seite abzulehnen. Sebastian aber war hiezu nicht bereit. Wie begeistert hätten seine Vorfahren der „Halsstarrigen Bezeugung" gelauscht, die für Sebastian schließlich das Tor des Gefängnisses öffnete. Naturgemäß begab er sich nun schleunigst nach Köthen, wo seine Familie bereits auf ihn wartete.

Als Barbaras siebentes Kind in Köthen getauft wurde, versammelte sich eine erlauchte Gruppe in der Kirche; drei Mitglieder der fürstlichen Familie im Verein mit einem Hofrat und der Gattin eines Ministers fungierten als Paten. Dies wirft ein Licht auf Bachs Aufstieg. In Weimar wäre es ihm nicht gelungen, Taufpaten dieser sozialen Stellung für seine Kinder zu gewinnen. Als Hofkapellmeister in Köthen aber stand er dem Rang und Einkommen nach dem Hofmarschall, dem zweithöchsten Beamten, gleich. Dazu kam, daß er in Prinz Leopold einen (wie er sagte) „die Musik sowohl liebenden als kennenden" Herrn vorfand, der für Bachs Schaffen wahres Verständnis an den Tag legte. In Köthen lag der Schwerpunkt der schöpferischen Tätigkeit des Hofkapellmeisters in Kompositionen für Klavier und instrumentale Ensembles. Die Orgel war fast ganz vergessen; Sebastian schrieb glänzende Orchesterwerke, wie etwa die *Brandenburgischen Konzerte* und anmutige Tanzsuiten für Cembalo und Clavichord. Besonders stark fühlte der Komponist in jener Zeit den Drang, sein überlegenes Können auch anderen mitzuteilen und Werke für die Belehrung der werdenden Künstler zu schreiben. Zahlreiche Klavierkompositionen, wie die Inventionen, die Sinfonien und der erste Teil des *Wohltemperierten Klaviers* waren für Unterrichtszwecke bestimmt. Der Meister empfand die Pflichten eines Lehrers keineswegs als drückend; sie trieben im Gegenteil seine schöpferischen Gaben zu höchsten Leistungen an.

Benjamin Franklin
Ein amerikanischer Wassermann als Buchdrucker in England

Bei meinem ersten Eintritt in diese Druckerei arbeitete ich zuerst an der Presse, da ich mir einbildete, ich fühle das Bedürfnis nach körperlicher Ausarbeitung, an die ich in Amerika gewöhnt war, wo die Buchdrucker abwechselnd an der Presse und am Setzkasten arbeiten. Ich trank nur Wasser; die übrigen Arbeiter, etwa fünfzig an der Zahl, waren unersättliche Biertrinker. Gelegentlich trug ich in jeder Hand eine große schwere Satzform die Treppe hinauf und herab, während die übrigen zu nur einer beide Hände brauchten. Sie erstaunten, als sie hieran und in anderen Fällen erkannten, daß der *amerikanische Wassermann,* wie sie mich zu nennen pflegten, *stärker* als sie war, die doch *starkes* Bier tranken. Der Aufwärter aus einer Bierstube ging immer im Geschäft aus und ein, um unsere Arbeiter zu bedienen. Mein Mitarbeiter an der Handpresse trank jeden Tag eine Pinte Bier vor dem Frühstück, eine beim Frühstück zu seinem Brot und Käse, eine zwischen Frühstück und Mittagessen, eine bei Tisch, eine etwa um sechs Uhr nachmittags und endlich noch eine nach Feierabend. Diese Sitte erschien mir abscheulich, allein mein Kollege meinte, er müsse unbedingt *starkes* Bier trinken, um zur Arbeit *stark* zu sein. Ich versuchte ihn zu belehren, daß die Körperkraft, die das Bier gebe, nur im Verhältnis zu den

nährenden Teilen der Gerste stehe, die in dem zu dem Bier ge-
nommenen Wasser aufgelöst werde, daß eine weit größere Quanti-
tät Mehl in einem Pennybrot enthalten sei und daß er folglich,
wenn er ein solches äße und dazu eine Pinte Wasser tränke, dadurch kräftiger werden würde als von einem Quart Bier. Er trank
jedoch nach wie vor und hatte jeden Sonnabendabend vier bis fünf
Shilling von seinem Wochenverdienst für dieses benebelnde Getränk zu bezahlen – eine Ausgabe, die ich nicht zu entrichten
brauchte. So halten diese armen Teufel sich immer unten.

Nach einigen Wochen wünschte Watts mich im Setzersaal zu
verwenden, und so verließ ich die Drucker. Die Setzer verlangten
von mir nun abermals ein Einstandsgeld von fünf Shilling zum
Vertrinken. Ich hielt dies für eine unbillige Forderung, da ich unten schon einmal bezahlt hatte. Der Prinzipal teilte meine Ansicht
und verbot mir die Bezahlung der Summe. Ich weigerte mich zwei
oder drei Wochen lang, wurde daher wie ein Exkommunizierter
angesehen und sah mich zur Zielscheibe einer Menge boshafter
Streiche ausersehen, indem man mir bald verschiedene Lettern untereinander mischte, meine Spalten falsch ausschoß, meinen Satz
einwarf und ähnliches, sooft ich nur einen Augenblick das Zimmer
verließ, und all dies dem Gespenst der Offizin zuschrieb, das angeblich alle nicht regelrecht Aufgenommenen verfolge. So sah ich
mich trotz des Schutzes des Prinzipals zum Nachgeben und zur
abermaligen Zahlung gezwungen und überzeugte mich von der
Torheit, mit denen auf schlechtem Fuß zu stehen, unter denen
man fortwährend leben muß.

Michael Maurer
Ideal der Aufklärer: Engländische Freiheit

Es spricht einiges für die Annahme, daß das Englandbild der Deutschen des 18. Jahrhunderts zuallererst ein politisches war. Gewiß
kam als förderliches Element hinzu, daß sich das protestantische
Deutschland an England orientierte. Nicht wenige lutherische
Prediger reisten (wie Benthem, Deichsel, Alberti oder Wendeborn)
nach Abschluß ihres theologischen Studiums nach England, um

den englischen Protestantismus kennenzulernen und einen eigenen theologischen Standpunkt zu gewinnen durch das Studium der Lehrmeinungen der protestantischen Sekten, die seit dem 17. Jahrhundert in England in breiter Fülle entstanden waren. Protestantische Verbindungen bestanden in Hannover und Braunschweig, in Hamburg und Zürich schon aus älterer Zeit. Sie wurden nun verstärkt durch die neue Bewegung der Aufklärung, welche die Deutschen über Holland, Frankreich oder England rezipierten. In dieser Phase spielten führende französische Aufklärer, namentlich Voltaire und Montesquieu, eine wichtige Rolle, indem sie auf das englische Vorbild hinwiesen. Voltaire widmete sich diesem Vorbild nach fast dreijährigem Englandaufenthalt mit seinen *Lettres philosophiques ou Lettres écrites de Londres sur les Anglais* (1734). Er ging ausführlich auf die Bedeutung der Sekten ein, von denen die Quäker besonders herausgestellt wurden, und auf die neue Erfahrungsphilosphie, als deren Ahnherren er Bacon, Locke und Newton vorstellte. Künste und Wissenschaften, Handel und Politik: all diese Berichte wurden in Form von Essays in Briefen behandelt und den französischen Zuständen ganz bewußt entgegengestellt. Die englische Regierungsform sei eine ‚glückliche Mischung‘, ein *concert* von Commons, Lords und Königtum. Diesen Gedanken vertiefte Montesquieu, der sich ebenfalls geraume Zeit in England aufgehalten hatte, in seinem Werk *De l'Esprit des Lois* (1748). Religion, Handel und Freiheit − unter diesen drei Schlagwörtern sieht er die Engländer; das seien ihre Hauptvorzüge; in der glücklichen Regelung dieser drei Lebensbereiche hätten sie sich vor anderen Völkern hervorgetan. Die ideale Regierungsform sei in England gefunden mit der Verteilung der Macht auf drei Gewalten: die richterliche, die gesetzgebende und die ausführende. Auf diese Weise sei sowohl die Handlungsfähigkeit des Staates gewährleistet wie auch die größtmögliche Freiheit der Untertanen.

England als Staat der Freiheit: das hallt wider in den deutschen Reiseberichten des 18. Jahrhunderts. ‚*Engländische Freiheit!* Das süße Wort, welches in allen Ländern erschallet und doch so wenig bekannt ist.‘ (Taube). ‚Es ist eine ausgemachte Wahrheit, daß kein aufgeklärtes Volk je so frei war, als es die heutigen Engländer sind.‘ (Archenholtz). Und Moritz, aus der konkreten Anschauung einer Parlamentswahl in Westminster: ‚O lieber Freund, wenn man hier siehet, wie der geringste Karrenschieber an dem, was vorgeht, seine

Teilnehmung bezeigt, wie die kleinsten Kinder schon in den Geist des Volkes mit einstimmen, kurz, wie ein jeder sein Gefühl zu erkennen gibt, daß er auch ein Mensch und ein Engländer sei, so gut wie ein König und sein Minister, dabei wird einem doch ganz anders zu Mute, als wenn wir bei uns in Berlin die Soldaten exerzieren sehen.'

Nicholas Boyle
Goethes Italienreise

Es wurde bald Nacht, und in halsbrecherischer Fahrt jagte die Kutsche bei hellem Mondschein an den Stromschnellen des Etsch entlang. Um halb drei Uhr in der Frühe kam man durch das friedlich schlafende Brixen. Die Morgendämmerung erlaubte den ersten Blick auf Rebhügel, und die Sonne stand schon hoch am Himmel, als Goethe um neun Uhr auf dem wimmelnden Markt von Bozen stand. Er registrierte pflichtschuldigst Seidenvertrieb und Lederhandel und die Bewegungen des Bankgewerbes, die in den nüchternen statistischen Büchern aufgeführt waren, aber was ihm wirklich ins Auge fiel, waren die flachen, vier Fuß breiten Körbe mit Pfirsichen und Birnen; denn „mir ists nur jetzt um die sinnlichen Eindrücke zu thun, die mir kein Buch und kein Bild geben kann, daß ich wieder Interesse an der Welt nehme und daß ich meinen Beobachtungsgeist versuche, und auch sehe … ob die Falten, die sich in mein Gemüth geschlagen und gedruckt haben, wieder auszutilgen sind." Seit Regensburg war frisches Obst für Goethe das Zeichen der Annäherung an den Süden gewesen: Dort mußte er sich mit Birnen begnügen, die nach einem kalten Sommer kümmerlich ausgefallen waren – was ihn nicht hinderte, sie gleich auf der Straße zu essen –, doch sehnte er sich nach Trauben und Feigen. Schon in München hatte es Feigen gegeben, aber sie waren teuer und nicht besonders gut gewesen. Hier gab es Obst in Hülle und Fülle. Als er an jenem sonnigen Nachmittag auf den staubigen Straßen eines immer fruchtbareren Tales nach Trient fuhr, schien das sich erweiternde Tal angefüllt mit Weingärten, zwischen denen der Mais wuchs, mit Maulbeeren und Quitten und Nüssen und anderen Obstbäumen; und Trauben, mit Kalk bespritzt, um dem Mundraub von Fremden zu wehren, hingen über die warmen Mauern, auf denen Eidechsen in der Sonne dösten und vor der Kutsche aufschraken. Am milden Abend, als die Heuschrecken bereits ihren schrillen Gesang begannen, machte er endlich Halt, um die Nacht in der alten Stadt Trient zu verbringen. Unbeeindruckt von der Erinnerung an das große Konzil konnte Goethe sich vorstellen, daß „ich hier geboren und erzogen wäre und nun von einer Grönlandsfahrt von einem Wallfischfang zurückkäme". Mit seinen Stiefeln und dem Mantel kam er sich wie ein Bär vor, der sich aus dem Norden hierher verirrt hatte, wo die Männer mit nackter Brust herumliefen und die Läden weder Türen noch Fenster hatten, sondern direkt auf die Straße gingen. Der Mantel verschwand denn auch bald im Reisekoffer, und Goethe beschloß, in Verona leichtere Kleidung zu kaufen. Er empfand es als Befreiung, keine Bediensteten um sich zu haben, die ihn als Mann von Rang und Stand ausgewiesen und gegen das gewöhnliche Volk abgeschirmt hätten, und die täglichen Pflichten, die ihm sonst andere abnahmen, nun selbst erledigen zu müssen – Geld wechseln, Buch führen, sogar sein Tagebuch selbst schreiben, das er andernfalls diktiert hätte. Er fühlte ein immenses körperliches Wohlbehagen.

Auf dem Wege nach Rovereto jedoch, wo er deutschsprachiges Gebiet endgültig verließ und feststellen konnte, daß sein Italienisch alles andere als eingerostet war, entschloß Goethe sich, nicht gleich nach Verona weiterzureisen, sondern den Umweg zum Gardasee zu machen. Durch das Bergland hinter Rovereto gelangte er, seine ersten Olivenhaine durchquerend, nach Torbole. Das Gasthaus war von jener höchst primitiven Art, mit der er künftig immer wieder Bekanntschaft machen sollte: an den Türen gab es keine Schlösser, in den Fenstern Ölpapier statt Glas, und auf Goethes Frage nach dem Abtritt deutete der Hausknecht auf den offenen Hof und lud ihn auf italienisch ein, sich dort nach Belieben zu erleichtern. Er ließ sich's nicht verdrießen, aß den ganzen Tag Feigen und genoß die einheimischen Fischgerichte. In seinem Zimmer rückte er den Tisch vor die Tür und nahm, den Gardasee in seiner ganzen Länge vor Augen, die Arbeit an *Iphigenie* wieder auf: „es ist ... gut von statten gegangen". Der Gardasee, der bereits in Vergils *Georgica* erwähnt wird, war der erste in der klassischen Literatur beschriebene Gegenstand, der Goethe lebendig vor Augen stand: Die Vollendung seines Erziehungsplanes war nahe. „Die schönsten und grösten Natur Erscheinungen des festen Landes", die Alpen, lagen hinter ihm; „nun gehts der Kunst, dem Alterthum und der Seenachbarschafft zu!" Am nächsten Morgen mag er das Gefühl gehabt haben, Mignons Sehnsuchtslied sei in Erfüllung gegangen, als ihn das kleine Schiff von Torbole an terrassenförmig angelegten Zitronengärten vorbeiführte, die noch nicht mit dem winterlichen Strohdach bedeckt waren. Indessen wurde er von widrigen Winden aufgehalten und mußte eine zusätzliche Nacht in Malcesine verbringen; hier verließ er den österreichischen Kaiserstaat und betrat den Boden der Republik Venedig, der ältesten Europas, die mittlerweile in ihrem glänzenden Verfall erstrahlte und nicht ahnte, wie wenige Jahre ihr noch bis zur Auflösung durch Napoleon bleiben sollten. Das Schloß von Malcesine, das die Grenze bewachte, lag seit langem in Trümmern, aber als Goethe den malerischen Anblick zeichnete, machte er sich als kaiserlicher Spion verdächtig, und er mußte die ganze Eloquenz, deren er in einer fremden Sprache mächtig war, aufbieten, um die drohend um ihn gescharte Menschenmenge eines besseren zu belehren, die an den Besuch von Fremden nicht gewöhnt war und nicht zugeben mochte, daß ihre Festung nur mehr von künstlerischem, aber nicht mehr von militärischem Belang war – Goethe hatte bei dem ganzen Zwischenfall das Gefühl, der Treufreund aus seinen eigenen *Vögeln* zu sein. Früh am nächsten Morgen, es war der 14. September, segelte er mit gutem Wind nach Bardolino, gegenüber Sirmione, und fuhr dann durch schroffe Felsengebirge nach Verona, das in der glühenden Hitze dalag wie „[e]in Garten, eine Meile weit und lang".

Verona war die erste rein italienische Stadt von nennenswerter Größe, die Goethe sah, und er blieb fünf Tage dort. Zwecks weiterer Umstellung auf das wärmere Klima legte er sich einen Satz gutbürgerlicher Kleidung zu, von der er hoffen durfte, daß sie kein Aufsehen erregen werde. Diesen Effekt verdarb er allerdings später, im Interesse der Klassenverleugnung, durch ein paar grobe leinerne Strümpfe, die ein Einheimischer, der etwas auf sich hielt, niemals getragen hätte. In Verona wurden auch erstmals Charakteristika seiner Reise sichtbar, die in der Folge typisch bleiben sollten – einmal abgesehen von den langen, sämtliche Knochen durchrüttelnden Tagesfahrten (Nachtfahrten mied Goethe von jetzt an) in den altmodischen italienischen Kutschen. Da war zunächst das Aufspüren der römischen Altertümer: Nachdem Goethe den Tagebucheintrag für Frau von Stein fertig hatte, war sein erster Programmpunkt in Verona der Besuch der sogenannten Arena, das heißt des großen Amphitheaters in der Altstadt. Es ist das am besten erhaltene nach dem Colosseum in Rom und das erste antike Bauwerk, das Goethe bewußt wahrgenommen hat (von dem Römerturm in Trient schreibt er nichts). Die Einfachheit der Anlage scheint ihn anfangs ein wenig verblüfft zu haben, doch erkannte er sogleich ihre pure Funktionalität und ihre Eignung für den angestrebten sozialen und politischen Zweck: Das Publikum wollte nicht nur sehen, sondern auch gesehen werden. Die Vorstellung, daß das Volk der alten Stadtstaaten in seinen Theatern sich selbst für sich selbst zur Schau stellte, um den eigenen kollektiven Charakter zu unterstreichen, findet sich, wenngleich undeutlich, bereits bei Winckelmann und sollte zum Leitgedanken der bevorstehenden hellenistischen Periode der deutschen Kultur werden. 1786 in Verona sah Goethe diesen Gedanken – oder glaubte, ihn zu sehen – in der ovalen Form des Auditoriums und im Bedürfnis des Auges nach einer Masse menschlicher Gesichter auf den Rängen, die dem Ganzen eine gewisse Proportion gegeben hätte.

Bärbel Kern / Horst Kern

Auf dem Weg zur Emanzipation: Dorothea Schlözers Promotion

Den Verlauf des Examenstages kennen wir aus einem schriftlichen Bericht, den Dorothea selbst verfaßte und Ende 1787 an auswärtige Verwandte und Freunde versandte. Danach muß es wie folgt zugegangen sein:

Nachmittags wurde die Kandidatin zurechtgemacht: Weiße Flor-Frisur, mit aufgesetzten Perlen und Rosen; weißes Kleid aus Musselin; simples Halstuch – wie eine Braut. Der Vater wollte es so. 10 Minuten vor 5 verließ sie die Schlözersche Wohnung in der Pauliner Straße. Michaelis' Haus lag in der Mühlenpfortenstraße (die wegen dreier ebenfalls in dieser Straße wohnenden Studiosi von königlichem Geblüt bald Prinzenstraße heißen sollte), direkt gegenüber dem Kollegien- und Bibliotheksgebäude der Universität. Durch einen kleinen Durchgang östlich der Pauliner Kirche waren es nur 200 Meter. Dorothea trat also zu früh ein. Der Diener bat sie in das im Hochparterre gelegene Wohnzimmer, wo die Hofrätin sowie Lotte und Luise, die noch im Haus lebenden Töchter des Ehepaares Michaelis, bereitstanden, ihr die Qual des Wartens zu vertreiben. Durch die Fenster konnten die Damen die Fakultätsmitglieder eines nach dem anderen ankommen sehen: Den berühmtberüchtigten Kästner, Dorotheas Mathematik-Lehrer und ihres Vaters Intimfeind; den großen Gelehrten Heyne, Begründer der modernen Altertumswissenschaft, der die klassische Philologie als Inbegriff allgemeiner menschlicher Bildung legitimierte; den Vertreter der angewandten Mathematik, Meister, der sich besonders intensiv für die Militärbaukunst interessierte; den Philosophen Feder, der mit seiner Kant-Kritik der Göttinger Philosophie wenig Ehre machte; den Philosophen und Geistlichen Herrn Kulenkamp, korpulent, was ihm sichtlich zu schaffen machte; als letzter kam Gatterer, mit dem Vater Schlözer ebenfalls allerlei Händel hatte und den er, als er ihn mit seinen historischen Vorlesungen schließlich übertrumpft hatte, als Professor quasimodomortuus ironisierte.

Mit jedem Prüfer, der eintrat, nahm Dorotheas Beklommenheit zu. Sobald man vollständig war, wurde die Kandidatin vom Dekan persönlich abgeholt und durch das großzügige Treppenhaus – Michaelis besaß von allen Göttinger Professoren das prächtigste Gebäude: ein im klassizistischen Stil 1737 errichtetes ehemaliges Gast- und Logierhaus für vornehme Fremde – ins erste Stockwerk geleitet, wo sich die Arbeits- und Schlafräume des Gelehrten befanden. Es entsprach der unter deutschen Professoren damals noch sehr üblichen Vermischung von Arbeits- und Privatleben, daß das Examen in der Wohnung des Dekans stattfand. Michaelis, der international hochgeschätzte, weitgereiste Orientalist, demonstrierte Lebensart. Er hatte in seinem Arbeitszimmer die Tafel decken lassen: Kuchen und Konfitüren, hübsch vor allem ein Biskuit, den ein Lorbeerkranz zierte. Die Atmosphäre war eher privat als öffentlich, eher freundlich als kühl. Die Herren zeigten sich von ihrer netten Seite. Dorothea bekam Courage und wartete den Anfang nun getrost ab. Galant bat sie der Dekan, am Kopf der Tafel Platz zu nehmen, zwischen sich selbst und Kästner, nicht, wie die Kandidaten sonst, am unteren Ende des Tisches.

Die Prüfung lief ab, wie man das bei vielen Rigorosa wohl auch heute noch beobachten könnte. Die erste Frage stellte der Vorsitzende höchstpersönlich. Sie bezog sich auf ein Phänomen, welches in einer von ihm selbst, Michaelis, besorgten Edition berichtet worden war: den Spiegel auf dem Leuchtturm von Alexandria, in dem die Mohammedaner die christlichen Schiffe in Konstantinopel gesehen haben sollen. War die Sache an sich möglich? Hat es damals wohl einen solchen Spiegel gegeben? Über die Antwort der Kandidatin gerieten Michaelis, Gatterer, Kästner und Meister in Streit, der nicht ganz entschieden wurde. – Die zweite Frage präsentierte abermals Michaelis. Der Horaz wurde hervorgeholt. Dorothea mußte eine Stelle – 1. Buch, 37. Ode – übersetzen und erläutern. Dann, erst dann hatte der Vorsitzende die Freundlichkeit, der Kandidatin eine Tasse Tee kommen zu lassen, damit sie fürs weitere neue Kräfte sammeln konnte. – Als nächster war Kästner an der Reihe, der außer Mathematik auch Mineralogie zu prüfen beauftragt war. Er begann mit letzterem: zog ein Stück Erz aus der Tasche und ließ dessen Art bestimmen; verlangte die Erklärung einiger grubentechnischer Sachverhalte und forderte, den Weg des Erzes von der Grube bis zum münzbaren Metall darzustellen. In der Münzkunde konstruierte Kästner den Fall, daß man aus 16lötigem und 8lötigem Silber 12lötiges machen wolle: Wieviel nimmt man alsdann von jeglichem? Des weiteren hätte er, bedeutete Kästner der Kandidatin süffisant, eigentlich vorgehabt, ihr den binomischen Lehrsatz zu beweisen vorzugeben. Da aber die meisten Herrn nichts davon verstünden, wollte er's nun doch nicht tun. Jetzt bestellte der Vorsitzende zum zweiten Mal Tee für die Kandidatin, und Feder kam sich, wie er in seinen Memoiren später selbst bemerkte, bei den geschickten Antworten des Mädchens auf Kästners Problemfragen als „unwissender Mensch" vor. Er ermutigte Dorothea, mit Muße auszutrinken; sie hätte schließlich die ganze Zeit über gesprochen wie einer, der ein Kollegium läse. – Nach dem Tee stellte Meister einige Fragen zur Kunstgeschichte, gegen welche Dorothea protestierte, weil sie das Fach in ihrem Lebenslauf nicht genannt hätte, die sie dann aber doch beantwortete: Säulenarten? Deren Verwendung in der Peterskirche in Rom? Art des Gebäudes? Größe der Kolonnade, der Kuppel? Wer hat die erste Kuppel nach der Kettenlinie erbaut? Zum Dom in Florenz: Kolonnade und Figur der Kirche? – Schließlich kam nun doch noch

Kästner mit einer mathematischen Aufgabe zum Zuge: Wie groß muß eine jede Strecke eines Bogens Papier sein, den man so viele Male zusammenlegen kann, als man will, wobei die entstehenden Rechtecke allemal dem ursprünglichen ähnlich bleiben? Die Lösung Dorotheas stellte Kästner so sehr zufrieden, daß er die Witzelei nicht unterdrücken konnte, diese Aufgabe hätte der Magister B. nicht zu lösen vermocht, als er von der Fakultät examiniert worden wäre, obwohl er hier doch Kollegs über Mathematik gelesen hätte. Nun wollte Meister auch noch eine geometrische Aufgabe loswerden, doch Kulenkamp fuhr ihm mit dem Hinweis in die Parade, inzwischen sei es halb acht geworden, er solle doch gefälligst aufhören.

Die Prüfung wurde somit beendet. Michaelis begleitete Dorothea wieder hinunter, holte sie dann aber bald erneut herauf, denn es hatte nur einer kurzen Beratung bedurft. „Wir haben", sagte der Dekan wieder sehr galant zu Dorothea, sobald diese erneut auf ihrem Platz saß, „einstimmig beschlossen, Ihnen die Würde zu erteilen, die wir selbst tragen." Die Gläser wurden gefüllt, alle gratulierten Dorothea herzlich und stießen auf sie an. „Es ist eine außerordentliche Ehre", antwortete Dorothea respektvoll, „die ich zwar noch nicht verdient habe, aber in etwa fünf Jahren zu verdienen verspreche." Dorothea wurde entlassen. Drunten in der Eingangshalle setzten Lotte und Luise ihr den Lorbeerkranz auf, der auf dem Biskuit gelegen hatte und inzwischen schon von dem Bedienten heruntergebracht worden war. [...]

Ohne die spezifische Stellung und Organisationsform der Göttinger Universität wäre eine Promotion wie die Dorotheas damals wohl kaum möglich gewesen. Nicht, daß man Dorothea den Doktorgrad geschenkt hätte; sie wurde, wir sahen es, schon ernsthaft präpariert und examiniert. Aber hätte man an einer der alten korporativen Universitäten eine junge Frau überhaupt zum Examen zugelassen? Wohl kaum. Nur einen einzigen Präzedenzfall gab es: die Promotion von Dorothea Erxleben zum Doktor der Medizin, und diese hatte 1755 an der anderen deutschen Reformuniversität stattgefunden: in Halle.

Suraiya Faroqhi

Die Krise des Osmanischen Reiches

Das letzte Viertel des 18. Jahrhunderts war eine traumatische Periode für die osmanische Oberschicht wie auch für die muslimischen Stadtbewohner vieler Regionen des Reiches. Zunächst einmal ging um 1760–1770 in Anatolien und vielen Teilen des Balkans, aber auch in Ägypten, eine längere Periode wirtschaftlicher Prosperität zu Ende. Diese hatte bereits zu Anfang des 18. Jahrhunderts begonnen, als die langen Kriege gegen Habsburger und Venezianer 1718 abgeschlossen waren. Zwar haben ältere Forscher das 18. Jahrhundert insgesamt als eine Krisenperiode sowohl des Staates als auch der osmanischen Gesellschaft angesehen, aber das trifft für den wirtschaftlichen Aspekt durchaus nicht zu. Ganz im Gegenteil, in der ersten Hälfte des 18. Jahrhunderts erholten sich viele Städte Anatoliens von den Schäden, die sie während der Militärrebellionen des 17. Jahrhunderts erlitten hatten. Manche Bereiche der osmanischen Wirtschaft, wie etwa die verschiedenen Textilgewerbe, nahmen seit dem Beginn des 18. Jahrhunderts einen kräftigen Aufschwung. So wuchs in Tokat eine Manufaktur bedruckter Baumwollstoffe heran, aber auch die alte Mohairweberei Ankaras war keineswegs vom Markt verschwunden. Auf der Ägäisinsel Chios wurden Seidenstoffe hergestellt; das nötige Kapital kam aus Gewinnen, die in der Seeschiffahrt gemacht worden waren.

Um so dramatischer war der Konjunkturumschwung. Überdies folgte auf eine längere Friedenszeit 1768 ein neuer Krieg gegen Rußland, aber mitten in einer wirtschaftlichen Depression wurde es immer schwerer, Kriegsrüstungen zu bezahlen und Kriege zu gewinnen. Nach dem Frieden von Küçük Kaynarca 1774 erlebte Istanbul eine erste Welle muslimischer Flüchtlinge. In diesem Falle handelte es sich um Tataren, die wegen des zunehmenden russischen Einflusses auf der Krim ihr Land verließen. Die Verunsicherung, die durch den verlorenen Krieg und die wirtschaftliche Depression entstand, war um so größer, als diese Serie von Rückschlägen nach einer längeren Prosperität für die meisten Menschen recht unerwartet eintraf.

Die Schwierigkeiten der Zeit nach 1760 lassen sich auf eine Reihe von Faktoren zurückführen, die zum guten Teil direkt oder indirekt mit dem verstärkten Druck zusammenhingen, den die sich entwickelnden kapitalistischen Wirtschaften Europas auf die osmanische Wirtschaft ausübten. So war etwa in Kairo bis zu dieser Zeit der Kaffeezwischenhandel nach den übrigen osmanischen Provinzen und auch nach Europa wichtig gewesen. Aber in der zweiten Hälfte des 18. Jahrhunderts begann der auf den karibischen Inseln von afrikanischen Sklaven angebaute *café des îles* mit dem in Kairo gehandelten jemenitischen Kaffee erfolgreich zu konkurrieren. Überdies machte sich die beginnende Industrialisierung in England bereits im letzten Viertel des 18. Jahrhunderts bemerkbar, wenn auch die einheimischen Gewerbe die volle Wucht dieser Konkurrenz erst nach 1815 zu spüren bekamen. So war die Erzeugung von roten Baumwollfäden in der griechischen Kleinstadt Ambelakia zunächst durch die große Nachfrage der englischen und später österreichisch-ungarischen mechanisierten Webereien zur Blüte gekommen; als aber seit 1800 auch die Spinnereien allmählich mechanisiert wurden, brach der Markt für dieses Halbfabrikat zusammen.

Wichtig waren auch die Auswirkungen der Kriege, die das Osmanische Reich während der zweiten Hälfte des 18. Jahrhunderts zunächst gegen die Armeen Katharinas II. von Rußland und später gegen das revolutionäre und napoleonische Frankreich führte. Mit der Ausrüstung dieser Armeen sowie mit den dort entwickelten Strategien und Taktiken mitzuhalten kostete mehr Geld, als dem osmanischen Staat mit seiner nur in gewissen Sektoren monetarisierten Wirtschaft zur Verfügung stand. Dies führte zu Steuerpraktiken, die auf die Dauer die Leistungsfähigkeit vieler Gewerbebetriebe schwächten. War es doch im osmanischen Staate üblich, von den Handwerkern militärisch wichtige Waren und Dienstleistungen zu verlangen, die entweder gar nicht oder doch weit unter dem Marktwert bezahlt wurden. Das ersparte zwar dem Staat die Verschuldung, unter der das absolute Königtum Frankreichs 1789 zusammenbrach. Aber andererseits wurde dadurch die Kapitalbildung im gewerblichen Sektor fast unmöglich gemacht. Für die Finanzverwaltung war es oft die einfachste Lösung, die leistungsfähigsten Betriebe am stärksten zu belasten. Aufgrund der kriegsbedingten Überforderung verschwanden diese oft ganz vom Markt oder mußten ihre Produktion zumindest stark einschränken. Nach längeren Kriegen, wie sie in der zweiten Hälfte des 18. Jahrhunderts öfter vorkamen, lagen viele Zweige der osmanischen Gewerbewirtschaft völlig darnieder.

Paul Münch

Segen der Neuen Welt: Die Kartoffel
und das Ende der Hungersnöte

Die wichtigste Neuerung brachte die Kartoffel. Sie verdrängte
nicht bloß die Breigerichte, sondern revolutionierte die Ernährung
der Unter- und Mittelschichten, die nun weit weniger als zuvor
von den unsicheren Getreidekonjunkturen abhängig wurden. Die
Kartoffel kam während des 16. Jahrhunderts aus Amerika nach
Europa, wo die „indianische Zuckerwurz" anfangs als fremdartige
Heil- und Zierpflanze gehandelt wurde. Seit dem ausgehenden
17. Jahrhundert baute man sie in der Kurpfalz, im Herzogtum
Pfalz-Zweibrücken und im Vogtland an. Von hier aus breitete sie
sich langsam in die angrenzenden Gebiete aus. Die Wertschätzung
der Kartoffel – sie galt zunächst als Schweinefutter und Armenspei-
se – war von merkwürdigen Mißverständnissen begleitet. Manche
hielten sie für die Ursache verschiedener Krankheiten, andere
schrieben ihr aufgrund der raschen Bevölkerungsvermehrung in
den Kartoffelanbaugebieten potenzsteigernde Wirkungen zu. Trotz
der vielfältigen Plädoyers, mit denen aufklärerisch gesinnte Schul-
meister und Pfarrer die Verbreitung der Kartoffel unterstützten,
und trotz obrigkeitlicher Anbauedikte schwand das Mißtrauen gegen die „Tartüffeln" und „Erdbirnen" erst, als man die Vorzüge
der neuen Frucht erkannte. Selbst in den Regionen, in denen man
der Kartoffel bis dahin reserviert gegenübergestanden hatte, begann
man sie nach der großen Hungerkrise der Jahre 1771/72 zu ver-
edeln. Ihr Anbau war mit erheblichen Vorteilen verbunden. Als
Zwischen- oder Wechselfrucht paßte sie wie Klee und Rüben gut
ins Konzept der Reformlandwirtschaft des ausgehenden 18. Jahrhunderts. Sie wuchs auf fast allen Böden, ließ sich mit geringem
Arbeits- und Kapitaleinsatz selbst auf kleinsten Flächen kultivieren,
brachte reiche Erträge, war gegen Nässe unempfindlich und damit
längst nicht so witterungsanfällig wie das Getreide. Im Kriegsfall
ließ sie sich allenfalls unter Mühen requirieren. Die großen Guts-
betriebe, die ihre Gewinne aus dem Getreideanbau zogen, waren
an der Kultivierung der Kartoffel verständlicherweise weniger interessiert als die Kleinbauern und Heimarbeiterfamilien in den
Mittelgebirgen, die mit ihr beste Erfahrungen gemacht hatten. Das

„Manna des gemeinen Mannes" brachte Abwechslung in den eintönigen Speiseplan und wurde mit kleinen Zugaben an Salz, Fett oder Quark bald ein Grundbestandteil der Nahrung. Die Kartoffel ersetzte in gewisser Weise den auf schlechten Böden schwierigen Getreideanbau und milderte die Auswirkungen der periodischen Hungersnöte. Nachdem sich gezeigt hatte, daß die Menschen in ärmlichen Kartoffelregionen Agrarkrisen besser meisterten als jene in reichen Getreidegegenden, breitete sich die Kartoffel in ganz Deutschland aus, schließlich auch in landwirtschaftlichen Großbetrieben, die ihren Wert „bey Speisung des Gesindes und Fütterung des Viehes" erkannten. Mit den Hungersnöten des beginnenden 19. Jahrhunderts, insbesondere der Jahre 1817 bis 1820, begann der Kartoffelanbau in großem Stil. Kartoffeln wurden nach und nach auch in der Küche der höheren Stände heimisch.

Europäische Moderne

Ernst Schulin

Französische Revolution: Der Sturm auf die Bastille

Die große Sensation war: Am 11. Juli wurden Necker und eine Reihe reformgesinnter Kollegen vom König entlassen. Minister, die als Reaktionäre bekannt waren, traten an ihre Stelle. Gleichzeitig wurden neue Truppen nach Versailles gezogen.

Alles schien aus zu sein. Sollte die Nationalversammlung aufgelöst werden? Paris wurde zum Hexenkessel. Volksredner steigerten Furcht und Schrecken, vor allem vor einer militärischen Überwältigung. Camille Desmoulins rief: „Kein Augenblick ist zu verlieren! Die Entlassung Neckers ist die Sturmglocke zu einer Bartholomäusnacht der Patrioten! Die Bataillone der Schweizer und Deutschen werden uns heute noch den Garaus machen. Nur ein Ausweg bleibt uns: zu den Waffen zu greifen!" (Es ist kennzeichnend, daß Desmoulins von Bataillonen der Schweizer und Deutschen spricht, die übrigens wirklich im 16. Jahrhundert bei der Bartholomäusnacht eine große Rolle gespielt haben; der Patriotismus, der Nationalismus sollten dadurch gesteigert werden, die Soldaten sollten als Nichtfranzosen gekennzeichnet werden.) Aus dieser Angststimmung, die während der Französischen Revolution immer wieder erzeugt worden ist, später besonders gegen ausländische Überfälle, ist der berühmte 14. Juli zu verstehen.

Oft ist er einseitig als große Befreiungsaktion des unterdrückten Volkes gesehen worden (bei Michelet) oder als Befreiung der politischen Gefangenen. (Tatsächlich waren nur fünf gewöhnliche Verbrecher und zwei Verrückte in der Bastille; in dieser Hinsicht hatte die Sache nur Demonstrationscharakter.) Oft ist er auch gesehen worden als Massenhysterie und Lynchjustiz des Pöbels, geführt von kriminellen Elementen. (So sah es Taine als Gegenbild gegen Michelets aufstehendes und handelndes Volk.)

Die genauen Untersuchungen der modernen französischen Historiker haben ergeben, daß die Ansicht von der patriotischen Volkstat doch nicht so idealistisch übertrieben ist, wie man meinen sollte. Es ist weniger ein Volk, das sich spontan aus zukunftsträchtigem Freiheitswillen erhebt, als vielmehr ein Aufstand aus dem alten Gedanken der Bürgerwehr, der Selbstverteidigung in schweren Situationen, wie er aus vielen Städten, besonders etwa der Niederlande, bekannt ist.

Am Anfang steht allerdings eine ausgesprochene Volksaufput-
schung der extremen Revolutionäre am Palais Royal: eine große
Agitation, um die Loyalität der französischen Soldaten dem Hof
gegenüber zu erschüttern. Und eine Angststeigerung, indem man
bei einer befürchteten Belagerung von Paris *noch* mehr Brotmangel
kommen sah.

Am 12. Juli, kaum war die Nachricht über Neckers Entlassung
da, kam es zum Aufruhr, zur Verbrennung der Zollschranken, zur
Waffen- und Getreidesuche. Deshalb wurden auch Klöster geplün-
dert.

Hiergegen wurde am 13. Juli die Bürgermiliz gegründet. Das
geschah durch die Pariser Wahlmänner, die die Generalstände-
Deputierten gewählt hatten und nun im Hôtel de Ville eine Art
provisorischer Regierung für das Stadtgebiet bilden wollten. Sie
beschlossen, der gefährlichen, ungeregelten Bewaffnung der Bevölkerung ein Ende zu machen; diese Bürgermiliz hatte also zwei
Funktionen: sie sollte gegen die militärische Bedrohung von außen
und gegen die Anarchie von innen eingerichtet werden. Das geschah unter genauen Aufnahmeregelungen. Am gleichen Tag
schon wurden über 13 000 Bürger bewaffnet. Erwerbslose, Vaga-
bunden und andere „Irreguläre" wurden ausgeschlossen, sie sollten
sogar entwaffnet werden – was aber kaum ganz gelang.

Für die Ausrüstung dieser Bürgerwehr wurde von den Bürgern
nach Waffen und Munition gesucht – am 14. Juli zunächst im
Hôtel des Invalides, dann in der Bastille – bei der letzteren kam
dann allerdings hinzu, daß dieses berüchtigte Staatsgefängnis für die
Pariser eine militärische Bedrohung und vor allem der Inbegriff des
„Despotismus" war. Die Bastille wurde belagert, es kam zu viel zu
langen Verhandlungen, man drang ein, der Kommandant ließ
schießen, es gab 98 Tote, 73 Verwundete unter den Bürgern, die
entsprechend aufgebracht waren. Daraus ist nach dem Fall der Bastille zu erklären, daß man sieben Garnisonsleute erschlug und den
Kommandanten lynchte. Insofern wurde dies das erste der schaurigen Ereignisse der Revolution, als solches von den Gegnern übertrieben, aber nicht hinwegzuleugnen, und der Anfang späterer, die
Revolution diskreditierender Gewaltmaßnahmen. Mathiez hat, um
sie zu entschuldigen, sicherlich nicht ganz zu Unrecht Babeuf zitiert: „Die Grausamkeiten jeder Art, die Vierteilung, die Folter, das
Rad, die Scheiterhaufen, die Galgen haben unsere Sitten so ver-

dorben. Statt uns zu zivilisieren, haben die Herren uns zu Barbaren gemacht, weil sie selber solche sind. Sie ernten jetzt und werden noch ernten, was sie gesät haben."

Auf der anderen Seite wurde dieser Bastillesturm durch seinen sensationellen Erfolg sofort zum Mythos des Volkes, das seine Ketten zerbricht.

Der Erfolg war wirklich erstaunlich. Der nie sehr schnelle König gab sofort nach, so als sei ihm der gegenrevolutionäre Versuch von vornherein unsympathisch gewesen; er bat die *Nationalversammlung,* die er dabei zum erstenmal so nennt, ihm bei der Wiederherstellung der Ordnung zu helfen, er versprach die Truppen zurückzuziehen und Necker zurückzuholen, er war sogar so mutig, am 17. Juli die aufständische Hauptstadt zu besuchen (nachdem er sein Testament gemacht hatte) und alles Geschehene zu sanktionieren.

Es war die Sanktion der bürgerlichen Revolution. Die ersten Emigranten verließen Frankreich, die Prinzen schon sofort am 17. Juli. Der Weg zur Verfassung, zur Beschränkung des Königtums war damit frei – zumal die Sanktion eine unkonstruktive war, die dem König weder Vertrauen noch Macht einbrachte.

Das Ganze war ein entscheidender Sieg von Paris. Er führte aber, wie die neue Regionalforschung zeigt, zu ähnlichen Entwicklungen in fast allen anderen Städten Frankreichs.

Charles-Henri Sanson

Aus dem Tagebuch des Henkers:
Die Hinrichtung Ludwigs XVI.

Ich bin diesen Morgen um acht Uhr aufgebrochen, nachdem ich vorher meine arme Frau, die mich nicht wiederzusehen fürchtete, und meinen Sohn umarmt hatte; ich habe mich mit meinen beiden Brüdern Charlemagne und Louis-Martin in eine Kutsche gesetzt.

Die Volkshaufen waren in den Straßen so groß, daß nicht mehr viel an neun Uhr fehlte, als wir auf die Place de la Révolution anlangten.

Gros und Barré, meine Gehilfen, hatten die Guillotine schon auf dem Schafott aufgestellt und alles aufs beste geordnet.

Meine Brüder und ich waren gut bewaffnet. Wir hatten unter unseren Regenmänteln außer dem Degen kurze Dolchmesser, in unserem Gürtel vier Pistolen, eine Pulverbüchse und unsere Kugeltaschen. Wir hielten es gar wohl für möglich, daß man versuchen würde, den unglücklichen König zu befreien, und daß wir nur zu vieler Mittel bedürfen könnten, ihm einen Weg durch die Menge zu bahnen.

Als ich auf der Place de la Révolution ankam, suchte ich sofort mit den Augen meinen Sohn und bemerkte ihn auf wenige Schritt Entfernung von mir mit seinem Bataillon. Er betrachtete mich mit einem verständnisvollen Blick und schien mich ermutigen zu wollen, indem er mir mit der Hoffnung schmeichelte, daß ich diesmal nicht würde den Becher bis zur Hefe austrinken müssen.

Ich horchte aufmerksam nach jener Gegend hin, woher der König kommen mußte; nichts entging meiner sorgfältigen Beobachtung. Aber vergebens glaubte ich dann und wann in der Ferne ein Geräusch zu vernehmen, welches das Anzeichen eines jener Befreiungsversuche sein konnte, die man mir gestern verkündet hatte.

Ich will es gestehen, ich freute mich bei dem Gedanken, daß vielleicht in diesem Augenblick der König seiner bewaffneten Bedeckung entrissen sei und unter dem Schutz vertrauter Freunde fliehe. Und wenn mich dann die Unwahrscheinlichkeit eines solchen Ereignisses für den Moment beunruhigte, stellte ich mir wieder im Geiste vor, wie das unbeständige und leicht bewegliche Volk, dessen Gefühle sich so schnell ändern, den zum Tode geführten Monarchen vielleicht unter seinen allmächtigen Schutz nehmen und aus der ihm angedrohten Hinrichtung eine Huldigung machen könnte!

Während ich mich noch in solchen Träumen wiegte, während meine Seele sich Bilder aller Art vorführte, um nur nicht an die Wahrheit glauben zu müssen, erwartete mich schon ein Erwachen, das nicht fürchterlicher hätte sein können!

Von Zeit zu Zeit hefteten sich meine Augen ängstlich auf den Ausgang der Rue de Madeleine.

Plötzlich sah ich ein Kavalleriekorps herangesprengt kommen und dahinter einen von zwei Pferden gezogenen Wagen, von einer doppelten Reihe Kavalleristen umgeben und von einer zweiten Abteilung derselben gefolgt.

Da war kein Zweifel, kein Traum mehr möglich, denn dort erschien der königliche Märtyrer.

Es wurde mir schwarz vor den Augen, ein förmliches Zittern überfiel meine Glieder; ich warf einen schnellen Blick auf meinen Sohn und sah auch dessen Gesicht leichenblaß werden.

Indessen kam der Wagen an. Der König saß hinten rechts, ihm zur Seite ein Priester, sein Beichtiger; auf dem Rücksitz befanden sich zwei Gendarmen.

Der Wagen hielt, die Tür öffnete sich; zuerst stiegen die beiden Gendarmen aus, nach ihnen der verehrungswürdige Priester in einer Kleidung, die ich schon lange nicht mehr gesehen hatte, und endlich der König, würdiger, ruhiger und majestätischer, als ich ihn nur je in Versailles und in den Tuilerien gesehen hatte.

Als ich ihn sich der Treppe nähern sah, warf ich einen verzweiflungsvollen Blick um mich. Überall bemerkte ich nur Soldaten. Das hinter diesen Waffenreihen stehende Volk schien vor Staunen erstarrt zu sein, und ich beobachtete ein düsteres Stillschweigen.

Übrigens würde das unaufhörliche Rasseln der Trommeln seine Stimme erstickt haben, wenn es auch nur einen Ruf des Mitleids hätte ertönen lassen wollen.

Wo blieben nun alle jene zahlreichen Retter, die sich tags vorher gemeldet hatten?

Charlemagne und ich waren erstarrt; Martin, jünger und entschlossener, trat vor, entblößte ehrfurchtsvoll sein Haupt und bemerkte dem König, daß man ihm laut Regel und Vorschrift seine Kleidung abnehmen müsse.

„Das ist unnütz, man kann mit mir zu Ende kommen, wie ich da bin."

Mein Bruder bestand darauf und fügte hinzu, daß es ebenso unerläßlich sei wie das Binden seiner Hände.

Diese letzte Mitteilung schien den König noch mehr zu empören und machte ihn bis zur Stirn erröten.

„Ach was", sagte er, „Ihr werdet es nicht wagen, die Hand an mich zu legen! Da nehmt, da ist mein Rock, aber rührt mich nicht an!"

Indem er dies sagte, zog er selbst seinen Rock aus.

Charlemagne kam Martin zu Hilfe. Obgleich es ihm schwer wurde, mit diesem erhabenen Opfer zu sprechen, welches ihn mit Blicken betrachtete, die tief in seinem Herzen zu lesen schienen, so sagte er, um nicht die wilden Banden, welche das Schafott umstanden, zu reizen, zu dem König in kaltem Ton, während Tränen aus seinen Augen quollen:

„Das Binden der Hände, das mein Bruder verlangt, ist unbedingt notwendig. Die Hinrichtung ist ohne dieses unmöglich."

Endlich an meine Pflicht erinnert, flüsterte ich, da ich nicht mehr länger die ganze Verantwortung auf den Schultern meiner Brüder ruhen lassen konnte, in das Ohr des Priesters:

„Monsieur l'Abbé, ersuchen Sie den König darum, ich bitte Sie inständigst. Während man ihm die Hände binden wird, gewinnen wir Zeit; es ist unmöglich, daß das Volk einem solchen Schauspiel seiner besseren Überzeugung gemäß nicht ein freudiges Ende machen sollte!"

Der Abbé wandte sich mit einem traurigen Blick, in dem sich gleichzeitig Verwunderung, Ungläubigkeit und Fassung aussprachen, zu mir um, neigte sich aber dann zum König und sagte mit leiser, tiefbewegter Stimme:

„Sire, willigen Sie auch in dieses letzte Opfer, durch welches Sie sich im voraus der Belohnung Gottes versichern werden."

Sofort bot der König seine Arme zum Binden dar, während sein Beichtiger ihn das Bild Christi küssen ließ. Zwei meiner Gehilfen banden die Hände, die einst das Szepter geführt hatten.

Mir war, als ob dies das Zeichen einer Gesinnungsänderung der Volksmassen werden müßte, welche nun zugunsten des königlichen Opfers ausbräche. Aber es ließ sich nichts vernehmen als das höllische Gerassel der Trommeln.

Durch den würdigen Priester unterstützt, stieg der König langsam und majestätisch die Stufen zu dem Schafott hinauf.

„Wollen denn die Trommler gar nicht aufhören?" fragte er Charlemagne.

Dieser gab ihm durch ein Zeichen zu verstehen, daß er nichts darüber wisse.

Auf der Plattform des Schafotts angekommen, trat der König auf die Seite, wo er die größten Volkshaufen sah, und gab durch eine Kopfbewegung den Trommlern ein befehlendes Zeichen des Schweigens.

Diese hörten sogleich auf, und nur wenige rührten noch die Schlegel.

Trotz des immer noch vorhandenen Lärms sprach der König mit starker Stimme:

„Franzosen, ihr seht euren König bereit, für euch zu sterben. Könnte doch mein Blut euer Glück besiegeln! Ich sterbe ohne Schuld an alledem, dessen man mich angeklagt..."

Er wollte noch weitersprechen, als Santerre, welcher sich an der Spitze seines Generalstabes befand, den Tambouren ein Zeichen gab, worauf deren Trommeln in verstärktem Maße wieder zu rasseln begannen, so daß kein Wort mehr würde verstanden worden sein.

In einem Augenblick war der König auf das verhängnisvolle Brett gebunden, und als das Fallbeil herniederblitzte, konnte er noch die tiefe Stimme des frommen Priesters vernehmen, der ihn bis aufs Schafott begleitet hatte und jetzt folgende Worte sprach:

„Sproß des heiligen Ludwig, steige auf zum Himmel!"

So hat dieser unglückliche Fürst geendet, den tausend entschlossene Menschen in diesem letzten Augenblick, wo sich schon, außer unter der bewaffneten Mannschaft, ein wahres Mitgefühl zu regen begann, hätten retten können.

Das kleinste Zeichen hätte genügt, um eine Entscheidung zu seinen Gunsten herbeizuführen, denn als mein Gehilfe Gros das unter dem Guillotinebeil gefallene Königshaupt den Umstehenden zeigte, stießen nur einige Rasende ein Triumphgeschrei aus, die Mehrzahl wandte sich ab, von tiefem Schauder und schmerzlicher Zerknirschung ergriffen.

Hagen Schulze
Nationalismus als säkulare Religion

Diese neue, revolutionäre Idee von der Nation als dem politisch handelnden Volk war mehr als eine begriffliche Konstruktion: sie war eine Waffe. Sie faßte das revolutionäre Frankreich nach innen zusammen, indem die Feinde der Revolution aus der Nation ausgestoßen und für vogelfrei erklärt wurden, denn sie war „eins und unteilbar"; und im Krieg gegen die Monarchien Europas war es die Nation, die Gemeinschaft des ganzen Volkes, die eine Mobilmachung nie zuvor geahnten Ausmaßes ermöglichte und die Massenheere der französischen Bürgersoldaten über die Söldner der abso-

lutistischen Heere siegen ließ. Mit den französischen Revolutions-
heeren trat auch die Idee der souveränen Volksnation ihren Siegeszug durch Europa an, und in Deutschland traf sie auf ein anderes,
nicht weniger umstürzlerisches Konzept, mit dem sie sich verband:
die Idee von der Nation als Kultur- und Sprachgemeinschaft.

In Frankreich mit seinem geschlossenen Staatsgebiet und den da-
zugehörigen Institutionen hatte es nahegelegen, die Nation als politische Gemeinschaft zu definieren, auf die die Souveränität der
Krone übergegangen war. Diese Einheit von Staat und Nation war
in Deutschland noch nicht denkbar; die grundlegende Erfahrung
war hier die Gemeinschaft der aufgeklärten, mit gemeinsamer Sprache begabten Geister über die Territorialgrenzen hinweg. Schon
1776 hatte Adelungs *Deutsches Wörterbuch* bestimmt: „Nation, die
eingebornen Einwohner eines Landes, so fern sie einen gemeinschaftlichen Ursprung haben, eine gemeinschaftliche Sprache reden, und in etwas engerem Sinne auch durch eine ausgezeichnete
Denk- und Handlungsweise oder den Nationalgeist sich von andern Völkerschaften unterscheiden, sie mögen übrigens einen einigen Staat ausmachen, oder in mehrere verteilet sein." Keine politische Bindung sollte also die Nation ausmachen, sondern
gemeinsame Sprache und das Bewußtsein ihrer Zusammengehörig-
keit. Diese Nationalidee wurde von dem Weimarer Konsistorialrat
Johann Gottfried Herder zugespitzt: Auch er brachte „Nation" und
„Volk" zusammen, aber anders als Sieyès redete Herder nicht von
Politik, sondern von Sprache und Poesie: das, erklärte er, seien die
Grundlagen von Volk und Nation. In ihren Märchen und Liedern
offenbarten sich die Seelen der Völker. Sprache und Kultur machten den inneren Gleichklang der Nationen aus, die weitaus mehr
waren als die Summe ihrer Mitglieder: spirituelle menschliche Gemeinschaften, Kollektivindividuen, Gedanken Gottes. Die Welt sah
Herder als großen Garten, in dem die Nationen sich wie Pflanzen
nach den ihnen eigentümlichen, geheimnisvollen göttlichen Gesetzen entwickelten; keine Nation besaß den Vorrang vor den anderen, aber jede war verschieden von allen anderen. Jeder einzelne
war schicksalhaft Mitglied seines Volks, nahm von Geburt an teil an
dem Wesen seiner Nation, an die er durch seine Muttersprache
zeitlebens gebunden blieb. Herders Anschauung, die Staat und
Verfassung hinter Kultur und Sprache zurückstellte, paßte zu der
andauernden Spaltung zwischen den Staaten und den Völkern

Mittel- und Osteuropas – auch den slawischen Völkern sollte Herder später als Prophet ihrer nationalen Identität gelten.

Herders Idee wurde populär, denn sie verband sich mit den romantischen Strömungen der Epoche. Daß die Dichter, die den Gesängen des Volks gelauscht hatten und nun selbst im Volkston schrieben, aus tiefen Einsichten schöpften und der Nation näher waren als Fürsten und Beamte, gehörte zu den tröstlichen Gedanken, mit denen sich die Völker Mittel- und Osteuropas über ihre Rückständigkeit gegenüber den Nationalstaaten Westeuropas hinwegsetzen und ihr kulturelles Selbstbewußtsein behaupten konnten. Was für Deutschland galt, galt in ähnlicher Weise auch für die anderen Völker Mittel- und Osteuropas: Anders als im Falle Westeuropas gab es keinen staatlichen, institutionellen, aber auch keinen ideologischen Rahmen, in dem sich die Nation für die Gegenwart definieren konnte. Die Nation war deshalb eine Zukunftsvision, die sich nur in ihrer gemeinsamen Sprache und Kultur wiedererkennen konnte: Eine aus der Geschichte antizipierte Utopie, unklar und mehr das Gefühl als den Verstand ansprechend. „Was ist des Deutschen Vaterland?" fragte Ernst Moritz Arndt in seinem *Vaterlandslied* von 1813, das in gewisser Weise die erste deutsche Nationalhymne darstellte, und nach zwei Dutzend Strophen gab er schließlich die Antwort: Das deutsche Vaterland ist überall dort, wo deutsch gesprochen wird. Die deutsche Nation wurde also als objektives Merkmal konstituiert, gemäß der Idee Herders von der fundamentalen Individualität des Volkstums, die ausschließlich durch die gemeinsame Sprache begründet sei. In diesem Sinne war also die Nation unabhängig vom Willen der Menschen: Wessen Muttersprache Deutsch war, der war unentrinnbar und zeitlebens Deutscher.

Diese zwei Nationalideen, die subjektiv-politische der Französischen Revolution und die objektiv-kulturelle der deutschen Romantik, befruchteten sich gegenseitig, überkreuzten einander und verliehen dem tausendstimmigen Chor der europäischen Moderne den kontinuierlichen Grundton. In einer Zeit der immer neuen Entwurzelung und Sinnkrise, des Vergangenheitsverlusts und der Zukunftseuphorie bot die Idee der Nation dreierlei: Orientierung, Gemeinschaft und Transzendenz. Die Identifikation mit der Nation vereinfachte die komplizierten gesellschaftlichen und zwischenstaatlichen Zusammenhänge und klärte das Problem der Loyalität –

vor allem in den vielen Ländern Mittel- und Osteuropas, wo zwischen der ersten polnischen Teilung von 1772 und dem Wiener Kongreß von 1815 die Landesherrschaften vielfach wechselten, wo der Herrscher von heute der Feind von morgen sein konnte, bot die Idee der Nation Orientierung und Entscheidungshilfe. Die nationale Gemeinschaft trat überall dort ein, wo die älteren, traditionellen Milieus sich auflösten. In der *levée en masse* von 1793, in den Freiheitskriegen von 1813, in den Befreiungskriegen und Aufständen der ost- und südosteuropäischen Völker wurde die neue Gemeinschaft nicht nur behauptet, sondern auch als sinnlich wahrnehmbare Wirklichkeit erfahren. Öffentliche Feste und Feiern, von den *fêtes révolutionnaires* der Französischen Revolution bis zu den deutschen Völkerschlachtfeiern, bestätigten die Erfahrung der Nation immer wieder aufs neue; sie schafften das authentische Gefühl des Gemeinschaftserlebnisses und bestätigten die Zugehörigkeit des einzelnen zu einem größeren Ganzen. Die Idee der Nation hat religiöse Anklänge; da die Nation nicht unmittelbar sichtbare Realität ist, muß sie geglaubt werden; der Nationalismus ist die säkulare Religion des Industriezeitalters. Nicht mehr von Gott empfing der neue Staat seine Rechtfertigung, sondern von der Nation.

Gottfried Niedhart

Englands Umbruch zur Moderne: Der Beginn der Industriellen Revolution

Im Jahre 1815 beobachtete Robert Owen, Unternehmer und Sozialkritiker in einer Person, einen tiefgreifenden Wandel in Großbritannien. Innere Verhältnisse und internationale Stellung hätten das Gesicht des Landes gründlich verändert. Dreißig oder vierzig Jahre zuvor, als Großbritannien noch ein Agrarland war, hätten Handel und Industrie nur einen bescheidenen Anteil am Volkseinkommen gehabt. Seitdem aber seien die Gewichte infolge technischer Neuerungen in der Baumwollbranche völlig verschoben worden. Die Industrie habe eine Bedeutung erlangt, wie dies bisher in keinem anderen Land der Fall gewesen sei. „Das breite und nützliche Angebot an Baumwollprodukten stößt in Europa und

Amerika auf entsprechende Nachfrage. Die daraus folgende Ausweitung des britischen Außenhandels erstaunte und überraschte britische und ausländische Politiker gleichermaßen. Infolge dieser industriellen Produktion konnte das britische Reich eine sprunghafte Zunahme seines Handels, seiner Industrie, seiner Bevölkerung und seines politischen Einflusses verzeichnen und war in der Lage, sich über 25 Jahre hinweg gegen die vielleicht gewaltigste Militärmacht und unmoralischste Macht zu behaupten, die die Welt bisher gesehen hat."

Gegen das revolutionäre und expansive Frankreich, dessen Gewalt Owen verurteilte, konnte sich Großbritannien durchsetzen, indem es eine andere Revolution und Expansion entgegenstellte, die Industrielle Revolution nämlich und die Expansion seines weltumspannenden Handels und seiner Seemacht. Großbritannien war der Schauplatz, wo sich das zuerst entwickelte und vollendete, was wir die industrielle Welt nennen. Die Umwälzung von agrarisch und handwerklich bestimmten Lebens- und Erwerbsformen zur Industriegesellschaft und -wirtschaft nahm im letzten Drittel des 18. Jahrhunderts ihren Anfang, ehe sie nach und nach die ganze Welt erfaßte. Während Großbritannien in späteren Phasen der Industrialisierung von seinen Konkurrenten überflügelt wurde, spielte es in den ersten durch Baumwolle, Kohle und Eisen bestimmten Phasen eine absolut führende Rolle. Als Vorreiter der Industriellen Revolution war es ein Land anhaltenden Wachstums und steigenden Wohlstands. Es stieg wirtschaftlich und politisch zur weltbeherrschenden Führungsmacht auf.

Wachstum war das Merkmal der Epoche, und zwar nicht nur im industriellen Produktionsbereich. Im Unterschied zu früheren Wachstumsschüben erstreckte sich das in der Mitte des 18. Jahrhunderts einsetzende Wachstum auf die gesamte Volkswirtschaft und wirkte sich auf alle Bereiche der Gesellschaft aus. Die gesamtwirtschaftliche Leistung hat sich zwischen 1750 und 1850 vervierfacht. Vor allem: Es handelte sich um einen beständigen und unumkehrbaren Produktionszuwachs. Dergleichen war in der bisherigen Menschheitsgeschichte nicht vorgekommen.

Leicht ablesbar war der säkulare Wachstumsvorgang an der Bildung neuen Reichtums. Der Erfinder und Baumwollfabrikant Richard Arkwright begann sein Berufsleben als Barbier und Perükkenmacher mit einem üblichen Einkommen. Bei seinem Tod hinterließ er eine halbe Million Pfund. Ein Zeitgenosse von Owen konstatierte 1814 trotz immenser Kosten, die der Krieg gegen das revolutionäre Frankreich verschlungen hatte, eine „unglaubliche Vermögenszunahme", die sich seit der Mitte des 18. Jahrhunderts entwickelt habe und die ihm ohne Beispiel erschien.

Die wirtschaftlichen Daten, insbesondere der Zuwachs im Außenhandel, sind nicht zu trennen von der internationalen Entwicklung, die den Handlungsspielraum Großbritanniens erweiterte und Großbritannien zur Weltführungsmacht aufsteigen ließ. Mit dem Ausgang des Siebenjährigen Kriegs gelang die Ausschaltung Frankreichs als weltpolitischer Rivale, was in den Kriegen gegen das Frankreich der Revolution und Napoleons bestätigt wurde. Wachstum heißt also nicht zuletzt auch Zunahme außenpolitischer Macht. Die britische Hegemonie auf den Weltmeeren und die herausragende Rolle Großbritanniens als Handelsstaat waren kaum voneinander zu trennen.

Wenn wir von Industrieller Revolution sprechen, meinen wir damit die Dynamik des Wandels, die Wirtschaft und Gesellschaft in der zweiten Hälfte des 18. Jahrhunderts erfaßte. Zunächst war der Wandel nur punktuell sichtbar und noch von geringer Auswirkung auf die Wirtschaft insgesamt, was sich auch in den Analysen Adam Smiths oder David Ricardos Ende des 18. bzw. Anfang des 19. Jahrhunderts niederschlägt, wo keineswegs von umstürzenden Strukturveränderungen gesprochen wird. Doch seit den dreißiger Jahren des 19. Jahrhunderts war von revolutionärer Umwälzung die Rede. Hingewiesen sei nur auf Adolphe Blanquis *Histoire de l'économie politique* (1837), wo der Begriff der Industriellen Revolution gebraucht wird, oder auf Friedrich Engels, der in seiner *Lage der arbeitenden Klasse in England* (1845) durch die Mechanisierung der Produktion eine „industrielle Revolution" in Gang gesetzt sah, eine „Revolution, die zugleich die ganze bürgerliche Gesellschaft umwandelte und deren weltgeschichtliche Bedeutung erst jetzt anfängt erkannt zu werden. England ist der klassische Boden dieser Umwälzung".

Der Umbruch zur Moderne wird allgemein mit dem Begriff der Revolution belegt, einer politisch-ökonomischen Doppelrevolution, die die relative Statik der alteuropäischen Strukturen seit dem ausgehenden 18. Jahrhundert auflöste. Sowohl auf der politischen Ebene (Amerikanische Revolution, Französische Revolution) als auch auf der sozial-ökonomischen Ebene (Industrielle Revolution) hat sich dieser Vorgang abgespielt. Er war kein in sich abgeschlossener epochaler Umbruch, der innerhalb einer begrenzten Zeit neue dauerhafte Strukturen hervorbrachte. Revolution bezeichnet vielmehr den Beginn einer nicht zur Ruhe kommenden Dynamik. „Seitdem sich die Französische Revolution in immer neuen Wellen ausbreitete, und seitdem auch die Industrialisierung und der soziale Bereich unter den Begriff einer Revolution gefaßt werden, ändert sich das zeitliche Spektrum des alten Ausdrucks. Der Begriff wird insgesamt verzeitlicht, so daß Jacob Burckhardt die Französische Revolution selbst als die erste Periode unseres jetzigen revolutionären Weltalters definieren konnte. Die Revolution erfaßt – ähnlich der Krise – seit Anfang des neunzehnten Jahrhunderts immer mehr den anhaltenden Prozeß ständiger Veränderung ...“ (R. Koselleck)

Daß wirtschaftliche und gesellschaftliche Modernität zuerst in England entstand, wirft die Frage nach den Voraussetzungen auf, die dafür in diesem Land gegeben waren. Bei der Suche nach den vorindustriellen Ausgangslagen, die die Formierung der Moderne vielleicht günstig beeinflußt haben könnten, hat sich deutlich ergeben, daß der Revolutionsbegriff nicht nur nach hinten keinen zeitlichen Abschluß aufweist, sondern auch eine lange Vorgeschichte impliziert. Ihre Erforschung hat eine wahre Inflation von kleineren Revolutionen zutage gefördert. Sie alle sollen zum Ausdruck bringen, daß wir zwar den Begriff der Industriellen Revolution als eine Chiffre für den Beginn der Moderne benutzen, zugleich aber im Auge behalten müssen, daß es sich bei der Industriellen Revolution nicht um ein plötzliches Abheben und einen überraschenden Aufwärtsknick in der wirtschaftlichen Wachstumskurve gehandelt hat, sondern um einen Prozeß, der auf vorhandenen Strukturen aufbaute und in Etappen verlief.

In diesem Sinn spricht man von Revolutionen, die vorindustriellen Ursprungs waren und zu den unverzichtbaren Bedingungsfaktoren industriewirtschaftlicher Entwicklung gehörten, bevor sie sich mit der Industriellen Revolution verbanden und von dorther wiederum beeinflußt wurden. Zu diesen Revolutionen – immer verstanden im Sinn von Strukturwandel längerer Dauer, aber eben mit umstürzenden Konsequenzen – zählten vor allem die demographische Revolution, die Bevölkerungsvermehrung und Wanderungsbewegungen ungekannten Ausmaßes mit sich brachte; die

Agrarrevolution, die die Produktivität der Landwirtschaft hochschnellen ließ; und die Revolution im Außenhandel, die das Außenhandelsvolumen beträchtlich steigerte. Marktausweitung bedeutete nicht zuletzt auch Ausweitung des Binnenmarkts, was wiederum mit erheblichen Verbesserungen im Transportwesen verbunden war. Die durchgreifenden Veränderungen im Transport- und Verkehrssystem seit der Mitte des 18. Jahrhunderts machen auf exemplarische Weise deutlich, wie die hier zur Debatte stehenden Umwälzungen vorindustriellen Ursprungs waren (Straßenbau, Kanalbau), bevor sie Bestandteil der Industrialisierung wurden (Eisenbahnbau).

Hans-Ulrich Wehler
Modernisierungshemmnisse

Fragt man genauer nach den Determinanten der ökonomischen Schwierigkeiten, die einer schnelleren Rezeption und Diffusion der ökonomisch-technologischen Innovationen auch noch im ersten Drittel des 19. Jahrhunderts in Deutschland entgegenstanden, trifft man vor allem auf drei Problemfelder:

1. Die erste Transmission von Innovationen erfolgte oft in erstaunlich knappem zeitlichen Abstand: Drei Jahre nach der Errichtung von Watts Dampfmaschine, elf Jahre nach der Erfindung von Arkwrights Spinnmaschine wurden solche Maschinen auch in deutschen Betrieben eingeführt. Aber sie fanden danach nur eine schwache Verbreitung, d. h. die breitenwirksame Diffusion von grundlegenden Prozeß- und Produktionsinnovationen verzögerte sich vergleichsweise lange – bis hin zu einer Zeitspanne von dreißig Jahren beim Kokshochofenverfahren. Warum?

Die monopolistische Marktpolitik der Technologiebesitzer, ob zuerst in England oder dann auch in Deutschland, hielt das Angebot jahrzehntelang knapp. Der englische Qualitätsvorsprung war seit dem späten 18. Jahrhundert wohlbekannt, nach 1815 eine jedermann geläufige Tatsache, aber die Nachfrage wurde durch Rechtsvorschriften, „zufallsbedingte Suchprozesse und relativ hohe Informationskosten behindert". Die Strategie der „Ermittlung, Prüfung und Auswahl" geeigneter Produktionsgüter, die Form der Übertragung und Nachahmung, die Gewinnung und Weitervermittlung eigenen Sachwissens trafen ringsum auf beträchtliche Hindernisse. Zuerst spielten persönliche Kontakte eine vorrangige Rolle. Unternehmer, Mechaniker, Beamte im Regierungsauftrag besuchten englische Industriebetriebe, denen die Geheimhaltung ihrer Innovationen selten für längere Zeit gelang. Aber es erwies sich als außerordentlich schwierig. Maschinen aus dem Gedächtnis oder nach erlisteten Blaupausen zu bauen. Die Fähigkeit zur Nachkonstruktion mußte ebenso wie das qualitativ geeignete Material erst entwickelt werden. Gleichzeitig wurde der personelle Transfer von englischen Meistern, Technikern, Facharbeitern, die Maschinen bauen und deutsche Arbeitskräfte ausbilden konnten, mit hohen materiellen Prämien nachdrücklich betrieben. Obwohl die englischen Behörden dieser Abwerbung ein Auswanderungsverbot für Fachkräfte und hohe Strafen entgegensetzten, waren doch Tausende von solchen „echten Fremdenlegionären der Industrialisierung" in Westeuropa tätig. Angeblich soll ihre Zahl allein in Frankreich um 1848 mehr als 15000 Mann betragen haben; auch aus der Geschichte zahlreicher deutscher frühindustrieller Unternehmen ist die strategische Rolle englischer Handwerker, Ingenieure und Geschäftsleute bekannt. Umgekehrt verbrachten vor allem seit den 1820er/30er Jahren Tausende von Deutschen ihre Lehrjahre in England; allein in London soll die deutsche Kolonie während des Vormärz schon 40000 Menschen gezählt haben.

Trotz des (bis 1843 gültigen) englischen Exportverbots für die meisten Maschinen wurde ihr Import mit allen Mitteln, auch des Schmuggels und der Werkspionage, des Kaufs und Diebstahls von Bauzeichnungen, betrieben; reguläre Importe wurden durch Niedrigzölle begünstigt. Solange wie möglich suchten dann wiederum die deutschen Produzenten ihre Kenntnisse geheimzuhalten. Von den Behörden wurden sie dabei durch Monopolkonzessionen unterstützt, zumal zuerst ein Patentschutz ganz fehlte – in Preußen wurde er erst seit 1815, fast zweihundert Jahre nach England, eingeführt – oder relativ unwirksam blieb.

2. Selbstverständlich hing auch in Deutschland die Nachfrage nach Industriegütern nicht nur von der Produktionsfähigkeit, d.h. von der technischen Ausrüstung, den Fachkräften, dem Kapitaleinsatz usw., sondern in entscheidendem Maße auch von der Markt-

entwicklung ab. Marktlage und daran orientiertes Gewinnkalkül beeinflußten die Übernahme teurer Innovationen und wirkten sich geraume Zeit auf die Rezeption und Diffusion nachteilig aus. Denn auch nach 1815 bewegte sich die inländische Nachfrage nach Investitionsgütern zunächst in engen Grenzen, zumal Importe preiswert angeboten wurden. Die Märkte blieben häufig eng, lokal zersplittert, halb-autark; sie verbanden erst seit den 1830er/40er Jahren attraktive Größe mit konstantem Nachfrageanstieg, so daß eine risikoschwächere Vorauskalkulation, Kapitalanlage und Produktion möglich wurden. Der größte Sektor, die Landwirtschaft, fragte bis zur Jahrhundertmitte nur wenige deutsche industrielle Güter nach, sondern verließ sich auf die billige englische Einfuhr; die private Nachfrage blieb klein, die Preis- und Einkommenselastizität gering – in den 1840er Jahren lag das englische Pro-Kopf-Einkommen dreimal so hoch wie deutsche Durchschnittswerte. Nur preiswerte Textilien für die wachsende Konsumentenzahl ließen eine mechanisierte Produktion frühzeitig lukrativer erscheinen. Staatsgrenzen und Binnenzölle, Abgaben und Zunftvorschriften, mithin zahlreiche, trotz der Reformgesetze fortbestehende „Markteintrittsbarrieren" erschwerten das Wachstum. Dieser Marktlage entsprach eine schwache, erst allmählich wachsende Nachfrage. Vom Exportgeschäft, das auf überlegene Konkurrenz traf, ging meistens noch kein hoher Anreiz aus. Erst unter dem Druck zur Effizienzsteigerung, wie er sich seit den späten 30er Jahren auswirkte, nahm die Bereitschaft zum Transfer oder zur Imitation der fortgeschrittenen Technologie folgerichtig zu.

3. Nicht zuletzt hing die Technologieverbreitung auch von der Wettbewerbsintensität in den verschiedenen Industriebranchen ab. Eine ungleich schärfere Konkurrenz als in Produktionszweigen, die nur für den Binnenmarkt arbeiteten, herrschte im Exportgeschäft. Dort sah sich z.B. die deutsche Textilausfuhr, an erster Stelle das Leinen, einer starken Substitutionskonkurrenz durch die Baumwollwaren ausgesetzt. Die protoindustriellen Verleger reagierten auf Kosten der Heimgewerbefamilien mit harten Lohnsenkungen, so daß sie auf der halben Höhe englischer Löhne noch eine Zeitlang wettbewerbsfähig blieben. Andere Produzenten begegneten dem Problem mit Spezialisierung (Krefelder Samt und Seide, Wuppertaler Bandwaren). Eine Minderheit ging zu eigenen Baumwollfabriken über, und wenn sich auch die Einführung von Dampfma-

schinen anstelle des billigsten Energieträgers, der Wasserkraft, und die Mechanisierung der Produktion nur langsam vollzogen, gelang doch durch die Imitation der englischen Textilfabriken über kurz oder lang der Anschluß an deren Erzeugungsniveau am besten. Bei der Eisenherstellung dagegen handelte es sich um eine „völlig binnenmarktorientierte Produktion", welche nur einen geringen Importdruck spürte; vor allem deshalb wurden die Hochöfen mit der altertümlichen, aber billigen Holzkohle anstatt mit dem leistungsfähigeren, aber gar nicht oder nur teuer erwerbbaren Koks beschickt. Erst der vom Eisenbahnbau erzwungene gewaltige Eisenimport führte hier einen radikalen Wandel mit dem Übergang zu den modernsten technologischen Verfahren herbei. Der Maschinenbau wiederum stand unter dem starken Importdruck der überlegenen Engländer. Die seit der Mitte der 1830er, insbesondere in den 1840er Jahren entstehenden deutschen Maschinenbauanstalten gingen daher frühzeitig zu einer modernen Ausrüstung über und nutzten alle Chancen einer Kostendegression erfolgreich aus. Vergegenwärtigt man sich die allgemeinen Hemmnisse und die zuletzt erörterten Schwierigkeiten, versteht man besser, gegen welche Widerstände die deutsche Frühindustrialisierung zu kämpfen hatte, warum auch nach der Kriegsepoche ihr Wachstum noch rd. 25 Jahre lang auch innerhalb der führenden Regionen in eher schleppendem Tempo verlief.

Michael Mitterauer (Hg.)

Erzbischof Firmians Bericht an Kaiser Franz I. über die Freiheit der Fabrikarbeiter [1826]

Spuren sittlicher Verschlimmerung bey dem Landvolke mögen wohl von vielen Ursachen herkommen, unter welchen die stattgehabten langwierigen Kriege gewiß nicht den letzten Platz einnehmen. Wohin auch fremde Truppen nicht eingedrungen und zum Verfalle der Sitten mächtig eingewirkt haben, dahin hat doch die mittelbare Berührung ihren Einfluß nach und nach nicht verfehlt. Aber es gibt noch andere Ursachen, die insbesondere in den 3 Dekanaten, von welchen hier die Rede ist, noch immer fortwirken.

Darunter gehört vorzüglich:

1) Das Fabrikswesen.

Die besagten 3 Dekanate sind von Fabriken voll. Das in den Gebirgen entstehende und sich sammelnde Wasser, welches in den langen Thälern immer gleich fortströmt, macht sie dazu ganz besonders geeignet. Unter den Fabriken sind besonders jene der öffentlichen Sittlichkeit sehr nachtheilig, die nicht nur Männer und Weiber, sondern Jünglinge, Mädchen und Kinder beschäftigen.

Die Aeltern schicken ihre Kinder gerne, und zwar schon mit 7 oder 8 Jahren in die Fabriken, weil sie sich darin schon etwas verdienen, und ihre Erhaltung erleichtern, ja oft mit ihrem wöchentlichen Lohn den Aeltern selbst zu Hülfe kommen. Aber damit hört auch die Erziehung solcher Kinder schon dort auf, wo sie erst beginnen soll. Die Kinder sind den ganzen Tag über unter fremden Menschen, sehen und hören da Dinge, die gewiß nicht geeignet sind, sie zu Menschen und zu Christen zu bilden. Sie lernen gering scheinende Fehler begehen, die aber, weil sie ungeahndet mit aufwachsen, leicht zu großen Verbrechen werden können. Zwar haben einige große Fabriken eigene Erziehungsanstalten angelegt. Sie haben eigene Schulen für ihre Fabrikskinder eröffnet, und sie einer allgemeinen Aufsicht und einer gemeinschaftlichen Erziehung unterzogen. Dieß ist allerdings sehr lobenswürdig, und verdient alle Aufmunterung von Seite des Staates, weil doch dadurch die Uebeln weniger werden, und ich muß in dieser Hinsicht die 3 in den visitierten Distrikten gelegenen größeren Fabriken, namentlich die in Schönau, Solenau und in Teesdorf, ohne Präjudiz für andere, die ich noch nicht gesehen habe, selbst anrühmen, weil sie ihre Arbeitskinder zum Lernen fleißig angehalten, und sie wenigstens unter eine Aufsicht stellen.

Aber ich muß zugleich bemerken, daß in solchen Anstalten nur solche Kinder aufgenommen werden, die von der Ferne herbey kommen, und sich förmlich in die Lehre geben. Kinder aus der Nachbarschaft hingegen erscheinen nur in den Arbeitsstunden in Fabriken, leben aber übrigens bey und mit ihren Aeltern. Übrigens haben auch die Fabriks„Erziehungs"Kinder immer den freysinnigen Wandel der Erwachsenen vor Augen, und freuen sich schon in der frühen Jugend der Aufsicht auf einen künftig gleichen Freiheitsgenuß.

Denn es ist nicht bloß die sichere oft ergiebige wöchentliche Löhnung, welche die Erwachsenen so zahlreich in die Fabrik lockt, sondern ganz vorzüglich der den Wünschen der Jugend so zusagende Vortheil, daß sie nach vollendeter Arbeit des Tags, und dann den ganzen Sonn- und Feyertag für sich so frey haben, daß sie sich an denselben nach Lust unterhalten können, und Niemand mit ihnen zu befehlen hat, während andere Dienstleute, Knechte und Mägde auch am täglichen Abend, und an Sonn- und Feiertagen häusliche Arbeiten verrichten, und unter der Aufsicht ihrer Dienstgeber stehen müssen. Darum wird auch jene Freyheit von allen Fabriksarbeitern hoch angeschlagen, und nach Herzenslust genossen. Daher ist auch in den Oertern, denen große Fabriken nahe sind, kaum ein Dienstbothe zu erhalten. Wenn man ihm nicht dieselben Freyheiten zuläßt, zieht er die Fabriksarbeit gewiß jedem häuslichen Dienste vor, und selbst Aeltern können ihre erwachsenen Kinder nicht leicht in der Ordnung erhalten, weil die Kinder ihrer Aeltern leicht entbehren, und sich ihrer Zucht, wenn sie eine solche handhaben wollten, ganz entziehen könnten.

Gordon A. Craig

Der Griechische Freiheitskampf und das europäische Gleichgewicht der Mächte

Die blutigen Ereignisse in Griechenland während der 1820er Jahre kennzeichneten den Beginn einer langen Kette von Unruhen auf dem Balkan und im Nahen Osten. Sie ergaben sich zwangsläufig aus dem inneren Zerfall des Osmanischen Reiches. Zu Beginn des 19. Jahrhunderts erstreckte sich dieses Reich noch von Kleinasien über Ägypten, an der Südküste des Mittelmeers entlang, bis nach Tunis und Algerien und im Nordwesten über die Dardanellen bis zu den südlichen Grenzen des Österreichischen und des Russischen Reiches. In Europa allein behaupteten die Türken ihre Macht noch über ein Gebiet von ca. 238000 Quadratmeilen mit etwa acht Millionen, zumeist christlichen Einwohnern. Doch in vielen Teilen dieses großen Reiches besaß der Sultan keine wirkliche Autorität mehr, sondern nur noch eine nominelle.

Dies war einer der wesentlichen Gründe für die nun in den europäischen Provinzen des Sultans einsetzenden Schwierigkeiten.

Bei einer funktionstüchtigeren türkischen Verwaltung hätten die christlichen Untertanen jener Provinzen wenig Grund zur Klage gehabt. Rechtlich stand ihnen die freie Religionsausübung und die Kindererziehung ohne staatliche Einmischung zu. Sie übten ein nicht unwesentliches Maß an Selbstverwaltung aus und waren vom Militärdienst befreit. Aber mit dem Verfall des Reichssystems schwand selbst der Anschein einer Verbesserung der wirtschaftlichen Situation; und das machte die unterworfenen Völker widerspenstig und bestärkte sie in ihrer Auflehnung gegen die zahlreichen diskriminierenden Steuern. Noch schlimmer waren die Belästigungen der unterworfenen Völker durch die Provinzgouverneure oder Garnisonstruppen – die gefürchteten, aber immer undisziplinierter werdenden Janitscharen –, deren Offiziere Sonderabgaben erpreßten oder zu sinnlosen Brutalitätsausbrüchen gegenüber Christen und Juden neigten, seitdem die Regierung in Konstantinopel sie nicht mehr recht unter Kontrolle halten konnte.

Der Anlaß für den ersten Aufstand der Christen auf dem Balkan im Jahre 1804 war der Unmut über das Verhalten der Janitscharengarnison in Belgrad. Die serbischen Bauern erhoben sich unter Kara (Schwarz) George und vertrieben ihre Unterdrücker. Die Türken schlugen zurück, und im Jahre 1813 gelang es ihnen, Kara George zu verbannen und die Ordnung wiederherzustellen. Doch zwei Jahre später wurde der Kampf unter Führung von Milos Obrenowitsch wiederaufgenommen, und die Serben erlangten innerhalb von zwei Jahren ihre Freiheit.

Der griechische Aufstand erwuchs zum Teil wie der der Serben aus der Erbitterung über die Mißwirtschaft türkischer Beamter, doch kam hier noch ein zusätzlicher Faktor ins Spiel. Die führenden Köpfe der revolutionären Bewegung waren Kaufleute von den Ägäischen Inseln und die sogenannten „capitani" – Schiffskommandeure oder Anführer von Räuberbanden aus den Bergen des Peloponnes. Während der Französischen Revolution waren sie aufgrund ihrer Tätigkeit im Transporthandel mit französischen Ideen in Berührung gekommen und durch sie tiefgreifend beeinflußt worden.

Für die Großmächte war der Aufstand nicht nur wegen der Bedrohung des allgemeinen Friedens von Interesse, sondern auch deswegen, weil alle mit Ausnahme Preußens wirtschaftliche und politische Interessen im Nahen Osten verfolgten. Für die meisten von ihnen war die Lage in Griechenland jedoch so kompliziert, daß sie zögerten, einen festen Standpunkt einzunehmen, und schließlich ergriffen die Briten die Initiative. George Canning verkündete im März 1823 die britische Anerkennung des Kriegszustands in Griechenland. Canning befürchtete, daß die Russen den Griechen früher oder später zur Hilfe kommen müßten und daß ein Alleingang Rußlands die Überführung Griechenlands in einen russischen Satellitenstaat und die Auflösung des Türkischen Reiches zur Folge haben könnte. Er wollte beiden Möglichkeiten vorbeugen.

Metternich wollte einen russischen Eingriff in Griechenland vermeiden, da er Rußlands Einfluß auf dem Balkan verstärken und damit das Gleichgewicht der Mächte verändern würde. Überdies, so erklärte er dem Zaren, würde Rußlands Hilfe an Griechenland einen Verrat an der Heiligen Allianz bedeuten und die Sicherheit aller Monarchien gefährden, denn – was immer man vom Sultan hielt – er war ein legitimer Herrscher, während die Griechen unbestreitbar Rebellen waren. Dieses Argument hielt Alexander zurück, hatte aber nur geringe Wirkung auf Nikolaus, der den Thron im Dezember 1825 bestieg. Zu diesem Zeitpunkt war zu erwarten, daß die starke ägyptisch-türkische Armee unter Ibrahim Pascha, die im Februar 1825 auf dem Peloponnes gelandet war, den Aufstand niederwerfen würde; und dies erregte die öffentliche Meinung in Rußland, die aus religiösen und anderen Gründen progriechisch war. Trotz der Einwände Metternichs gab Nikolaus allmählich der Volksstimmung nach, löste sich vorübergehend von der Heiligen Allianz und schloß sich der britischen Aufforderung an den Sultan an, den Griechen die Autonomie zu gewähren. Als dieser ablehnte, ging Nikolaus mit Britannien und Frankreich eine Allianz ein (6. Juli 1827), deren erklärtes Ziel die Sicherstellung der griechischen Unabhängigkeit war. Der darauf folgende Krieg zog sich über zwei Jahre hin. Französische Truppen befreiten den Peloponnes von Ibrahims Streitkräften, während eine russische Armee in Kleinasien einfiel und eine zweite die Gebirge des Balkan überquerte, um sich den Weg nach Adrianopel zu bahnen. Daraufhin ersuchte die türkische Regierung um Frieden.

Die russisch-türkischen Beziehungen wurden durch den Vertrag von Adrianopel vom 14. September 1829 geregelt. Er zwang die Türken zur Aufgabe der Donaumündung, der Abtretung eines Teils der Schwarzmeerküste an Rußland und zur Zahlung einer hohen Entschädigungssumme innerhalb von zehn Jahren. Bis zur vollständigen Zahlung sollten die Donaufürstentümer (das Gebiet des heutigen Rumänien) durch russische Truppen besetzt werden. Rumänien wurde praktisch russisches Protektorat.

Was Griechenland betraf, so verpflichtete der Vertrag die türkische Regierung zur Anerkennung der Entscheidungen einer Gesandtenkonferenz in London, auf der man bereits übereingekommen war, Griechenland versuchsweise die Autonomie zu gewähren. Im Laufe des Jahres 1830 wurde diese in eine völlige Selbständigkeit umgewandelt; doch dem Versuch der Konferenz, die Grenzen des neuen Staates festzulegen, stellten sich die Griechen entgegen. Der Streit zwischen den Beteiligten zog sich hin, bis die Mächte im März 1832 die Landesgrenzen weiter faßten und Prinz Otto von Bayern als ersten König von Griechenland wählten. Die Befreiung Griechenlands bedeutete die erste wesentliche Veränderung auf der Landkarte Europas seit dem Wiener Kongreß.

Was die Beziehungen der Großmächte untereinander anbelangte, so hatte der lange Streit in Griechenland die Heilige Allianz einer erheblichen Belastung ausgesetzt. Die Stärkung der russischen Macht in Osteuropa infolge des Vertrags von Adrianopel erregte nun Befürchtungen in Wien wie in London und gab Anlaß zu besorgten Spekulationen über ihre Auswirkungen auf das Gleichgewicht der Mächte.

Barbara Hahn

„Ein Mann kann nicht denken wie Wir": Rahel Varnhagen und Pauline Wiesel

„Ein *Mann* kann nicht denken wie *Wir*", postulierte Pauline Wiesel in einem Brief aus Paris vom 16. März 1809, doch nirgendwo wird dieser Unterschied substantiell begründet, nie beispielsweise in den zwischen der Natürlichkeit der Frauen und einem Mangel an Natürlichkeit bei den Männern übersetzt. „Wir" – damit sind außerdem nur die beiden Korrespondentinnen gemeint. Sie beide unterscheiden sich von allen anderen durch genau festgelegte Kriterien: „Nur wir beide *auf der Welt!* wißen was Freyheit ist", schreibt Rahel Levin am 16. Juli 1830; „nur wir sind *gleich* bey der Ungleichheit", heißt es am 7. Juli 1831.

Aus der Sicht der Zeitgenossen wurden die Korrespondentinnen anders verortet, und alle waren weit mehr damit beschäftigt, über die Unterschiede zwischen den beiden Frauen nachzudenken als über die von ihnen selbst immer wieder beteuerten Ähnlichkeiten. Genau in dieser Teilung findet der Topos des Unverbildeten und Natürlichen seinen Platz. Exemplarisch beschreibt dies Karl Gustav von Brinckmann im bereits zitierten Brief an Luise von Voß, wo es über Pauline Wiesel heißt: „Ich halte sie nehml. nun für eins der geistreichsten Weiber, die ich kenne, voll Witz, unerschöpflichen Einfällen, in allem eine eigenthümliche Art zu sehen, – ein ganz seltener Takt in Beurtheilung der Menschen. Und dabei hat sie – in dem strengsten Sinn des Worts – *nichts* gelernt; ich glaube nicht, daß sie *Ein* Buch gelesen hat. Dagegeben hat sie viel gesehen; sich in allen Verhältnissen herumgetummelt, hat sich eine ganz eigene Filosofie *erfunden,* u. ich weiß sie bisher mit niemanden zu vergleichen, als mit der kleinen Levy – nur daß diese [...] viel mehr Kultur, Pauline dagegen in Allem mehr weibliche Grazie hat."

Pauline Wiesel – ein denkendes Naturwesen, das nichts gelernt und nichts gelesen hat. Dieses Bild bekommt sofort einen Sprung, denn in der Folge zitiert Brinckmann, daß Pauline Wiesel sich mit der Jungfrau von Orléans vergleicht. Wie kann sie das tun, wie kann sie aus diesem Drama zitieren, wenn sie nie etwas gelesen hat? Pauline Wiesels Geist, ihre „ganz eigene Filosofie" wird daher entsprechend der Semantisierung des Geschlechterverhältnisses um 1800 in einem anderen Feld angesiedelt als der Geist der Männer und deren Philosophie. In dieser Verortung changieren Faszination und Abwehr. Erst vermittelt durch ihre „weibliche Grazie" scheint Pauline Wiesel sich wieder zurück an die Welt der Männer adressieren zu können. Anders Rahel Levin. Im Bild ihrer Freunde hat sie einen durchaus männlichen Geist, der mit dem der Männer korrespondieren kann. Doch indem ihre Intellektualität männlich konnotiert wird, müssen ihr nun umgekehrt weibliche Attribute, vor allem die Grazie, abgesprochen werden. Am 2. Mai 1805 schreibt Karl Gustav von Brinckmann wiederum an Luise von Voß: „Die meisten Jüdinnen verrathen, möchte ich sagen, einen gewissen *Egyptischen Styl,* eine Härte der Umrisse, welche der ganzen Figur etwas unbeholfenes gibt ‚...' Unsere berühmte Levin ist das wahre Musterbild dieses *Egyptischen Styls.*" Dieses „unbeholfene" signalisiert einen Mangel an „Grazie"; Jüdinnen „fehlt, ich möchte sagen, ohne Ausnahme, jener Schmelz einer künstlerischen *Vollendung,* den man bei vorzüglichen Weibern so ungern vermißt." Damit ist das zweite große semantische Feld angesprochen, mit dem um 1800 Unterschiede festgeschrieben werden. Rahel Levin wird als „Jüdin" bezeichnet, insofern sie im dual strukturierten Kategoriensystem der Zeit nicht zu verorten war. Das Neue und Überraschende an ihrem Denken wird als „jüdisch" markierte Fremdheit wahrgenommen und damit gleich wieder stillgestellt.

Im Briefwechsel der beiden Frauen fehlt auch dieses semantische Feld zur Etablierung von Unterschieden völlig. Nie ist Rahel Levin eine „Jüdin", nie schreiben sie sich gegenseitig „weibliche" Qualitäten zu. Gerade deshalb können die beiden Schreiberinnen ihrer überraschend großen Unabhängigkeit des Denkens Raum geben. Sie entfalten ein unlegitimiertes Denken, ein Denken, das sich außerhalb etablierter Wissens- und Überlieferungsformen bewegt und daher auch nur in Briefen seinen Ort finden kann. Hier artikuliert sich ein Typ von Wissen, das sich nicht um Autoritäten und die üblichen Instanzen der Kontrolle des Wissens schert. Frische Gedanken, Gedanken ohne Familie, ein Denken, das nicht altert. Ein Wissen außerhalb der gängigen Institutionen. Pauline Wiesel und Rahel Levin Varnhagen verfolgten gemeinsam ein Projekt, das weder Zeit noch Namen hat und sich der Überlieferung auch gerade deshalb entzieht. Bei dem nicht klar ist, ob eine Zeit kommen wird, die diesen Versuchen, diesen Essays Raum und Zeit wird geben können. So auch könnte der Ausfall von narrativen Strukturen gelesen werden: Als Widerstand gegen Bedeutungen, die immer schon gegeben sind, gegen Bezeichnungen und Begriffe, die keinen Raum für neue und andere Erfahrungen lassen. Ob die Briefe heute gelesen werden können, bleibt abzuwarten.

Gordon A. Craig

„Germania, die blonde Bärenhäuterin":
Heinrich Heine und die Deutschen

Wie sollte man sich mit einem Schriftsteller arrangieren, der in frohgemuter Geringschätzung schreiben konnte, in Europa wohne „ein sehr großer Narr, riesengroß, und er nennt sich deutsches Volk", der sich über deutsche Bestrebungen lustig macht und sich an der Ohnmacht Deutschlands im Vergleich zu anderen Nationen weidete:

> „Franzosen und Russen gehören das Land,
> Das Meer gehört den Briten,
> Wir aber besitzen im Luftreich des Traums
> Die Herrschaft unbestritten" –

und der aus seiner Verachtung für diejenigen, die in Deutschland herrschten, und diejenigen, die sich von ihnen trotz aller gebrochenen Versprechungen brav regieren ließen, keinen Hehl machte? Es war Heines frühen Kritikern ein leichtes, seine frivole Respektlosigkeit dem Umstand zuzuschreiben, daß eine ungesunde Bewunderung für Frankreich ihm den Kopf verdreht hatte, eine Bewunderung, zu der er sich in seinen Schriften, angefangen mit seinem Prosa-Meisterwerk *Ideen: Buch le Grand,* ebenso offen bekannte wie zu seiner Fasziniertheit von Paris, der Stadt, die er 1831 zu seinem ständigen Wohnsitz erkor. Heine lieferte seinen Feinden in dieser Beziehung alle Munition, die sie benötigten; so verkündete er 1828:

„... die Freiheit ist eine neue Religion, die Religion unserer Zeit. ... Die Franzosen sind aber das auserlesene Volk der neuen Religion, in ihrer Sprache sind die ersten Evangelien und Dogmen verzeichnet, Paris ist das neue Jerusalem, und der Rhein ist der Jordan, der das geweihte Land der Freiheit trennt von dem Lande der Philister."

Daß Heine sich gleichwohl nicht ganz freiwillig für sein fast lebenslanges Exil entschieden hatte, geriet darüber in Vergessenheit. Er entschloß sich dazu, nachdem seine Hoffnungen, sich entweder in Berlin oder in München eine staatliche oder akademische Anstellung sichern zu können, geplatzt waren, wohl wissend, daß er, obschon bereits ein berühmter Mann, keine Aussicht hatte, von seiner Schriftstellerei leben zu können; dazu waren seine politischen Ansichten zu fortschrittlich und die Zustände und Denkweisen in Deutschland zu vernagelt. Auch wenn sein Weggang nicht unmittelbar unter dem Druck Metternichscher Verfolgung geschah, kam eine Rückkehr in sein Heimatland von dem Augenblick an praktisch nicht mehr in Frage, als der Bundestag auf Drängen Metternichs 1835 die Erlasse verabschiedete, die die Verbreitung der Bücher Heines unterbanden. Metternich war von der Heineschen Lyrik angetan, und es heißt, das *Buch der Lieder* habe bei ihm reichlich Tränen fließen lassen; gleichwohl habe er das Verbot von 1835 für notwendig gehalten, um „das politische Gebäude des Staates" aufrechtzuerhalten; und das bedeutete, daß Heine nicht in der Lage gewesen wäre, in Deutschland seinen Lebensunterhalt zu verdienen, ohne seine politischen Grundsätze zu opfern und seinen literarischen Stil zu ändern.

Nichts von alledem kümmerte seine Gegner, die vielmehr größtmögliches Kapital aus der Tatsache schlugen, daß der Dichter, um in Paris überleben zu können, eine Pension vom französischen Staat akzeptiert hatte. Sie warfen ihm vor, er arbeite gegen das nationale Interesse Deutschlands, und verbreiteten das Gerücht, er habe die französische Staatsbürgerschaft erworben, eine Verleumdung, gegen die er sich empört verwahrte:

„Die Ehe, welche ich mit unserer lieben Frau Germania, der blonden Bärenhäuterin, geführt, war nie eine glückliche gewesen. Ich erinnere mich wohl noch einiger schöner Mondscheinnächte, wo sie mich zärtlich preßte an ihren großen Busen mit den tugendhaften Zitzen – doch diese sentimentalen Nächte lassen sich zählen, und gegen Morgen trat immer eine verdrießlich gähnende Kühle ein und begann das Keifen ohne Ende. Auch lebten wir zuletzt getrennt von Tisch und Bett. Aber bis zu einer eigentlichen Scheidung sollte es nicht kommen. ... der Steinmetz, der unsere letzte Schlafstätte mit einer Inschrift zu verzieren hat, soll keine Einrede zu gewärtigen haben, wenn er dort eingräbt die Worte: Hier ruht ein deutscher Dichter."

Dazu kam natürlich die Tatsache, daß Heine Jude war – in den Augen seiner Kritiker die Erklärung für alles, was sie an ihm nicht mochten. Bei den Historikern des deutschen Antisemitismus liest man, den antijüdischen Ressentiments habe bis ins späte 19. Jahrhundert nichts Rassistisches angehaftet, und nur Juden, die es ablehnten, sich taufen zu lassen, seien stigmatisiert worden. Liest man nach, was in den 1830er und 1840er Jahren über Heinrich Heine geschrieben wurde, so fällt es schwer, sich dieser These anzuschließen.

Gottfried Niedhart

Pax Britannica

Die wirtschaftliche Dynamik Großbritanniens und der vergleichsweise friedliche Wandel seines politisch-sozialen Systems seit Beginn des 19. Jahrhunderts sind nicht nur im innerbritischen Zusammenhang zu sehen, sondern auch in Verbindung mit der Außenpolitik und der Stellung Großbritanniens in der Weltpolitik. Innere Entwicklung und außenpolitisches Konfliktverhalten waren eng verzahnt. Exportinteressen verlangten nach Märkten. Produktionsanlagen waren auf Zufuhr von Rohstoffen angewiesen. Beides war für wirtschaftliches Wachstum unentbehrlich und erforderte einen Zustand der internationalen Politik, der den Güterstrom nicht behinderte. Wirtschaftliches Wachstum wiederum war fraglos ein Faktor, der die gesellschaftliche Integration und die Reformfähigkeit der staatlichen Institutionen günstig beeinflußte. Eine möglichst geringe Belastung der Gesellschaft durch Rüstung oder gar Krieg war wünschenswert im Interesse wirtschaftlicher Entfaltung und inneren Friedens. Kurz: Es bestand eine Wechselwirkung zwischen der Konsolidierung der Industriellen Revolution, der inneren Befriedung im Übergang zur Industriegesellschaft und der Politik der Friedenswahrung nach außen.

Friedenswahrung war ein nationales britisches Interesse, weil außenpolitische Ruhe die günstigste Rahmenbedingung für graduelle Reformen und weltweite wirtschaftliche Expansion war. Kriege waren allenfalls als begrenzte Eingriffe zur Korrektur von Rahmenbedingungen denkbar, prinzipiell aber widersprachen sie im 19. Jahrhundert der Rationalität britischer Interessendefinition. Wurde militärische Gewalt eingesetzt oder angedroht, dann diente dies der

Offenhaltung von Märkten, der Sicherung imperialer Verbindungslinien oder dem Schutz der britischen Inseln selbst. Wenn Außenminister Lord Castlereagh nach dem Wiener Kongreß erklärte, der „Weltfriede" sei das „einzige Ziel" britischer Politik, so läßt sich daran ablesen, daß in seinen Augen Großbritannien saturiert war, also die wesentlichen Kriterien erfüllt waren, die für eine Politik der Friedenswahrung unverzichtbar erschienen: freier Zugang zu Märkten und Rohstoffen, Sicherheit für das britische Mutterland und ungehinderter Zugang zu seinen überseeischen Besitzungen. Der Wunsch nach Friedenswahrung diente der Bewahrung einer internationalen Ordnung, die spezifischen Interessen Großbritanniens entgegenkam. Denn diese Ordnung war eine Pax Britannica, weil sie Großbritannien eine unangefochtene Führungsrolle auf den Weltmeeren bescherte, bei gleichzeitiger Zähmung Frankreichs, seines weltpolitischen Rivalen, und gegenseitiger Blockierung der kontinentaleuropäischen Mächte in einem System des Gleichgewichts. Bevor dieser Zustand erreicht war, befand sich Großbritannien durchaus häufig im Krieg, und zwar 1739–1748 (Krieg gegen Spanien, Österreichischer Erbfolgekrieg), 1756–1763 (Siebenjähriger Krieg), 1776–1783 (Amerikanischer Unabhängigkeitskrieg), 1793–1815 (Kriege gegen das Frankreich der Revolution und Napoleons, Krieg gegen die USA). Erst nachdem diese Kriege zu einer für Großbritannien günstigen weltpolitischen Lage geführt hatten, galt Friedenswahrung als verbindliches Ziel. Vom Krimkrieg abgesehen führte Großbritannien bis zum Ersten Weltkrieg keinen Krieg mehr mit einer Großmacht. Friedenswahrung meinte Vermeidung von Kriegen mit Großmächten. Kleinere und lokal begrenzte Kriege und militärische Einsätze in Kolonialgebieten blieben davon unberührt. Im Laufe der Regierungszeit Königin Viktorias (1837–1901) fanden über 200 solcher Aktionen und „kleinere Kriege" statt.

Die britische Entwicklung des 19. Jahrhunderts stand bis zu den achtziger Jahren unter dem Vorzeichen eines doppelten Vorsprungs: des technischen und wirtschaftlichen Vorsprungs, den die erste Industriemacht der Weltgeschichte errungen hatte, und einer damit zusammenhängenden machtpolitischen Überlegenheit in der internationalen Politik. „Werkstatt der Welt" zu sein und in der Weltpolitik eine Pax Britannica durchsetzen zu können waren zwei untrennbar miteinander verquickte Erscheinungsformen einer Superiorität, die die britische Weltsicht prägte, eine spezifische Mentalität hervorbrachte und britische Politik formte. Grundlegend für jegliche außen- und sicherheitspolitische Planung war die maritime Überlegenheit Großbritanniens. Die Siege Nelsons über Napoleons Flotteneinheiten 1798 bei Aboukir in Ägypten und 1805 in der Seeschlacht von Trafalgar warfen Frankreich auf den Status einer Landmacht zurück, nahmen Napoleon den weltpolitischen Handlungsspielraum und beendeten die britische Furcht vor einer Invasion. Daneben sind die Angriffe auf Kopenhagen und die dänische Flotte 1801 und 1807 nicht zu vergessen, die die Seemacht Dänemarks vernichteten. Dadurch sicherte sich Großbritannien den freien Zugang zum Ostseeraum, von wo lebenswichtige und unverzichtbare Schiffsbaumaterialien bezogen wurden. Die britische Seeüberlegenheit führte zur Inbesitznahme verschiedener Stützpunkte und Protektorate (Helgoland, Malta, Ionische Inseln, Kap der Guten Hoffnung, Mauritius, Ceylon, St. Lucia, Trinidad und Tobago), die die handelswichtigen Verbindungslinien ins Mittelmeer und zur Levante, nach Indien und Ostasien sowie nach Mittel- und Südamerika strategisch sicherten. Völkerrechtlich und machtpolitisch von Bedeutung war, daß Großbritanniens hegemoniale Seemachtstellung auf dem Wiener Kongreß gänzlich ausgeklammert blieb. Sie wurde als Faktum stillschweigend anerkannt. Castlereagh wollte sich lieber von den Friedensverhandlungen zurückziehen, als irgendwelche maritimen Zugeständnisse zu machen.

Andererseits waren Weltpolitik und Europapolitik nicht zu trennen. Großbritannien durfte nie auf Mitwirkung bei den kontinentaleuropäischen Angelegenheiten verzichten. Denn maritime Hegemonie war nur möglich und sinnvoll, wenn es keinen übermächtigen kontinentaleuropäischen Herausforderer gab, der, wie es Napoleon versucht hatte, den für Großbritannien aus wirtschafts- und sicherheitspolitischen Gründen wichtigen Kontinent sperren und dann auch die britische Seemacht angreifen konnte. Vom Beginn der britischen Weltmachtstellung bis zu ihrem Ende nach dem Zweiten Weltkrieg hatte dieses Grundprinzip Geltung.

Thomas Nipperdey

Der Eisenbahnbau als Motor der Wirtschaft

Vermutlich der wichtigste Treib- und Leitsektor für die Industrialisierung war der Eisenbahnsektor [...].

In England war die Eisenbahn aufgrund einer gewaltigen Nachfrage nach Transportmöglichkeit entwickelt worden, in Deutschland hat sie ein solches Bedürfnis eigentlich erst geschaffen. Unternehmer – wie Harkort und Camphausen – haben (1830, 1833) Bahnbauten propagiert, dann der gerade aus den USA zurückgekehrte Friedrich List (,Über ein sächsisches Eisenbahnsystem als Grundlage eines allgemeinen deutschen Eisenbahnsystems und besonders über die Anlegung einer Eisenbahn von Leipzig nach Dresden', 1833). List hat die ökonomischen Vorteile des billigen, schnellen und regelmäßigen Massentransportes – Arbeitsteilung, Standortwahl, erhöhter Absatz – dargelegt und ein neues praktisches Modell angeregt: Werbung im Publikum, Versammlung und Wahl eines Komitees, das Kosten- und Rentabilitätsrechnungen erarbeiten und mit der Regierung über Konzessionen oder Zinsgarantien verhandeln soll, Gründung einer Gesellschaft und Auflegung von Aktien zur Subskription. So verfuhr man fast überall. 1834 war zwischen Nürnberg und Fürth unter günstigen geographischen und ökonomischen Bedingungen die erste 6 km lange Eisenbahn eröffnet worden ; nachts fuhr man noch – in Rücksicht auf Eisenbahnfeinde, die „Grünen" von damals – mit Pferden. 1839 wurde die 1837 begonnene Strecke Leipzig–Dresden mit dem ersten deutschen Eisenbahntunnel fertig, 1838 Berlin–Potsdam, 1841 Berlin–Anhalt, 1842 Berlin–Stettin. 1836 begann unter Führung der Wiener Rothschilds der Bau der österreichischen Nordbahn, von Wien nach Brünn zunächst; später wurde sie durch die Südbahn nach Triest – die Durchquerung der Alpen brachte die großen technischen Fortschritte – ergänzt. Im Westen hat Camphausen 1837, bald mit Mevissen und Hansemann, die Bahn von Köln über Aachen nach Antwerpen begonnen; 1847 war die Linie Köln–Minden (Hannover–Berlin), 1843 die Linie Elberfeld–Dortmund fertig, im Süden 1839 die Bahn München–Augsburg, seit 1838 die Oberrheinbahn von Mannheim nach Basel. 1840 gab es im späteren Reich 468 km Eisenbahn, 1850 5859, in Österreich

1841 473 km, hingegen 1850 erst 1357. Das preußische Netz wuchs in den 40er Jahren um 20% per Jahr, das Anlagekapital, d. h. der Wert des Kapitalstocks zu Anschaffungspreisen, von 23,03 Millionen Mark 1840 auf 435,79 Millionen Mark 1849, im späteren Deutschland von 58,8 auf 850,5 Millionen Mark. Die beschleunigte Expansion läßt sich an der durchschnittlichen jährlichen Wachstumsrate der Leistungen der deutschen Eisenbahnen ersehen, die zwischen 1841–1849 bei den Tonnenkilometern 65,5% und bei den Personenkilometern 31,0 betrug (1850: 302,7 Millionen Tonnen Fracht und 6,5 Millionen Passagiere in Österreich).

Die Mehrzahl der Bahnen waren Privatbahnen auf Aktienbasis. Immerhin, der Staat gab Konzessionen und konnte dabei auf die Linienführung Einfluß nehmen; bei der staatlichen Oberrheinbahn wurden z. B. die oppositionellen Städte Mannheim und Heidelberg durch den Bau des zwischen ihnen liegenden Kunstortes Mannheim-Friedrichsfeld „bestraft". Der Staat ermöglichte notwendige Enteignungen und gewährte Zinsgarantien und konnte – anders als z. B. in den USA – Aufsichtsrechte wahrnehmen; die indirekte Finanzierung des Staates war nicht gering. Auf der Basis der Privatinitiative und der Gewinnerwartung wie wegen der Souveränität der Partikularstaaten gab es kein „System" der Eisenbahn unter volkswirtschaftlichen, gar gesamtdeutschen Gesichtspunkten; in Baden gab es bis in die 50er Jahre sogar eine andere Spurweite als in den anderen Ländern. Preußen stellte 1842 wenigstens eine Art Rahmenplanung auf. Freilich, „Entwicklungsbahnen", wie die „Ostbahn" nach West- und Ostpreußen, waren privatwirtschaftlich nicht zu bauen, hier brauchte man eine staatliche Eisenbahnanleihe; darum mußte man, nach langem Zögern, 1847 die Vereinigten Provinzialstände einberufen, und das mündete dann in die Revolution. Die staatliche Aufsicht hat auch den eigentümlichen Charakter des Betriebes, Uniformierung und Hierarchisierung des Personals, eine „der Natur des Verkehrslebens nicht ganz entsprechende Polizeilichkeit" der Vorschriften, wie ein englischer Beobachter meinte, geprägt.

Die Eisenbahn hat sich nur gegen große Widerstände durchgesetzt, gegen Fuhrinteressenten und Kanalbesitzer, gegen Furcht und Mißtrauen (und Aberglauben) gegenüber den „feuerspeienden Ungetümen" – das Feuer der Lokomotive werde Felder und Wälder in Brand setzen, der Lärm Herden rasend und Wohnstätten unbewohnbar machen –, gegen nostalgische Sorge vor dem neuen Tempo: „alles soll Karriere gehen, die Ruhe und Gemütlichkeit leiden darunter. Kann mir keine große Seligkeit davon versprechen, ein paar Stunden früher von Berlin in Potsdam zu sein. Zeit wird's lehren" (Friedrich Wilhelm III.). In einer voll demokratischen Ordnung wäre die Eisenbahn damals kaum gebaut worden. Auf der anderen Seite standen gegen solche Emotionen auch Hoffnungen und ein neues Lebensgefühl: die Eisenbahnen, die die Räume verbinden, die Distanzen verringern, würden Deutschland zusammenbinden, sie seien „Wechsel, ausgestellt auf Deutschlands Einheit", die Schienen „Hochzeitsbänder und Trauungsringe", sie würden den freien Gedankenaustausch befördern, ja demokratisch wirken, weil Arm und Reich sich – trotz der Klasseneinteilung – gleich und gleich schnell fortbewegten. Die Eisenbahn war das mächtigste und erregendste Symbol der neuen Zeit.

Kurzfristig war die wichtigste Wirkung des Eisenbahnbaus der enorme Nachfragestoß nach Maschinen, Schienen, nach Eisen und Kohle. Wenn auch anfangs viel davon durch Importe befriedigt wurde, so trieb das vor allem die Modernisierung und Expansion der deutschen Industrie gewaltig voran. Mittel- und langfristig waren die wichtigsten Folgen der Transportrevolution die gewaltige Ausdehnung des Transportvolumens und die Verbilligung der Transportkosten, vor allem aber die Tatsache, daß Rohstoffe und Energie, Erze und Kohle vor allem, generell und unabhängig von natürlichen Gegebenheiten an der gewählten Produktionsstätte verfügbar waren; jetzt erst wurden die Herrschaft der Kohle, die Verbreitung der Dampfmaschine, die Konzentration der Produktion in Großbetrieben, die regionale und lokale Arbeitsteilung, die Wanderung der Hüttenindustrie zur Kohle, die Konzentration von Fabriken in Eisenbahnknotenpunkten möglich. Die Eisenbahn hat die Mobilität der Arbeitskräfte erhöht und ihre Konzentration weiter erleichtert; sie hat den Absatz der Industrie entscheidend verbilligt, einen deutschen und europäischen Markt geschaffen, damit Massenproduktion und Konkurrenz begünstigt und dadurch die technologische Modernisierung wiederum vorangetrieben.

Thomas Nipperdey

Die Arbeiterschaft als Subjekt der Geschichte: Das Kommunistische Manifest

Marx ist nicht von einer ökonomisch-soziologischen Analyse ausgegangen, sondern von der philosophischen Spekulation im Stil der Junghegelianer. Es kommt darauf an, die Gegenwart in Gedanken zu fassen und die Wirklichkeit in ihrer Widersprüchlichkeit, Überholtheit und „Unwahrheit" zu kritisieren, weil sie mit der Wahrheit der Idee, der Stufe, die der Weltgeist erreicht hat, nicht übereinstimmt. Diese Wahrheit aber muß verwirklicht werden, sie wird dadurch Revolution. Eine Revolution aber braucht einen Träger. Träger der Revolution nun ist – das Proletariat. Denn das Problem der Zeit ist das der modernen Arbeitsgesellschaft; die Bürgerklasse aber läßt sich auf dessen Lösung nicht ein. Hier mündet dann der andere, der humanistische Ansatz von Marx. Es geht darum, die Entfremdung des Menschen, das Nicht-er-selbst-sein-Können, aufzuheben. Sie ist im kapitalistischen System auf ihren Höhepunkt gekommen. Das Proletariat ist die Menschengruppe, die am radikalsten entfremdet ist; der Mensch wird, mit seiner Arbeitskraft identifiziert, im Prozeß der Arbeitsteilung zum Zubehör der Maschine, die Arbeitskraft wird im System der Lohnarbeit zur Ware; darum ist das Proletariat, so die „Dialektik", die einzige Kraft, die die Entfremdung aufheben kann, es ist jetzt der „allgemeine Stand", an ihm hängt das Schicksal der Menschheit und des Menschen, denn der Mensch kann sich – als „Totalität" – nur in der Gesellschaft verwirklichen. Aufhebung der Entfremdung heißt Aufhebung des Proletariats und der Klassengesellschaft, und das ist nur möglich durch die proletarische Revolution – das ist der Zusammenhang der philosophisch-spekulativen Kritik mit dem eigentlichen gesellschaftlichen Bedürfnis, darum wird daraus ein politisch-soziales Programm. Seit 1844 haben Marx und Engels den spekulativen Begriff der Entfremdung immer schärfer mit der Analyse der Verhältnisse von Kapital und Arbeit verbunden. Und sie haben die geschichtliche „Notwendigkeit" der proletarischen Revolution und der klassenlosen Gesellschaft aus der Entwicklung des Kapitalismus – Krisen, Konzentration, Verelendung – und der „Gesetzmäßigkeit" der Klassenkämpfe entwickelt. All das mündet, aktuell zugespitzt, in das kommunistische Manifest. Alle Geschichte ist die Geschichte von Klassenkämpfen, auch die Kämpfe um den Staat, der ja nichts ist als Instrument einer Klassenherrschaft. Die Geschichte läuft, das ist das auf Wissenschaft und Verheißung gegründete eschatologische Pathos, auf den Endkampf zwischen Proletariat und Kapitalisten hinaus, auf den Sieg des Proletariats und die kommunistische Gesellschaft. Jetzt komme es einerseits darauf an, das Proletariat mit Klassenbewußtsein zu erfüllen, zur Klasse zu machen, nur dann kann es siegen. Andererseits aber darauf, die bürgerlich-demokratische Revolution zu unterstützen, denn sie ist Fortschritt und notwendige Basis einer sozialistischen Revolution. Das war Prognose und Programm und Aktionsappell zugleich. „Die Proletarier haben nichts zu verlieren als ihre Ketten. Sie haben eine Welt zu gewinnen." „Proletarier aller Länder, vereinigt Euch!" – das werden die zündenden Parolen kommender Jahrzehnte. Den deutschen Verhältnissen von 1848 freilich war dieses Manifest noch weit voraus. Ob Marx die deutsche Arbeiterbewegung auf Dauer prägen würde, war noch nicht entschieden. Aber bei den Sozialisten setzte sich sein Konzept – wissenschaftlicher, realistischer, ökonomisch und historisch besser begründet, geschlossener und verheißungsvoller – durch. Anders als in Frankreich und anderen romanischen Ländern hat das frühsozialistische Erbe, etwa in der Gestalt des genossenschaftlich-anarchistischen Sozialismus, wie ihn Proudhon vertrat, keine prägende Wirkung mehr gehabt.

In den Handwerker-, Arbeiter- und Intellektuellenvereinen der Emigranten, die wir im einzelnen hier nicht vorführen können, spielen die sozialistischen und kommunistischen – der Sprachgebrauch trennt zwischen beiden Begriffen eigentlich noch nicht – Ideen und die revolutionäre Rhetorik eine wesentliche Rolle, die utopischen Vorstellungen zuerst und später die konkurrierenden Theorien; zuletzt scheint Marx Weitling zu verdrängen. Aber man soll nicht übersehen, daß sich daneben auch ein großes Maß reformerischer Vorstellungen findet, wie es sich aus den traditionellen Verhaltensnormen der Handwerker ergab: das Nebeneinander von Revolution und Reform, das später so charakteristisch für die Arbeiterbewegung wird, findet sich auch in dieser frühen Phase schon. Diese Vereine haben offenbar eine prägende und integrierende Kraft gehabt; der Sozialismus wurde zu einem Stück gemeinsamen Lebens, etwa über den großen Vorrat gemeinsam gesungener Lieder und über Symbole und Symbolhandlungen. Eines bleibt bemerkenswert: der Traum dieser Arbeiter war international, menschheitlich; aber ihre Organisation war gerade in den internationalen Zentren durchaus national, das prägte ihr Leben. Das wurde für die Zukunft wichtig.

Dieter Hein
Die Revolution von 1848

Die Revolution, die seit Anfang März 1848 die Staaten des Deutschen Bundes erschütterte, war kein isoliertes, auf den mitteleuropäischen Raum begrenztes Phänomen. Sie war Teil einer allgemeinen europäischen Entwicklung, in der sich tiefgreifende Spannungen seit langem mehr und mehr aufgebaut hatten und nun in gewaltsamen Auseinandersetzungen entluden. Das konkrete Konfliktpotential war von Land zu Land sehr verschieden. Von der revolutionären Bewegung erfaßt wurden Regionen, die sich wie Frankreich, Deutschland und Oberitalien bereits mehr oder minder weit im Übergang zur Industrialisierung befanden, doch auch solche, die wie etwa Süditalien und weite Teile der Habsburgermonarchie noch rein agrarisch strukturiert waren. Verfassungsstaaten mit gewählten Parlamenten wurden ebenso ergriffen wie autokratisch regierte Länder. Die Erhebungen richteten sich gegen einheimische Monarchen wie auch gegen fremde Regime. Am ehesten war noch in dem außer in Frankreich überall anzutreffenden Streben nach nationaler Selbstbestimmung ein verbindendes, die jeweils landesspezifischen Bewegungen überwölbendes Element zu sehen.

Es war gerade die europäische Perspektive, der Blick auf die soziale Gärung und politische Unruhe in vielen Ländern des Kontinents, der der liberalen Opposition gegen den monarchisch-bürokratischen Obrigkeitsstaat auch in Deutschland die Zuversicht gab, daß die Entwicklung unaufhaltsam zu größerer politischer Freiheit und zu einem Europa der selbstbestimmten Nationen führen werde. Dramatisch verstärkte sich um die Jahreswende 1847/48 auch bei den gemäßigten, auf den Weg der Reform setzenden Sprechern der Opposition der Eindruck, daß, wenn nicht bald durchgreifende Veränderungen erfolgten, alles auf einen gewaltsamen Umbruch, auf eine Revolution zutreibe, ja, mehr noch, daß auch ihnen kaum anderes übrig bleibe, als angesichts der starren Haltung der Monarchen und ihrer Regierungen auf diesen Weg zu setzen. In diesem Sinne klagte Karl Mathy, gemeinsam mit seinem Mannheimer Freund Friedrich Daniel Bassermann, der führende Sprecher der badischen Liberalen, am 23. Februar 1848 in der Zweiten Kammer, der vom Volk gewählten Vertretung seines Landes, über die geringen Erfolge, die die bislang an den Tag gelegte „Zahmheit" erbracht habe; es sei an der „Zeit, daß man es mit der Wildheit probiert, aber sie darf sich nicht auf den Ständesaal allein beschränken". Dies war in der Tat, wie sogleich von konservativer Seite und von der Regierungsbank empört bemerkt wurde, „eine revolutionäre Äußerung", es war ein kaum verhüllter Appell an die Straße, ein Aufruf zur Volkserhebung.

Insofern kam die schwere politische Erschütterung, die seit Ende Februar 1848, vorbereitet durch den Schweizer Sonderbundskrieg von 1847 und die Revolution im Königreich Neapel im Januar und unmittelbar angestoßen durch den Umsturz in Frankreich, zunächst den deutschen Südwesten erfaßte, alles andere als unerwartet. Sie war gewiß von der breiten Mehrheit der oppositionellen Kräfte im eigentlichen Sinne nicht gewollt. Ihr tatsächlicher Ausbruch kam auch – wie fast jeder politische Umschwung von weittragender Bedeutung – für die Beteiligten überraschend. Dennoch war sie angesichts der seit Monaten unübersehbaren Verschärfung der politischen und sozialen Gegensätze und der starren Haltung des Staates nahezu unvermeidlich. Dieses Bewußtsein bestimmte sogleich die Sprache in den ersten Bürger- und Volksversammlungen. Und es prägte ebenso die Haltung der Monarchen und ihrer Kabinette. Es erklärt zu einem erheblichen Teil ihre letztlich nur schwache Gegenwehr, ihr baldiges Eingehen auf die Forderungen der revolutionären Bewegung. „Es fehlte ihnen", wie Bassermann einmal bemerkt hat, „das gute Gewissen", sich mit aller Macht der Erhebung zu widersetzen.

Der Ablauf des Geschehens folgte in vielen kleineren und mittleren deutschen Staaten – bei zahllosen Abweichungen im einzelnen – jenem Muster, mit dem das Großherzogtum Baden vorangeschritten war. Kaum waren die ersten Nachrichten über die Ausru-

fung der Republik in Paris eingetroffen, hatten sich am 27. Februar
1848 mehrere tausend Mannheimer in der Aula des ehemaligen
Jesuitengymnasiums versammelt, um – von vornherein auch in der
Absicht, auf die Entwicklung im übrigen Deutschland einzuwirken
– zu der neuen Lage Stellung zu beziehen. Das Ergebnis der Versammlung war der Form nach eine Petition an die Zweite Kammer, wie so viele in den Jahren zuvor. Doch in ihrer scharfen und
direkten Diktion machte sie unmißverständlich deutlich, daß sich
die Situation von Grund auf geändert habe und daß ein fundamentaler Systemwechsel auf der Tagesordnung stehe. Konkret erhob
man vier zentrale Forderungen: Mit der Volksbewaffnung sollte
dem stehenden Heer des Monarchen ein Machtmittel der Bürger
entgegengestellt werden. Mit der Pressefreiheit sollten die Jahre der
politischen Knebelung und Unterdrückung beendet werden.
Schwurgerichte sollten an die Stelle der bürokratischen Kabinetts-
und Gesinnungsjustiz treten. Und in dem Verlangen nach soforti-
ger „Herstellung eines deutschen Parlaments" verbanden sich die
Zielsetzungen, einen parlamentarisch regierten Verfassungsstaat zu
schaffen und einen deutschen Nationalstaat zu konstituieren. Damit
war der klassische Katalog formuliert, der in den folgenden Wochen - hier und da ergänzt durch den einen oder anderen Programmpunkt der vormärzlichen Oppositionsbewegung – als
„Märzforderungen" überall in Deutschland die Runde machen
sollte.

Hans-Ulrich Wehler
Bismarcks Revolution von oben

Auch während der deutschen „Doppelrevolution" sind die Industrielle und die politische Revolution keineswegs synchron verlaufen.
Die Industrialisierung erlebte einen kraftvollen Auftakt zu Beginn
der 1840er Jahre. Sie wurde zwar durch die Wachstumsschwäche
von 1847/48, die Revolution und eine nachrevolutionäre Rezession, dann noch einmal durch die Erste Weltwirtschaftskrise von
1857/59 unterbrochen. Aber in den langen Hochkonjunkturphasen
trieb sie die Entwicklung mächtig voran, so daß nach einer au-

ßerordentlich erfolgreichen Wachstumsperiode das Industriesystem bis 1873 fest verankert war. Damit hatte ein säkularer Prozeß der Umwandlung von Wirtschaft und Gesellschaft innerhalb von knapp dreißig Jahren seine erste Etappe durchmessen.

Die politische Revolution dagegen, die mitten im europäischen Staatensystem einen deutschen Nationalstaat – und das hieß: seinem Potential nach zugleich eine neue Großmacht – errichten wollte, scheiterte 1848/49 bei dem ersten Anlauf, den die liberale Nationalbewegung von unten vorangetrieben hatte. Auch das preußische Unionsprojekt mißglückte als überhasteter Versuch der Berliner Politik, unmittelbar danach das kleindeutsche Ziel von oben zu erreichen. Nach der Lähmung des politischen Aktivismus durch die zweite Restauration im Deutschen Bund demonstrierte die Gründung des italienischen Nationalstaats die Dominanz der staatlichen Steuerung, aber auch die Kooperation Cavours mit den Organisationen des Risorgimento-Nationalismus. Währenddessen bereitete die borussische Schule mit ihrer einprägsamen Doktrin von der „deutschen Aufgabe" Preußens den Boden für eine Identifizierung von großpreußischer Expansion und kleindeutscher Nationalstaatsbildung. Und der Zollverein bewirkte die dichte Verflechtung der ökonomischen Interessen in einer Handelsunion, die ziemlich kompromißlos als Instrument der preußischen Hegemonialpolitik eingesetzt wurde.

Dennoch gab es keinen wirtschaftlichen Automatismus, keinen unwiderstehlichen Trend zum staatlichen Zusammenwachsen im „zollvereinten Deutschland", der die kleindeutsche Lösung binnen kurzem unvermeidbar gemacht hätte. Gewiß, eine überlegene ökonomische Alternative war in den fünfziger/sechziger Jahren nicht zu erkennen. Aber auch ein noch so erfolgreiches gemeinsames Wirtschaftswachstum führt bekanntlich keineswegs geradlinig, geschweige denn gesetzmäßig, zu einer gemeinsamen politischen Organisation. Außerdem liegt es in der Natur solcher wirtschaftlichen Prozesse, daß sie lange Zeitspannen in Anspruch nehmen und trotz zunehmender Integration der politischen Entscheidung bedürfen, wenn aus der Wirtschaftsunion eine Staatenunion hervorgehen soll.

Ebenso gilt: Der kleindeutsch-borussische Nationalismus hatte sich ebenfalls noch nicht zu einer unwiderstehlichen Macht des öffentlichen Lebens im gesamten Bund entwickelt. Seine Anzie-

hungskraft war unstreitig machtvoll gewachsen, aber sein Einfluß-
bereich blieb weithin auf das protestantische Nord- und Ost-
deutschland beschränkt. Die Erinnerung an den Revolutionsaus-
gang dämpfte vielerorts den Glauben an seine autonome
Gestaltungskraft. Sein Rückhalt an durchsetzungsfähigen Organisationen blieb bis 1867 im Grunde schwach. Sein Anspruch begegnete südlich des Mains vielfältigen Einwänden, ja erbitterter Opposition. Daher trifft auch hier das Urteil zu: Die politische Phantasie
von Hunderttausenden, vielleicht schon von Millionen hatte dieser
Nationalismus wirksamer als zuvor mobilisiert. Wie lange aber die
Wirklichkeit der deutschen Bundesstaaten – um Hegel zu variieren –
noch standhalten konnte, nachdem er das „Reich der Vorstellung re-
volutioniert" hatte, blieb ganz ungewiß. Die tatenlose Ungeduld
der Nationalstaatsgläubigen vermochte sie gewiß nicht zu verkür-
zen.

All diese Bedingungen erzeugten die nachgerade klassische Konstellation für eine politische Entscheidung durch staatliche Macht.
Weder die Erfolge der preußischen Industrialisierung und des Zoll-
vereins erzwangen eine neue Staatsbildung – Keynes irrte, als er
den Sieg von „Kohle und Eisen" notwendig zu diesem Triumph
führen sah. Noch besaß die liberale Nationalbewegung eine solche
aggressive Dynamik, daß sie einen zweiten Anlauf von unten her
riskieren konnte. Sollte aber trotzdem unter den Bedingungen der
Zeit ein deutscher Nationalstaat erneut angestrebt werden, bedurfte
es einer entscheidungswilligen Großmacht. Im Vergleich mit dem
multinationalen Habsburgerreich konnte das nur Preußen sein.
Darin lag die innere Berechtigung, mit der die kleindeutsche Nationalbewegung auf eine Berliner Einigungspolitik setzte. Daß diese
dazu dreier Kriege bedurfte, lag zu Beginn der sechziger Jahre in
einer unergründbaren Zukunft. Daß aber die deutsche politische
Revolution als „Revolution von oben" fortgesetzt werden mußte,
wenn man denn endlich einen konkreten Fortschritt miterleben
wollte, dehnte sich zunehmend als eine weitverbreitete Überzeugung aus.

Als Bismarcks großpreußische Kriegspolitik zugleich die kleindeutsche Einheit näher brachte, setzte sich die Metapher der „Revolution von oben" bei der Wahrnehmung und Deutung der politischen Wirklichkeit durch. Nach dem deutschen Bürgerkrieg
von 1866 beherrschte sie Gegenwartsanalyse und Zukunftsprogno-

se. Die „1848 und 1849 von unten nicht durchgeführte Revolution" sei jetzt, erklärte die Augsburger „Allgemeine Zeitung", „von oben fortgeführt worden". Auch der Staatsrechtler Bluntschli diagnostizierte „die deutsche Revolution in Kriegsform, geleitet von oben statt von unten". „Unsere Revolution wird von oben vollendet wie begonnen", stimmte Treitschke zu. Bismarck selber, den Marx den „königlich-preußischen Revolutionär" nennen sollte, teilte die Grundauffassung der Reformer vor zwei Generationen: „Revolutionen machen in Preußen nur die Könige", und wenn schon Revolution sein müsse, wolle er sie lieber selber „machen als erleiden". Seine Politik in den sechziger Jahren charakterisierte er daher mehrfach als militärische Fortsetzung der „Reform von oben". In der Tat war Bismarcks großpreußische Politik, die in eine gewaltsame Lösung der Nationalstaatsfrage überging, nicht weniger revolutionär, als das der liberale Vorstoß während der Revolution gewesen war. Das Reich von 1871 entstand, wie Engels urteilte, als eine „durchaus revolutionäre Schöpfung".

Wolfgang Ruppert

Verbilligung der Produktion:
Werner von Siemens und die Massenfabrikation

Eine Beschreibung aus dem Jahre 1872, der „Gründerzeit", vermittelt uns ein Bild der Vorteile der stärkeren Mechanisierung aus der Sicht des Elektrounternehmers Siemens. „Das Geschäft ist bei seiner *Vielseitigkeit* und *Kompliziertheit* zu groß geworden und die Arbeiternot wird geradezu unerträglich. Wir haben jetzt leere Säle in Menge, können aber keine Arbeiter zu ihrer Besetzung bekommen. Da halte mal einer Termine! Wir sind daher namentlich seit einem Jahre eifrig bestrebt, *wie die Amerikaner alles mit Spezialmaschinen zu machen, um auch mit schlechten Arbeitern gute Sachen machen zu können.* Das hat sich auch schon brillant bewährt. So z.B. haben wir die 1200 Torpedo-Indikatoren, welche England [d.h. der englische Zweig der Firma] bei uns bestellte, in fabelhaft kurzer Zeit ganz zum Termine, und für die Hälfte ca. des Arbeitslohnes gemacht, welchen wir London als Selbstkosten aufgaben! Diese Arbeit war uns sehr nützlich als Probe der Leistungsfähigkeit unserer Einrichtungen, hat uns aber leider in anderen Dingen zurückgehalten. Jetzt sind alle davon überzeugt, daß in der Anwendung der amerikanischen Arbeitsmethode unser künftiges Heil liegt und daß wir in diesem Sinne unsere ganze Geschäftsleitung ändern müssen. Nur *Massenfabrikation* darf künftig unsere Aufgabe sein, darin können wir künftig jedes Bedürfnis befriedigen und jede Konkurrenz überwinden! Um sie zu bekommen, müssen wir allerdings unseren Kunden einen gewissen Zwang auferlegen und ihnen *unsere Konstruktionen* vorschreiben. Wir können dies dadurch tun, daß wir unsere ‚fabrizierten‘ Konstruktionen sehr billig, gut und schnell liefern, andere aber teuer und langsam oder gar nicht … Der Fehler ist nur, daß die Herren Ingenieure und Werkstattsvorstände nicht lassen können, selbst zu konstruieren und zu erfinden … Wir haben jetzt die Preise für unsere Fabrikationskonstruktionen so niedrig gestellt, daß uns niemand nachkommen kann. Trotzdem ist unser Abschluß brillant, weil die Massenfabrikation ungeahnte Hilfsquellen bietet. Das ist unser Weg. Willkürliche Abänderungen unserer festen Konstruktion müssen ebenso lächerlich werden, wie wenn einer eine abgeänderte Nähmaschine bestellen wollte. Will er sie haben, so muß er sich eine Fabrik dafür anlegen oder zehnmal so teuer durch Handarbeit sie machen lassen …“

Für die handwerklich geschulten Arbeiter bedeuten diese neuen Formen der Massenproduktion eine Dequalifizierung: sie bedienten eine Maschine; die gestaltenden Funktionen, deren Anteil zuvor in vielen handwerklichen Arbeitsabläufen noch viel größer gewesen war, gingen verloren. Dies führte bei den Arbeitern offensichtlich zu tiefer Unzufriedenheit, wie wir der Schilderung eines Werkmeisters entnehmen müssen, zumal sich damit auch die Arbeitsintensität erhöhte und die mechanische Anstrengung für die Arbeiter wuchs:

„Da man für die Maschinen meist gewöhnliche Arbeiter – wenn möglich natürlich von den alten – anlernen mußte und diese dann durchweg im Akkord beschäftigt wurden, so bildete der sogenannte amerikanische Saal bald einen starken sozialistischen Angriffspunkt. Die starke Arbeitsbeschleunigung paßte den Leuten eben nicht. Es hat lange gedauert, ehe sich die alten Handwerker der Werkstatt damit abfanden.“

Seit den achtziger Jahren des 19. Jahrhunderts entwickelte sich der industrielle Großbetrieb. Er hatte einen verstärkten Ausbau der Büros, der innerbetrieblichen Bürokratie, zur Folge. Verschiedene Abteilungen entstanden: „Der Einkauf" besorgte die Rohmaterialien, „der Verkauf" suchte die günstigsten Preise auf dem Markt für die fertigen Produkte zu erzielen, „die Materialverwaltung" kontrollierte die Lagerbestände an Rohstoffen, „die Buchhaltung" hielt alle kaufmännischen Rechnungsvorgänge in ihren Büchern fest. Jeglicher Geldverkehr lief über „die Kasse". „Die Korrespondenz" erledigte den Briefwechsel mit Lieferanten und Kundschaft.

Doch bezeichnend für den industriellen Großbetrieb wurde es seit etwa 1900, daß die Arbeitsplanung bereits vor der Fertigung in den Werkstätten vom „Betriebsbüro" auf Formularen genau festgehalten wurde. Der Meister in der Werkstatt fand „auf den Zetteln" alle zur Ausführung der Arbeiten erforderlichen Angaben vor. Sobald das Produkt hergestellt war, mußte nochmals kalkuliert werden. Hierzu lieferte „das Lohnbüro" die auf Lohnlisten festgehaltenen und zusammengerechneten Lohnsummen, die bei einem Produktionsvorgang angefallen waren. Dem „Kalkulationsbüro" blieb dann die Berechnung der Selbstkosten aus den vorliegenden Angaben.

Gerhard A. Ritter

Sozialistische Utopie:
Die deutsche Sozialdemokratie im Kaiserreich

Das Jahr 1875 ist eine Zäsur in der Geschichte der deutschen Arbeiterbewegung. Nachdem die Spaltung der politischen Arbeiterbewegung durch den Zusammenschluß der „Lassalleaner" und der „Eisenacher" auf dem Gothaer Einigungskongreß und durch die daraufhin eingeleitete Verschmelzung der mit ihnen verbundenen Gewerkschaftsorganisationen aufgehoben worden war, waren wesentliche Voraussetzungen für den Aufschwung zur Massenbewegung geschaffen. Schon bei den Reichstagswahlen von 1877 gelang es der Sozialdemokratie, etwa 40% der Stimmen in Großstädten mit einer evangelischen Bevölkerungsmehrheit wie Berlin und

Hamburg und in dem am stärksten industrialisierten deutschen Staat Sachsen zu gewinnen und sich damit feste Hochburgen zu sichern.

Der Einigung von Gotha waren einige grundlegende und dauerhafte Prägungen der deutschen Arbeiterbewegung vorangegangen. Dazu sind zunächst die im westeuropäischen Vergleich außerordentlich frühe Gründung eigenständiger politischer Arbeiterparteien und deren scharfe Abwendung vom Liberalismus und den Kräften der bürgerlichen Demokratie zu rechnen. Dieser Auflösungsprozeß der ursprünglich breiten Volksbewegung für Bürgerrechte, Demokratie und Nationalstaat, der von Gustav Mayer stark vereinfachend als „Trennung der proletarischen von der bürgerlichen Demokratie" bezeichnet wurde, hatte vielfältige und regional stark unterschiedliche Ursachen. Dabei haben die Auseinanderentwicklungen der politischen Organisationen von Bürgertum und Arbeiterschaft sich weitgehend wechselseitig bedingt. Neben der Differenzierung der sozialen und ökonomischen Interessen von Bürgertum und Proletariat waren die ambivalente Haltung der Liberalen zu der demokratischen Forderung nach allgemeinem gleichem Wahlrecht, die weitgehende Weigerung der bürgerlichen Honoratiorenpolitiker, Arbeiter an der Führung gemeinsamer Organisationen zu beteiligen, und das ungenügende Eintreten der Liberalen für die sozialen Forderungen der Arbeiterschaft mit ausschlaggebend, daß die gemeinsame Volkspolitik durch eine Klassenpolitik ersetzt wurde. Wesentlich waren weiter die Niederlage und Spaltung des politischen Liberalismus und die Schwächung seiner demokratischen Elemente im Kampf um die Reform des preußischen Staates und bei der Gründung des deutschen Nationalstaates. Der Prozeß der politischen Differenzierung wurde schließlich auch durch die zunehmende soziale Polarisierung von Arbeitern und Unternehmern in der Streikwelle von 1868 bis 1872 gefördert [...].

Für die Geschichte der deutschen Sozialdemokratie markiert das Jahr 1890 eine erneute Zäsur. Wenige Wochen nachdem die Sozialdemokratie bei den Wahlen vom Februar 1890 zur stärksten Partei des Landes geworden war, wurde mit Bismarck der gefährlichste Gegner der Bewegung gestürzt. Der Kaiser selbst verkündete in zwei Erlassen vom 4. Februar ein großzügiges Programm sozialer Reformen, das den sozialpolitischen Bestrebungen der Sozialde-

mokratie weit entgegenkam. Gleichzeitig wurden die 1879 einge-
führten und in den 1880er Jahren mehrfach erhöhten Getreidezöl-
le, die die Lebenshaltungskosten der Arbeiterschaft verteuert hatten, in den frühen 1890er Jahren gesenkt. Der von einigen
Gruppen der hohen Beamtenschaft und von bürgerlichen und
christlichen Sozialreformern mit Elan aufgegriffene Versuch, die
Arbeiterschaft durch einen „Neuen Kurs" innerlich für den Staat
zu gewinnen und so der revolutionären Agitation den Boden zu
entziehen, ist aber schon nach wenigen Jahren wieder abgebrochen
worden. Damit wurde auch die Chance verpaßt, die innere Entwicklung der deutschen Arbeiterbewegung stärker zu beeinflussen.

Daß diese Chance real gegeben war, zeigte sich an dem Aufkommen reformistischer Tendenzen in der Partei als Antwort auf
die Politik des Neuen Kurses. Sie fanden ihren Hauptexponenten
zunächst in dem bayerischen Sozialistenführer Georg von Vollmar,
der 1891 dafür eintrat, die gesamte Kraft der Sozialdemokratie auf
die Herbeiführung konkreter Reformen zu konzentrieren. Die
Politik Vollmars wurde von der Gesamtpartei nicht akzeptiert.
Diese folgte damit ihrem Parteiführer Bebel, der der Meinung war,
daß Vollmars Taktik auf ein Paktieren mit bürgerlichen Kräften
hinauslaufe und das Rückgrat der Partei zu einem Zeitpunkt brechen werde, in dem der Untergang der kapitalistischen Gesellschaft
und der Sieg der Partei in wenigen Jahren zu erwarten sei. Ähnlich
wie Bebel rechnete auch Friedrich Engels fest mit dem Sieg des
Sozialismus in Deutschland bis etwa zur Jahrhundertwende.

Der bekannteste Ansatz zur Korrektur der überkommenen Auffassungen und der daraus abgeleiteten Strategie und Taktik der
Partei ging am Ende der 1890er Jahre von Eduard Bernstein aus.
Im Gegensatz zu den Reformisten um Vollmar sowie vielen pragmatisch orientierten Gewerkschaftsführern, die an Fragen der
Theorie nicht interessiert waren, wollte Bernstein die nach seiner
Meinung bestehende Kluft zwischen der revolutionären Theorie
und der reformistischen Taktik der Partei durch eine Revision der
marxistischen Doktrin überwinden. Bernsteins Zweifel am Marxismus, die nicht zufällig mit dem Konjunkturaufschwung nach
1895 zusammenfielen, beruhten vor allem darauf, daß der von
Marx vorhergesagte und im Erfurter Programm von 1891 zur offiziellen Parteimeinung erhobene Entwicklungsverlauf der kapitalistischen Gesellschaft nicht mit der tatsächlichen Entwicklung über-

einstimmte. Indem Bernstein anhand einer Analyse der realen Verhältnisse aufzeigte, daß die den Zusammenbruch retardierenden oder sogar verhindernden Faktoren der kapitalistischen Gesellschaft sehr viel stärker waren, als man bisher angenommen hatte, traf er den Nerv der politischen Strategie der Partei. Diese hatte auf der Voraussetzung beruht, daß die politische Macht der Sozialdemokratie gewissermaßen von selbst als Frucht der kapitalistischen Entwicklung in den Schoß fallen würde. Der Kapitalismus werde ein ständiges Ansteigen der Zahl der Arbeiter, ein Zusammenschmelzen des Mittelstandes, eine zunehmende Verelendung des Proletariats und immer häufigere und schwerere Krisen der Wirtschaft bewirken. Man wartete also auf immer mehr Elend und auf immer mehr Krisen, bis aus dieser Misere im endgültigen Zusammenbruch der kapitalistischen Gesellschaft in der großen Endkrise schließlich wie Phönix aus der Asche der ideale Zukunftsstaat der Sozialdemokratie entstehen würde. Es lagen dieser Auffassung ein extremer wirtschaftlicher Determinismus und eine völlige Unterschätzung des Eigengewichts der Politik, soweit sie nicht Organisation oder Propaganda war, aber auch der besonderen historischen, verfassungsrechtlichen und wirtschaftlichen Bedingungen Deutschlands zugrunde. Faktisch handelte es sich um eine Politik des Immobilismus, in der die Bedeutung konkreter Reformarbeit unterschätzt wurde und in der es keine klaren Vorstellungen über den Weg zur Gewinnung der Macht gab.

Bernstein hatte versucht, mit seiner Kritik der Parteidoktrin zu erreichen, daß man in der von ihm aufgewerteten praktischen Tätigkeit der Arbeiterorganisationen das Mittel zum Aufbau der sozialistischen Zukunft, das Instrument zur Durchsetzung einer wahren Demokratie in Deutschland sähe. Bei dem Kampf um die Verwirklichung dieser Ziele sollte die Sozialdemokratie als eine „demokratisch-sozialistische Reformpartei" bewußt auch die Zusammenarbeit mit bürgerlich-demokratischen Kräften suchen.

Die Partei hat als ganze vor dem Ersten Weltkrieg nicht die Kraft gefunden, aus den von Bernstein aufgezeigten Realitäten die notwendigen Konsequenzen zur Änderung ihrer Theorie, ihrer Strategie und ihrer Taktik zu ziehen. Der Revisionismus Bernsteins wurde mehrfach, zuletzt auf dem Parteitag in Dresden 1903, verurteilt.

Die Politik der politischen Abstinenz und des Abwartens wurde schließlich nicht nur von rechts – von den Reformisten und Revisionisten –, sondern vor allem seit der Russischen Revolution von 1905 auch von einem linksradikalen Parteiflügel um Rosa Luxemburg und Karl Liebknecht kritisiert. Deren Meinung nach sollten die revolutionären Aspekte der Parteitaktik stärker zum Tragen kommen und der politische Massenstreik anstelle des Wahlkampfes und der parlamentarischen Agitationsarbeit zum entscheidenden, die Massen aktivierenden und schulenden Kampfmittel der Sozialdemokratie werden.

Hans-Ulrich Wehler
Anfänge der Frauenbewegung

Mit der modernen Frauenbewegung meldete sich auch in Deutschland eine Emanzipationsströmung zu Wort, die gegen das erdrückende Übergewicht jahrtausendealter Vorurteile, gegen den allgegenwärtigen Einfluß traditioneller Geschlechterrollen antrat. Beide waren in der Mentalität und im Verhalten, in der Psyche und im Arbeitsprozeß so tief verankert, daß sie als „natürliche" Ordnung aufgefaßt wurden. In der Sprache der Theologen und Konfessionen handelte es sich um eine irreversible Entscheidung der göttlichen Schöpfung, welche die Ungleichheit der Geschlechter sanktionierte. Gegen die Herrschaft dieser unerschütterlich wirkenden Tradition die soziale, rechtliche und politische Gleichberechtigung der Frau zu erkämpfen – das hieß, die universalistischen Prinzipien der Zielutopie der „bürgerlichen Gesellschaft" ernst nehmen und zugleich in einen Machtkampf eintreten, der bis heute noch nicht zu Ende gefochten ist.

Die Entwicklungsgeschichte dieser Reformbewegung ist bis zum Ende des Kaiserreichs durch die Grundtatsache bestimmt, daß frühzeitig zwei Strömungen auseinanderdrifteten und seither eine langlebige Spaltung in drei Lager mit unterschiedlichen Zielen und Interessen erhalten blieb. Nach der bürgerlichen Frauenbewegung, die auf der Linie überaus maßvoller liberaler Ansprüche operierte, trat ihre sozialdemokratische Konkurrentin auf, die auch in der Geschlechterfrage auf dem Primat der Klassenunterschiede insistierte und die Gemeinsamkeiten einer „allgemeinen Schwesternschaft" für nicht existent erklärte. Den größten Verband von allen stellte jedoch eine dritte, ganz andersartige Vereinigung, der „Vaterländische Frauenverein". Weithin unter dem Patronat von Männern stehend, genügte es ihm, ähnliche Funktionen wie das „Rote Kreuz" wahrzunehmen, während ihm der Konflikt um Emanzipation ein Greuel war. Die tiefen Trennungsgräben zwischen diesen drei Lagern konnten bis 1918 nicht überwunden werden.

Nach dem Auftakt der Frauenbewegung während der Revolution von 1848/49 – als sie ein Bestandteil jenes emporschießenden Vereinswesens war, in dem sich die unterschiedlichsten neuartigen Interessen artikulierten – hatte sich die Repressionspolitik mit ihrem rigoros verschärften Vereinsrecht immer auch gegen öffentlich argumentierende „Frauenspersonen" gewandt. In diesem Meinungsklima warf Wilhelm Heinrich Riehl, von Beifall auf allen Seiten begleitet, der „verrufenen" Emanzipation „der Weiber" vor, die Zerstörung des Familienlebens und aller geheiligten Bande der Sitte und göttlichen Ordnung zu betreiben. Wie die frühe Arbeiterbewegung regten sich auch die Frauenvereine erst wieder, als die politische Liberalisierung der sechziger Jahre ihren Handlungsspielraum etwas erweiterte.

Im Oktober 1865 kam in Leipzig, von dem agilen Ortsverein betrieben, die erste gesamtdeutsche Frauenkonferenz zustande, auf der rund hundertfünfzig Teilnehmerinnen unter der Leitung von Louise Otto-Peters, auch in künftigen Jahrzehnten eine Schlüsselfigur, ihre politischen Vorstellungen zu klären versuchten. Das Treffen wurde zur Geburtsstunde der organisierten Frauenbewegung, denn sein Schwung führte zur Gründung des „Allgemeinen Deutschen Frauenvereins" (ADF). Wichtige Ziele glichen denen der liberalen Arbeiterbildungsvereine, nicht zufällig hatte als ihr Vertreter August Bebel an der Tagung teilgenommen. Bildung mache frei und eröffne letztlich auch die öffentliche Teilhabe im Gemeinwesen – dieser Leitgedanke war ebenso konsensfähig wie das Recht aller Frauen auf Erwerbsarbeit. Konkret sollten Stellenvermittlung und Fortbildungskurse weiterhelfen; Kommunikation und Verständigung über gemeinsame Interessen durch die Zeitschrift „Neue Bahnen" erleichtert werden. Ein umfassend angelegtes feministisches Selbsthilfeprojekt, das dreißig Jahre lang unter der Ägide von Otto-Peters und ihrer Mitstreiterin Auguste Schmidt stehen sollte, war damit initiiert worden. Seither richtete sich in diesem

Rahmen das Hauptinteresse sowohl auf Bildungschancen und Berufsfragen als auch auf die praktische Aktivität in der städtischen Sozialfürsorge, wo sich ein neues Feld „weiblicher Betätigung" auftat.

Der ADF fand zuerst nur einige tausend Mitglieder. Der Krieg von 1870/71 warf ihn zurück, da seine pazifistische Strömung mit ihrer Kritik nicht zurückhielt. Am Ende der achtziger Jahre besaß der ADF maximal zwölftausend, sogar 1913 nur dreizehntausendzweihundert Anhängerinnen, blieb aber trotz der geringen Zahl von Aktivistinnen jahrzehntelang ein Bewegungszentrum, von dem zahlreiche Impulse ausgingen [...]

Im Grunde stagnierten in den siebziger und achtziger Jahren die Organisationsbemühungen der Frauenbewegung. Während sich eloquente Vertreter des intellektuellen Establishments wie Treitschke und Sybel auch zu wortreichen Verteidigern des Patriarchats aufschwangen, schockierte Hedwig Dohm, eine nicht minder beredte Frauenrechtlerin der frühen Stunde, 1873 die Öffentlichkeit mit ihrem dreifachen Postulat des uneingeschränkten Wahlrechts für Frauen, des Zugangs zum Universitätsstudium und der völligen privatrechtlichen und staatsbürgerlichen Gleichberechtigung. Der einzige Politiker, der eine dieser Forderungen aufgriff, August Bebel, scheiterte mit seinem Vorhaben, das Frauenstimmrecht im Gothaer Programm der SAP zu verankern, erreichte aber immerhin, daß 1875 ein geschlechtsneutral formuliertes Wahlrecht für „alle" Staatsangehörigen aufgenommen wurde.

Das gespannte Verhältnis des ADF zur Sozialdemokratie wurde dadurch nicht verbessert. Im Gegenteil, voller Berührungsangst distanzierte sich die bürgerliche Frauenbewegung von der umstürzlerischen Arbeiterpartei. Daran änderte auch die Tatsache nichts, daß Bebels Bestseller *Die Frau und der Sozialismus*, der 1879 erschien und bis 1909 die fünfzigste Auflage erreichte, auch von zahlreichen politisch aufgeschlossenen bürgerlichen Frauen gelesen wurde. Bebels Hauptargument, daß die Frauen unter dem Diktat der Männerwelt und der ökonomischen Abhängigkeit doppelt litten, konnten sie teilen, seine Schlußfolgerung, daß erst nach der Lösung der „sozialen Frage" durch die Sozialdemokratie die „Geschlechtssklaverei" enden werde, dagegen nicht. Die Skepsis gegenüber diesem Versprechen, das die Härte der Geschlechterdifferenzen weit unterschätzte, war, wie sich herausgestellt hat, so unberechtigt nicht. Gleichwohl nehmen seine Sachkunde und seine pragmatisch klugen Ratschläge mit dem Ziel, zur gemeinsamen Kooperation in allen Frauenfragen als Grundlage einer Reformpolitik der kleinen Schritte zu finden, für den Autor ein.

Ein neuer Auftrieb machte sich erst seit dem Ende der achtziger Jahre geltend. Die beiden Jahrzehnte bis 1908 umspannen die eigentlich große Zeit der bürgerlichen Frauenbewegung im Kaiserreich. 1888 entstand in Weimar der „Frauenverein Reform", der auf der Öffnung aller Fakultäten für Studentinnen insistierte. In vergleichender Perspektive war das längst keine radikale Forderung mehr, denn in den USA konnten Frauen seit 1853 studieren, in Frankreich seit 1863, in den skandinavischen Ländern seit 1870, in England und Holland seit 1878. An der Universität Zürich waren Gasthörerinnen seit den vierziger Jahren zugelassen, 1867 promovierte dort die erste Medizinerin. Die mühsame Prozedur, bei einem wohlwollenden Rektor den Status als Gasthörerin zu erringen, konnten Frauen, als der Reformverein gegründet wurde, seit einiger Zeit auch an deutschen Universitäten auf sich nehmen; eine wachsende Kolonie wich aber an die Schweizer Hochschulen aus. Im Grunde versagte das deutsche Bildungsbürgertum bis zum Beginn des 20. Jahrhunderts vor der Aufgabe, zumindest den eigenen Töchtern den Zugang zum akademischen Studium zu eröffnen. Baden riskierte endlich 1900 den Anfang, Preußen folgte seit 1908.

Der Beruf der Lehrerin hatte sich frühzeitig für Frauen als attraktiv erwiesen. Politisch selbstbewußte Lehrerinnen spielten auch in der Frauenbewegung eine prominente Rolle: von Auguste Schmidt und Hedwig Dohm über Helene Lange und Gertrud Bäumer bis zu Clara Zetkin. Lange, seit 1887 frauenpolitisch aktiv, gründete 1890 den „Allgemeinen deutschen Lehrerinnenverband", der bereits 1900 rund sechzehntausend Mitglieder erreichte. Damit wurde er zum größten weiblichen Berufsverein. Lange leitete auch seit 1889 sogenannte Realschulkurse, die 1898 in Gymnasialkurse umgewandelt wurden, in denen sich Mädchen vom sechzehnten Lebensjahr ab aufwärts angesichts des eklatanten Mangels an höheren Mädchenschulen auf das Abitur als Externe an einem Jungengymnasium vorbereiten konnten.

Obwohl sich das Frauenvereinswesen in dieser Zeit kontinuierlich ausdifferenziert hatte, gelang es im März 1894 dank der Zusammenarbeit von vierunddreißig Vereinen, nach amerikanischem

Vorbild den „Bund Deutscher Frauenvereine" (BDF) ins Leben zu rufen. Bis 1913 gehörten ihm rund zweitausendzweihundert Vereine mit etwa 470 000 Mitgliedern an, wobei Doppelzählung öfters nicht auszuschließen ist. Die Satzung verzichtete betulich darauf, soziale und politische Fraueninteressen im Sinne einer uneingeschränkten Gleichberechtigung zu formulieren; sozialdemokratische Frauenvereine blieben bezeichnenderweise ausgeschlossen. Dennoch bedeutete diese Bündelung der Kräfte einen Schritt nach vorn.

Thomas Nipperdey
Von der Turnbewegung zum Leistungssport

Zu den großen Umwälzungen der modernen Lebens- und Erfahrungswelt im Zusammenhang mit der Abgrenzung der freien Zeit von der Arbeitszeit, ihrer Ausdehnung und ihrer substantiellen Ausfüllung gehört nun der gewaltige Aufstieg aller sportlichen Betätigungen und Unternehmen – sie werden eine Macht (und brauchen deshalb in der Zeitung, wie Wirtschaft und Kultur, ihren eigenen Teil), ja formen eine eigene Sprache und kreieren ihre eigenen Helden und Stars. Das hatte in Deutschland vor allem drei Wurzeln: die pädagogischen „Leibesübungen" (Turnen, Leichtathletik, Spiele), das vereinsmäßige Turnen und den englischen „Sport", ursprünglich eine Gentleman-Herrensache, die nicht nur Zeit, sondern auch Geld brauchte.

Das erste Grundfaktum ist quantitativ – darum müssen wir zuerst und am längsten von Institutionen und Organisationen berichten, nicht von Mentalitäten und vom Sitz im Leben. Was ins Auge fällt, ist die außerordentliche Zunahme des Sports: Es wird immer mehr Sport in immer mehr Sportarten getrieben, Sportvereine und Sportveranstaltungen nehmen zu, nationale und internationale Verbände entstehen, und Wettkämpfe kommen auf, Turnhallen (seit 1880) und Sportplätze (seit 1900) werden gebaut. Neben die Aktiven treten die Zuschauer. Mehr Leute sind beteiligt, mehr Zeit wird aufgewandt, mehr Geld ausgegeben, und alles wird – über die Vereine vor allem – organisiert. Sport wird, unterschiedlich noch nach den einzelnen Sparten, populärer, volkstümlicher, demokratisiert, wird ein Massenphänomen.

Das altüberlieferte Turnen war in Turnvereinen organisiert – zur „Deutschen Turnerschaft" gehören 1869 1546 Vereine mit 128 000 Mitgliedern, 1904 siebeneinhalbtausend mit einer ¼ Million, 1914 knapp eineinhalb Millionen. Die Turner waren von ihrer Entstehungsgeschichte her immer auch politisch: Ehedem demokratisch-national, werden sie nach 1870 nationalliberal, aber nicht, wie in Österreich, antisemitisch; sie gehen vom Schwarz-Rot-Gold zum Schwarz-Weiß-Rot über, sie feiern nicht mehr die Leipziger Schlacht von 1813, sondern die von Sedan. Sie sind eher bürgerlich-kleinbürgerlich – manchmal in zwei Vereinen am Ort sozial gesondert; sozialdemokratische Arbeiter scheiden wegen des antisozialdemokratischen Patriotismus aus, aber es gibt, z. B. wegen der guten Ausstattung der Vereine, auch weiterhin durchaus viele Arbeitermitglieder. Turnen war auch die Sportart, die in der Schule ihren Platz hatte, anfangs bescheiden, seit den 90er Jahren – unter dem Druck von Medizinern und Militärs – auf den Gymnasien immerhin mit 3 Wochenstunden ausgestattet.

Die Turner haben andere Sportarten – die z. B. aus älteren Spielen neu entstehen oder aus dem Ausland, vor allem England, übernommen werden – lange mißtrauisch als Konkurrenz empfunden, immerhin wurden in den 90er Jahren auch Leichtathletik und Rasenspiele (Fußball) von diesen Vereinen organisiert: An den Namen unserer Fußballclubs können wir noch sehen, ob sie „Abteilungen" allgemeinerer Vereine (SC oder gar TV) waren und sind. Seit 1898 gab es Deutsche Meisterschaften für Leichtathletik. Die (Schwer-) Athleten hatten sich 1891 zum deutschen Athletenverband zusammengeschlossen, sie setzten Regeln fest, differenzierten die verschiedenen Gewichtsklassen und organisierten Wettbewerbe. Beim Boxen freilich ist erst 1908 das Verbot öffentlicher Wettkämpfe aufgehoben worden: Mit dem Ringen wird das ein populäres Schauvergnügen für die „andern". Der Fußball, ursprünglich ein „wildes" Spiel, das durch Regeln und feste Mannschaften diszipliniert worden war, kam eigentlich aus England und wurde in den 80/90er Jahren vor allem bei Schülern und in Jugendabteilungen von Vereinen übernommen, 1878 wurde der erste eigene Verein in Hannover gegründet, aber die meisten Fußballspieler gehörten zu allgemeinen Vereinen. 1891 gab es die erste Fußballmeisterschaft, seit 1903 Deutsche Meisterschaften. 1900 bildete sich der „Deutsche Fußballbund" – mit (1913) 223 Mitgliedsvereinen und fast 200 000 Mitgliedern. Fußball war – noch – eher bürgerlich, die bürgerlichen Vereine hatten mehr Geld und Sportheime, aber Fußball wurde bei Arbeitern schnell sehr beliebt. Schalke 04 war so ein wilder kleiner Arbeiterverein aus dem Ruhrgebiet. Mit dem Handball war es ähnlich.

Dann entsteht noch ein ganz neuer, technisch bedingter Massensport, das Radfahren. Schon 1869 – wieder spiegelt die Organisationsgeschichte die Ausbreitung der Sache – gibt es die ersten „Velociped-Clubs", 1884 den „Deutschen Radfahrerbund", 1880 in München die erste Radrennbahn (einer der ersten Sportplätze) und das erste größere Radrennen. Beides nimmt dann in den 90er Jahren außerordentlich zu; hier spielen jetzt das Zuschauerphänomen und der Unterhaltungswert eine wichtige Rolle. Daneben treten Radwandern und Radausflug als volkstümlich sportliches Sonntagsvergnügen [...]

Das zweite Hauptphänomen – nach der quantitativen Steigerung und der „Institutionalisierung" – ist, daß der Sport seinen Charakter wesentlich ändert. Leistung und Wettbewerb werden entscheidend: Leistungssteigerung – schneller, höher, stärker –, das wird das Ziel. Darum ist Leistungs- und Zeitmessung jetzt entscheidend. Die „Fortschritte" werden in *cm*, in *gr*, in *sec* gemessen, es geht um den Sieg. Darum werden die Geschwindigkeitssportarten (Laufen, Rudern, Schwimmen, Radsport etc.) und die – mit gesteigerter Bewegung verbundenen – neuen Kampfsportarten wie Boxen und Fußball symptomatisch für den neuen Sport. Das Wettbewerbsprinzip bestimmt die seit 1880 aufkommenden Weltmeisterschaften (Ringen 1884, Eisschnellauf 1889, Radfahren 1893/94, Eiskunstlauf 1896, Schießen 1897, Gewichtheben 1898, Turnen 1903, Tennis 1912) und bestimmt auch seit 1896 die „Olympischen Spiele" – dies Symbol des modernen internationalen Sportenthusiasmus als Teil der Kultur. 1913 wird in Deutschland ein Sportabzeichen als Ausweis überdurchschnittlicher Leistung eingeführt. Das alte Geräteturnen war ganz anders gewesen, da ging es um Ordnung und Zucht, nicht um Leistungssteigerung. Die Turner waren darum anfangs entschieden gegen die vielen Wettkämpfe und gegen die Leistungsmessung. 1880 haben die Turner „volkstümliche" Übungen in Leichtathletik, Bewegung und Leistung also, aufgenommen und dann schließlich die Punktwertung beim Geräteturnen – also ein Wettkampfelement – eingeführt. Auch die Arbeiterturner taten sich mit dem Wettkampfprinzip und seiner individualisierenden Wertung schwer. Insgesamt hat sich der neue Stil nur langsam, aber eben doch durchgesetzt. Selbst in die Gymnastik oder in das Bergsteigen, ursprünglich gar nicht leistungsorientiert, dringen Elemente der Leistungssteigerung ein.

Es gibt freilich, zum dritten, daneben und dagegen, wenn auch sehr viel schwächer, nach der Jahrhundertwende noch ein anderes Element. Das ist der Zug zur Natur, zum Natürlichen. Das gilt fürs Wandern, Bergsteigen und Schwimmen, als Ausdruck des neuen Körpergefühls – oder für den Volkstanz; das gilt insbesondere für die neue Gymnastik: Sie ist nicht auf Leistungssteigerung, Wettbewerb und Spezialisierung aus, sondern auf ganzheitliche harmonische „Ausdrucks"bewegung, auf den „fließenden Bewegungsstil" gegen das Geometrische der älteren Gymnastik, jetzt mit Tanz und Musik verbunden. Das gehört in den Kontext der Lebensreformbewegungen. Es entstehen Schulen und Internate, besonders für Mädchen (Darmstadt, Berlin, Lohland z.B.), die auf neuer rhythmischer Bewegung eine neue Bildung und Charakterbildung begründen wollen.

In einen weiteren Zusammenhang gehört hierher auch der „neue Tanz" – rhythmische Bewegung, Eurhythmie, kultisch, archaisch, gegen alles „artifizielle" und raffinierte Ballett; Isadora Duncan ist die Kult- und Gründerfigur: allein, griechisch gewandet, kultisch.

Sport war in der modernen Lebenswelt nicht Zwang und nicht Flucht, sondern eine aktive Lebensgestaltung, war ein Stück Befriedigung, Selbstbestätigung und Gemeinsamkeit jenseits der Arbeitswelt. Das war eine Gegenwelt des Ausgleichs. Und es war zugleich ein Abbild der Leistungswelt – mit anderen Leistungen und auf anderen Gebieten. Diese kompensatorische Gegen- und diese Nahstellung zur technisch-bürokratischen Welt zugleich haben die große Attraktion des Sports ausgemacht.

Leistungskraft deutscher Wissenschaft

Es gab zwar nicht nur bei Laien, sondern auch bei Wissenschaftlern die Vorstellung, daß Wissenschaft zur nationalen Größe beitrage, und insoweit war da ein nationales Konkurrenzdenken; aber das war eine Begleitidee, kein Antrieb zur Forschung; die Ansätze zur Nationalisierung der Naturwissenschaft gingen nie so weit, ihre Internationalität einzuschränken: Man war ebenso Bürger der nationalen Kultur wie der internationalen Forscherkommunität.

Warum dann hatten die Deutschen eine so herausgehobene Stellung? Das hängt vor allem mit dem deutschen Universitätssystem zusammen. Es ist besonders effektiv. Es steht unter dem Ethos und dem Imperativ der Forschung, Forschungsleistung entscheidet über Karrieren. Die Forscher arbeiten mit fortgeschrittenen Studenten als Mitforschenden. Die Forschung ist reine Forschung, geschieht um ihrer selbst willen, die anwendungsbezogene Forschung ist in die Technischen Hochschulen ausgegliedert und damit ein gut Teil von Ausbildung für die Praxis, die Universität prämiiert Grundlagenforschung. Die Universitäten, vielfältig und föderalistisch, konkurrieren miteinander, sie fördern in einem relativ breiten konsolidierten Ausgangsfeld den Leistungswettbewerb. Die Binnenstruktur – Privatdozentur und Extraordinariat – begünstigt, jedenfalls anfänglich noch, Innovation und wiederum Wettbewerb. Die Universität war hoch angesehen in Staat und Gesellschaft, vor Außendruck geschützt. Der Professor war als Wahrheitssucher ebenso hoch angesehen, das zog Talente an, zumal die Karrierechancen der Bürger in Politik und Verwaltung und Militär noch eingeschränkt waren. Innerhalb der Universitäten hatten die Naturwissenschaften auch auf der Basis der neuhumanistischen Gründungsidee Humboldts spätestens seit den 1830er Jahren eine unbestrittene hohe Prestigeposition. Und es gab auch außerhalb der Universitäten keine Naturwissenschaftsfeindschaft. Es bedurfte in Deutschland keiner besonderen Außenstützen naturwissenschaftlicher Forschung – keiner szientifischen Bewegung und zunächst auch keiner besonderen Forschungseinrichtungen. Und weil sich diese institutionellen Gegebenheiten seit den ersten Jahrzehnten des 19. Jahrhunderts ausgebildet hatten, war eine Tradition entstanden, die sich selbst erhielt, ja noch steigerte. Die Physikprofessuren der kleinen Universitäten z. B. hörten in den 70/80er Jahren auf, Abstellpositionen für Halbphysiker zu sein, sie wurden Durchgangsstellen und so voll in die nationale Konkurrenz einbezogen.

Es gab seit 1900 Probleme, die den innovativen Charakter abschwächten. Mit den neuen Instituten, der Festlegung großer Finanzmittel, den „vested interests" der Direktoren, der wachsenden Abhängigkeit zumal der Privatdozenten und Extraordinarien von materiellen und personellen Forschungsmitteln und von den Direktoren war es schwieriger geworden, neue Richtungen einzuschlagen, neue Fächer zu etablieren. Für physikalische Chemie z. B. gab es 1903, 20 Jahre nach ihrer Begründung, nur drei Ordinariate und fünf Extraordinariate, und ähnlich war es mit der physiologischen Chemie. Neue Richtungen – Astrophysik, Genetik, Verhaltensforschung z. B. oder Teildisziplinen der Physik und der theoretischen Medizin – gediehen nach 1900 in anderen Ländern mit einem flexibleren (oder neueren) System, wie den USA, schneller. Aber ganz schwerwiegend waren diese Probleme vor 1914 noch nicht; die Institute z. B. begünstigten ja auch über die Assistentenstellen den wissenschaftlichen Nachwuchs. Und die herausgehobene Stellung des großen Forscher-Professors begünstigte auch die Forschung. Die Kaiser-Wilhelm-Institute sind um solche Personen herum errichtet worden, und das erwies sich als erfolgreich.

Zu diesen institutionellen Bedingungen der Stärke der deutschen Naturwissenschaften kam noch eine im 19. Jahrhundert spezifische intellektuelle Tradition. Das war über aller Spezialisierung das besondere Interesse an den Grundlagen des Faches, an theoretischer Physik oder theoretischer, allgemeiner Biologie z. B., darüber hinaus die Tendenz zu einer einfachen und universalen Theorie, zum Ganzen eines Teilbereichs, ja zu einer einheitlichen Welterkenntnis, zur Einheit der Natur; darum spielen die Grundsatzerörterungen über Materie, Kraft und Energie, über die Hauptsätze der Thermodynamik, über Mechanik und Feldtheorie eine solche Rolle. Man mag darin ein Erbe der Philosophie und des Kampfes der deutschen Naturwissenschaftler gegen die romantische Naturphilosophie zugleich sehen. Die Frage nach dem jeweils größeren Ganzen war der Stachel, der die experimentelle beobachtende Forschung mit neuen Anstößen vorantrieb. Der Horizont der Fragen war weit.

Will man vorweg, kurz und abstrakt, die Gesamtentwicklung charakterisieren, so muß man drei Momente nennen: 1. die ungeheure Expansion der Gegenstände, der Methoden, der Entdeckungen; 2. die Spezialisierung in neue Fächer und Subfächer; und 3. – das ist die Pointe – die Vereinheitlichung dieser Wissenschaften zu einem im Prinzip einheitlichen Theorie- und Methodenkomplex, das Zusammenwachsen der ehedem weit voneinander getrennten Einzelbereiche.

Hans-Ulrich Wehler
Erfindergeist und Dynamik der Wirtschaft

Faßt man unter einigen Sachgesichtspunkten die Wachstumserfolge der deutschen Industriewirtschaft seit der Reichsgründung noch einmal ins Auge, läßt sich zuerst eine erstaunliche Steigerung des deutschen Anteils an der Weltindustrieproduktion konstatieren. Als Bismarck preußischer Ministerpräsident wurde, konnten die Gewerberegionen des Deutschen Bundes mit respektablen 4.9 Prozent immerhin schon den fünften Platz belegen, während Großbritannien mit 19.9 Prozent unangefochten die Führung innehatte. (Die Indexbasis ist die englische Industrieproduktion ohne den Bergbau, im Jahre 1900 = 100.) Von 1880 bis 1900 lag das Kaiserreich bereits an dritter, 1913 mit 14.8 Prozent sogar an zweiter Stelle hinter den Vereinigten Staaten (32.0), deutlich aber vor Großbritannien (13.6). Zwischen 1860 und 1913 hat sich der deutsche Anteil an der Weltindustrieproduktion verdreifacht, der britische dagegen war um ein Drittel gesunken. Zum absoluten Spitzenreiter waren die Vereinigten Staaten mit einer Steigerung um dreihundertfünfzig Prozent aufgestiegen. Und blickt man nur auf Europa, erzeugte die deutsche Industrie seit etwa 1900 fast ein Viertel (23,5 Prozent) seiner Gesamtproduktion.

Nicht minder erstaunlich ist der hohe Anteil, den sich Deutschland als junge Industrienation am Welthandel errungen hat. Bereits 1880 erreichte es mit 10.3 Prozent die zweite Stelle hinter Großbritannien, das damals noch mehr als ein Fünftel davon (22.4 Prozent) kontrollierte. 1913 besaß das Reich noch immer den Rang des

Zweitplazierten, hatte aber trotz des weltweit in Gang gekommenen Industrialisierungsprozesses mit 12.3 Prozent dicht hinter England (14.2 Prozent) aufgeschlossen und die USA (11 Prozent) klar abgehängt.

Auch bei der Verteilung des Bruttosozialprodukts pro Kopf hat sich bis dahin der Abstand zwischen dem Pionierland der Industrie und seinem kontinentaleuropäischen Hauptkonkurrenten auffallend verringert. Betrug er 1890 noch 1130 zu 729, machte er 1910 nur mehr 1302 zu 958 aus (nach der besten neuen Berechnung in US-Dollars von 1970). Damit behauptete Deutschland auf der Rangskala der ökonomisch entwickelten europäischen Länder in den Jahrzehnten vor 1914 den fünften Platz. Dabei muß man sich jedoch sofort vergegenwärtigen, daß die vor ihm liegenden reicheren Länder (außer England mit 40.8 Millionen Einwohnern) ausnahmslos Kleinstaaten wie Belgien (7.4 Mill./1110), Dänemark (2.8 Mill./1050) und die Schweiz (3,8 Mill./992) waren; sie hatten das erwirtschaftete Sozialprodukt auf relativ wenige Köpfe zu verteilen. Man darf deshalb nicht einem statistischen Trugschluß erliegen: Diese kleineren Länder produzierten vergleichsweise so wenig, „daß selbst ein bescheidener Zuwachs sich verhältnismäßig kräftig auswirkte". Dagegen muß die Wohlstandsstatistik beim Deutschen Reich vor 1914 mehr als fünfundsechzig Millionen Menschen berücksichtigen, um zu dem soeben genannten Pro-Kopf-Einkommen zu gelangen.

Diese Distributionsleistung, zu der sich der deutsche Industriekapitalismus unter dem Druck des Verteilungskampfes imstande erwies, beruhte auf einer zeitweilig atemberaubenden Steigerung der Produktivkräfte in der Zeitspanne vom Ende der deutschen Industriellen Revolution bis zum Ersten Weltkrieg. Das Wachstumstempo während der „Großen Deflation" ist schon eindrucksvoll genug. Aber seit den 1890er Jahren haben sich seine Resultate [...] innerhalb von knapp zweieinhalb Jahrzehnten in den Kernbereichen verdoppelt oder sogar verdreifacht. [...]

Die überschäumenden Boomphasen in der Trendperiode seit 1895 beruhten auf einem Bündel von komplexen endogenen und internationalen Ursachen. Fraglos gehört zu ihnen der frappante Aufstieg neuer Führungssektoren, die bereits vor 1914 eine herausragende Stellung gewonnen haben, aber erst im Verlauf des 20. Jahrhunderts ihr dynamisches Potential voll entfalten sollten.

Das Erschlaffen klassischer Führungssektoren, insbesondere des Eisenbahnbaus, hatte zu den schwierigen Wachstumsbedingungen während der „Großen Deflation" maßgeblich beigetragen, zumal sich in derselben Zeit der Staffelwechsel zugunsten der neuen Leitbranchen vollzog. Die Aufschwungbewegung seit den späten achtziger Jahren, vollends seit der Mitte des folgenden Jahrzehnts, basierte dann in hohem Maße auf ihrer unbändigen Expansionskraft.

An erster Stelle ist hier der Maschinenbau zu nennen. Er gehörte zwar seit dem Vormärz zu den Leitsektoren der deutschen Industrialisierung, erlebte aber dank seiner rasanten Modernisierung und Diversifizierung seit dem letzten Jahrzehnt des 19. Jahrhunderts einen beispiellosen Auftrieb.

In seinem Verlauf stieg er zum größten deutschen Industriezweig überhaupt auf. Wenn der Bereich der Metallverarbeitung bereits vor dem Krieg als größter deutscher Arbeitgeber fungierte (1913 = 1.9 Mill. Beschäftigte), hatte der Maschinenbau im weitesten Sinn daran entscheidenden Anteil.

1871 wurden von der Reichsstatistik erst rund 1400 Maschinenbaufabriken erfaßt. Selbst ohne Berücksichtigung des Schiffbaus, der Wagen-, Waffen- und Apparateherstellung ist ihre Zahl bereits bis 1875 auf fast zehntausend mit hundertvierundfünfzigtausend Arbeitern angestiegen, wobei die großen Lokomotivunternehmen klar an der Spitze lagen. Seither haben die Gewerbeerhebungen des Statistischen Reichsamts in den Jahren 1882, 1895 und 1907 jeweils eine explosive Zunahme um Tausende von Betrieben ermittelt.

In den siebziger, selbst in den achtziger Jahren blieben diese Maschinenbauanstalten noch überwiegend auf die Auftragsarbeit zur Erfüllung spezieller Wünsche eingestellt. Mit dem Wachstumsschub seit den neunziger Jahren drang jedoch – gefördert, ja erzwungen vom Vorbild der amerikanischen Konkurrenz – die Standardisierung der Produkte so rapide vor, daß bald eine breite Palette auf dem Lager abrufbar bereitgehalten wurde. Erst damals gingen etwa die Borsig-Werke zu einem voll standardisierten Lokomotiventyp endgültig über.

Wegen des Nachfragesogs veränderte sich auch die Betriebsgröße. Hatten mittelgroße Unternehmen mit fünfzig bis vierhundert Beschäftigten jahrzehntelang das Gros gestellt, setzte sich in der

Konjunkturphase seit 1895 der Trend zum Großbetrieb mit mehr als achthundert Beschäftigten durch. Innovationen trieben ihre Zahl regelmäßig in die Höhe. Die erste deutsche Fabrik für Maschinenwerkzeuge zum Beispiel, die Firma Reinecker im klassischen Branchenzentrum Chemnitz, kam nach zehnjährigem Bestehen um die Jahrhundertwende schon auf einen Facharbeiterstamm von 1200 Mann, deren Erzeugnisse sich dem Wettbewerb mit den amerikanischen Marktführern vollauf gewachsen zeigten.

Auf einem anderen Gebiet hat in jener Zeit die Zukunft des späten 20. Jahrhunderts begonnen. Der Bau von Verbrennungsmotoren und von Automobilen entwickelte sich erstaunlich schnell zu einer neuen Wachstumsbranche. 1886 eröffneten Daimler und Maybach die Herstellung ihrer Autos in Cannstatt. Benz erreichte 1897 mit fünfhundert in Mannheim hergestellten Kraftfahrzeugen bereits die höchste Produktionsziffer in Europa. Zehn Jahre später gab es in Deutschland siebenundzwanzigtausend Autos. Zu diesem Zeitpunkt liefen aber schon 552 000 Verbrennungsmotoren für andere Zwecke. 1912 erreichten achtundfünfzig Hersteller einen Jahresausstoß von 16 400 Personenkraftwagen; Opel war mit dreitausend Fahrzeugen der größte von ihnen. Mit der Produktion, die Renault und Peugeot bereits erreicht hatten, war diese Zahl aber noch nicht von ferne zu vergleichen. Immerhin strebte der deutsche Autobestand im Jahre 1914 der Hunderttausender-Marke entgegen.

Wie so manche zukunftsverheißende Branche orientierte sich auch der Maschinenbau in zunehmendem Maße an den verlockenden Chancen des Weltmarkts. Von 1871 bis 1913 stieg der Wert seines Exports um das Sechzehnfache. Im letzten Friedensjahr betrug er mehr als 680 Millionen Mark; das waren immerhin sieben Prozent des deutschen Gesamtexports. Der deutsche Anteil am Weltmaschinenexport erreichte 1913 sogar rund dreißig Prozent. Damit lagen die deutschen Maschinenproduzenten unangefochten vor ihren Rivalen in Großbritannien, ja selbst in den USA.

Eine ungleich erstaunlichere Karriere durchlief ein Neuling: die Chemische Industrie. Sie genoß die Vorzüge der relativ späten deutschen Industrialisierung, da sie sich erst seit den 1860er/70er Jahren kräftig entfaltete, so daß sie sogleich in den Genuß der fortgeschrittensten westlichen Technologie kam. Anstatt zum Beispiel den alten Leblanc-Prozeß für die Sodaherstellung übernehmen zu müssen, konnte sie sofort das neue, weit überlegene Solvay-Verfahren einführen. Ohne die Bürde einer veralteten Ausrüstung und die Bindung von wertvollem Fixkapital traten die meisten Chemiebetriebe unbeschwert in den Wettbewerb ein.

Die Erfolgsursachen für den seither einsetzenden fabelhaften Aufstieg der deutschen Großchemie lassen sich klar bestimmen.

Vom Weltmarkt ging eine außergewöhnlich starke, seither nicht nachlassende Nachfrage aus, die ständig durch neue Bedürfnisse erweitert wurde.

Die Entwicklung der chemischen Technik machte in kurzer Zeit große Fortschritte, welche die sichere, vorauskalkulierbare Massenproduktion ermöglichten.

Naturwissenschaftliche Methoden wurden systematisch genutzt, um Innovationen in den Produktionsprozeß einzuschleusen. Das galt für die eigentliche Grundlagenforschung, etwa im Bereich der Farbsynthese. Es galt aber auch für die Herstellungsverfahren und die Anwendungstechnik.

Akademisch ausgebildete Chemiker gewannen daher frühzeitig eine Schlüsselrolle. Weitaus früher als anderswo wurden diese Absolventen der Universitäten zu einer strategischen Funktionselite in den Chemieunternehmen. Der wissenschaftliche Input bildete ihren eigentlich „kritischen Wachstumsfaktor" vor 1914.

Peter Gay

Preis des Fortschritts: Die Entstehung der Psychologie

Der geistige Konservativismus, das unwiderstehliche Bedürfnis, die Dinge so zu lassen, wie sie sind, ist der menschlichen Natur tief eingegraben. Dieser Konservativismus nährt das beruhigende Gefühl, daß man den von der Kultur errichteten Wegweisern getrost folgen kann, daß die Verlaufsform der eigenen Vergangenheit quasi die Garantie enthält, daß im Blick auf den eigenen Standort in der Welt und die wesentlichen Bindungen, die man in ihr unterhält, auch die Zukunft wenig Überraschungen birgt. Das 19. Jahrhundert aber, das sich den Neuerungen verschrieben hatte, bedeutete für eingefleischte Gewohnheiten eine ebenso beglückende wie beunruhigende Herausforderung. In praktisch allen Bereichen des Lebens machte es dramatische Aufbruchserfahrungen.

Aufbruch ist in der Tat das Grundphänomen, das Geschichtsbücher über das 19. Jahrhundert durchzieht. Die Liste ist lang: Aufbruch vom Land in die Stadt, von Kontinent zu Kontinent, vom Pferdewagen zum Eisenbahnwaggon, von heimeligen Feinkostgeschäften zu palastartigen Kaufhäusern, vom gemächlichen und gelegentlichen Schriftwechsel zur rasanten und häufigen Korrespondenz, von verabredeten Ehen zu Liebesheiraten sowie – wahrscheinlich die traumatischste Erfahrung! – von religiöser Gewißheit zu religiösem Zweifel. Das Bürgertum des 19. Jahrhunderts mußte mit bahnbrechenden Entdeckungen in der Wissenschaft, mit atemberaubenden technischen Großtaten fertig werden, ganz zu schweigen von der Modernisierung der politischen Sphäre und den heftigen Auseinandersetzungen um die Ansprüche des Nationalismus. In einem Jahrhundert, das in eine unbekannte Zukunft raste, hatten viele Bürger guten Grund, sich um die Stabilität ihres Selbst Sorgen zu machen. Die Rationalität hatte nie zuvor eindrucksvollere Erfolge erzielt, und doch gedieh unter zahlreichen Masken die Irrationalität, wie sie das viele Jahrzehnte lang nicht mehr getan hatte. Im Jahre 1904 zählte in ein und derselben Ausgabe der anspruchsvollen Zeitschrift *Hochland* der eine Mitarbeiter die Triumphe der technischen Entwicklung auf, während sich ein anderer über das Wiederaufleben eines rückwärts gewandten Mystizismus erregte.

Diese spannungsreich gemischten Reaktionen dürfen nicht auf die leichte Schulter genommen werden. Sie zeigten weit mehr an als einfach nur die Sorge, wie sich unter ungewohnten Bedingungen mit ungewohnten Aufgaben fertig werden ließ. Sie warfen Fragen auf, die ans grundlegende Selbstverständnis rührten; Entwurzelung, egal ob geistiger oder physischer Natur, konnte in tiefe Krisen stürzen oder ein lebenslanges Gefühl der Heimatlosigkeit nach sich ziehen. Seit Menschengedenken hatte man das Neue als pietätlosen Abfall von überkommenen Wahrheiten gebrandmarkt. Das ungestüme Programm der Aufklärung aber, das einer Wissenschaft vom Menschen und von der Gesellschaft galt, und die Zuversicht der Aufklärungsphilosophen, daß der Lohn des Wissens größer sein werde als die mit ihm verknüpften Gefahren, hatten begonnen, das Ansehen zu usurpieren, das einst das Gewohnte und Vertraute genoß.

So kam es, daß sich im 19. Jahrhundert das auf dem Fort-schrittsprogramm des 18. Jahrhunderts aufbauende Streben nach Neuem als gleichermaßen verderblich für lähmende Erstarrung in Vorurteilen und für die beruhigende Sicherheit des Althergebrach-ten erwies. Der Individualismus, jene moderne Doktrin, die ein Erbe der Renaissance war und deren Siegeszug sich in der zweiten Hälfte des 19. Jahrhunderts beschleunigte, war gleichermaßen ein Weg zur persönlichen Freiheit und zur psychologischen Vereinsa-mung. Der fast schon hysterische Kult um die Heiligkeit der Fami-lie, den das 19. Jahrhundert trieb, stellte ein Symptom dar, das sich als Ideal maskierte: Er zeugte von dem Bewußtsein, daß liebgewor-dene Überzeugungen ins Wanken gerieten. Kurz, der bürgerliche Mittelstand zahlte einen persönlichen Preis für den gesellschaftli-chen Fortschritt. Zumindest suchten ihn Bedenklichkeit und Ver-wirrung heim. Die auf breiter Front vorgetragenen Angriffe gegen die Tradition waren nicht dazu angetan, die Identität des Selbst so sicher zu verankern, wie die Optimisten sich das erhofft hatten. Das aber setzte das entblößte bürgerliche Herz gravierendsten Belastun-gen aus.

Gordon A. Craig

Der Beginn des Ersten Weltkriegs

Während des Frühjahrs 1914 trieben alle Nationen ihre Kriegsvor-bereitungen voran und veranlaßten ihre Parlamente, Mittel zur Militärerweiterung zu bewilligen. Diese Aktivität brachte ganz Europa einen weiteren Schritt näher an die Schwelle des Krieges; denn sie führte zu jener Art von ausführlichen Berechnungen, in denen Soldaten sich zu ergehen pflegen und die in unserer Zeit nicht unbekannt sind. Die Experten der Mittelmächte waren nun, angesichts des geplanten russischen und französischen Programms, überzeugter denn je, daß das Pendel gegen sie ausschlug. Für sie im Dreibund, so bemerkte der österreichische Feldmarschall Conrad von Hötzendorf gegenüber dem deutschen Militärattaché, gebe es nur zwei Möglichkeiten, entweder sofort loszuschlagen oder ihre Rüstung entsprechend zu verstärken, und vom militärischen Standpunkt aus sei die erstere bei weitem die korrektere von beiden. Das einzige, was Conrad zurückzuhalten schien, war die Sorge darüber, daß Österreich vielleicht eine lange Zeit allein gegen Rußland durchstehen müßte, bevor Deutschland ihm zur Hilfe käme. Im Mai erfuhr er jedoch, daß der deutsche Stabschef, der jüngere Moltke, gleichgesinnt war und daß dessen Pläne, die sich auf die von Schlieffen gründeten, einen Vorstoß nach Westen vorsahen. Damit würde Frankreich innerhalb von sechs Wochen ausgeschaltet, und es würde der Einsatz aller Kräfte Deutschlands gegen Rußland folgen. Moltke war offenbar der Überzeugung, daß Britannien auf seiten Frankreichs eingreifen, seine Intervention aber unwirksam bleiben und den Plan nicht stören würde.

Conrad hatte nicht viel Zeit, über diese Information nachzudenken. Am 28. Juni 1914 erschoß ein junger serbischer Patriot namens Gavrilo Princip in der bosnischen Stadt Sarajewo den österreichischen Thronfolger Erzherzog Franz Ferdinand und seine Gattin. Es wurde später nachgewiesen, daß Princip und seine Mittäter die idealistischen Werkzeuge eines Oberst Dragutin Dimitrijević waren, des Leiters des Nachrichtendienstes vom serbischen Generalstab und führenden Kopfes in der patriotischen Vereinigung der Schwarzen Hand, der den Mord kaltblütig geplant hatte. Obgleich dies alles in Wien nicht bekannt war, hatte die dortige Regierung nun den schon lange ersehnten Vorwand für Schritte gegen Serbien.

Am 23. Juli schickte die österreichische Regierung ein Ultimatum an Belgrad, in dem sie die serbische Regierung der Mittäterschaft bei dem Mord beschuldigte und eine Reihe von Forderungen darlegte, die Serbien bei vollständiger Erfüllung faktisch seiner Unabhängigkeit beraubt hätten. Der russische Außenminister Sasonow, der den Serben geraten hatte, alles in ihrer Macht Stehende zu tun, um die Österreicher zu besänftigen, war entsetzt und platzte gegenüber dem österreichischen Botschafter mit den Worten heraus: „Dies bedeutet einen europäischen Krieg. Sie setzen Europa in Flammen!"

Die Härte der österreichischen Bedingungen war kein Versehen. Sowohl die Österreicher als auch die Deutschen waren zu dem Schluß gekommen, eine Aktion gegen Serbien sei zwingend. Als die serbische Regierung das Ultimatum mit der Zusage wesentlicher Konzessionen gegenüber ihren Forderungen beantwortete, bezeichneten die Österreicher diese daher als unbefriedigend und erklärten am 28. Juli den Krieg. Die endgültige Krise war eingetreten.

Es fällt schwer, die Schlußfolgerung zu vermeiden, daß die Diplomaten beim Einbruch der Krise einem Defätismus erlagen. Sie unternahmen zwar alle Schritte, um den Frieden zu retten, waren aber nur mit halbem Herzen bei der Sache. Im August 1914 waren es die Soldaten, die Energie und Willenskraft besaßen, und zwar insbesondere in Berlin und in Wien. Die Nachricht, daß Deutschland bei einem Angriff auf Frankreich nicht mit britischer Neutralität rechnen könne, schockierte Bethmann Hollweg, und er machte nun den schwachen und verspäteten Versuch, die Österreicher zurückzuhalten. Für die deutschen Soldaten jedoch gab es kein Zurück. Am 30. Juli schickte Moltke, nachdem er erfahren hatte, daß in Rußland eine Teilmobilisierung eingesetzt hatte, ohne den Kaiser oder den Kanzler zu informieren, ein Telegramm nach Wien, in dem er Conrad drängte, sofort mobilzumachen und die derzeitigen Kompromißangebote Greys abzulehnen. Er fügte hinzu, der Krieg sei nun eine Bedingung für das Überleben Österreichs. „Für Österreich-Ungarn zur Erhaltung Durchhalten des europäischen Krieges letzte Mittel. Deutschland geht unbedingt mit." Als Conrad Außenminister Berchtold von diesem Telegramm in Kenntnis setzte, sagte Berchtold, der Bethmanns Einwände angehört hatte, unmutig: „Das ist gelungen! Wer regiert in Berlin?"

Die Antwort lautete, daß die Soldaten regierten. Am selben Tag (31. Juli), an dem Österreich Moltkes Rat folgte und gegen Rußland mobilmachte, schickten die Deutschen ein Ultimatum an St. Petersburg mit der Forderung, alle Kriegsmaßnahmen zu stoppen. Ohne den Russen Zeit zu geben, über eine Antwort nachzudenken, erklärten sie am 1. August den Krieg. Die Starrheit des deutschen Kriegsplanes verlangte nun die schnellstmögliche Einleitung von Feindseligkeiten – und zwar im Westen Europas anstatt auf dem Balkan. Über den Vorschlag des Kaisers, daß man die Operationen zumindest vorübergehend auf die russische Front beschränken könne, hinweggehend, besorgte Moltke die Entsendung eines Ultimatums an Frankreich und einer Note an Belgien, die freien Durchgang für deutsche Truppen forderten. Als diese abgelehnt wurden, erfolgte am 3. August automatisch die deutsche Kriegserklärung, und die Invasion Belgiens begann. Diese Maßnahme befreite Lord Grey von der Aufgabe, dem Unterhaus das Ausmaß seiner diplomatischen Verpflichtungen gegenüber Frankreich zu erklären, und ermöglichte es ihm, die Forderung nach einer englischen Intervention mit dem Schutz der traditionellen Interessen Englands zu begründen. Am 4. August befanden sich Britannien und Deutschland im Krieg.

Scheint auf den letzten Seiten die Verantwortung Österreich-Ungarns und Deutschlands für das Kriegstreiben in Europa betont zu werden, so sollte doch nicht vergessen werden, daß dieser Vorwurf auch die anderen Mächte trifft. Der Vorfall, der die endgültige Krise auslöste, war ein von Agenten der serbischen Regierung geplantes Verbrechen; die aggressive Politik der Serben erfolgte zumindest teilweise aufgrund einer Ermutigung durch die Russen; der Wagemut der Russen, eine provokative Politik auf seiten der Serben zu fördern, war teilweise auf das Versäumnis der britischen und der französischen Regierung zurückzuführen, ihnen adäquate Beschränkungen aufzuerlegen; und die Gründe für dieses Versäumnis lagen in denselben Ängsten, die die Urteilsfähigkeit der deutschen und der österreichischen Regierung beeinträchtigten. Wie auch immer über die relative Schuld der Mächte entschieden wird, es ist eindeutig, daß keine der Mächte die volle Verantwortung für den Krieg trägt und daß keine von ihnen völlig schuldlos ist.

Im größeren Rahmen gesehen, kann der Kriegsausbruch als eine Widerspiegelung jener Tendenzen betrachtet werden, die wir in den Jahren nach 1871 in der innenpolitischen Geschichte der europäischen Staaten vorgefunden haben. Die Aufteilung Europas in zwei Waffenlager nach 1907 entsprach im großen und ganzen dem Polarisierungsprozeß, der sich in der Innenpolitik vollzog und Land für Land in zwei extreme Fraktionen teilte. Und nun im Jahre 1914 gelangte die Idealisierung der Macht, die so viele Bereiche des europäischen Denkens und der europäischen Aktivität charakterisierte, zur Vollkommenheit. Europa beschloß sein Jahrhundert des Fortschritts mit einer Orgie der Gewalt, von der es sich nie wieder erholte.

Andreas Kappeler

Revolution im Russischen Vielvölkerreich

Das Schicksal der Zarenherrschaft in Rußland wurde in der Hauptstadt entschieden: „Es wäre keine Übertreibung zu sagen, daß Petrograd die Februarrevolution vollbrachte. Das übrige Land schloß sich ihm an", schrieb Trotzki später. Die von Nichtrussen bewohnten Randgebiete hatten schon in der Vorbereitung der Revolution eine geringere Rolle gespielt als 1905, und es waren die Arbeiter, Soldaten und Frauen von Petrograd, die zusammen mit der demokratischen Intelligenz das alte Regime stürzten. Daß die Revolution im ganzen Land so rasch und reibungslos siegte, war allerdings auch darauf zurückzuführen, daß die zarische Autokratie nicht nur bei den Russen, sondern auch bei den Nichtrussen ihren Kredit verspielt hatte. Dennoch ging im Jahre 1917 die revolutionäre Dynamik in höherem Maß als 1905 von den russischen Arbeitern, Soldaten und Bauern aus. Zum geringeren Gewicht der von Nichtrussen bewohnten Randgebiete trug wesentlich bei, daß die in der ersten Revolution besonders aktiven Regionen Polen und Kurland von Truppen der Mittelmächte besetzt waren.

Die Arbeiterbewegung konzentrierte sich im Jahre 1917 auf die beiden Hauptstädte und auf die russischen Industriegebiete. Auch in Städten der Peripherie wie Helsinki, Reval, Riga, Minsk, Kiev, Odessa, Ufa, Tiflis, Baku oder Taschkent entstanden früh Arbeiterräte, und in den meisten Regionen kam es zu Streiks. Auch in der Peripherie waren es oft russische Arbeiter und Soldaten, die die Initiative für Protestaktionen und revolutionäre Organisationen ergriffen. In solchen Fällen konnte es zur Konfrontation revolutionärer russischer Arbeiter mit den gemäßigten nationalen Kräften kommen. Wenn die Initiative von nichtrussischen Arbeitern ausging, wie in Finnland und den Ostseeprovinzen, stand ihre Auseinandersetzung mit der nationalen Bewegung auf der Tagesordnung.

Die Bauern des Russischen Reiches konfiszierten im Laufe des Jahres wie schon während der ersten Revolution immer größere Flächen von Gutsland. Die regionale Verteilung der agrarischen Unruhen zeigt deshalb eine Konzentration auf die Gebiete, wo die Bauern fast ausschließlich vom Ackerbau lebten und wo besonders viel Grund und Boden in nichtbäuerlichen Händen war. Darunter waren neben den russischen Schwarzerde-Gouvernements auch vorwiegend von Nichtrussen bewohnte Regionen, in erster Linie der Westen der Ukraine und das strukturell allerdings unterschiedliche Weißrußland. Die Gutsbesitzer in diesen Gebieten waren Polen und Russen, gehörten also einer anderen ethnischen Gruppe an als die weißrussischen und ukrainischen Bauern, so daß die sozialen durch ethnische Antagonismen verstärkt wurden. Hier, in der Nähe der Kriegsfront, trugen auch Soldaten, die dritte Trägerschicht der Revolution, zur Radikalisierung der Bauern bei. Nichtrussische Soldaten, so die Ukrainer, Esten und Letten, formierten ethnisch geschlossene Truppenteile. Die schon vor 1917 im Krieg gegen Deutschland eingesetzten lettischen Schützen radikalisierten sich im Laufe des Jahres und wurden zu einem bedeutsamen militärischen Instrument der Bolschewiki.

Die Revolution von 1917 war eine soziale Revolution, und auch die im Februar entfesselten nationalen Bewegungen verbanden nationale mit sozialen Forderungen. Wie bei den Russen waren die Bauern bei den meisten nichtrussischen Völkern die weitaus größte soziale Gruppe, und die Landfrage stand deshalb im Vordergrund. Besonders explosiv wurde die Kombination sozialer und nationaler Faktoren dann, wenn Unterschichten einer ethnischen Gruppe Anspruch auf den Grundbesitz einer anderen Ethnie erhoben. Die Bewegungen der Bauernvölker des Westens richteten sich oft nicht gegen russische, sondern gegen deutschbaltische oder polnische Eliten, während die Nomaden des Ostens mit den mehrheitlich russischen Siedlern zusammenstießen. Auch unter der polyethnischen Stadtbevölkerung in den Randgebieten wurde der soziale Zündstoff durch nationale Antagonismen verstärkt. Die sozial mobilisierten Bauern drängten in die Städte, wo sie auf fremde ethnische Gruppen stießen, die ihren sozialen Aufstieg behinderten. Das klassische Modell stellten die Städte im Westen und Süden dar, in denen die ethno-religiösen Diaspora-Gruppen der Juden und Armenier die Masse der wirtschaftlichen Mittelschicht stellten. Auch hier spielten sich die Konflikte oft nicht zwischen Nichtrussen und Russen ab, so daß die Zusammenarbeit einer ethnosozialen Gruppe mit Teilen der russischen Bevölkerung gegen eine andere ethnische Gruppe durchaus möglich war. In den östlichen Gebieten des Russischen Reiches war dagegen der Konflikt zwischen nichtrussischer Landbevölkerung und russischer Stadt die

Regel. Obwohl infolge der ethno-sozialen Gemengelage interethnische Konflikte in den Randgebieten des Russischen Reiches vorherrschten, gab es auch tiefgreifende soziale Antagonismen innerhalb der einzelnen ethnischen Gruppen, besonders wenn sie, wie in Transkaukasien oder Finnland, sozial stärker differenziert waren.

Heinrich August Winkler
Ausrufung der deutschen Republik

Als Philipp Scheidemann am frühen Nachmittag des 9. November 1918 von einem Balkon des Reichstags aus die „Deutsche Republik" ausrief, tat er es, ohne von Friedrich Ebert dazu autorisiert zu sein. Der eben ernannte „Reichskanzler" hätte es vorgezogen, die Frage „Republik oder Monarchie?" der Verfassunggebenden Nationalversammlung zu überlassen. Aber Scheidemann hatte ein sicheres Gespür dafür, daß der Tropfen monarchischen Öls, mit dem Prinz Max von Baden den sozialdemokratischen Parteiführer gesalbt hatte, vielleicht die Militärs und höheren Beamten, nicht jedoch die breiten Massen beeindrucken konnte. Was die revoltierenden Soldaten und Arbeiter von den maßgebenden Sozialdemokraten erwarteten, war ein demonstrativer Bruch mit dem verhaßten „preußischen Militarismus". Die Ausrufung der Republik hatte diese Signalwirkung. Sie war so stark, daß auch Karl Liebknecht sie nicht mehr abschwächen konnte, als er, zwei Stunden nach Scheidemann, vom Balkon des Berliner Schlosses aus die „freie sozialistische Republik Deutschland" proklamierte.

Mit seiner, von den meisten als Flucht empfundenen Abreise nach Spa hatte Wilhelm II. dem monarchischen Gefühl vieler Deutscher einen schweren, ja tödlichen Schlag versetzt. Außerhalb der preußischen Kernlande gab es kaum noch Gefühle der Anhänglichkeit an den letzten Hohenzollern, und selbst in den altpreußischen Gebieten war es nur eine konservative Minderheit kirchentreuer Lutheraner, die ihrem Landesherrn über seinen Sturz hinaus die Treue hielt. Den gläubigen Protestanten fiel der Abschied von der Monarchie auch in den anderen deutschen Staaten schwerer als den Katholiken, stand doch der jeweilige Landesherr zugleich als „summus episcopus" an der Spitze der evangelischen Kirche. Doch zunächst waren die verbliebenen Anhänger der Monarchie, ob evangelisch oder katholisch, wie betäubt. Die Niederlage Deutschlands schmerzte sie noch mehr als die Ausrufung der Republik, und die Abdankung der Dynasten ließ ihnen gar keine andere Wahl, als die neue Staatsform einstweilen hinzunehmen.

Für die große Mehrheit der Deutschen verband sich mit der Republik die Hoffnung auf einen gerechten Frieden und einen innenpolitischen Neuanfang. Scheidemanns Worte „Das alte Morsche ist zusammengebrochen; der Militarismus ist erledigt!" trafen die Gefühlslage des 9. November genau. Die Fürsten und Generäle hatten ihren Kredit verspielt; sie standen für die Enttäuschungen und Entbehrungen des verlorenen Krieges; sie verkörperten eine Gesellschaft des „Oben" und „Unten", die in Wirklichkeit längst aus den Fugen geraten war. Es war folglich an der Zeit, den bisher Herrschenden den Gehorsam aufzukündigen und das Volk selbst zum Herrn seiner Geschicke zu machen. Was immer Demokratie konkret bedeuten mochte: dem Obrigkeitsstaat erschien sie allemal überlegen, und, was mit das wichtigste war, sie konnte als Brücke zu den demokratischen Nationen des Westens dienen, mit denen nun die Bedingungen des Friedens ausgehandelt werden mußten.

Was für die Heimat galt, traf auch für Front und Etappe zu: Einen aktiven Rückhalt für die Monarchie gab es kaum noch. Die Offiziere, die am 9. November daran dachten, mit dem Kaiser an der Spitze in die Heimat zurückzukehren und die Revolution oder, wie es bei ihnen hieß, den „Bolschewismus" niederzuwerfen, waren hoffnungslos in der Minderheit. Die große Mehrheit scharte sich hinter Groener, der seinerseits Hindenburg davon überzeugen konnte, daß der „Plan eines Vormarsches gegen die Heimat" nicht nur den Bürgerkrieg, sondern auch die Fortsetzung des Krieges mit der Entente bedeuten würde und schon deshalb völlig aussichtslos sei. Groener war es auch, der Wilhelm II. am Vormittag des 9. November in Spa die Wahrheit ins Gesicht sagte: „Das Heer wird unter seinen Führern und Kommandierenden Generalen in Ruhe und Ordnung in die Heimat zurückmarschieren, aber nicht unter dem Befehl Eurer Majestät; denn es steht nicht mehr hinter Eurer Majestät!"

In der Absage an den Bürgerkrieg traf sich Groener mit Ebert, der in einer seiner ersten und letzten Amtshandlungen als „Reichskanzler" Behörden und Beamten versicherte, die neue Regierung habe die Führung der Geschäfte übernommen, „um das deutsche Volk vor Bürgerkrieg und Hungersnot zu bewahren und seine berechtigten Forderungen auf Selbstbestimmung durchzusetzen". Eberts Appell an die Beamten, auf ihren Posten zu bleiben, ließ keinen Zweifel daran aufkommen, welches Ziel für ihn angesichts des Zusammenbruchs der alten Staatsordnung und der militärischen Niederlage oberste Priorität besaß: „Ein Versagen der Organisation in dieser schweren Stunde würde Deutschland der Anarchie und dem schrecklichsten Elend ausliefern." Es kam mithin vor allem darauf an, die Funktionsfähigkeit der öffentlichen Einrichtungen aufrechtzuerhalten oder, in den Worten von Eberts Amtsvorgänger Max von Baden, „unter allen Umständen den Zusammenbruch der Regierungsmaschine zu verhindern" und „von Legalität und Kontinuität zu retten, was noch zu retten war".

Im Hinblick auf das Ziel, Chaos und Bürgerkrieg zu vermeiden, gab es also einen Grundkonsens zwischen den sozialdemokratischen Führern und den nüchtern urteilenden Vertretern der bisherigen zivilen und militärischen Staatsgewalt. Aber erreichen ließ sich dieses Ziel nur, wenn es gelang, das Zusammenwirken von neuen Machthabern und alten Funktionseliten nach „links" abzusichern. Der Massenrückhalt der Mehrheitssozialdemokraten reichte nicht aus, um die Revolution vor einer Entgleisung zu bewahren, wie sie sich, aus der Sicht der SPD, ein Jahr zuvor in Rußland ereignet hatte. Es war nicht einmal sicher, ob ein Pakt mit den Unabhängigen Sozialdemokraten dieser Möglichkeit einen Riegel vorschieben würde. Gewiß war nur, daß es zum Versuch einer Verständigung mit der USPD keine vernünftige Alternative gab. Auf eine Unterstützung durch die Arbeiterschaft konnte die neue Regierung nur hoffen, wenn sie sich entschlossen zeigte, den sozialdemokratischen Bruderkampf zu beenden.

Der Gegensatz zwischen oppositionellen und „Regierungssozialisten" war in den letzten Monaten des Krieges immer tiefer geworden und hatte mittlerweile auch die zwischenmenschlichen Beziehungen stark beeinträchtigt: Die Mitglieder des sozialdemokratischen Parteivorstandes wurden von den Abgeordneten der USPD nicht einmal mehr gegrüßt. Am 9. November aber zählten persönliche Empfindlichkeiten nicht mehr. Nachdem bereits am frühen Vormittag, noch vor der entscheidenden Sitzung der sozialdemokratischen Reichstagsfraktion, maßgebende Vertreter beider Parteien ein erstes Gespräch über die Bildung einer gemeinsamen Regierung geführt hatten, schlug Ebert am Nachmittag der USPD vor, es solle „ein zu gleichen Teilen aus Mehrheitlern und Unabhängigen zusammengesetztes Kabinett gebildet werden, dem Mitglieder der bürgerlichen Parteien der Linken als Fachminister zur Seite stehen könnten". Das hieß: Beteiligung der bürgerlichen Mehrheitsparteien an der Regierung, aber keine Gleichberechtigung mit den beiden sozialdemokratischen Parteien, denen die politische Führungsrolle zufiel und die ihrerseits die Macht auf der Grundlage der Parität ausüben sollten.

Heinrich August Winkler
Der Mord am Außenminister

Die deutsche Innenpolitik stand im Frühjahr und Frühsommer 1922 im Zeichen verstärkter Aktivitäten der nationalistischen Rechten. Vom 19. Mai bis Mitte Juni unternahm Generalfeldmarschall von Hindenburg eine Reise durch Ostpreußen, die sich nach Otto Brauns Urteil zu einer „deutschnationalen Propagandafahrt" auswuchs. Die Reichswehr nahm demonstrativ an Kundgebungen zu Ehren des früheren Chefs der Obersten Heeresleitung teil, besonders massiv in Königsberg, wo es am 11. Juni zu Gegendemonstrationen der Arbeiterparteien und blutigen Zusammenstößen kam. Am 4. Juni wurde in Kassel auf den dortigen Oberbürgermeister und ehemaligen Reichsministerpräsidenten Philipp Scheidemann ein Anschlag mit Blausäure verübt. Scheidemann erlitt nur vorübergehende gesundheitliche Schäden, was die rechtsradikale „Deutsche Zeitung" veranlaßte, den Vorfall als „Attentat mit der Klistierspritze" lächerlich zu machen. Um dieselbe Zeit veröffentlichte der deutschnationale Reichstagsabgeordnete Wilhelm Henning, ein maßgeblicher Vertreter des völkischen Flügels der DNVP, in der „Konservativen Monatsschrift" einen Artikel unter dem Titel „Das wahre Gesicht des Rapallo-Vertrages", in dem er dem Reichsaußenminister Walther Rathenau vorwarf, er verlange von den Sowjets keine Sühne mehr für die Ermordung des deutschen Gesandten Graf Mirbach im Juli 1918 durch russische Sozialrevolutionäre. „Kaum hat der internationale Jude Rathenau die deutsche Ehre in seinen Fingern, so ist davon nicht mehr die Rede ... Die deutsche Ehre ist keine Schacherware für internationale Judenhände! ... Die deutsche Ehre wird gesühnt werden. Sie aber, Herr Rathenau, und Ihre Hinterleute werden vom deutschen Volke zur Rechenschaft gezogen werden, ‚sonst hätte‘ – um Ihre eigenen Worte zu gebrauchen – ‚die Weltgeschichte ihren Sinn verloren‘.“

Die Äußerung, auf die Henning anspielte, war seit langem ein fester Bestandteil der rechtsradikalen Agitation gegen den Juden und Intellektuellen Walther Rathenau. In seiner im März 1919 erschienenen Schrift *Der Kaiser* hatte Rathenau eine Bemerkung zitiert, die er in den ersten Kriegstagen einem vertrauten Freund gegenüber getan haben wollte: „Nie wird der Augenblick kommen, wo der Kaiser, als Sieger der Welt, mit seinen Paladinen auf weißen Rossen durchs Brandenburger Tor zieht. An diesem Tage hätte die Weltgeschichte ihren Sinn verloren.“ Im nationalistischen Bürgertum wurde diese Äußerung als Beleg einer undeutschen Gesinnung, ja geistigen Landesverrats gewertet. Bei den radikalen Antisemiten schlug sich der Haß auf den jüdischen Außenminister in einer gereimten Parole nieder: „Auch der Rathenau, der Walther, erreicht kein hohes Alter. Knallt ab den Walther Rathenau, die gottverfluchte Judensau.“

Am späten Vormittag des 24. Juni 1922 wurde Walther Rathenau, der sich auf der Fahrt von seiner Villa im Grunewald ins Auswärtige Amt befand, von zwei Personen, die sein Fahrzeug überholten, durch Pistolenschüsse getötet. Die rasch ermittelten Täter, der Oberleutnant zur See a. D. Erwin Kern und der Leutnant der Reserve Hermann Fischer, wurden am 17. Juli auf der Burg Saaleck bei Kösen von der Polizei gestellt; Kern starb durch Kugeln seiner Verfolger, Fischer nahm sich daraufhin selbst das Leben. Beide waren Mitglieder des Deutschvölkischen Schutz- und Trutzbundes und der „Organisation Consul“, die auch den Mord an Erzberger vorbereitet und durchgeführt hatte, als zentral geleiteter Verband 1922 aber wohl nicht mehr bestand. Aus derselben Geheimorganisation kamen auch einige der Hintermänner des

Anschlags, deren die Polizei bald habhaft werden konnte. Das Attentat war, wie einer der unbehelligt gebliebenen Hauptbeteiligten, der Freikorps- und zeitweilige SA-Führer Friedrich Wilhelm Heinz, 1933 berichtete, von Frankfurt am Main aus vorbereitet worden, wo Heinz die örtliche Gliederung der „O.C." leitete. In Rathenau wollten die Urheber des Mordes die Erfüllungspolitik und die Republik insgesamt treffen, und in gewisser Weise *war* Rathenau der Repräsentant all dessen, was sie haßten. Er war ein Kritiker des alten Deutschland, der ohne die Revolution nicht hätte Außenminister werden können; er vertrat die Erfüllungspolitik gegenüber dem Westen ohne die nach Osten gerichteten Hintergedanken Joseph Wirths. Aber zugleich war Rathenau auch ein Produkt der wilhelminischen Zeit und ein deutscher Patriot, der die Ordnung von Versailles überwinden wollte. Es waren nicht zuletzt die Widersprüche Rathenaus, die ihn zu einer Verkörperung der jungen Republik und zu einem Gegenstand des Hasses für alle machten, die darauf aus waren, Weimar durch eine Revolution von rechts zu Fall zu bringen.

Wolfgang Benz

Antisemitismus im Deutschen Reich

Das Deutsche Reich hatte 1933, als das nationalsozialistische Regime errichtet wurde, etwas über 66 Millionen Einwohner. Eine halbe Million davon (oder 0,76% der Gesamtbevölkerung) bekannte sich zum Judentum und verstand sich als eine religiöse Minderheit. Ein beträchtlicher Teil der nichtjüdischen Mitbürger empfand die Juden freilich auch als kulturelle oder gar als ethnische Minderheit. Das hatte traditionelle Gründe im latenten Antisemitismus, wie er überall in Europa herrschte, aber auch im religiösen Ritual frommer Juden, und nicht zuletzt waren es soziale und ökonomische Faktoren, derentwegen „die Juden" als besondere Bevölkerungsgruppe definiert wurden. Daß Juden in einigen Berufen unproportional häufig auftraten, vor allem als Händler, Makler, Bankiers, aber auch als Ärzte und Rechtsanwälte oder in künstlerischen und kulturwirtschaftlichen Berufen, hatte lange zurückkreichende soziale und politische Ursachen, an denen die Juden selbst am wenigsten schuld hatten. Die Traditionen prägten aber das Bild mit, das die Antisemiten vom Judentum haben wollten.

Alles Streben nach Emanzipation und Assimilation, wie es in der knappen Spanne der Republik von Weimar als einer kurzen und letzten kulturellen Blütezeit deutschen Judentums zum Erfolg gekommen schien, erwies sich als vergeblich, als die NSDAP Regierungspartei in Deutschland wurde und ihre Rasseideologie zur Staatsdoktrin erhob. Mit ungläubigem Staunen mußten die deutschen Patrioten jüdischen Glaubens vernehmen, daß ihr Einsatz fürs Vaterland, ihre Liebe zu Deutschland, daß ihre Wurzeln in deutscher Kultur und Geistigkeit nun nicht mehr existent sein sollten. Viele weigerten sich gar, die von der Regierung Hitler angeordneten oder angekündigten Maßnahmen zur Kenntnis zu nehmen, fühlten sie sich doch ebenso wie andere deutsch-national oder nationalliberal, demokratisch oder sozialdemokratisch empfindende Deutsche mit manchem Ziel und Streben der von Hitler geführten Regierung solidarisch, etwa der Überwindung von Versailles, dem Wiedergewinn nationaler Größe. Die Mitglieder des „Reichsbunds jüdischer Frontsoldaten", die auf ihre im Ersten Weltkrieg für Deutschland Gefallenen stolz waren, aber auch die im politisch und religiös liberal orientierten „Centralverein deutscher Staatsbürger jüdischen Glaubens" Organisierten fühlten sich nicht nur als Deutsche, sie waren es auch. Dieses Bewußtsein reichte sogar weit in die Reihen der Zionisten hinein und trennte die deutschen Juden von den Ostjuden mehrheitlich polnischer Staatsbürgerschaft, die im Deutschen Reich lebten.

Diese, den Kaftan oder wenigstens einen Gehrock tragenden Ostjuden, die jiddisch sprachen und nicht nur in religiöser Hinsicht orthodox waren, traten überwiegend in Berlin in Erscheinung. Im Scheunenviertel, unweit vom Alexanderplatz, konnte man sich ins osteuropäische Stetl versetzt fühlen. Die dort lebenden Ostjuden, die während und nach den Revolutionswirren aus Rußland, dem Baltikum und Polen einwanderten, angezogen auch vom Vertrauen in die Liberalität der Weimarer Republik, waren aus der Perspektive der deutschen Juden allenfalls Objekte der Fürsorge, wie man sie im Elend und in Not lebenden weitläufigen Verwandten schuldet. Insgesamt waren es 1933 knapp 99 000 oder 19,8% der in der Statistik des Deutschen Reiches erscheinenden Juden, die nicht deutsche Staatsbürger waren. Wenig scheuten die deutschen Juden mehr, als mit diesen fremdartigen Leuten identifiziert zu werden.

Aber genau das widerfuhr ihnen, und ihre Distanz zum Ostjudentum vergrößerte das nur noch. Die antisemitische Propaganda identifizierte aber auch alle, die ihre Bindungen zum Judentum längst aufgegeben hatten, mit jüdischem Wesen, jüdischem Brauch, jüdischer Art oder mit dem, was sie in diesem Sinne für charakteristisch hielten. So sahen sich spätestens mit dem Erlaß der Nürnberger Gesetze einige zehntausend Menschen jäh ins Ghetto zurückgestoßen, das ihre Großeltern verlassen hatten, als sie, die Assimilation im deutschen (Bildungs-)Bürgertum suchend, die Bindungen an die jüdische Religion und ihre Gesetze lösten.

Von der antisemitischen Propaganda und den Maßnahmen der NS-Regierung existentiell – und zwar in jeder Beziehung – getroffen waren aber auch alle, die sich zur jüdischen Religion bekannten. Für sie gab es keinen Konflikt zwischen ihrem Bekenntnis zum Judentum und ihrer Loyalität zu allem, was als deutsch galt. Gekränktes Rechtsempfinden, vor allem jedoch Erstaunen und die Hoffnung, daß sich die Drohungen Hitlers als Spuk erweisen müßten, prägten die Haltung vieler deutscher Juden bis zum Novemberpogrom 1938. Auf den Boykottaufruf der NSDAP zum 1. April 1933 (die Rache des neuen Regimes für die schlechte Auslandspresse: Jüdische Geschäfte, Ärzte und Anwälte sollten an diesem Tag demonstrativ gemieden und Juden am Besuch von Schulen und Universitäten gehindert werden) reagierten die Repräsentanten der deutschen Juden mit einem Appell an den Reichskanzler Adolf Hitler, in dem sie beteuerten, wie sie sich „mit allen Fasern ihres Herzens der deutschen Heimat verbunden" fühlten. Und das war ihnen heilige Überzeugung, denn sie führten auch folgendes an: „In allen vaterländischen Kriegen haben deutsche Juden in dieser Verbundenheit Blutsopfer gebracht. Im großen Kriege haben von 500000 deutschen Juden 12000 ihr Leben hingegeben. Auf den Gebieten friedlicher Arbeit haben wir mit allen unseren Kräften unsere Pflicht getan."

Der Aufruf, Rechtsverwahrung und Hilferuf in einem, schloß mit Beschwörungen: „Wir rufen dem deutschen Volke, dem Gerechtigkeit stets höchste Tugend war, zu: Der Vorwurf, unser Volk geschädigt zu haben, berührt aufs tiefste unsere Ehre. Um der Wahrheit willen und um unserer Ehre willen erheben wir feierlich

Verwahrung gegen diese Anklage. Wir vertrauen auf den Herrn Reichspräsidenten und auf die Reichsregierung, daß sie uns Recht und Lebensmöglichkeit in unserem deutschen Vaterlande nicht nehmen lassen werden. Wir wiederholen in dieser Stunde das Bekenntnis unserer Zugehörigkeit zum deutschen Volke, an dessen Erneuerung und Aufstieg mitzuarbeiten unsere heiligste Pflicht, unser Recht und unser sehnlichster Wunsch ist."

Das war am 29. März 1933. Der Boykott fand am 1. April statt als erste öffentliche Demonstration einer judenfeindlichen Politik, an deren Ende die physische Vernichtung nicht nur des größten Teils der deutschen, sondern von insgesamt sechs Millionen Juden in ganz Europa geplant und vollzogen wurde.

Niza Ganor

Ein Mädchen erlebt den Beginn der Judenverfolgung im besetzten Polen

Einmal, auf dem Weg von der Arbeit nach Hause, sah ich eine Gruppe SS-Männer. Ich fürchtete mich und begann zu zittern. Während ich schneller ging, betrachtete ich sie verstohlen. Einen kurzen Augenblick schien es mir, als ob sie mit sich selbst beschäftigt wären, aber plötzlich griff sich einer von ihnen einen unserer Männer und fragte ihn nach seiner Arbeitsbescheinigung. Ich spürte, daß irgend etwas in der Luft lag, verdrückte mich in eine Nebenstraße und lief so schnell ich konnte. Die ganze Familie saß daheim, und meine Mutter verhängte gerade die Fenster. Das Haus war verschlossen, so fühlten wir uns drinnen etwas sicherer.

Tritte von Militärstiefeln waren bedrohlich zu hören. Als sie sich wieder entfernt hatten, begann meine Schwester Jaffa ein heißes Getränk für Mutter zuzubereiten, denn sie litt unter Magenschmerzen. Plötzlich wurden die Stiefeltritte wieder lauter, und während Schläge gegen unsere Eingangstür donnerten, hörte man lautes Rufen: „Aufmachen! – Sofort aufmachen!"

Unsere Wohnung bestand aus vier Zimmern. In den beiden hinteren waren Vater und mein Onkel. Schnell schoben wir einen Schrank vor die beiden Türflügel und verbargen damit den Eingang zu den Zimmern. Dann öffneten wir die Haustür, und zwei SS-Männer mit Handlaternen, deren grelles Licht uns blendete, fragten: „Wo sind die Männer?" – „Es sind keine Männer hier", antwortete meine Mutter, und mit Nachdruck sagte sie noch einmal: „Ich bin mit meinen Töchtern allein!"

Die SS-Männer gingen durch das ganze Haus. Nur der Hall ihrer groben, gewalttätigen Schritte war noch stärker als unser Herzklopfen. Sie kamen auch zu dem Schrank, hinter dem sich Vater und mein Onkel versteckt hielten. Sie leuchteten in alle Ecken. Dann gingen sie wieder fort.

Ich sagte meinem Vater, daß die Gefahr vorüber sei. Die Aufregung und die Angst hatten mich müde gemacht. Ich schlief ein.

Das Morgenlicht weckte mich. An der Eingangstür war leises Klopfen zu hören. Wer konnte es gewagt haben, trotz der Ausgangssperre auf die Straße zu gehen? Wir wunderten uns. – Es konnte doch wohl nicht sein, daß ein Nachbar da klopfte?

Mein Vater, der vor mir aufgestanden war, hatte die Gebetsriemen angelegt und gerade das Morgengebet gesprochen. Er ging an die Tür. Dann hörten wir Sarales Stimme, sie war eine Cousine meiner Mutter. Als wir die Tür öffneten, bot sich uns ein erschreckender Anblick: Sarales Kleider waren über und über mit Schmutz bedeckt und verbreiteten einen penetranten Kanalgeruch. Das Haar hing ihr wirr ins Gesicht. Sie mußte einen schweren Schock erlitten haben, denn sie antwortete gar nicht auf unseren Gutenmorgengruß. Sie fragte: „Wißt Ihr, was man mit den Juden macht?" Sie trat ein, lief um den Tisch herum und redete wie vom Wahnsinn besessen: „Gestern nachmittag brachten sie mich auf einen Eisenbahnwaggon. Sie transportierten uns nach Belzec. Sofort – beim Aussteigen aus dem Zug – roch ich Gift – Giftgas. Sie befahlen uns, uns auszuziehen. Ukrainer legten Gewehre auf uns an, dann trieben sie eine Gruppe nackter Juden in einen großen Hof, von dort aus zu einem großen Gebäude, aus dem man Erstickungsschreie hörte. Man erstickt die Juden! Man vergiftet sie mit Gas! Ich konnte entkommen, ich bin durch eine Kanalröhre gekrochen … die ganze Nacht bin ich gelaufen!" Vater sagte: „Wer nach Hitlers Sturz noch lebt, wird dem gleichen, der von den Toten auferstanden ist."

Freya von Moltke

Widerstand im Kreisauer Kreis

Krieg! Der furchtbare Versklavungs- und Vernichtungskrieg, von den Nazis vom ersten Tag an vorbereitet, ab 1938 immer drohend, zutiefst gehaßt, gefürchtet und schließlich von Nazi-Deutschland mit dem Überfall auf Polen vom Zaun gebrochen. Das konnte allerdings der Anfang vom Ende der nationalsozialistischen Diktatur in Europa werden. Daran hat Helmuth nur selten gezweifelt. Aber die unbeschreiblichen Opfer dieses Krieges! Es ist ja schließlich so gekommen, wie Helmuth erwartet hatte. Es hat aber doch immer wieder auf des Messers Schneide gestanden. „Selbst wenn Hitler England erobert“, war Helmuths Meinung, „werden die Engländer nicht nachgeben. Der König und die Regierung werden nach Kanada gehen, und die Vereinigten Staaten werden in den Krieg eintreten. Schließlich wird Deutschland besiegt werden.“ Das betraf nur den Westen! Dann kam der Osten noch dazu. Für die Zukunft der Menschlichkeit auf Erden mußte man wünschen, daß die Deutschen besiegt würden, falls es nicht gelang, das Regime, das immer noch von einer Mehrheit der Deutschen bejaht wurde, von innen zu zerstören.

Und was dann? Die Beschäftigung mit dieser Frage, und daß es, wie immer es sich ereignen würde, wirklich ein Danach geben werde, hat vielen Menschen damals Mut zum Weiterleben gegeben [...].

Es ist bekannt, daß es Helmuth und Peter Yorck von Anfang an dran lag, eine möglichst breit angelegte Gruppe von Gegnern des Regimes zusammenzubringen, damit Vertreter möglichst vieler verschiedener prinzipieller Gegner der Nazis zu Worte kommen könnten. Unbedingt mußten Sozialdemokraten dabei sein, und unbedingt mußte Verbindung zu Gewerkschaftern gesucht werden, damit die Arbeiter in den Diskussionen vertreten waren. Es gelang, Adolf Reichwein zu gewinnen, der Sozialdemokrat war. Reichwein war, wie Helmuth und Peter Yorck und mehrere andere, die sich anschlossen, in den späten zwanziger Jahren in Schlesien Teilnehmer der „Löwenberger Arbeitslager“ für Arbeiter, Studenten und Bauern gewesen. Diese Arbeitsgemeinschaften waren von Helmuth, Carl Dietrich von Trotha und Horst von Einsiedel, damals Studenten in Breslau, inspiriert von ihrem Lehrer Eugen Rosenstock-Huessy, ins Leben gerufen worden mit dem Ziel, sich mit der Not der Arbeiter in den Waldenburger Kohlenbergwerken zu befassen. „Arbeitslager" war damals die unschuldige Bezeichnung für eine unschuldige Aktivität. Jetzt versteht man unter „Arbeitslager" die schrecklichen Lager der Nazis und muß die unschuldigen „work camps" nennen. Reichwein gewann Carlo Mierendorff und Theodor Haubach für die Gruppe, beide bis 1933 Reichstagsabgeordnete der SPD und dann lange im KZ. Und es bestand Verbindung zu Wilhelm Leuschner, dem früheren bekannten Gewerkschaftsführer. Es wurden Aufgaben verteilt, die sich mit Einzelfragen zu dem großen Thema befaßten: Wie kann eine neue deutsche Demokratie funktionieren? Wie kann man aus den Deutschen Demokraten machen? Warum hatte die Weimarer Republik ein so schlechtes Ende genommen? Der Aufbau des Reichs, die Wirtschaft, die Schulen und Universitäten, die Bestrafung der Kriegsverbrecher und die Wiedergutmachung. Wie kann Europa zusammenwachsen? Das alles wurde von 1940–1943 besprochen. Teilnehmer mit voneinander abweichenden Vorstellungen trafen sich in Zweier-, Dreier-, Vierergruppen. Es herrschte durchaus nicht immer Einigkeit. Das Vertreten verschiedener Standpunkte und die Kompromisse, zu denen man dann kommen muß, kennzeichnen die Arbeitsweise der Kreisauer und gehören zum Wesen der Demokratie.

Die meisten dieser Gespräche haben von 1940 bis 1943, und zwar ständig, bei Yorcks in der Hortensienstraße stattgefunden, immer begleitet und bewirtet von Marion Yorck. [...]

Innerhalb der Opposition herrschte große Unruhe. Viele waren der Meinung, es müsse unbedingt etwas geschehen. Das Warten auf den Sieg der Alliierten genüge nicht. Einer der Unruhigsten war Carlo Mierendorff, der lebensvolle, unternehmende Mann, mit dem Helmuth immer besonders leicht übereinstimmte. Ihn tötete im November in Leipzig auf einer Geschäftsreise eine Bombe. Ein schwerer Schlag für die Kreisauer! Leuschner schloß sich ganz der Gördeler-Gruppe an. In Helmuths Briefen an mich hieß er immer „der Onkel". Dafür kam uns aber der kraftvollste Mann der Sozialdemokraten, Julius Leber, näher. Er hieß in den Briefen „Ersatzonkel" oder auch „Neumann". Aber Leber behielt immer Vorbehalte gegen zuviel Theoretisieren bei den Kreisauern. Ich habe ihn nur einmal bei Yorcks erlebt und den starken Eindruck seiner Person nie vergessen. Er war Elsässer und hatte nach dem Ersten Weltkrieg für Deutschland optiert, weil er an dem so wichtigen Prozeß der Demokratisierung Deutschlands mitarbeiten wollte. Im Haus der Yorcks traf Leber dann auch den Oberst Claus von Stauffenberg, einen Vetter von Peter Yorck. Stauffenberg legte großen Wert darauf, mit Leber zusammenzuarbeiten. So kam es zu der geschichtsträchtigen Verbindung, die am 20. Juli 1944 zu dem Versuch eines Staatsstreichs führte. Helmuth hatte die Aussichten für das Gelingen eines Staatsstreichs immer für schlecht gehalten. Er hatte kein Vertrauen in die Leute, die ihn hätten ausführen können. Die Generäle – auch solche, die Hitler und sein Regime haßten – hielt er für hoffnungslos. Und er war auch der Meinung, Hitler müsse sich selbst zugrunde richten. Denn er fürchtete, es werde sonst eine neue Dolchstoßlegende entstehen. Es war eine der großen, erfolgreichen Lügen Hitlers gewesen, die Deutschen hätten den Ersten Weltkrieg nicht an der Front verloren, sondern durch einen Dolchstoß in den Rücken der unbesiegten deutschen Armeen durch die Politiker in Berlin.

David A. Hackett

Entdeckung und Dokumentation der Greuel im Konzentrationslager Buchenwald

Buchenwald ist das erste größere nationalsozialistische Konzentrationslager gewesen, das den Westalliierten in die Hände gefallen ist, solange es noch voll mit Gefangenen besetzt war. Gegen Ende des Jahres 1944 entdeckte die amerikanische Armee ein verlassenes nationalsozialistisches Konzentrationslager im französischen Natzweiler. Die Sowjets stießen im Juli 1944 auf das verlassene und zum Teil zerstörte Lager von Maidanek und im Januar 1945 auf das Lager Auschwitz in Polen. Am 5. April fand die amerikanische Armee neue Hinweise auf Greueltaten großen Ausmaßes, als sie die kürzlich verlassenen Konzentrationslager bei Ohrdruf und Nordhausen-Dora einnahm. Doch nach allem, was sie bisher gesehen hatten, konnten sich die alliierten Soldaten und ihre Offiziere nicht vorstellen, was in dem großen Konzentrationslager Buchenwald bei Weimar in Mitteldeutschland, das sie am 11. April 1945 erreichten, auf sie wartete. Hier trafen sie auf einundzwanzigtausend verhungerte und zerlumpte Gefangene in einem mit Krematorien, Hinrichtungsstätten und einem für medizinische Experimente eingerichteten Lazarett ausgestatteten Lager.

Vier Tage später, am 15. April, kam die Britische Armee nach Bergen-Belsen bei Hannover. Hier lebten noch mehr Gefangene, die meisten standen kurz vor dem Hungertod und waren an Typhus und Paratyphus erkrankt. Amerikanische Truppen befreiten am 29. April die Insassen des Lagers Dachau bei München und am 6. Mai die Gefangenen im Lager Mauthausen bei Linz in Österreich. Die Sowjetarmee befreite am 22. April das Konzentrationslager Sachsenhausen, am 30. April Ravensbrück nördlich von Berlin und am 8. Mai Theresienstadt nördlich von Prag. Allmählich zeigte es sich, daß es sich bei den Greueltaten, von denen zu Beginn des Krieges berichtet worden war, nicht um vereinzelte Übergriffe oder um Übertreibungen zu Propagandazwecken handelte, wie dies im Ersten Weltkrieg geschehen war, sondern um unwiderrufliche Beweise für die Brutalität und Unmenschlichkeit des nationalsozialistischen Systems. [...]

In den ersten drei Wochen nach der Entdeckung des Lagers Buchenwald durch die Westalliierten berichtete die Weltpresse ausführlich über die Geschehnisse dort. Vielleicht hat sich die Weltöffentlichkeit mehr für das Lager Buchenwald interessiert als für andere Konzentrationslager, weil es das erste war, das befreit wurde. Reporter und Fotografen führender amerikanischer und britischer Zeitschriften und Zeitungen besuchten die Baracken und interviewten die Gefangenen. Auch Abordnungen des amerikanischen Kongresses und des britischen Parlaments kamen nach Buchenwald, gefolgt von besonders eingeladenen Gruppen prominenter Zeitungsredakteure, Geistlicher und Gewerkschaftsführer. In den ersten Wochen besuchten auch zahlreiche britische und amerikanische Offiziere und Soldaten das Lager, und zwar sowohl in Ausübung ihres militärischen Dienstes wie auch als wißbegierige Beobachter. Wenigstens vier verschiedene amerikanische Truppenverbände haben zu verschiedenen Zeiten ihren Dienst in Buchenwald geleistet. Das Lager wurde zunächst von der Dritten Amerikanischen Armee eingenommen, und anschließend haben es

Verbände der Ersten, der Neunten und schließlich der Siebenten Amerikanischen Armee übernommen.

Die Entscheidung, Buchenwald in den Mittelpunkt der Öffentlichkeitsarbeit für die Dokumentierung deutscher Greueltaten zu stellen, wurde auf höchster Ebene der amerikanischen und der britischen Regierung getroffen, und zwar von dem Oberbefehlshaber der alliierten Streitkräfte in Europa, General Dwight D. Eisenhower, General George C. Marshall, dem Generalstabschef der Amerikanischen Armee, dem amerikanischen Präsidenten Harry S. Truman und dem britischen Premierminister Winston Churchill. Es steht jedoch fest, daß die Initiative für diese Pressekampagne von Eisenhower ausging. Berichte über deutsche Greueltaten und die Entdeckung von in Thüringen versteckten Kunstschätzen des Dritten Reiches veranlaßten Eisenhower, am 11. April sein Hauptquartier in Reims zu verlassen und General Hodges im Hauptquartier der Zwölften Heeresgruppe in Wiesbaden aufzusuchen. Am folgenden Tag besuchte Eisenhower in Begleitung der Generäle Patton und Bradley das Salzbergwerk von Merkers in Thüringen, wo die Regierung des Dritten Reichs große Mengen von Gold, Devisen und Kunstwerken gelagert hatte. Eisenhower und seine Begleiter besuchten auch das kleine Konzentrationslager Ohrdruf bei Gotha. Die deutschen Greueltaten beeindruckten ihn so sehr, daß er am 15. April von Reims aus an General Marshall schrieb:

Aber der interessanteste – wenn auch grausige – Anblick auf dieser Reise bot sich mir in einem deutschen Internierungslager bei Gotha. Die Dinge, die ich dort sah, spotten jeder Beschreibung ... Der Anblick und die Augenzeugenberichte über Hunger, Grausamkeit und Bestialität waren so überwältigend, daß mir übel wurde. George Patton weigerte sich, einen Raum zu betreten, wo zwanzig oder dreißig verhungerte nackte Männer aufgeschichtet worden waren. Er sagte, ihm würde übel werden, wenn er sich das ansehen müßte. Ich habe dieses Lager absichtlich besucht, um aus eigener Anschauung über diese Dinge berichten zu können für den Fall, daß später behauptet werden könnte, die Schilderungen solcher Zustände seien bloße „Propaganda".

Am 13. April, weniger als achtundvierzig Stunden nach seiner Befreiung, besuchten Eisenhower, Bradley und Patton auch das Lager Buchenwald. Am gleichen Abend sprach er in Marburg mit Hodges und Bradley in Gegenwart seines Sohns, Captain John Eisenhower, über die Lager Ohrdruf, Buchenwald und Nordhausen-Dora. „Das einzige Fünkchen Optimismus, das ich sehen kann", sagte er, „ist, daß ich nicht glaube, daß die Mehrheit der Deutschen gewußt hat, was dort vorging." Nachdem er erwähnt hatte, daß Patton ihm berichtet habe, der Bürgermeister von Gotha und seine Frau hätten sich, nachdem sie das Lager Ohrdruf besucht hatten, das Leben genommen, fügte er hinzu, „vielleicht dürfen wir doch noch hoffen". Am folgenden Tag setzte sich Captain John Eisenhower in seinen Jeep, um nach Weimar zu fahren und das Lager Buchenwald zu besuchen.

Eisenhower war von allem, was er gesehen hatte, so erschüttert, daß die nazistischen Greueltaten das Hauptgesprächsthema waren, als er nach einigen Tagen in London mit dem britischen Premierminister Churchill zusammentraf. Am Abend führte er ein langes Gespräch mit Churchill über die Kriegslage und suchte ihn am nächsten Morgen im Anbau seines Amtssitzes in der Downing Street (wo die Beratungsräume untergebracht waren) zu einem weiteren Gespräch auf. Eisenhower versprach, Churchill, der offenbar ebenso empört war wie er, Fotos von den Konzentrationslagern zu schicken. Er drängte Churchill, eine Gruppe von Parlamentariern und Journalisten zu einer Besichtigung in die Lager zu schicken. Eisenhower fürchtete, eine amerikanische Delegation „könnte zu spät kommen, um die dort herrschenden grausigen Zustände noch in ihrem ganzen Ausmaß zu sehen, während die englische Delegation die Lager noch rechtzeitig erreichen könne". Am 19. April schickte General Walter Bedell Smith Churchill durch Lord Ismay einen Bericht über „die deutschen Konzentrationslager, die kürzlich von den alliierten Armeen überrannt worden waren, und der noch unglaublichere entsetzliche Zustände schilderte, als General Eisenhower sie bei dem gestrigen Gespräch mit Ihnen erwähnt hat".

Nachdem die neuesten Berichte über die britischen Feststellungen in Bergen-Belsen in der Presse erschienen waren, sprach ganz London von den deutschen Greueltaten. Churchills Privatsekretär, John Colville, schreibt in seinem Tagebuch: „Die Blätter sind voll von (Berichten), denen erschütternde Fotos beigefügt sind, die nach der Einnahme von Buchenwald und anderen deutschen Konzentrationslagern durch die alliierten Armeen aufgenommen worden sind. Damit läßt sich jetzt beweisen, daß die Nachrichten, die uns während der vergangenen zehn Jahre erreicht haben, nicht bloße Propaganda waren, wie viele Berichte über deutsche Greueltaten im Ersten Weltkrieg."

Winfried Schulze (Hg.)

Historiker erleben Geschichte:
Peter Rassow schreibt an Siegfried Kaehler

Heidelberg, 31. Mai 1945

Lieber Kaehler!

Ihrer lieben Frau und Ihnen haben wir für Briefe vom 13. 5. zu danken, denen vor einigen Tagen Ihr Brief vom 20. 5. nachfolgte. (...) Ferner schrieb ich Ihnen kurz vor der Besetzung einen längeren Brief, den Sie wohl auch nicht erhalten haben. Ich würde das um deswillen bedauern, weil ich darin längere Ausführungen über meine Ansicht von dem Verhältnis des Individuums zur Gemeinschaft gemacht habe, die mir prinzipiell wichtig sind und auf die ich gern einen Widerhall gehört hätte. Aber ehe nicht der Fürst von Thurn und Taxis sein Post-Regal durch die Besatzungsbehörden erneuert bekommen hat, wird immer mit großer Unsicherheit in der Brief-Uebermittelung zu rechnen sein.

Wir haben den Uebergang von der Nazi-Besetzung zu der der Amerikaner gut überstanden und können nicht anders als anerkennen, daß die jetzige Besetzung mit weit leichterer Hand durchgeführt wird als die vorige. Vor allem sind wir aus der Herrschaft der Lüge heraus. Alles andere ist leichter zu ertragen. Und an gutem Willen fehlt es den Amerikanern nicht. An der Durchführung im Einzelnen kann auch gebessert werden. Sie erkundigen sich eifrig bei Alfred Weber, Marianne Weber, Theodor Heuß, auch bei mir und allmählig (!) ergibt sich in diesen Gesprächen außer Informationen auch eine Atmosphäre des Vertrauens, oder besser gesagt, es weicht die des abgründigen Mißtrauens. Sie kommen natürlich mit einer hochgradigen Ladung Haß von drüben – kein Wunder –, daraus folgt eine Kreuzzugs-Stimmung, die zunächst gar keine Unterscheidungen machen will. Da war es die erste Aufgabe, ihnen klar zu machen, daß etwa die Zugehörigkeit zur Partei gar kein hinreichendes Kennzeichen für Nazi-Geist ist. Ich habe ihnen an der Analyse der verschiedenen Kategorien von Pgs (Parteigenossen) einen Einblick in die innere Struktur des Deutschland von 1933 bis 1945 zu vermitteln versucht. Besonders wirksam sind, glaube ich, die Erläuterungen, die Dibelius ihnen gibt, denn da er drüben war, kennt er gut die psychologischen Punkte, an die anzuknüpfen ist.

Auch was Jaspers mir von seinen Gesprächen mit Amerikanern erzählte, scheint mir sehr eindrücklich gewesen zu sein.

Aber das alles hängt ja insofern noch in der Luft, als die Richtlinien von oben her, nach denen die Organe des Mil(itary) Gov(ernment) sich regional und örtlich zu richten haben, noch ganz unklar sind. Als ich – vor 10 Tagen – dem Oberst und dem Major, die mich besuchten, auf ihre Frage nach der Stimmung in Deutschland (genauer lautete die Frage: wird die zur Besatzungsmacht gegenüber bestehende ruhig-gefaßte und gutwillige Stimmung auch anhalten?) sagte, sie würde auf die Dauer davon abhängen, was die Siegermächte dem deutschen Volke als Ganzem für ein Zukunftsbild zeigen könnten, warf der Major ein: es stehe noch gar nicht fest, ob Deutschland als ein Ganzes bestehen bleiben werde! Das ist allerdings der springende Punkt! Ich hatte meine Worte absichtlich so gestellt, daß aus der Antwort etwas über diesen Punkt zu erkennen wäre. Nun kam diese Unsicherheit zutage! Und jeden Abend hören wir am Radio, daß eben über diese Zentralfrage zwischen den Angelsachsen und Rußland gestritten wird. Ich scheute mich auch nicht, aus der Analogie von 1814–15 darauf hinzuweisen, daß nach Koalitionskriegen, wenn der gemeinsame negative Zweck erreicht sei, die divergierenden Tendenzen der Koalierten an den Tag zu kommen pflegten. Das sei keine Schuld, sondern eine geschichtliche Notwendigkeit. Hier brachen wir dies Thema ab, denn ich wollte meine Besucher nicht in Verlegenheit setzen, sondern nur zu erkennen geben, daß auch wir wüßten, wo die eigentlichen Schwierigkeiten sitzen.

Im größeren Rahmen ist es doch so: weder für Ostasien, noch für Europa gibt es bei den Siegermächten ein gemeinsames Programm. Entweder also sie einigen sich von Jahr zu Jahr in erträglichen Kompromissen, oder das gelingt nicht, – und der nächste Weltkrieg bricht aus, diesmal ohne Deutschlands vermeintliche oder ersichtliche Schuld: Die zweite Möglichkeit ist mir weniger wahrscheinlich, weil die Angelsachsen eben jetzt die Hände in Ostasien ganz frei haben wollen. Daraus würde sich für die Russen eine Chance ergeben, in Europa große Konzessionen zu erhalten, wenn nicht auch sie ein Interesse haben sollten, bei der Verteilung der Beute in Ostasien mit großen Ansprüchen und daher stark aufzutreten. So erscheint mir das Schicksal Deutschlands gekoppelt mit dem der Mandschurei und der äußeren Mongolei. Die Forderung

Irans, die gestern gemeldet wurde, die drei Besatzungsmächte sollten ihre Truppen von dort zurückziehen, könnte so gedeutet werden, daß in den Verhandlungen mit Moskau auch die Frage des
mittleren Orients eine Rolle spielen solle. Ob nicht auch das kesse
Auftreten der Franzosen in Syrien auf ein Stichwort Rußlands zurückzuführen ist? Wie, wenn Stalin sich sein Entgegenkommen in
Warschau, Wien, Triest und – Deutschland durch Überlassung
Irans abkaufen ließe?

Allen solchen Erwägungen liegt die historisch-politische Ansicht
zugrunde, daß die Welt von dem Verhältnis der großen Mächte
abhängt. Die „Zeitwende", in der wir seit 1902 stehen, würde
darin bestehen. daß die Gr. Mächte nicht mehr kulturell durch die
gemeinsame 1000jährige Schulzeit des Mittelalters verbunden und
eben europäische Mächte sind, sondern daß wohl noch das Britische Reich und USA untereinander, aber beide nicht mehr mit
Rußland irgendeine gemeinsame Bindung haben, die Frieden als
ein ethisch erstrebenswertes Ziel erscheinen lassen. Dächte man
sich Japan militärisch besiegt und wirtschaftlich mediatisiert, China
aber militarisiert, so würden vier Gr. Mächte die Weltgeschichte
bestimmen, von denen nur zwei noch der europäisch-christlichen
Kultur verbunden sind.

Dies würde formal wohl noch in den Begriff des Systems der Gr.
Mächte hineinpassen, insofern Staaten eben ihrem Wesen nach
immer Macht-Spannungs-Organismen sind, es würde aber ein von
dem Rankeschen System inhaltlich vollkommen verschiedenes
Weltbild ergeben, insofern als diese Staaten innerlich strukturell,
d. h. ihren Kulturtendenzen nach, so voneinander verschieden sind,
daß sie kein System mehr bilden können, wie es der Wiener Kongreß oder das System Bismarcks (mit seinen Korrelaten) gebildet
hat. Daraus ergäbe sich eine Epoche hemmungsloser Macht-
Ausweitung, prinzipiell mit der Tendenz der Weltherrschaft. Dies
Ziel hätte nichts utopisch Approximatives mehr an sich, wenn man
bedenkt, daß die moderne Technik Verkehrsmittel hervorbringt,
die von Moskau oder Washington aus die ganze Erde so umspannen können, wie die Verkehrsmittel des Altertums ermöglichten,
von Rom aus die Ökumene zu umspannen, – und zu regieren.

Was wäre bei dieser Perspektive das Schicksal Deutschlands? Die
Phantasie weigert sich, die Bilder auszumalen, die da aufsteigen. Als
Teil der russischen Machtsphäre wäre es die Verbindung asiatisch-

despotischer Macht und Technik-Gläubigkeit mit der hochgezüchteten Intelligenz, Arbeitsamkeit und Organisationsfähigkeit, der (gleichsam in der Verbindung von Stalin und Hitler) weder die anderen Völker Europas, noch die Britischen Inseln Widerstand leisten könnten. Als Teil der angelsächsischen Machtsphäre aber wäre es ein Dominion, dessen Aufgabe darin bestände, einmal der „Organisator" Europas für die Angelsachsen zu sein, andererseits der militärisch hochgerüstete Vorposten gegen Rußland.

Auf solchen Wegen gehen meine Gedanken, wenn ich an die Zukunft denke. Wende ich aber meinen Blick zurück, so muß ich zunächst bekennen, daß ich in diesen Wochen *Mein Kampf* erstmals ganz gelesen habe. Denn nun erst, da Hitler tot ist, kann man sich ernsthaft mit der Frage nach dem Sinn dieser Erscheinung beschäftigen. Dazu ist die Lektüre des Buches das erste Hilfsmittel. Die wichtigste Feststellung scheint mir, daß keiner seiner Anhänger behaupten darf, er habe keine Schuld an den Greueln der KZs, weil er nichts davon gewußt habe. Denn alles Grundsätzliche, was die Greuel ermöglicht hat, steht klar in dem Buch zu lesen. Die Billigung der Grundsätze aber enthält die Billigung der Greuel. Wer noch dazu den Abtransport der Juden in den bis zuletzt gesteigerten Schüben erlebt hat, mußte sich sagen, daß in der Behandlung dieser Unglücklichen jede Scheußlichkeit möglich und daher sicher war.

Norbert Frei

Vergangenheitspolitik

Dreierlei kennzeichnete die Vergangenheitspolitik der Bonner Anfangsjahre: der hohe Konsens der sie tragenden Kräfte, die Pauschalität ihrer Maßnahmen und die temporeiche Stringenz ihrer Abwicklung. Vergangenheitspolitik, verstanden als der Prozeß der Amnestierung und Integration der vormaligen Anhänger des „Dritten Reiches" und der normativen Abgrenzung vom Nationalsozialismus, war in ihren Grundsätzen unumstritten, in ihren Leistungen großzügig und in ihren Folgen nachhaltig. Sie war, etwa eine halbe Dekade lang, ein zentraler Aspekt legislativen und exekutiven Handelns.

Im Verständnis der Zeitgenossen, auch der politischen Akteure, zählte die Vergangenheitspolitik zu dem großen Bereich der Rekonsolidierungs- und Aufbauleistungen, dem Bundestag und Bundesregierung oberste Priorität einräumten. Als eine der vielen „Kriegsfolgelasten" (denen alles Mißliebige aus der Besatzungszeit ganz umstandslos zugeschlagen wurde) bedurfte sie im Grunde so wenig einer Rechtfertigung wie die Kriegsopferversorgung oder die Eingliederung der Vertriebenen. Aber selbst auf der Agenda vordringlicher Aufgaben der ersten Wahlperiode war Vergangenheitspolitik noch ein herausgehobener Punkt. Denn dem nach Hunderttausenden zählenden Heer der im weitesten Sinne „Entnazifizierungsgeschädigten" galt eine restlose „Liquidation" der verhaßten politischen Säuberung geradezu als Prüfstein für die Souveränität des neuen Staates. Ginge es nach ihnen, sollte sich daran überhaupt erst seine Legitimität erweisen.

Diese Virulenz der vergangenheitspolitischen Forderungen wurde zusätzlich verschärft durch die Neigung großer Teile der deutschen Gesellschaft, Solidarität mit den „Betroffenen" zu demonstrieren. Solange ein eindeutiger „Schlußstrich" unter das Projekt der politischen Säuberung noch nicht gezogen und der Kreis ihrer „Opfer" noch nicht auf den allerengsten Zirkel der „Hauptschuldigen" zurückgeführt war, wie es der inzwischen gängigen Theorie einer für die Untaten des Nationalsozialismus alleinverantwortlichen Führung entsprach, zeigte man sich oft geradezu versessen darauf, einen von den Siegermächten vermeintlich pauschal erhobenen Schuldvorwurf persönlich zu empfinden. Angesichts solcher Wahrnehmungen vielfach wohl nur auf Vorschuß gewählt, lastete auf den demokratischen Parteien im Herbst 1949 also ein beträchtlicher vergangenheitspolitischer Erwartungsdruck.

Die Serie entsprechender Entscheidungen, die mit dem schon in den ersten Tagen der Regierung Adenauer auf den Weg gebrachten Straffreiheitsgesetz ihren Anfang nahm und knapp fünf Jahre später, nach der generösen Befriedigung der „131er" und der symbolisch hochbedeutenden Regelung des „Kriegsverbrecherproblems", in einer weitgehenden Amnestie für NS-Straftäter ihren Abschluß fand, zeigt denn auch eindrucksvoll, wie klar den Volksparteien (und solchen, die es werden wollten) ihre Bringschuld vor Augen stand. Ohne rasche Erfolge bei der Bewältigung der frühen NS-Bewältigung mußte die Union bei nächster Gelegenheit mit

Zustimmungsverlusten und die Sozialdemokratie zumindest mit Stagnation rechnen. Die regelmäßigen Umfragen der Demoskopen lieferten dafür nicht weniger eindeutige Hinweise als die Hysterie auf dem Marktplatz von Landsberg Anfang Januar 1951, oder im Herbst 1952 die Solidaritätsadressen für zwei aus dem Gefängnis in Werl entflohene Kriegsverbrecher. Der Zwang zu vergangenheits-politischem Populismus war für CDU/CSU und SPD um so stär-ker, als mit FDP, DP und einem aufstrebenden BHE, die sich alle-samt als Klientelparteien der „Ehemaligen", „Entehrten" und „Entrechteten" zu profilieren suchten, Alternativen in hinreichen-der Zahl zur Verfügung standen.

Bis in die Phase der Vorbereitung des zweiten Straffreiheitsgeset-zes 1953/54 hinein – Amnestie und Integration waren weit fortge-schritten, nur schwer belastete NS-Täter noch nicht freigestellt – war von prinzipieller Opposition gegen den Integrationskurs in der westdeutschen Politik keine Spur. Angesichts einer öffentlichen Meinung, die sich, von dubiosen *pressure groups* beharrlich bearbei-tet, vor allem in den Kampagnen zugunsten der inhaftierten Kriegsverbrecher zunehmend radikalisiert hatte, sollte sich daran auch jetzt nichts ändern. Aber das punktuelle Unbehagen, das ein-zelne Nachdenkliche, quer durch die Parteien, immer wieder ein-mal formuliert hatten, wurde nun doch stärker und allgemeiner, vor allem bei den Sozialdemokraten. Wenn die SPD dem zweiten Amnestiegesetz am Ende gleichwohl zustimmte, dann nicht zuletzt auch in symbolischer Anknüpfung an jene schwarz-rote Abstim-mungskoalition, die bis dahin ein Kennzeichen der Vergangen-heitspolitik gewesen war und entscheidend dazu beigetragen hatte, daß die Maximalforderungen der Extremisten in den Regierungs-parteien FDP und DP nicht zum Zuge kamen.

Für alle unbelasteten Kräfte in den Unionsparteien und mehr noch für die SPD markierten die einschlägigen Regelungen des zweiten Straffreiheitsgesetzes – die immerhin viele der besonders scheußlichen sogenannten Endphase-Verbrechen ungesühnt ließen – aus Gründen ihrer demokratischen Identität und moralischen Selbstachtung den äußersten Punkt. Darüber noch hinauszugehen hätte bedeutet, bewußt und in großem Stil gemeine Totschläger und Mörder einer Bestrafung zu entziehen, die ohnehin darunter litt, daß sich die Justiz in dem nun schon seit Jahren herrschenden Klima des „Schlußstrichs" zu größter Nachsicht aufgefordert fühlte.

Nirgendwo sonst zeigten sich die mittel- und langfristigen Folgen der Vergangenheitspolitik denn auch klarer: Bis Ende der fünfziger Jahre wurden viele Verfahren gar nicht erst eröffnet, weil angesichts mildester Urteilspraxis mit einer die Amnestiegrenze überschreitenden Strafe „nicht zu rechnen" war. Die Einrichtung der staatsanwaltlichen Ermittlungsstelle in Ludwigsburg Ende 1958, gemeinhin als Antwort auf den „Schock" des Ulmer Einsatzgruppenprozesses gewertet, muß sehr viel stärker vor dem Hintergrund einer jahrelangen justitiellen Untätigkeit gesehen werden, die nun die Möglichkeit zu gefährden schien, die für 1960 anstehende Verjährung von Totschlagsverbrechen passieren zu lassen; jedenfalls entstand die Zentrale Stelle auch in der Erwartung, der Hinweis auf die dort geleistete Arbeit könnte politische Bedenken gegen einen planmäßigen Verjährungseintritt aus dem Weg räumen. Ging das Kalkül damals noch auf, so machte es eine veränderte Bewußtseinslage fünf Jahre später dann immerhin erforderlich, wenigstens die Mordverjährung auszusetzen. Die Notwendigkeit, die Ahndung der schwersten NS-Verbrechen schließlich auf lange Frist fortzuführen, gründete in den Unterlassungen der Ära der Vergangenheitspolitik.

Gerold Ambrosius / William H. Hubbard

Die Veränderung des Lebensstils im 20. Jahrhundert

Wie äußerte sich die Gliederung der Gesellschaft nach Beruf, Einkommen und Vermögen in der Lebensführung der sozialen Schichten? Wiederum sind repräsentative Untersuchungen – etwa über Konsumverhalten und Haushaltsausstattung – leider weder für größere Zeiträume noch für alle Schichten oder Länder vorhanden. Insbesondere für die Zwischenkriegszeit gibt es nur wenig Informationen. Dennoch lassen die verfügbaren Daten einige plausible Feststellungen zu.

Bis in die 50er Jahre gab es beträchtliche Unterschiede in der Lebensführung. Hauptmerkmal war der sehr niedrige Lebensstandard der Mehrheit der städtischen und ländlichen Bevölkerung. Selbst in „guten" Jahren bedeutete dies, daß der überwiegende Teil der Haushaltsausgaben – häufig über 75% – der Deckung des eigentlichen Grundbedarfs – Nahrung, Kleidung, Wohnung und Heizung – diente. Nach Abzug von Steuern und Sozialabgaben blieb weniger als ein Fünftel des Einkommens zur „freien" Verfügung, d. h. für Konsumgüter des gehobenen Bedarfs, für Freizeit, für das Sparen usw. Bei Angestellten- und Beamtenhaushalten betrug dagegen der frei verfügbare Teil schon über ein Viertel, und dies bei einem höheren und vor allem festen Einkommen. Bei Arbeitern drohten ja permanent Verdienstausfälle durch Krankheit oder Arbeitslosigkeit die sowieso schon prekäre Lage weiter zu verschlechtern. Im Zuge der Massenarbeitslosigkeit ab 1929 kam es in ganz Europa zu einer breiten Verelendung, die sich in das Bewußtsein der Betroffenen eindringlich einprägte und Konsequenzen für die sozial- und wirtschaftspolitische Entwicklung nach dem Zweiten Weltkrieg haben sollte.

Diejenigen, die regelmäßig arbeiteten, und das war immerhin – selbst in Krisenjahren – die Mehrheit der Arbeitskräfte, erreichten in der Zwischenzeit eine gewisse Verbesserung des Lebensstandards, da die Reallöhne in den meisten Ländern spürbar, wenn auch unstetig, stiegen. Die Nahrung wurde reichhaltiger und vielfältiger. Elektrische Beleuchtung und Rundfunkgeräte gehörten zunehmend zur Standardausstattung eines Haushalts. Vor allem in Großbritannien und Frankreich war 1938 das Auto nicht mehr nur den Reichen vorbehalten. In Deutschland träumten immerhin Millionen von einem „Volkswagen" und sparten auf ihn. In West- und Nordeuropa entwickelten sich in diesen Jahren erste Ansätze einer Massenkonsumgesellschaft: Markenprodukte, Abzahlungssysteme, Billigwarenhäuser, Versandhäuser, Werbung etc. breiteten sich aus.

Das nach dem Zweiten Weltkrieg fast drei Jahrzehnte lang anhaltende Wirtschaftswachstum brachte dann – zumindest Nord- und Westeuropa – den endgültigen Durchbruch zu der Gesellschaft des Massenkonsums. Die damit verbundene allgemeine Wohlstandssteigerung baute viele traditionelle materiell bedingte Ungleichheiten der Lebensstile in den europäischen Gesellschaften ab. Mit Vollbeschäftigung und kontinuierlich ansteigenden Reallöhnen verbesserte sich vor allem für die unteren Schichten das Konsumniveau und damit der allgemeine Lebensstandard. Der für den Grundbedarf benötigte Anteil am Haushaltseinkommen sank ab 1960 auf etwa die Hälfte, was beträchtlich mehr Mittel für sonstige

Konsumgüter, Dienstleistungen oder Spareinlagen freisetzte. Vor allem aber reduzierte der Ausbau der staatlichen Sozialleistungen die konjunkturellen und lebenszyklisch bedingten Schwankungen des Lohneinkommens. [...]

Die Annäherung der verschiedenen Konsumniveaus bedeutet natürlich nicht, daß die Unterschiede schichtenspezifischer Lebensführung völlig abgebaut wurden. Es soll nur an das abweichende demographische Verhalten – Heiratsalter, Kinderzahl, Lebenserwartung u. a. – erinnert werden. Aber auch bei der materiellen Ausstattung mit Konsumgütern des gehobenen Bedarfs – Geschirrspüler, Wohnwagen, Videorecorder, Heimcomputer u. a. – gab es in Westeuropa weiterhin eine durch preisbedingte Qualitätsunterschiede hervorgerufene Differenzierung nach sozialen Gruppen. In Osteuropa kennzeichnete der privilegierte Zugang zum häufig knappen Angebot konsumspezifische „Klassenunterschiede".

Zu Beginn der 1980er Jahre war die Dauer der Freizeit für die meisten nichtselbständigen Erwerbstätigen in etwa gleich. Die Art und Weise der Freizeitgestaltung wies dagegen Merkmale sozialer Ungleichheit auf. Belastende Arbeitsbedingungen – hohe Konzentrationsanforderungen, Eintönigkeit, Schichtarbeit – engten für viele Arbeiter die Freizeitmöglichkeit stark ein. Ein normaler Arbeitstag und eine körperlich weniger anstrengende Tätigkeit ermöglichten demgegenüber eine kreativere Gestaltung der arbeitsfreien Zeit. Ein wichtiger Faktor bei der Freizeitgestaltung war im übrigen der Ausbildungsstand. Trotz der seit den 60er Jahren einsetzenden Bildungsexplosion existierten auch in den 80er Jahren noch erhebliche Bildungsdifferenzen zwischen sozialen Gruppen, vor allem was die allgemeine Bildung anbetrifft. Daraus resultierte unterschiedliches Freizeitverhalten, vor allem hinsichtlich des gehobenen Kulturkonsums: Leseverhalten, Konzert- und Theaterbesuche u. s. w. In bezug auf die „große Freizeit" – den Urlaub – gibt es auch heute noch auffällige Benachteiligungen. Während sich fast drei Viertel der Angestellten- und Beamtenhaushalte in Westeuropa Sommerurlaubsreisen leisten können, ist dies nur bei der Hälfte der Arbeiterhaushalte der Fall. Berufsbedingt liegen hier die Landwirte weit zurück. Winterurlaube sind selbst unter den besser verdienenden Schichten nur bei einer Minderheit üblich.

Zusammenfassend kann man feststellen, daß sich seit den 60er Jahren ein sozialgeschichtlicher Kontinuitätsbruch in Europa vollzog. Lebensstandard und Lebensstil werden zwar bis heute wesentlich vom Beruf und Einkommen bestimmt, diese haben aber viel von ihrer ehemals umfassenden, verhaltensprägenden Kraft eingebüßt. Die materielle Ungleichheit ist deutlich abgebaut worden.

Massimo Montanari

Schlanksein als Kulturmerkmal

Das Ideal der Schlankheit verbreitet sich, erweitert um die schon bekannten gesundheitlichen Gesichtspunkte, während der ersten Hälfte unseres Jahrhunderts in ganz Europa. Aber noch in den fünfziger Jahren verfügen die Frauen, die auf so manchen Werbeplakaten abgebildet sind, vorzugsweise über einen üppigen und „vollen" Körper, womit sie herkömmlichen Vorstellungen entsprechen. Erst in den letzten zwei bis drei Jahrzehnten scheint die Ideologie des Schlankseins tatsächlich gesiegt zu haben, wenn auch unter bemerkenswerten Widersprüchen. Denn mehr als einer täglichen Praxis sind die „Diäten" einer tagtäglichen Diskussion unterworfen – vorzugsweise bei Tisch. Doch kann nicht geleugnet werden, daß sich auf kultureller Ebene das Verhältnis zur Nahrung umgekehrt hat. Die Gefahr und die Angst vor dem übermäßigen Essen haben die Gefahr und die Angst vor dem Hunger abgelöst. Man denke nur an den Bedeutungswandel, der sich mit dem Wort „Diät" vollzogen hat: Von den Griechen erfunden, um damit die tägliche Ernährung (mehr aber noch die Lebensweise) zu bezeichnen, die ein jedes Individuum den eigenen, persönlichen Erfordernissen und Eigenschaften entsprechend zu organisieren hat, bezeichnet dieser Begriff nunmehr in der Umgangssprache die Einschränkung, den *Entzug* von Nahrung und hat somit eine eher negative Bedeutung. Es ist eine von der Konsumgesellschaft getroffene Entscheidung, die nicht mehr aus Anhänglichkeit an Werte moralischer und religiöser Art getroffen wird, mit welchen eine klerikal dominierte Kultur vormals ähnliche Verhaltensweisen in Verbindung brachte, sondern aus überwiegend ästhetischen, hygienischen oder utilitaristischen Beweggründen (wie Barthes bemerkte, ist wenig zu essen Merkmal und Instrument von Effizienz

283

und somit auch von Macht). Dennoch fällt es schwer, sich des Eindrucks zu erwehren, daß sich hinter dem umwälzenden Erfolg der „Diäten" in unserer Massengesellschaft *auch* bereits abgeschaffte Wertvorstellungen verbergen, die mit Buße zu tun haben, mit einem Verlangen nach Verzicht und, wie man sagen könnte, nach Selbstkasteiung, das mit dem Übermaß, vielmehr dem Exzeß des Nahrungsangebotes in Zusammenhang steht sowie mit den rein hedonistischen Trugbildern, die die Werbung und die Massenmedien zur Ankurbelung des allgemeinen Konsums erzeugen. Trotz dieser Propaganda geht das Vergnügen weiterhin mit einem gewissen Schrecken einher. Zu schwer wiegt eine religiöse Tradition, die uns gelehrt hat, diesen Begriff mit Vorstellungen von Schuld und Sünde zu verbinden. Um diese Spuren zu beseitigen, reichen auch die überheblichen Erklärungen einer Kultur nicht aus, die sich selbst als „laizistisch" bezeichnet. Noch in den sechziger Jahren kam eine Meinungsumfrage in Frankreich zu dem Ergebnis, daß eine *offen* die Gaumenfreuden ansprechende Nahrungsmittelreklame zum Scheitern verurteilt sei, da sich die potentiellen Verbraucher dadurch angeklagt fühlten. Heute ist die Situation anders; doch kann man nicht behaupten, das Verlangen, auch anderswo eine Rechtfertigung für die gastronomischen und diätetischen Verhaltensweisen zu suchen, habe abgenommen: Die Nahrung, die „guttut", wurde mit zweifellos größter Begeisterung angenommen.

Was den Überfluß an Nahrung betrifft, so wirft dieser in dem Augenblick, in dem er zu einem permanenten und gesellschaftlich verbreiteten Faktor wird, eindeutig neue und schwer lösbare Probleme in einer Kultur auf, die wir als von der Angst vor dem Hunger geprägt kennen. Die Einstellungen und Verhaltensweisen bleiben trotz des reichlichen Nahrungsangebotes davon beeinflußt, doch die alte Schizophrenie von Entbehrung und Verschwendung, von umsichtiger Sparsamkeit und befreiender Tollheit ist mit dieser neuen Situation offensichtlich unvereinbar.

Die unwiderstehliche Anziehungskraft der Ausschweifungen, die eine jahrtausendelange Geschichte des Hungers in die Körper und Köpfe der Menschen eingegraben hat, beginnt uns nun, da der Überfluß alltäglich geworden ist, hart zu treffen. In den wohlhabenden Ländern haben auch die durch Überernährung bedingten Krankheiten nach und nach die durch Mangel verursachten abgelöst. Eine unerhörte Form der Angst macht sich breit (die Ameri-

kaner haben sie *fear of obesity* getauft), die die atavistische Furcht
vor dem Hunger verdrängt und, wie diese, eher noch als in den
objektiven Gegebenheiten überwiegend auf psychologischer Ebene
anzutreffen ist. Umfragen zeigen, daß mehr als die Hälfte aller
Personen, die sich einer Diät unterziehen, überhaupt nicht über-
gewichtig sind, sich aber dafür halten. Ein Exzeß besiegte den anderen. Ein inniges und bewußtes Verhältnis zur Nahrung muß erst
noch entwickelt werden. Der Überfluß könnte uns erlauben, dies mit
größerer Gelassenheit zu unternehmen als in der Vergangenheit.

Rolf Peter Sieferle

Umweltproteste:
Die Anfänge der ökologischen Bewegung

Eine neue wahrnehmungsleitende Sensibilität richtete sich auf die
Umweltprobleme. In den fünfziger und sechziger Jahren waren die
Flüsse gestorben. Ein Prozeß war an sein Ende gelangt, der etwa
hundert Jahre zuvor begonnen hatte. Freilich hatte es auch damals
Proteste gegeben: Flußfischer wehrten sich dagegen, daß ihre Er-
werbsgrundlage zerstört wurde; auch bedauerten viele, daß sie
nicht mehr in den Flüssen baden konnten. Doch gab es damals keine breite Opposition. Die Fischer waren nicht Eigentümer der
Flüsse, sie brauchten nicht entschädigt zu werden, auch fanden sich
bald neue Arbeitsplätze für sie. Die Badelustigen konnten in
Schwimmbäder ausweichen, die jetzt bis in die letzten Dörfer gebaut wurden. Solange es keine gravierenden Probleme mit der
Wasserversorgung gab, glaubte man, die Flüsse als kostenlose Ab-
wässerkanäle nutzen zu können. Schwierigkeiten mit der Trinkwas-
serbereitstellung führten schließlich zu einem allmählichen Ausbau
von Kläranlagen, die verhindern sollten, daß bestimmte Schwel-
lenwerte der Schadstoffbelastung überschritten wurden.

In den späten siebziger Jahren begannen die Wälder zu sterben.
Die gewaltigen Emissionen von Industrie und Verkehr hatten ihre
natürliche Pufferungskapazität überfordert. Auf den ersten Blick
schien sich der Prozeß der Flußverunreinigung zu wiederholen,
doch zeigten sich bald Unterschiede. Nicht nur ein paar wenige

Fischer waren geschädigt, sondern die Forstwirtschaft, ein nicht ganz bedeutungsloser Wirtschaftszweig. Waldbesitzer erhoben die Stimme und forderten Entschädigung. Es zeigte sich, daß die Schäden um ein vielfaches höher waren als die Kosten ihrer Vermeidung. Allerdings waren Ursachen und Wirkungen einander nicht eindeutig zuzuordnen, so daß Schadensersatzforderungen ins Leere gingen. Also wurde der Staat verantwortlich gemacht, der die Emissionen gestattet hatte.

Hinzu kam eine wachsende Unruhe in der Bevölkerung. Abgestorbene Wälder, das war eine andere Dimension als verseuchte Flüsse, gingen doch selbst die Koniferen in den Vorgärten ein. Vor allem das Tempo überraschte. Das Flußsterben war langsam, in einer Periode des Wirtschaftswachstums, bei positiven Erwartungen an künftige Wohlstandssteigerungen, erfolgt. Das Wäldersterben fiel dagegen in eine Zeit, in der sich kaum jemand etwas Positives von der Zukunft erwartete. Es war nur ein weiterer Schritt in den allgemeinen Niedergang. Die Plötzlichkeit der Waldverwüstung überraschte dann aber doch die Politiker. Die Zerstörungen drohten innerhalb des Vierjahresrahmens virulent zu werden, innerhalb dessen sie denken. Es war nicht mehr ausgeschlossen, daß sie selbst von den Wählern die Quittung ausgestellt bekamen. Der Wirtschaftsminister Graf Lambsdorff sagte offen: „Ich dachte nicht, daß die Wälder so schnell sterben", d. h. so schnell, daß die Schäden noch während seiner Amtszeit sichtbar wurden. Er hatte sich getäuscht.

Die neue Problemdimension wurde durchaus im Kontext eines „linken" Meinungsklimas wahrgenommen. Elend und Tod, die der Imperialismus in die III. Welt gebracht hatte, bedrohten nun auch die Menschen in den Metropolen. Der Schluß schien eindeutig: Die Kapitalisten, die am Vietnamkrieg verdient hatten, bauten des Profits wegen auch Kernkraftwerke im eigenen Land, verheerten die Landschaft, verdarben die Luft und verseuchten die Flüsse. Daß sie über Leichen gingen, war bekannt. Daß es plötzlich die eigenen Leichen sein sollten, verbreitete die Basis der Protestbewegung und ermöglichte es ihr, Motive aufzunehmen, die eigentlich quer zu den herkömmlichen linken Wahrnehmungsmustern standen.

Der Anstoß zu dieser Umorientierung kam allerdings von außen, von der „bürgerlichen Wissenschaft". In den Studien des Club of Rome, die das Signal für die Umwelt- und Ressourcendiskussion der siebziger Jahre gaben, demonstrierte das Symbol der avancier-

ten Technik, der Computer selbst, daß der Fortschrittshorizont sich
verdüstert hatte. Diese Kritik an der Industrialisierung kam auf
einmal „von vorn", nicht von Traditionalisten. Die Studentenbe-
wegung reagierte zunächst mit Unglauben, witterte dahinter ein
imperialistisches Verschleierungsmanöver, das die Grenzen des
Kapitalismus in Grenzen des Industriesystems überhaupt umdeuten
sollte. Schließlich akzeptierte sie aber doch, daß der historische
Prozeß, der sie selbst hervorgebracht und an dessen Perfektibilität
sie geglaubt hatte, im Begriff war, seine Richtung zu ändern. Die
Anschauung der an die Macht gelangten Befreiungsbewegungen
hatte bereits das Terrain geebnet, das einen „Abschied vom Proletariat", schließlich gar einen Abschied vom Fortschritt ermöglichte.
Während sich die Exegeten noch um die richtige Auslegung der
Marxschen Theorie stritten, zeichneten sich bereits die wirklichen
Probleme des ausgehenden 20. Jahrhunderts ab. Zunächst verstellte
aber das marxistische Kategoriensystem eher den Blick auf sie, als
daß es ihn schärfte.

Gottfried Niedhart

Das Ende einer Großmacht: Englands Weg nach Europa

Daß Großbritannien in den fünfziger Jahren von seinem Image, zu
den Großen Drei zu gehören, zehren konnte, lag weniger an seiner
Durchsetzungsfähigkeit in der internationalen Politik, als an der
immer noch vorhandenen Reputation seiner Diplomatie und dem
Versuch, eine unabhängige Nuklearmacht zu sein. Hinzu kam der
Wirtschaftsaufschwung der fünfziger Jahre, der das Land überwiegend mit Selbstvertrauen erfüllte. Schließlich verfügte Großbritanni-
en immer noch über ein großes Kolonialreich, auch wenn das britische Prestige als Kolonialmacht seit Mitte der fünfziger Jahre
empfindlichen Schaden erlitt. An seinen begrenzten Ressourcen und
vor allem knappen Finanzen gemessen, unterhielt Großbritannien
noch lange eine viel zu große weltweite militärische Präsenz. [. . .]

1952 trat Großbritannien mit seinem ersten Atombombentest in
den Kreis der Nuklearmächte ein. Die erste Wasserstoffbombe
wurde 1957 gezündet.

Auch die Labour Party unterstützte diese Entwicklung, und zwar mit dem Argument, als unabhängige Nuklearmacht verfüge Großbritannien über mehr Unabhängigkeit von den USA. Sehr rasch zeigte sich, wie illusionär diese Vorstellung war. Denn die Nuklearrüstung war kostspieliger, als man gedacht hatte. Man besaß wohl Sprengköpfe, mußte sich aber amerikanische Trägerraketen beschaffen. Im Dezember 1962 sagte Präsident Kennedy Polaris-Raketen für britische U-Boote zu. Nun gab es zwar noch eine britische Nuklearabschreckung, aber sie war nicht mehr unabhängig. Am Ende des Jahrzehnts war dann eine spektakuläre Reduktion britischer Militärmacht unausweichlich geworden. Für 1971 kündigte Premierminister Wilson das Ende militärischer Präsenz „östlich von Suez" an.

Zu diesem Zeitpunkt waren die Mitglieder der königlichen Familie weltweit auf Reisen, um frühere Kolonien in die Unabhängigkeit zu entlassen. Meistens blieben sie als Mitglieder des Commonwealth mit der britischen Krone verbunden. Von 1960 bis 1970 entstanden auf diese Weise 23 neue Staaten in Afrika (Nigeria, Sierra Leone, Tansania, Uganda, Kenia, Malawi, Sambia, Gambia, Botswana, Lesotho, Swasiland), Asien (Singapur), Amerika (Jamaika, Trinidad-Tobago, Guyana, Barbados), im Indischen Ozean (Mauritius), in Ozeanien (Nauru, Tonga, Fidschi-Inseln, West-Samoa) und im Mittelmeer (Zypern, Malta). Die letzte Phase der Dekolonisation hatte Ende der fünfziger Jahre begonnen. Es wehte der „Wind der Veränderung", wie Premierminister Macmillan es in einer Rede in Kapstadt ausdrückte: „Zu den konstanten Tatsachen des politischen Lebens in Europa gehört seit dem Auseinanderbrechen des Römischen Imperiums die Bildung unabhängiger Nationen. Im 20. Jahrhundert und besonders seit Kriegsende wiederholt sich der Prozeß, der zur Geburt der europäischen Nationalstaaten führte, in der ganzen Welt. Wir erleben das Erwachen nationalen Bewußtseins in Völkern, die jahrhundertelang in Abhängigkeit von einer anderen Macht lebten. Vor 15 Jahren breitete sich diese Bewegung in Asien aus ... Heute geschieht dasselbe in Afrika. Seit ich vor einem Monat London verließ, ist der frappierende Eindruck für mich die Stärke des afrikanischen Nationalbewußtseins. Es mag an verschiedenen Orten verschiedene Formen annehmen, aber es existiert überall. Der Wind der Veränderung bläst über den Erdteil." [...]

Die 1945 noch gestellte Frage, ob Großbritannien eine Weltmacht oder eine Mittelmacht sei, ist heute klar zu beantworten. Es gehört zum Kreis der führenden Industriestaaten auf der Nordhalbkugel, besitzt aber keinen herausgehobenen Status mehr. Äußeres Zeichen dafür war der erstmals 1961 laut gewordene Wunsch, Mitglied der Europäischen Wirtschafts-Gemeinschaft zu werden. Macmillan soll damals geglaubt haben, Großbritannien könne im europäischen Verbund sowohl eine Auffangstellung gewinnen, als auch – international auf die USA ausgerichtet – eine europäische Führungsrolle spielen. Wer dies auf jeden Fall argwöhnte, war der französische Staatspräsident de Gaulle, der sich gegen einen britischen Beitritt sperrte. Erst am 1. Januar 1973 wurde Großbritannien Mitglied der Europäischen Gemeinschaften. Erstmals in der britischen Geschichte wurde die Bevölkerung dazu 1975 in einem Referendum zum Entscheid aufgerufen. Der frühere amerikanische Außenminister Dean Acheson meinte Anfang der sechziger Jahre zutreffend, Großbritannien habe ein Weltreich verloren, aber noch keine neue Rolle gefunden. Auch heute läßt die britische Außenpolitik noch Reste ihrer globalen Orientierung erkennen, was sicherlich auch ein Vorteil für Europa ist. Aber Großbritanniens Rolle als europäische Macht scheint ungeachtet mancher Widerstände in der britischen Öffentlichkeit festzuliegen.

Faruk Şen / Andreas Goldberg

Einwanderungsland Deutschland

Die klassischen Einwanderungsländer Australien, Kanada und USA haben über Jahrhunderte hinweg Menschen unterschiedlicher ethnischer Herkunft, verschiedener Sprachen und religiöser Sitten ins Land geholt. Ein fest umrissenes jährliches Kontingent ermöglichte und ermöglicht es potentiellen Einwanderern, sich dort niederzulassen. Einwanderung ist in den klassischen Migrationsländern ein regulierter Prozeß. Das Land bestimmt, wer einwandert. Unterschiedliche Berufsgruppen, ein bestimmtes Kontingent an Flüchtlingen, Familienzusammenführung – die Bedingungen werden jedes Jahr neu definiert. Seit 1984 erlauben z. B. die Vereinigten

Staaten jährlich etwa 0,6 bis 0,7 Millionen Menschen die Einwanderung. In Westeuropa hingegen wandern jährlich 0,8 bis 0,9 Millionen Ausländer ein, aber kein westeuropäisches Land, mit Ausnahme der Niederlande, versteht sich als Einwanderungsland.

Die Bundesrepublik ist de facto zum Einwanderungsland geworden. Aber obwohl allein seit dem Zweiten Weltkrieg nahezu 20 Millionen Menschen (Vertriebene, Aussiedler, Übersiedler, Flüchtlinge vor und nach dem Mauerbau, Arbeitsmigranten) nach Deutschland kamen, weigern sich offizielle Stellen, diese Tatsache anzuerkennen und in der politischen Diskussion um Einbürgerung und doppelte Staatsbürgerschaft zu berücksichtigen. Statusunsicherheit und Ausgegrenztheit kennzeichnen die Situation der meisten Ausländer in der Bundesrepublik.

Dem ungesicherten Aufenthaltsstatus und seinen negativen Folgen für das Zusammenleben zwischen Deutschen und Ausländern könnte mit dem Erwerb der deutschen Staatsangehörigkeit begegnet werden. So hatten nach einer im Juni 1993 unmittelbar nach den Ereignissen in Solingen durchgeführten repräsentativen Umfrage bei Ausländern aus fünf Anwerbestaaten etwas mehr als die Hälfte der Befragten ihr Interesse am Erwerb der deutschen Staatsangehörigkeit bekundet. Drei Viertel wollten jedoch gleichzeitig ihre alte Staatsangehörigkeit beibehalten. Diese Daten belegen, daß die doppelte Staatsangehörigkeit die Motivation zur Einbürgerung entscheidend fördern würde. Sie ist dabei weder aus internationaler noch aus nationaler Sicht ein neues Phänomen. Innerhalb Europas akzeptieren z. B. Belgien, Frankreich, Griechenland, Großbritannien, Irland, Italien und Portugal eine doppelte Staatsbürgerschaft. Das erwähnte Übereinkommen von 1963 über die Verringerung der Mehrstaatlichkeit wenden von den 32 Europastaaten lediglich die Bundesrepublik Deutschland, Österreich und Luxemburg an.

Dabei leben in Deutschland schon längst 1,8 Millionen Deutsche mit zwei Staatsangehörigkeiten. Hierbei handelt es sich um Kinder aus binationalen Ehen und um Aussiedler. Die Erfahrungen mit diesem Personenkreis haben gezeigt, daß der vielfach befürchtete Loyalitätskonflikt nicht aufgetreten ist. Insgesamt sind keine Nachteile für die Bundesrepublik Deutschland aus diesen doppelten Staatsbürgerschaften bekannt, und es ist zu erwarten, daß von einer Erleichterung des Einbürgerungsverfahrens positive Effekte auf die Einbürgerungsbereitschaft der türkischen Wohnbevölkerung ausgehen werden. Von der rechtlichen Gleichstellung sind positive Effekte auf das Zusammenleben von Türken und Deutschen zu erwarten. Voraussetzung dafür ist, daß auf beiden Seiten eine gewisse Bereitschaft vorhanden ist, die kulturellen Merkmale und Eigenarten der jeweils anderen Seite zu tolerieren.

Auch nach einer über fünfunddreißigjährigen Migrationsgeschichte ist das Wissen über den anderen auf beiden Seiten relativ gering. Klischees und Vorurteile prägen das Bild einer türkischen Gesellschaft, in der vermeintlich alle Frauen ein Kopftuch tragen und unter der Knute ihrer Männer leiden und in der Schafe in der Badewanne geschlachtet werden. Die deutsche Gesellschaft bedeutet auf der anderen Seite für viele Türken eine Welt, in der es keinen Familiensinn gibt, in der alte Menschen in respektloser Weise behandelt werden und in der Frauen keinen Moralbegriff zu kennen scheinen. Bücher wie *Ganz unten* von Günther Wallraff rütteln die Öffentlichkeit zwar kurzfristig wach, doch ist der tägliche Umgang mit Ausländern türkischer Herkunft meist doch nur auf die nötigen Kontakte am Arbeitsplatz beschränkt. Ein Austausch, der das wechselseitige Bild, das Deutsche und Türken voneinander haben, relativieren und ersetzen könnte, findet kaum statt.

Das Wissen um den anderen ist in der Tat gering. Aufklärung tut not.

Andreas Kappeler

Der Zerfall der Sowjetunion

Wie fast immer in der Geschichte Rußlands und der Sowjetunion ging der Anstoß für eine revolutionäre Umwälzung des Vielvölkerreiches nicht von der Peripherie, sondern vom Zentrum aus. Es war der zum Generalsekretär der Kommunistischen Partei gewählte M. Gorbatschow, der 1985 mit den Schlagwörtern Perestrojka (Umbau) und Glasnost' (Transparenz) eine Reform des wirtschaftlichen und politischen Systems der Sowjetunion einleitete. Sechs Jahre später war deutlich, daß er keinen Umbau, sondern den Zusammenbruch des Sowjetsystems initiiert hatte. Wie schon 1917/18 trugen die Bewegungen der nichtrussischen Nationen wesentlich zum Zerfall der alten Ordnung, aber auch zur Formierung neuer Strukturen bei.

Der im Marxismus verwurzelte Gorbatschow hatte dagegen die Brisanz der nationalen Emanzipationsbewegungen lange unterschätzt. Das zeigte sich deutlich Ende 1986, als im Rahmen der Säuberungen unter der korrupten Machtelite Mittelasiens der Parteichef Kasachstans, der Kasache Kunaev, durch einen Russen ersetzt wurde. Die Folge waren heftige Manifestationen der Kasachen in Alma-Ata – die ersten offenen national motivierten Unruhen. Auch in der Folge hinkte die Nationalitätenpolitik der Moskauer Regierung hinter den Ereignissen her und versuchte ohne Erfolg, mit den traditionellen Methoden von Zuckerbrot und Peitsche die Entwicklung unter Kontrolle zu bekommen.

Im Jahr 1988 kam es zur Explosion der seit langem unter der Oberfläche schwelenden nationalen Konflikte. Den Anfang in einer ganzen Reihe nationaler Massenbewegungen machten die Armenier, die in Großdemonstrationen die Angliederung des zur Republik Aserbaidschan gehörenden, aber überwiegend von Armeniern bevölkerten Autonomen Gebiets Nagornyj Karabach an Armenien forderten. Die Reaktion der Aserbaidschaner war heftig, und der erbitterte Bürgerkrieg der Jahre 1905 und 1917/18 wiederholte sich: Zwangsvertreibungen, Wirtschaftsblockaden, Armenierpogrome, blutiger Truppeneinsatz in Baku, Partisanenkrieg. Auch die Georgier reagierten früh, doch erst die gewaltsame Zerschlagung einer Demonstration durch Truppen in Tiflis führte im April 1989 zu einer raschen Radikalisierung der nationalen Bewegung, die bald mit den Ansprüchen der nichtgeorgischen Minderheiten der Republik, der Osseten und Abchasen, zusammenstieß.

Die Führung der Emanzipationsbewegungen übernahmen im Laufe des Jahres 1988 die Esten, Letten und Litauer. Ihre Volksfronten, die sich durch demokratisches Vorgehen auszeichneten, verlangten wirtschaftliche und sprachlich-kulturelle Autonomie und wandten sich gegen die weitere Einwanderung von Russen. Eine große Schubkraft erhielten die Bewegungen der baltischen Nationen durch die Diskussion der völkerrechtswidrigen Annexion ihrer Staaten durch die Sowjetunion im Jahre 1940, womit die Wiederherstellung der unabhängigen Staaten impliziert war. Es war Estland, das sich als erste Republik im Herbst 1988 für souverän erklärte. Auch die sich rasch radikalisierende Bewegung der Rumänen in der Moldauischen Republik berief sich auf die Annexion von 1940 und setzte zunächst die Rückkehr zur rumänischen Sprache (in lateinischer Schrift) durch; ihr widersetzten sich die ukrainischen, russischen und gagausischen Minderheiten.

In der Ukraine brauchte die nationale Bewegung etwas länger, um breite Massen zu mobilisieren. Nur die West-Ukrainer, die ebenfalls erst seit 1939 bzw. 1944 zur Sowjetunion gehörten, reagierten rasch und bekannten sich nun offen zur Griechisch-Katholischen Kirche, die bald wieder offiziell anerkannt wurde. Die von der demokratischen Organisation „Ruch" angeführte ukrainische Bewegung engagierte sich vor allem in der Sprachenfrage und versuchte mit unterschiedlichem Erfolg die Bevölkerung auch im Osten und Süden der Republik zu mobilisieren. Daß auch bei den Weißrussen schon 1988 die nationale Bewegung eine relativ große Breitenwirkung erreichte, kam überraschend. Hier wirkte die Entdeckung von Massengräbern der stalinistischen Geheimpolizei als Auslöser.

In Mittelasien blieben nationale und islamische Bewegungen dagegen weiter unter der Oberfläche, und Initiativen in Richtung nationaler Emanzipation kamen hier von oben. Wie groß der ethnosoziale Konfliktstoff im übervölkerten, wirtschaftlich unterentwickelten und ökologisch zerstörten Mittelasien war, machten aber eine ganze Reihe gewaltsamer Zusammenstöße deutlich: Schon 1989 kam es im usbekischen Teil des Ferganatals zu Pogromen gegen die von Stalin zwangsdeportierten Mescheten, im folgenden Jahr zu interethnischen Konflikten in Tadschikistan und, wiederum im Ferganatal, zu besonders blutigen Auseinandersetzungen zwischen Kirgisen und Usbeken.

Alle Unionsrepubliken erklärten bis Ende 1990 ihre Souveränität, das hieß in der Regel die politische und wirtschaftliche Autonomie und die Aufwertung ihrer Sprache und Kultur. Ihnen schlossen sich eine ganze Reihe von Autonomen Republiken an. So erhoben in der Russischen Republik Tschetschenen und Inguschen, Wolgatataren, Baschkiren, Mordwinen, Udmurten (Wojaken), Komi (Syrjänen), Kalmücken, Jakuten, Burjäten und andere kleine Ethnien wie die Tschuktschen und Korjaken weitgehende Autonomieforderungen. Auch die Aktivitäten der Deutschen und Krimtataren, die ihre Autonomen Republiken zurückforderten, und der Juden, die in Massen emigrierten, wurden belebt. Von kaum zu überschätzender Bedeutung war, daß sich auch die Russische Republik vom sowjetischen Zentrum emanzipierte und im Juni 1990 ihre Souveränität erklärte. Wichtig war, daß hierbei nicht die nationalbolschewistische und reaktionär-antisemitische, sondern die demokratische Variante der russischen Nationalbewegung, an deren Spitze sich Boris Jelzin stellte, die Führung übernahm. [...]

Wie nach der Oktoberrevolution folgten auf die Deklarationen der Autonomie oder Souveränität die Erklärungen der Unabhängigkeit. Den Anfang machte im März 1990 Litauen, während Estland, Lettland, Georgien und Armenien vorerst nur den Übergang zur Unabhängigkeit einleiteten. Im April 1991 erklärte dann auch Georgien seine Unabhängigkeit. Den endgültigen Zerfall des sowjetischen Imperiums brachte der gescheiterte Umsturzversuch reaktionärer Kräfte im August 1991. Fast alle Unionsrepubliken erklärten nun ihre Unabhängigkeit, Litauen, Lettland und Estland schieden aus der Sowjetunion aus und wurden wieder als unabhängige Staaten anerkannt. Eine Volksabstimmung am 1. Dezember 1991 ergab eine große Mehrheit für die Unabhängigkeit der Ukraine, der neben Rußland wichtigsten Republik. Damit war das Schicksal der Sowjetunion besiegelt: Am Ende des Jahres 1991 hörte sie auf, als Staat zu existieren, und Präsident Gorbatschow trat zurück. An ihre Stelle trat eine lose „Gemeinschaft unabhängiger Staaten" (ohne die baltischen Republiken).

Das ideologische Vakuum, das durch den Zusammenbruch des Kommunismus entstanden ist, hat sich mit nationalen Inhalten gefüllt. An die Stelle der theoretisch übernationalen, praktisch russisch dominierten Sowjetunion sind neue Nationalstaaten getreten. Da diese aus den einzelnen Sowjetrepubliken hervorgegangenen Nationalstaaten sich nicht nur politisch, sondern auch sprachlich-ethnisch definieren, wird von entscheidender Bedeutung sein, wie sich die nationalen Ideologien entwickeln werden, wenn sie nicht mehr als emanzipatorische Kraft der Befreiung von der Sowjetherrschaft dienen, sondern Staaten integrieren sollen.

Jürgen Kocka

Deutsche Vereinigung

Als Gorbatschows Perestroika zeigte, daß es auch im „Realsozialismus" anders gehen konnte als in der sich abkapselnden, weithin erstarrten DDR, als sich die Verhältnisse und bald auch die Grenzbefestigungen in Ungarn und Polen zu lockern begannen, da drückte sich der wachsende Unmut vieler DDR-Bürger zunächst und vor allem in einer anschwellenden Welle der Massenflucht aus, die über die seit Anfang September geöffnete ungarisch-österreichische Grenze und über die dramatische Besetzung bundesdeutscher Botschaften in Warschau und Prag nach Westen drängte, in die allzeit aufnahmebereite Bundesrepublik. Dieser publizistisch stark beachtete Exodus wiederum war es, der die mangelnde Attraktivität des ostdeutschen Systems eindrucksvoll vorführte, es zusätzlich delegitimierte, bald auch die Schwäche der Ost-Berliner Regierung enthüllte, im Innern der DDR massive Reformforderungen auslöste und eindrucksvolle Massendemonstrationen auf die Straßen zu bringen half.

Die sich seit September zunächst noch im Schatten der Illegalität oder Halblegalität bildenden Oppositionsgruppierungen wie das „Neue Forum", der „Demokratische Aufbruch" und die „Sozialdemokratische Partei in der DDR" wuchsen teilweise aus kleinen Zirkeln hervor, die sich zum Teil aus Umwelt- und Friedensinitiativen, zum Teil im unsicheren Schutzraum der protestantischen Kirche entwickelt hatten. Aber zum entscheidenden Motor der Ereignisse wurden die sich allmählich seit September formierenden, spontan-friedlichen Demonstrationen von Hunderttausenden, bald von Millionen, vor allem in Leipzig und dann in Berlin. Die Gefahr bestand, daß diese Massenaktionen nach chinesischem Vorbild blutig niedergeschlagen würden. In den dramatischen Stunden des 9. Oktober entschied sich, daß dies nicht geschah, vor allem wohl, weil die Sowjets zu einer solchen Gewaltlösung nicht bereit waren, die Gorbatschows innerer Reform- und äußerer Ausgleichspolitik widersprochen hätte. [...]

Zwischen Mitte November und Mitte Januar änderte sich die Stoßrichtung des Massenprotestes auf den Straßen der DDR. Die bis dahin innenpolitisch und sozial orientierten Forderungen wurden durch nationalpolitische ergänzt, überwölbt, verdrängt. Aus „Wir sind das Volk" wurde „Wir sind ein Volk". Plakate und Fahnen, Versammlungen und Zeitungsartikel, bald auch Parteiprogramme und Meinungsumfragen zeigten, daß die Forderung nach Wiedervereinigung in der DDR-Bevölkerung rasch an offener Unterstützung gewann und bald von Mehrheiten getragen wurde. Aus der DDR-internen „Revolution" wurde eine Bewegung für die nationale Einheit. Der Wunsch nach nationaler Einheit bündelte das Mißtrauen vieler DDR-Bürger gegenüber der Reformfähigkeit des eigenen Staates und ihre Sehnsucht nach rascher ökonomischer, sozialer und politischer Besserstellung, die man durch Anschluß an das vielleicht übermäßig bewunderte, aber in der Tat viel leistungskräftigere System der Bundesrepublik am schnellsten erreichen zu können meinte. Das war eine für die meisten zutreffende Erwartung, wie man auch aus der Rückschau feststellen kann.

Zwar hat die Bonner Politik diese nationale Wendung der DDR-Revolution nicht verursacht. Sie wurde von ihr vielmehr überrascht. Noch am 28. November kam die staatliche Einheit nur als fernes Zukunftsziel in Kohls Zehn-Punkte-Erklärung vor. Die nationale Wendung der DDR-Revolution resultierte aus dem Druck der DDR-Bevölkerung, die ihren Staat mehrheitlich aufgab, lange bevor er offiziell zu bestehen aufhörte. Hätte sich die Mehrheit der DDR-Bevölkerung für die Fortexistenz ihres Staates entschieden, reformiert, aber selbständig, wäre es zur Wiedervereinigung nicht gekommen.

Andererseits spielte die Bundesrepublik in der Umwälzung der DDR von Anfang an eine große, wenngleich indirekte Rolle: Schon die den Umbruch auslösende Massenwanderung in den Westen wäre ohne die bundesdeutschen Medien und ihren Einfluß auf die DDR nicht möglich gewesen, auch nicht ohne die Deutschlandpolitik der Bundesrepublik und ihr Staatsbürgerschaftsrecht, das wie eine ständige Einladung wirkte. Die Bundesregierung hat auch die Ungarn gedrängt, ihre Grenzen und damit den Ostdeutschen das Tor zum Westen zu öffnen. Die Revolution in der DDR hätte wohl kaum ihre nationale Wendung genommen, wenn nicht bekannt gewesen wäre, daß die Bundesrepublik prinzipiell für die Wiedervereinigung eintrat. [...]

Letztlich entschied sich das Schicksal Deutschlands auf dem Feld der internationalen Politik. So wie die Spaltung Deutschlands ein Ergebnis des Kalten Krieges war, so mußte dieser zu Ende gebracht werden, wenn die Vereinigung Deutschlands möglich sein sollte. [...]

„Die Vereinigung Deutschlands und die Ausarbeitung der damit verbundenen internationalen Regelungen stellen den größten Triumph in der Diplomatie der Nachkriegszeit dar", schreibt der Politikwissenschaftler Karl Kaiser. Unter resoluter Führung der USA wurden die Weichen zwischen dem amerikanisch-sowjetischen Gipfeltreffen vom Malta – Anfang Dezember 1989 – und der Einrichtung des Zwei-Plus-Vier-Konsultationsmechanismus Mitte Februar 1990 in Ottawa gestellt. Die Bonner Diplomatie unter der Leitung von Kohl und Genscher hatte erheblichen Anteil daran. Möglich wurde dieser Erfolg aber nur, weil die Diplomaten und Staatsmänner an lange Phasen vorangehender Vertrauensbildung anknüpfen konnten: an die dichte, jahrzehntelange Kooperation zwischen den westlichen Partnern, aber eben auch an Ansätze zur Kooperation mit der Sowjetunion mindestens seit Helsinki 1975. Die Entspannungspolitik trug jetzt ihre Früchte.

Edgar Hösch

Bürgerkrieg auf dem Balkan

Nur mit erheblicher Mühe konnten in den Balkanländern nach dem Machtverlust der Kommunisten aufbrechende innergesellschaftliche Konflikte, die sich zu bürgerkriegsähnlichen Zuständen auszuweiten drohten, durch Verhandlungen am Runden Tisch oder Absprachen mit der sich formierenden außerparlamentarischen Opposition zumindest notdürftig eingedämmt werden. Für die zerstrittenen Republiken in Jugoslawien kam jedoch schon jede Hilfe zu spät. Seit Titos Tod fehlte die allseits respektierte Integrationsfigur, die den jugoslawischen Föderationsgedanken an die neuen Herausforderungen angepaßt und einem überzogenen nationalen Egoismus Einhalt geboten hätte. Die fortschreitende Aushöhlung der Bundesorgane war mit den verfügbaren Mitteln auf die Dauer nicht mehr aufzuhalten. Jugoslawien ist am mangelnden Konsens der politischen Führungsschichten und an den zentrifugalen Kräften, die mit dem rapiden wirtschaftlichen Niedergang des Landes einen immer stärkeren Auftrieb erhielten, zerbrochen. Die Zeit arbeitete für die Republiken, die immer mehr Kompetenzen an sich zogen und eifersüchtig über ihre nationalen Interessen wachten. Die Bundesorgane wurden zusehends ihrer Kompetenzen beraubt und lahmgelegt. [...]

Der Bürgerkrieg in Jugoslawien hat vor den Augen der Weltöffentlichkeit ein Schreckensszenario heraufbeschworen, das auf europäischem Boden längst der Vergangenheit anzugehören schien. Er hat eine breite Blutspur hinterlassen und Millionen von Menschen aus ihren angestammten Wohnsitzen vertrieben. Die beispiellosen Grausamkeiten eines fanatischen Volkstumskampfes haben eine tiefe Kluft zwischen den Völkern und Menschen aufgerissen, die sich wohl erst in Jahrzehnten wieder schließen läßt. Er hat zudem eine Pandorabüchse geöffnet, aus der in einem multiethnischen Umfeld nur weiteres Unheil entstehen kann. Die einvernehmliche Regelung strittiger Minderheiten- und Grenzfragen wird durch die ererbten Feindbilder und überzogene Forderungen aller Beteiligten erheblich erschwert, wenn nicht unmöglich gemacht. Verheerende Auswirkungen eines rigorosen Sprachnationalismus auf die gesamte Krisenregion zeichnen sich schon jetzt ab. Sie werden das gutnachbarschaftliche Verhältnis auf Dauer vergiften. Die in den Pariser Vorortsverträgen 1919/20 mühsam ausgehandelten Grenzregelungen des Versailler Systems stehen erneut zur Disposition. Der Balkanraum wird auf längere Sicht wohl nicht mehr zur Ruhe kommen, sofern sich die Interessengegensätze nicht im Rahmen einer übergreifenden europäischen Friedensordnung entschärfen und ausgleichen lassen.

Die bisherigen europapolitischen Anläufe zu einer dauerhaften Konfliktlösung waren allerdings nur wenig ermutigend. Weder verfügen die zuständigen Einrichtungen, die Europäische Gemeinschaft in Brüssel oder die OSZE, über ein wirksames Krisenmanagement, um ein rasches Einvernehmen unter den beteiligten Regierungen herbeizuführen, noch über wirksame Druckmittel, um die Entscheidungen vor Ort wirksam durchsetzen zu können. In der Makedonienfrage blockiert Griechenland die Handlungsfähigkeit der Europäischen Gemeinschaft. Im Kosovo verweigert Serbien der albanischen Bevölkerungsmehrheit konsequent das Selbstbestimmungsrecht und provoziert eine gefährliche separatistische

Strömung, die auch auf die Albaner in der benachbarten makedonischen Republik übergreifen könnte. In der Vojvodina fürchtet die zahlenmäßig nicht unerhebliche ungarische Minderheit um ihre Existenz. Siebenbürgen droht erneut zum Zankapfel zwischen Rumänien und Ungarn zu werden. Jugoslawien, das noch im Jahre 1978 innerhalb der UNO die Initiative zu einer bahnbrechenden internationalen Minderheitenpolitik ergriffen hatte, ist nunmehr selbst zum Opfer seiner ungelösten Nationalitätenfragen geworden. Die militärische Auseinandersetzung um Bosnien-Herzegowina droht alle Nachbarn in einen verheerenden Dauerkonflikt hineinzuziehen. An eine Rückführung der aus den serbisch beherrschten Gebieten in Kroatien vertriebenen Bewohner ist vorerst kaum zu denken. Das Recht des Stärkeren, die brutale Gewalt, hat Fakten geschaffen, die ohne den neuerlichen Einsatz militärischer Zwangsmittel kaum ungeschehen zu machen sind. Europa steht vor einer ernsten Bewährungsprobe.

Klaus Michael Meyer-Abich

Nachhaltigkeit

Zur Einbettung menschlicher Lebensräume in das Ganze der Natur gehört, daß wir nachhaltig wirtschaften. Das Konzept der Nachhaltigkeit stammt aus der deutschen Forstwirtschaft des 18. Jahrhunderts (Carlowitz 1713, Hartig 1791) und bezog sich ursprünglich nur darauf, daß einem Wald nicht mehr Holz entnommen werden sollte als nachwächst. Im 19. Jahrhundert zeigte sich, daß die bloße Materialbilanz kein hinreichendes Kriterium zur Waldpflege ist, weil danach auch die ungesunden (krankheitsanfälligen und bruchgefährdeten) Altersklassenwälder und Monokulturen sowie die Abholzung durch Kahlschläge zu rechtfertigen sind. So kam es dazu, daß unter Nachhaltigkeit von einigen Vordenkern bereits vor mehr als einem Jahrhundert im weiteren Sinn die Erhaltung von Lebensverhältnissen verstanden wurde (Gayer 1886). Als Vorbild einer künftigen industriellen Wirtschaft kommt am ehesten der Möllersche „Dauerwaldgedanke" (1922) in Frage, wonach der Wald die Ernte sozusagen „gar nicht merken" darf, weil sie wie in einem Park mit der laufenden Pflege zusammenfällt, also nur das abfallende Holz regelmäßig entnommen wird. Der Nachhaltigkeitsgedanke hat aber sogar in der Waldwirtschaft die Mehrdeutigkeit zwischen der bloßen Holzmengenerhaltung und der wirklichen Erhaltung des Walds, d.h. der Bewahrung von Lebensverhältnissen behalten. Diese Unklarheit hat sicher zu seinem politischen Erfolg als *sustainable development* (WCED/Brundtland 1987) beigetragen, belastet ihn jedoch, wenn genauere Bestimmungen kulturellen Handelns gesucht werden.

Mit der Erhaltung von Lebensverhältnissen als dem eigentlichen Ziel der Nachhaltigkeit soll auch hier nicht gemeint sein, daß sich durch Menschen nichts ändert, sondern daß andere Arten von Lebewesen weiterhin ihre eigenen Lebensräume haben und sie nicht nur allenfalls noch in dem unseren finden können. Eigentlich geht es – in einem weiteren Sinn – um die Erhaltung der ‚Gesundheit‘ der Lebensgemeinschaft. Daß hier nun die Erhaltung oder die Beständigkeit im Zeitverlauf im Zentrum des Interesses steht, macht das Kriterium der Nachhaltigkeit zu einem zeitlichen Pendant der räumlichen Ansässigkeit. War dort die Einbettung der menschlichen Kultur in den landschaftlichen Raum das Ziel, so geht es hier um die Einbettung in den Fluß der Zeit oder um das rechte Tempo derjenigen Entwicklungen, welche ihr Zeitmaß entweder nicht in sich haben oder von uns nicht in Ruhe gelassen werden.

Kulturelle Prozesse sind keine Fortschritte, sondern lebendige Entwicklungen und haben dementsprechend ihr eigenes Zeitmaß. Die Zeit, die sie brauchen, kann lang oder kurz sein, aber man muß sie ihnen lassen. Demgegenüber ist der Fortschritt seinem Wesen nach um so größer, je weniger Zeit er braucht, also im Grenzfall am größten, wenn er gar keine Zeit mehr braucht. Wie er das Leben kosten bzw. vermeiden kann, hat Condorcet (1795) erfahren. Trotz der Diskrepanz, ob nur die mittlere Holzentnahme pro Zeiteinheit oder das Leben des Walds insgesamt über die Zeit hinweg erhalten bleiben soll, war die Grundfrage der Nachhaltigkeit von Anfang an die des rechten Zeitmaßes im wirtschaftlichen Handeln. Diese Frage ist auch für uns entscheidend. Es ist eine Grunderfahrung des Lebens, daß alles seine Zeit hat, daß man zu früh oder zu spät oder im rechten Augenblick kommen kann, daß man warten können muß und auch nicht zu lange warten darf. Dies gilt im privaten wie im politischen Leben. Im Umgang mit andern Lebewesen zeigt sich, daß auch sie ihre eigene Zeit haben, und dies hat angesichts der Zeitgestalt eines Baum- und Waldlebens dazu geführt, daß die Zeitfrage in der Waldwirtschaft als die der Nachhaltigkeit aufgekommen ist. Demgegenüber suchen wir im Fortschritt die Zeit selbst in die Hand zu nehmen bzw. – im Sinn der Apotheose – Zeitgestalten nur noch nach unserem Entwurf gelten zu lassen.

Daß der Brundtland-Bericht die Frage der Nachhaltigkeit erneut aufgeworfen hat, ist in der Naturkrise der wissenschaftlich-technischen Welt nur zu begrüßen. Notwendig ist aber auch die Wahrnehmung der Mehrdeutigkeit dieses Zielkonzepts. Inzwischen gibt es regionalisierte Studien für einzelne Länder – die Niederlande, Deutschland, Europa –, welche regional belegen, wie die Industriegesellschaften derzeit zu Lasten der Dritten Welt, der Nachwelt sowie der natürlichen Mitwelt leben, und zeigen, was geschehen könnte, um dem ein Ende zu setzen. Dabei kann der Verzicht auf grundsätzliche Erörterungen der praktischen Naturphilosophie zugunsten einer ‚Effizienzrevolution‘ dazu beitragen, daß die kurz- und mittelfristig bestehenden Spielräume genutzt werden, um die Nachhaltigkeitsdefizite der industriellen Wirtschaft zu vermindern (E. U. v. Weizsäcker 1995). Der damit verbundene Verzicht auf die grundsätzliche Kritik, daß es eigentlich darauf ankommt, der Wirtschaft und den Märkten kulturelle Grenzen zu setzen, enthält aber auch die Gefahr, ohne eine Richtungsänderung weiter in den Abgrund hinabzusteigen, wenn auch mit wesentlich verbessertem Schuhwerk.

Klaus-Peter Jörns

Patchwork Religion?

Zu den Umwälzungen beigetragen haben aber auch die großen Bevölkerungswanderungen und der Massentourismus sowie die weltweit immer dichter werdende Telekommunikation; *Globalisierung* ist das Stichwort. Auch die damit gekennzeichneten Veränderungen gehen tief. Denn nie zuvor sind so viele Menschen in einem solchen Maß mit fremden Kulturen und Religionen in Berührung gekommen – und zwar unmittelbar, das heißt ohne eine dazwischengeschaltete dogmatische Zensur. Und das alles am Ende eines Jahrtausends, das im Mittelalter begonnen und innerhalb seines letzten Jahrhunderts zwei Weltkriege einschließlich der Shoa und eine sich ständig beschleunigende industrielle Revolution erlebt hat. Das sind Ereignisse, für deren Wahrnehmung und Verarbeitung wirklich hinreichende Kriterien noch fehlen. Nicht zuletzt deswegen wird in vielen Bereichen des Lebens nach ethischer Orientierung gesucht, die diesen Ereignissen und Umwälzungen gerecht zu werden vermag und angemessen bzw. sinnvoll handeln läßt. Die zur Zeit häufig gebrauchte Wendung, dies oder das zu tun, *mache* Sinn, verstehe ich im Kontext dieser Suche nach Sinn, die mit den Mitteln des *Homo faber* durchgeführt wird.

Die Thesen von der „Risikogesellschaft" *(Ulrich Beck)* und der „Erlebnisgesellschaft" *(Gerhard Schulze),* von der ‚neuen Moderne' oder der ‚Postmoderne', unterstreichen diesen Zusammenhang auf ihre Weise, indem sie Phänomene beschreiben, in die die fortschreitende Individualisierung die einzelnen Menschen geführt hat. Doch auch auf die Individualisierung wird unterschiedlich geantwortet: „Während die Eltern reden, tanzen die Jungen." Für Sinnsuche und Sinnerfahrung sucht jeder seinen eigenen Weg. Und während die einen den Zwang zu individueller Lebensgestaltung als Last empfinden, gestalten die anderen diese ihnen zugewiesene Rolle so, daß sie sich lustvoll inszenieren – und sei es inmitten von 600000 anderen, wie bei einer „Love Parade". Aber immer mehr Menschen erleben jene Last und diese Lust abwechselnd im eigenen Leben. Noch ganz unabsehbar ist, was die ‚Virtualisierung' von Lebensprozessen für Folgen haben wird, wenn erst einmal jedermann mit Hilfe seines Computers Leben nach Wunsch, vorbei an allen sozialen Hemmnissen, inszenieren kann. Klar ist jedenfalls, daß sich mit den genannten Umwälzungen auch die Gestalt von Religion bzw. Religiosität gewandelt hat und weiter wandeln wird – sichtbar oder unsichtbar. Auch hierbei wirkt der gesellschaftliche Druck in eine Richtung, die von vielen als Individualisierung oder Privatisierung religiöser Vorstellungen bezeichnet wird. Wir werden sehen, daß der Begriff der Personalisierung die Phänomene besser trifft, die sich beschreiben lassen.

Vor allem im Blick auf die Gottesbilder wird zur Zeit gerne von einer sogenannten *patchwork religion* gesprochen. Auch hier trifft ein anderer Begriff eher die Entwicklung. Denn es zeigt sich, was uns zuerst einmal noch ganz neu und ungewöhnlich erscheint: eine *Virtualisierung Gottes*. Den genannten Stichwörtern ist gemeinsam, daß sie sich mit einem parallelen Prozeß verbinden, in dem der Einfluß nachläßt, den die institutionalisierten Religionen auf die Gestalt des Glaubens und auf die „Gesichter Gottes" ausüben.

Ulrich Beck
Identitätsprobleme bei einer neuen Kultur des Genusses

In den fünfziger Jahren haben die Menschen auf die Frage, welche Ziele sie anstreben, klar und eindeutig geantwortet: ein „glückliches" Familienleben, ein Einfamilienhaus, das neue Auto, die gute Ausbildung für die Kinder und die Erhöhung ihres Lebensstandards. Heute spricht man eine andere Sprache, die zwangsläufig vage um die Suche nach der eigenen Individualität und Identität kreist.

Diese Vagheit ist nicht nur individuell, sondern auch sozial bedeutsam: Im Gegensatz zum traditionalen Wertsystem, wo Erfolg stets relativ eindeutig definiert war (Einfamilienhaus, Auto etc.), kann sich heute keiner mehr wirklich im klaren sein, wann er das, was er sucht, gefunden hat und wie er anderen von seinem „Erfolg" verbindlich und überzeugend Nachricht geben kann. Die Konsequenz ist, daß die Menschen immer nachdrücklicher in das Labyrinth der Selbstverunsicherung, Selbstbefragung und Selbstvergewisserung hineingeraten. Zugleich führt der (unendliche) Regreß der Fragen: „Bin ich wirklich glücklich?", „Bin ich wirklich selbsterfüllt?", „Tue ich wirklich das, was ich tun will?", „Wer ist das eigentlich, der hier ‚ich' sagt und fragt?" in immer neue „Antwort-Moden", die in vielfältiger Weise in Märkte für Experten, Industrien und Religionsbewegungen umgemünzt werden können.

Auf der Suche nach Selbsterfüllung verwandeln sich die Menschen so in Produkte der Massenkultur und des Massenkonsums. Sie reisen nach dem Tourismuskatalog in alle Winkel der Erde. Sie zerbrechen die besten Ehen und gehen in rascher Folge immer neue Bindungen ein. Sie lassen sich umschulen. Sie fasten. Sie joggen. Sie engagieren sich. Sie wechseln von einer Therapiegruppe zur anderen und schwören jeweils auf ganz unterschiedliche Therapien und Therapeuten. Selbstsicher (und selbstunsicher), wie sie sind, erörtern und ergründen sie dauernd untereinander ihre eigenen Unsicherheiten. Ihr Klagen über den „Narzißmus" der anderen dient ihnen dazu, ihrem eigenen Ego Raum zu verschaffen. Besessen von dem Ziel der Selbsterfüllung reißen sie sich selbst aus der Erde heraus, um nachzusehen, ob ihre eigenen Wurzeln auch wirklich gesund sind.

Dieses Wertsystem des eigenen Lebens ist massiver Kritik ausgesetzt. Von „Anspruchsinflation" und „Ellenbogengesellschaft" ist in Parlament, Parteien und Öffentlichkeit die Rede. Aber wo, wenn nicht in der Politik, können harmlos altruistische Bürger lernen, wie die Ego-Gesellschaft funktioniert? In diesen larmoyanten Schaumschlägereien wird verkannt, daß die Philosophie des eigenen Lebens, die im Alltag Wurzeln schlägt, genau umgekehrt die Geburtsstätte einer Querköpfigkeit ist, die die geschenkte Demokratie in Deutschland noch bitter nötig haben kann.

Die Moral des eigenen Lebens bejaht, was öffentlich beklagt wird: den Durchgang des Sozialen durch das Individuelle. Ohne Ich kein Wir. Wir nur als selbstbestimmtes Wir, nicht als Vorgabe, nicht als Summe, nur als Zustimmung der Individuen. Die Ethik des eigenen Lebens leistet damit zunächst eine Kritik der herrschenden Wir-Definitionen – Klasse, Stand, Familie, Geschlechtsrollen, Gemeinwohl, Partei, Nation usw.

Das „Mehr" über den konventionellen Erfolg hinaus richtet sich nämlich auf *Selbstbefreiung als Prozeß,* was die Suche nach neuen Sozialbindungen und Solidaritäten in Familie, Arbeit und Politik mit einschließt; es richtet sich auf die Freiheit, traditionale Rollenvorgaben zu unterlaufen oder zu überwinden und neue Verhaltensweisen und Formen des Zusammenlebens und -arbeitens zu erproben; es richtet sich darauf, Impulse und Wünsche, die man bisher gewohnt war zu unterdrücken, zu äußern und ihnen nachzugeben; es richtet sich auf das Ausleben von Partnerschaftsbeziehungen und schließt den Wunsch ein, das Leben jetzt und nicht erst in ferner Zukunft zu genießen, also eine „Kultur des Genusses" zu entwickeln; es nimmt sich die Freiheit, eigene Bedürfnisse in Rechte umzuwandeln und gegen institutionelle Vorgaben und Verpflichtungen zu wenden; die Freiheit, das eigene Leben gegenüber „fremden" Übergriffen abzuschirmen und abzusichern, ihm einen „eigenen Raum" zu verschaffen und sich dort, wo dieser Freiraum persönlich erlebbar gefährdet ist, sozial und politisch zu engagieren.

Hagen Schulze

Europa wächst zusammen

Schon während des Kriegs hatten sich Widerstandsbewegungen gegen die nationalsozialistische Unterdrückung auf ihre Gemeinsamkeit im Geist der humanistischen und christlichen Überlieferungen Europas besonnen. Carl Goerdeler (1884–1944) erklärte in seinem Friedensplan vom Herbst 1943: „Daher erscheint uns der Zusammenschluß der europäischen Völker zu einem europäischen Staatenbunde geboten. Sein Ziel muß es sein, Europa vor jeder Wiederkehr eines europäischen Krieges vollkommen zu sichern ..." Und im Juli 1944 hatte eine *Deklaration über europäische Zusammenarbeit,* ausgearbeitet von Widerstandsgruppen mehrerer europäischer Länder, für die Nachkriegszeit die Einsetzung einer europäischen Regierung, eines europäischen Gerichtshofs und einer gemeinsamen europäischen Armee gefordert.

Der europäische Widerstand gegen Hitlers Diktatur war also eine Wurzel der Europabewegung nach dem Zweiten Weltkrieg; eine andere war der Kalte Krieg: Ohne die beiden großen Despoten des 20. Jahrhunderts, Hitler und Stalin, wäre eine europäische Einigungsbewegung, die das erste Mal in der Geschichte des Kontinents dauerhafte, übernationale Institutionen hervorbringen sollte, nicht möglich gewesen. Der Blick auf die Entwicklung des europäischen „Wir"-Gefühls von der Schlacht von Salamis bis in die Gegenwart gibt dafür eine ebenso einfache wie bedrückende Erklärung: Europa hat sich immer nur gegen etwas, nie für etwas zusammenschließen können. Europa erlebt seine Einheit vor allem dann, wenn es um die Abwehr einer gemeinsamen, gedachten oder wirklichen Gefahr geht, und es verliert diese Einheit, wenn die Gefahr geschwunden ist. Wenn die Araber in Gallien einfielen und bei Tours und Poitiers geschlagen wurden, wenn die Mongolen über Ungarn und Schlesien hereinbrachen, wenn die Türken vor Wien standen, wurde die Einheit Europas ebenso beschworen wie angesichts des chinesischen Boxer-Aufstands von 1900, in dem die Angstphantasien von der „Gelben Gefahr" ihre Evidenz zu finden schienen, und zu dessen Niederschlagung sich noch vierzehn Jahre vor dem Ersten Weltkrieg, als Nationalismus und Imperialismus den Blick auf gesamteuropäische Zusammenhänge schon weitgehend versperrt hatten, ein gesamteuropäisches Expeditionskorps zusammenfinden konnte. [...]

In gewisser Hinsicht stehen wir Europäer heute vor einer ähnlichen Situation wie die Menschen des beginnenden 19. Jahrhunderts. Wieder zwingen noch nie dagewesene wirtschaftliche und technologische Veränderungen zum Zusammenschluß. Anders als im Fall der entstehenden Nationalstaaten im 19. Jahrhundert jedoch sind es heute lediglich die Regierungen, die mit mehr oder weniger Entschlossenheit wirtschaftspolitische und administrative Weichen stellen, während die Bevölkerung Europas erkennbar geringen Enthusiasmus für das große Ziel eines vereinten europäischen Kontinents unter den Auspizien von Freiheit und Selbstbestimmung aufzubringen scheint; man vergleiche nur die Beteiligung an den Wahlen zum europäischen Parlament mit den entsprechenden Zahlen bei nationalen Parlamentswahlen. Offenbar sprechen heute die Argumente *für* Europa lediglich die Köpfe, die Argumente *gegen* Europa dagegen die Herzen an.

Das entscheidende Hindernis für ein starkes europäisches Identitätsgefühl liegt in den Europäern selbst. Denn weil Menschen ihre Gemeinsamkeit stets als gemeinsame Vergangenheit empfinden, erkennen sie sich in erster Linie in ihren nationalen Geschichten wieder; „eine Nation", so sagt es der französische Soziologe Edgar Morin, „wird durch ein kollektives Gedächtnis und durch gemeinsame Normen und Regeln zusammengehalten. Die Gemeinschaft einer Nation schöpft aus einer langen Vergangenheit, die reich ist an Erfahrungen und Prüfungen, Leid und Freude, Niederlagen, Siegen und Ruhm, die in jeder Generation jedem Individuum durch Elternhaus und Schule weitervermittelt und von ihm tief verinnerlicht werden ..."

Im historischen Gedächtnis der Europäer steht deshalb immer noch ihre nationale Identität im Vordergrund; wie man den Wald manchmal vor Bäumen nicht sieht, nehmen die Europäer ihren

Kontinent vor lauter Nationen nicht wahr. Wir werden lernen, Europa zu denken und anzuerkennen, damit es Wirklichkeit werden kann. Im Laufe von tausend Jahren haben wir Europäer uns an unsere alten Staaten und Nationen gewöhnt; sie werden noch lange dasein, und sie werden gebraucht. Aber sie haben sich in der Vergangenheit immer wieder verwandelt, und auch künftig werden sie sich verändern; allmählich können sie verblassen und zurücktreten, um Platz zu machen für eine Nation Europa, deren Gestalt wir heute nur undeutlich ahnen.

Autoren- und Quellenverzeichnis

GEROLD AMBROSIUS, geb. 1949, Professor für Wirtschafts- und Sozialgeschichte an der Universität Siegen
– Lebensstile
Aus: Gerold Ambrosius/William H. Hubbard, Sozial- und Wirtschaftsgeschichte Europas im 20. Jahrhundert, München 1986, 75–78.

ULRICH BECK, geb. 1944 in Stolp, Prof. für Soziologie in München
– Identitätsprobleme bei der neuen Kultur des Genusses
Aus: Ulrich Beck, Eigenes Leben. Ausflüge in die unbekannte Gesellschaft, in der wir leben, München 1997, 116–117.

WOLFGANG BEHRINGER, geb. 1956 in München, Lehrstuhlvertreter in München, 1998 Berufung zum Professor für Geschichte an der University of York
– Höhepunkt der Hexenverfolgung
Aus: Wolfgang Behringer, Hexen. Glaube – Verfolgung – Vermarktung, München 1998, 53–56.

HANS BELTING, geb. 1935, Professor für Kunstwissenschaft und Medientheorie an der Staatlichen Hochschule für Gestaltung in Karlsruhe
– Ikonoklasmus in Byzanz
– Bestrafung der Heiligen
Aus: Hans Belting, Bild und Kult. Eine Geschichte des Bildes vor dem Zeitalter der Kunst, München 1980. – 2. Auflage 1991. – 3. Auflage 1993, 166–169; 511–513, 515.

HERMANN BENGTSON (1909–1989), war Professor für Alte Geschichte an der Universität München.
– Die Perserkriege
Aus: Hermann Bengtson, Griechische Staatsmänner des 5. und 4. Jahrhunderts v. Chr., München 1983. 30, 32–33.

WOLFGANG BENZ, geb. 1941 in Ellwangen, Professor und Leiter des Instituts für Antisemitismusforschung an der Technischen Universität Berlin
– Antisemitismus
Aus: Wolfgang Benz (Hg.), Die Juden in Deutschland 1933–1945. Leben unter nationalsozialistischer Herrschaft, München 1988. – 3. Auflage 1993, 9–11.

KLAUS BERGDOLT, geb. 1947 in Stuttgart, Direktor des Instituts für Geschichte und Ethik der Medizin an der Universität Köln
– Der schwarze Tod
Aus: Klaus Bergdolt, Der schwarze Tod in Europa. Die Große Pest und das Ende des Mittelalters, München 1994. – 3. Aufl. 1995. 33–37, 222.

HARTMUT BOOCKMANN (1934–1998), geb. in Marienburg/Westpreußen, war Professor für Geschichte an den Universitäten Kiel, Göttingen und Berlin
– Ein Bürgersohn wird Kirchenfürst
Aus: Hartmut Boockmann, Fürsten, Bürger, Edelleute. Lebensbilder aus dem späten Mittelalter, München 1994, 81, 93–97.

NICHOLAS BOYLE, geb. 1946, Professor für Literatur und Geistesgeschichte an der Universität Cambridge
– Goethes Italienreise
Aus: Nicholas Boyle, Goethe – The Poet and the Age, Vol. 1: The Poetry of Desire (1749–1790). – Goethe. Der Dichter in seiner Zeit, Bd. 1: 1749–1790. Aus dem Englischen übersetzt v. Holger Fliessbach, München 1995, 475–478.

BENVENUTO CELLINI, geb. 1500 in Florenz, gest. ebd. 1571, berühmter Goldschmied und Bildhauer der Renaissance
– Benvenuto Cellini erschießt den Postmeister von Siena [1540]
Aus: Leben des Benvenuto Cellini. Von ihm selbst geschrieben. Aus dem Italienischen ins Deutsche übertragen von Heinz Conrad. Mit 32 Bildern von M. M. Prechtl, München 1994, 292, 295–296.

KARL CHRIST, geb. 1923 in Ulm, Professor für Alte Geschichte an der Universität Marburg, Emeritus
– Die römische Republik
– Pax Romana
Aus: Karl Christ, Geschichte der römischen Kaiserzeit, München 1988. – 3., erweiterte Auflage, München 1995. 14–16, 18; 788–790.

WERNER CONZE (1910–1986), war Professor für Geschichte an der Universität Heidelberg
– Christliche Mission in Osteuropa
Aus: Werner Conze, Ostmitteleuropa. Von der Spätantike bis zum 18. Jahrhundert, München 1992, 14–16.

GORDON A. CRAIG, geb. 1913 in Glasgow, emeritierter J. E. Wallace Sterling Professor für Geisteswissenschaften an der Stanford University
– Griechischer Freiheitskampf
– Die Revolutionswelle von 1848
– Beginn des Ersten Weltkriegs
Aus: Gordon A. Craig, Geschichte Europas im 19. und 20. Jahrhundert, Bd. 1: Vom Wiener Kongreß bis zum Ausbruch des Ersten Weltkriegs 1815–1914, München 1978. – 2. Aufl. 1981, 35–38; 104–105, 107–111; 355–358.
– Heinrich Heine und die Deutschen
Aus: Gordon A. Craig, Die Politik der Unpolitischen. Deutsche Schriftsteller und die Macht 1770–1871, München 1993, 177–179.

ALEXANDER DEMANDT, geb. 1937, Professor für Alte Geschichte an der Freien Universität Berlin
– Tageslauf des Kaisers
Aus: Alexander Demandt, Das Privatleben der römischen Kaiser, München 1996. – 2., völlig überarbeitete und erweiterte Neuauflage 1997. 38–40.

RICHARD VAN DÜLMEN, geb. 1937 in Kloppenburg, Professor für Neuere Geschichte an der Universität Saarbrücken
– Das Zeitalter der Aufklärung
Aus: Richard van Dülmen, Kultur und Alltag in der Frühen Neuzeit, Bd. 3: Religion, Magie, Aufklärung, München 1994, 212–214.

EVAMARIA ENGEL, geb. 1934, von 1962 bis 1991 wissenschaftliche Mitarbeiterin an der Akademie der Wissenschaften in Ost-Berlin, 1992 bis 1995 am Forschungsschwerpunkt Geschichte und Kultur Ostmitteleuropas bei der Förderungsgesellschaft Wissenschaftliche Neuvorhaben tätig
– Kölns Ringen um Freiheit
Aus: Evamaria Engel, Die deutsche Stadt des Mittelalters, München 1993. 39–40, 42.

EDITH ENNEN, geb. 1907 in Merzig/Saar, emeritierte Professorin für Geschichte in Bonn
– Die Visionen der Johanna von Orleans
Aus: Edith Ennen, Frauen im Mittelalter, München 1984. – 5., überarbeitete und erweiterte Auflage 1994. 217–218.

ARNOLD ESCH, geb. 1936, Direktor des Deutschen Historischen Instituts in Rom
– Prozessionen, Kirchen, Damenmode
Aus: Arnold Esch, Zeitalter und Menschenalter. Der Historiker und die Erfahrung vergangener Gegenwart, München 1994, 192–195.

SURAIYA FAROQHI, geb. 1941 in Berlin, studierte und lehrte in den USA und in der Türkei. Professorin für Osmanistik an der Universität München
– Krise des Osmanischen Reiches
Aus: Suraiya Faroqhi, Kultur und Alltag im Osmanischen Reich. Vom Mittelalter bis zum Anfang des 20. Jahrhunderts, München 1995, 251–252.

BENJAMIN FRANKLIN, geb. 1706 in Boston, gest. 1790 in Philadelphia/USA, berühmter amerikanischer Schriftsteller und Politiker
– Ein amerikanischer Wassermann als Buchdrucker in England [London 1725]
Aus: Benjamin Franklin, Autobiographie, München 1997, 62–64.

NORBERT FREI, geb. 1955 in Frankfurt am Main, Professor für Neuere und Neueste Geschichte an der Universität Bochum
– Vergangenheitspolitik
Aus: Norbert Frei, Vergangenheitspolitik. Die Anfänge der Bundesrepublik und die NS-Vergangenheit, München 1996, 397–399.

EGON FRIEDELL, geb. 1878 in Wien, Freitod 1938 in Wien nach dem Einmarsch der deutschen Truppen, berühmter Theaterkritiker, Übersetzer, Essayist und Kulturhistoriker
– Ionischer Frühling
– Platos Gegenstaat
Aus: Egon Friedell, Kulturgeschichte Griechenlands. Leben und Legende der vorchristlichen Seele, München 1994. 9, 12–13; 227–228.

HORST FUHRMANN, geb. 1926 in Kreuzburg, Präsident der Monumenta Germaniae Historica i. R., Professor für Geschichte an der Universität Regensburg (Emeritus), ehem. Präsident der Bayerischen Akademie der Wissenschaften
– Heiliges Römisches Reich
Aus: Horst Fuhrmann, Einladung ins Mittelalter, München 1987. – 5. Auflage 1997, 31–33.

NIZA GANOR, geboren 1925 als Anna Fränkel in Lemberg (damals in Polen, heute in der Ukraine), Überlebende von Auschwitz, im September 1945 Auswanderung nach Israel
– Der Beginn der Judenverfolgung im besetzten Polen
Niza Ganor, Wer bist du, Anuschka? Die Überlebensgeschichte eines jüdischen Mädchens. Aus dem Hebräischen von Wolfgang Jeremias, München 1996, 6–8.

PETER GAY, geb. 1923 in Berlin, Emigration, Professor für Geschichte an der Yale University, Emeritus
– Die Entstehung der Psychologie
Aus: Peter Gay, The Bourgeois Experience. Victoria to Freud, Vo. IV: The Naked Heart, New York/London 1995. – Die Macht des Herzens. Das 19. Jahrhundert und die Erforschung des Ich, München 1997, 436–437.

KARL GEIRINGER (1899–1989), geb. in Wien, Emigration 1938 in die USA, war Professor für Musikwissenschaften am Boston University College of Music
– Johann Sebastian Bach
Aus: Karl Geiringer, The Bach Family. Seven Generations of Creative Genius, London 1958. – Die Musikerfamilie Bach. Musiktradition in sieben Generationen. Unter Mitarbeit von Irene Geiringer, München 1977. – 2. Aufl. 1983, 138–140.

HANS-WERNER GOETZ, geb. 1947 in Gelsenkirchen, Professor für Geschichte an der Universität Hamburg
– Frühmittelalterliches Mönchtum
– Hochmittelalterliches Rittertum
Aus: Hans-Werner Goetz, Leben im Mittelalter vom 7. bis zum 13. Jahrhundert, München 1986, 66–68; 177–179.

ANDREAS GOLDBERG, geb. 1961 in Dülmen, Geschäftsführer am Zentrum für Türkeistudien an der Universität Essen
– Einwanderungsland Deutschland
Aus: Faruk Şen/Andreas Goldberg, Türken in Deutschland. Leben zwischen zwei Kulturen, München 1994, 51–53.

AARON GURJEWITSCH, geb. 1924 in Moskau, leitender wissenschaftlicher Mitarbeiter am Institut für allgemeine Geschichte der Akademie der Wissenschaften in Moskau
– Volksglaube
Aus: Aaron J. Gurjewitsch, Problemiy srednevekovoj narodnoj kultury, Moskau 1981. – Mittelalterliche Volkskultur. Aus dem Russischen übers. v. Matthias Springer, München 1987. 127–128, 130–133.

DAVID A. HACKETT, Professor für Geschichte an der Universität von Texas in El Paso
– Entdeckung der Konzentrationslager
Aus: David A. Hackett (Hg.), Der Buchenwald-Report. Bericht über das Konzentrationslager Buchenwald bei Weimar, München 1996, 19, 29–31.

BARBARA HAHN, geb. 1952 in Esslingen, Professorin für Deutsche Literatur an der Princeton University
– Rahel Varnhagen und Pauline Wiesel
Aus: Barbara Hahn (Hg.), Rahel Levin Varnhagen. Briefwechsel mit Pauline Wiesel, München 1997, 728–730.

DIETER HEIN, geb. 1951 in Düsseldorf, Privatdozent an der Johann Wolfgang Goethe-Universität Frankfurt am Main
– Die Revolution von 1848
Aus: Dieter Hein, Die Revolution von 1848/49, München 1998, 11–13.

CLAUDINE HERZLICH, arbeitet als Sozialwissenschaftlerin am Centre de Recherche Médicine Maladie et Sciences Sociales in Paris
– Aids
Aus: Claudine Herzlich/Janine Pierret, Kranke gestern, Kranke heute. Die Gesellschaft und das Leiden, München 1991, 87–90.

URS HERZOG, geb. 1942, Professor für Deutsche Literatur an der Universität Zürich
– Samuel Pepys und der Predigtschlaf
Aus: Urs Herzog, Geistliche Wohlredenheit. Die katholische Barockpredigt, München 1991, 21–22.

EDGAR HÖSCH, geb. 1935 in Aschaffenburg, Professor für Geschichte Ost- und Südosteuropas an der Universität München
– Osmanisches Südosteuropa
– Bürgerkrieg auf dem Balkan
Aus: Edgar Hösch, Geschichte der Balkanländer. Von der Frühzeit bis zur Gegenwart, München 1988. – 3., erweiterte Auflage München 1995. 78–79, 82–83; 274, 279–280.

WILLIAM H. HUBBARD, geb. 1943, Professor für Geschichte an der University of Bergen
– Lebensstile
Aus: Gerold Ambrosius/William H. Hubbard, Sozial- und Wirtschaftsgeschichte Europas im 20. Jahrhundert, München 1986, 75–78.

KLAUS-PETER JÖRNS, geb. 1939 in Stettin, Professor für Praktische Theologie und Religionssoziologie an der Humboldt Universität zu Berlin
– Patchwork Religion?
Aus: Klaus-Peter Jörns, Die neuen Gesichter Gottes. Was die Menschen heute wirklich glauben, München 1997, 2–4.

ANDREAS KAPPELER, geb. 1943, Professor am Institut für Ost- und Südosteuropäische Geschichte an der Universität Wien

– Russischer Expansionismus
– Revolution im Vielvölkerreich
– Zerfall Sowjetrußlands
Aus: Andreas Kappeler, Rußland als Vielvölkerreich. Entstehung – Geschichte
– Zerfall, München 1993, 23–25; 288–289; 314–317.

ALBERT KAPR, ehem. Leiter des Instituts für Buchgestaltung an der Hochschule für Graphik und Buchkunst in Leipzig
– Enea Silvio berichtet vom Buchdruck
Aus: Albert Kapr, Johannes Gutenberg. Persönlichkeit und Leistung, Leipzig 1986. – 2., durchgesehene Auflage, München 1988. 168–169.

BÄRBEL KERN, geb. 1941 in Braunschweig Dr. disc. pol., Ministerialrätin im Ministerium für Wissenschaft und Kultur, Hannover/HORST KERN, geb. 1940 in Wien, Professor für vergleichende Sozialwissenschaften, Präsident an der Universität Göttingen
– Dorothea Schlözers Promotion
Aus: Bärbel Kern/Horst Kern, Madame Doctorin Schlözer. Ein Frauenleben in den Widersprüchen der Aufklärung, München 1988. – 2., durchgesehene Auflage München 1990. 115, 118, 120–121.

JÜRGEN KOCKA, geb. 1941 in Haindorf, Professor für Geschichte an der Freien Universität Berlin
– Deutsche Vereinigung
Aus: Jürgen Kocka, Das große Jahr in der Geschichte von Freiheit und Demokratie, in: Hans-Ulrich Wehler, Scheidewege der deutschen Geschichte. Von der Reformation bis zur Wende 1517–1989, München 1995, nach: Ekkart Conze/Gabriele Metzler (Hg.), Deutschland nach 1945. Ein Lesebuch zur deutschen Geschichte von 1945 bis zur Gegenwart, München 1997, 283–287.

RICHARD KRAUTHEIMER (1897–1994), geb. in Fürth/Bayern, 1935 Emigration in die USA, war Professor für Kunstgeschichte am Institute of Fine Arts, New York University
– Rom zwischen den Zeiten
Aus: Richard Krautheimer, Rome. Profile of a City, 312–1308, New Jersey 1980. – Rom. Schicksale einer Stadt, 312–1308, München 1987. – 2. Auflage 1996, 72–73, 75–76, 78, 82–85.

HANNO-WALTER KRUFT (1938–1993) in Düsseldorf, war von 1982–1993 Professor für Kunstgeschichte an der Universität Augsburg
– Kardinal Richelieu plant eine Stadt
Aus: Hanno-Walter Kruft, Städte in Utopia. Die Idealstadt vom 15. bis zum 18. Jahrhundert, München 1989, 91–93.

HANSJÖRG KÜSTER, geb. 1956, Professor für Pflanzenökologie an der Universität Hannover
– Ökologische Grundlagen
– Das Reich als Entwicklungsfaktor
– Zentralörtlichkeit

Aus: Hansjörg Küster, Geschichte der Landschaft in Mitteleuropa. Von der Eiszeit bis zur Gegenwart, München 1995. 35–37; 69–70; 78–79; 152–155; 191–192.

LISELOTTE VON DER PFALZ, eigentlich Elisabeth Charlotte, Tochter des Kurfürsten Karl Ludwig von der Pfalz, seit 1671 verheiratet mit Herzog Philipp I. von Orléans, dem Bruder König Ludwigs XIV. Geb. 1652 in Heidelberg, gest. 1772 in St. Cloud
– Launisch wie ein alter Hund am Hof des Sonnenkönigs [Versailles, 21. Juli 1682]
Aus: Liselotte von der Pfalz, Briefe, Ebenhausen [Verlag Langewiesche-Brandt] 1979, 54–55.

KLAUS MALETTKE, geb. 1936 in Rastenburg/Ostpreußen, Professor für Neuere Geschichte an der Universität Marburg, Ehrendoktor der Universität Paris IV – Sorbonne
– Die Bildung Ludwigs XIV.
Aus: Klaus Malettke, Ludwig XIV. (1643–1715), in: Peter C. Hartmann (Hg.), Französische Könige und Kaiser der Neuzeit. Von Ludwig XII. bis Napoleon III. 1498–1870, München 1994, 189–236, zit. S. 193–195.

MICHAEL MAURER, geb. 1954 in Tennenborn/Schwarzwald, Professor für Kulturgeschichte an der Universität Jena
– Engländische Freiheit
Aus: Michael Maurer (Hg.), O Britannien, von deiner Freiheit einen Hut voll. Deutsche Reiseberichte des 18. Jahrhunderts, München 1992, 24–25.

ALISTER E. MCGRATH, geb. 1953, Professor für Kirchengeschichte an der Universität Oxford, Rektor von Wycliffe Hall, Oxford
– Anfänge des Christentums
Aus: Alister E. McGrath, Christian Theology. An Introduction, London 1994. Der Weg der christlichen Theologie. Eine Einführung. Aus dem Englischen übers. v. Christian Wiese, München 1997. 23–25.

KLAUS MICHAEL MEYER-ABICH, geb. 1936 in Hamburg, Professor für Naturphilosophie an der Universität Essen. 1984–1987 Senator für Wissenschaft und Forschung in Hamburg
– Nachhaltigkeit
Aus: Klaus Michael Meyer-Abich, Praktische Naturphilosophie. Erinnerung an einen vergessenen Traum, München 1997, 414–416.

MICHAEL MITTERAUER, geb. 1937 in Wien, Professor in Wien
– Bischof Firmians Bericht an Kaiser Franz I. über die Freiheit der Fabrikarbeiter [Wien 1826]
Aus: Michael Mitterauer, Ledige Mütter. Zur Geschichte unehelicher Geburten in Europa, München 1983, 134–136.

FREYA VON MOLTKE, geb. 1911 in Köln, Dr. jur und Ehefrau des hingerichteten Widerstandskämpfers Helmuth James Graf von Moltke (1907–1945); lebt in Vermont/USA
– Widerstand im Kreisauer Kreis

Aus: Freya von Moltke, Erinnerungen an Kreisau 1930–1945, München 1997, 40, 45–47, 68–69.

MASSIMO MONTANARI, geb. 1949, lehrt mittelalterliche Geschichte an den Universitäten von Catania und Bologna
– Schlanksein
Aus: Massimo Montanari, Der Hunger und der Überfluß. Kulturgeschichte der Ernährung in Europa, München 1993, 203–205.

PAUL MÜNCH, geb. 1941 in Bichishausen, Prof. für Neuere Geschichte an der Universität Essen
– Calvinistischer Kaffee, katholischer Kakao?
– Segen der Neuen Welt: Die Kartoffel und das Ende der Hungersnöte
Aus: Paul Münch, Lebensformen in der Frühen Neuzeit, 1500–1800, Frankfurt/Main 1992, 324–326, 327–329. Mit freundlicher Genehmigung des Ullstein Verlags, Berlin.

LUISA MURARO, geb. 1940, feministische Historikerin, Mailand
– Inquisitionsprotokoll: Mayfreda von Pirovano und die feministische Häresie [Mailand, 1300]
Luisa Muraro, Vilemina und Mayfreda. Die Geschichte einer feministischen Häresie. Aus dem Italienischen von Martina Kempter, Freiburg/Br. 1987, 247–250, 258–260. Mit freundlicher Genehmigung des Kore Verlags, Freiburg/Pr.

PAOLO NARDI, geb. 1949 in Siena, Professor für italienische Rechtsgeschichte an der Universität Siena
– Erste Universitätsgründungen
Aus: Walter Rüegg (Hg.), Geschichte der Universität in Europa, Bd. I, Mittelalter, München 1993, 83–84.

GOTTFRIED NIEDHART, geb. 1940 in Görlitz, Professor für Neuere Geschichte an der Universität Mannheim
– Englands Umbruch zur Moderne
– Pax Britannica
– Englands Weg nach Europa
Aus: Gottfried Niedhart, Geschichte Englands im 19. und 20. Jahrhundert, München 1993, – 2., durchgesehene Auflage München 1996, 15–18; 102–104; 208–211.

THOMAS NIPPERDEY (1927–1992), war Professor für Geschichte an der Universität München
– Eisenbahnbau
– Das Kommunistische Manifest
Aus: Thomas Nipperdey, Deutsche Geschichte 1800–1866. Bürgerwelt und starker Staat, München 1983, 189, 191–193; 394–395.
– Sport
– Leistungskraft deutscher Wissenschaft
Aus: Thomas Nipperdey, Deutsche Geschichte 1866–1918, Bd. I: Arbeitswelt und Bürgergeist, München 1990, 171–175; 604–605.

IRIS ORIGO (?–1988), lebte über sechzig Jahre als Schriftstellerin in Rom und auf ihrem Landgut La Foce bei Siena. Mitglied der britischen Royal Society of Literature und Ehrendoktorin zweier amerikanischer Universitäten
– Toskanisches Bürgerleben: Der Briefwechsel von Francesco und Margherita Datini
Aus: Iris Origo, The Merchant of Prato. Francesco di Marco Datini, London 1957. London 1963. – „Im Namen Gottes und des Geschäfts": Lebensbild eines toskanischen Kaufmannes in der Frührenaissance. Francesco di Marco Datini 1335–1410. Aus dem Englischen und Italienischen übers. v. Uta-Elisabeth Trott, München 1985. – 3. Aufl. 1993. 9–13, 15–16.

GEORG OSTROGORSKY (1902–1976), geb. in St. Petersburg/Rußland, Emigration mit der Familie 1917 nach Deutschland, wurde nach Studium in Heidelberg und Paris Professor für Byzantinische Geschichte an der Universität Belgrad; Direktor des Institutes für Byzantinistik in Belgrad bis zu seinem Lebensende
– Gründung Konstantinopels
– Reichsteilung
Aus: Georg Ostrogorsky, Geschichte des byzantinischen Staates, München 1965. – [unveränderter Neudruck unter dem Titel:] Byzantinische Geschichte, 324–1453, München 1996. 19–21; 28–30.

JANINE PIERRET, arbeitet als Sozialwissenschaftlerin am Centre de Recherche Médicine Maladie et Sciences Sociales in Paris
– Aids
Aus: Claudine Herzlich/Janine Pierret, Kranke gestern, Kranke heute. Die Gesellschaft und das Leiden, München 1991, 87–90.

ROY PORTER, geb. 1946 in Hitchin/Herts, Senior Lecturer am Welcome Institute for the History of Medicine in London
– Wissenschaftsrevolution
Aus: Roy Porter, Die wissenschaftliche Revolution, in: Rüegg II (1996) 425–450, zit. S. 429–432.

VOLKER PRESS (1939–1993), geboren in Erding/Obb., war Professor für Geschichte an der Universität Tübingen
– Kaiser Rudolf II.
Aus: Volker Press, Rudolf II. (1576–1612), in: Anton Schindling/Walter Ziegler (Hg.), Die Kaiser der Neuzeit, 1519–1918. Heiliges Römisches Reich, Österreich, Deutschland, München 1990, 99–111, zit. S. 99–104

FRIEDRICH PRINZ, geb. 1928 in Tetschen (Böhmen), Prof. für Mittelalterliche und Vergleichende Landesgeschichte in München, Emeritus
– Das Frankenreich – der Anfang Europas?
Aus: Friedrich Prinz, Grundlagen und Anfänge. Deutschland bis 1056 [= neue Deutsche Geschichte Bd. 1], München 1985, 33–37.

GERHARD A. RITTER, geb. 1929 in Berlin, Professor für Geschichte an der Universität München, Emeritus
– Sozialdemokratie im Kaiserreich

Aus: Gerhard A. Ritter, Arbeiter, Arbeiterbewegung und soziale Ideen in Deutschland. Beiträge zur Geschichte des 19. und 20. Jahrhunderts, München 1996, 183–184, 190–191.

BERND ROECK, geb. 1953 in Augsburg, Professor für Geschichte an der Universität Bonn, Direktor der Villa Vigoni, Loveno di Menaggio/Como
– Reizarmut
Aus: Bernd Roeck, Als wollt die Welt schier brechen. Eine Stadt im Zeitalter des Dreißigjährigen Krieges, München 1991, 35–37.

PAOLO ROSSI, geb. 1923, Professor für Geschichte der Philosophie an der Universität Florenz, Emeritus
– Neue Welten gegen altes Wissen
Aus: Paolo Rossi, Die Geburt der modernen Wissenschaft in Europa, München 1997, 90–92.

WERNER RÖSENER, geb. 1944 in Lohne, Professor für Mittlere und Neuere Geschichte in Gießen
– Die agrartechnische Revolution
Aus: Werner Rösener, Bauern im Mittelalter, München 1985. – 4., unveränderte Auflage 1991, 128–130.

WALTER RÜEGG, geb. 1918 in Zürich, Professor für Soziologie an der Universität Bern, Emeritus
– Erste Universitätsgründungen
Aus: Walter Rüegg (Hg.), Geschichte der Universität in Europa, Bd. I, Mittelalter, München 1993, 13.

WOLFGANG RUPPERT, geb. 1946 in Hof/Saale, Professor für Kulturgeschichte an der Hochschule der Künste, Berlin
– Siemens und die Massenfabrikation
Aus: Wolfgang Ruppert, Die Fabrik. Geschichte von Arbeit und Industrialisierung in Deutschland, München 1983. – 2. Aufl. München 1993, 41–42.

HENRI SANSON, geb. 1767 in Paris, gest. 1840 in Paris; letzter Henker von Paris.
– Charles-Henri Sanson, Aus dem Tagebuch des Henkers:
  Die Hinrichtung Ludwigs XVI. [Paris 1792]
Aus: Henri Sanson, Tagebücher der Henker von Paris, 1685–1847, 2 Bde. hrsg. v. Knut-Hannes Weltig, München 1989, Bd. 1, 374, 377–381. Mit freundlicher Genehmigung des Gustav Kiepenheuer Verlages, Leipzig.

ERNST SCHULIN, geb. 1929 in Kassel, Professor für Geschichte an der Universität Freiburg/Breisgau, Emeritus
– Französische Revolution
Aus: Ernst Schulin, Die Französische Revolution, München 1988. – 3. Aufl. München 1990, 64–66.

HAGEN SCHULZE, geb. 1943 in Tanger/Marokko, Professor für Geschichte an der Freien Universität Berlin
– Nationalismus als säkulare Religion
– Europa wächst zusammen

Aus: Hagen Schulze, Staat und Nation in der europäischen Geschichte, München 1994, 169–172; 326–327, 340–341.

WINFRIED SCHULZE, geb. 1942 in Bergisch-Gladbach, Prof. für neuere Geschichte in München
– Historiker erleben Geschichte: Peter Rassow schreibt an Siegfried Kaehler [Heidelberg, 31. Mai 1945]
Aus: Winfried Schulze, Deutsche Geschichtswissenschaft nach 1945, München 1989, 66–69. Mit freundlicher Genehmigung des Oldenbourg Verlages, München.

FARUK ŞEN, geb. 1948 in Ankara, Direktor des Zentrums für Türkeistudien an der Universität Essen.
– Einwanderungsland Deutschland
Aus: Faruk Sen/Andreas Goldberg, Türken in Deutschland. Leben zwischen zwei Kulturen, München 1994, 51–53.

ROLF PETER SIEFERLE, geb. 1949, Professor für Geschichte an der Universität Mannheim
– Umweltproteste
Aus: Rolf Peter Sieferle, Fortschrittsfeinde? Opposition gegen Technik und Industrie von der Romantik bis zur Gegenwart, München 1984, 241–243.

VILLY SØRENSEN, geb. 1929, einer der bedeutendsten dänischen Schriftsteller und Essayisten der Gegenwart.
– Neros Sexualtrieb
Aus: Villy Sörensen, Seneca. Humanisten ved Neros hof, Kopenhagen 1977. – Seneca. Ein Humanist an Neros Hof. Aus dem Dänischen übers. v. Monika Wesemann, München 1984. 274–275.

MICHAEL STOLLEIS, geb. 1941 in Ludwigshafen, Professor für öffentliches Recht und neuere Rechtsgeschichte an der Universität Frankfurt. Direktor am Max-Planck-Institut für Europäische Rechtsgeschichte
– Debatten um die Staatsräson
Aus: Michael Stolleis, Geschichte des öffentlichen Rechts in Deutschland. Erster Band: Reichspublizistik und Policeywissenschaft 1600–1800, München 1988, 197–200.

HANS-ULRICH WEHLER, geb. 1931 in Gummersbach, Gastprofessor in Harvard, Princeton und Stanford. Professor für Geschichte an der Universität Bielefeld, Emeritus
– Modernisierungshemmnissse
Aus: Hans-Ulrich Wehler, Deutsche Gesellschaftsgeschichte, Bd. 2: Von der Reformära bis zur industriellen und politischen „Deutschen Doppelrevolution" 1815–1845/49, München 1987, 70–73.
– Bismarcks Revolution von oben
– Anfänge der Frauenbewegung
– Dynamik der Wirtschaft
Aus: Hans-Ulrich Wehler, Deutsche Gesellschaftsgeschichte, Bd. 3: Von der „Deutschen Doppelrevolution" bis zum Beginn des Ersten Weltkriegs, 1849–1914, München 1995, 251–253; 1090–1094; 610–611, 613–615.

CHRISTOF WINDHORST, geb. 1940, Dr. theol., Kirchliche Hochschule Bethel in Bielefeld
– Von den Ketzern
Aus: Christof Windhorst, Balthasar Hubmaier, in: Hans Jürgen Goertz, Radikale Reformatoren. 21 biographische Skizzen von Thomas Müntzer bis Paracelsus, München 1978, 125–136, zit. S. 128–131.

HEINRICH AUGUST WINKLER, geb. 1938 in Königsberg/Ostpreußen, Professor für Geschichte an der Humboldt-Universität in Berlin
– Ausrufung der Republik
– Ermordung des Außenministers
Aus: Heinrich August Winkler, Weimar 1918–1933. Die Geschichte der ersten deutschen Demokratie, München 1993. – 2. Aufl. 1994, 33–35; 173–174.

RAINER WOHLFEIL, geb. 1927 in Königsberg/Ostpreußen, Professor für Geschichte in Hamburg, Emeritus
– Luthers Reformation als Angebot einer alternativen Lebensform
Aus: Rainer Wohlfeil, Einführung in die Geschichte der deutschen Reformation, München 1982, 20–23.

HEIDE WUNDER, geb. 1939 in Rieneck, Professorin für Sozial- und Verfassungsgeschichte in Kassel
– „Sie ist der Mond": Frauenleben in der Frühen Neuzeit
Aus: Heide Wunder, „Er ist die Sonnn, sie ist der Mond". Frauen in der Frühen Neuzeit, München 1993, 264–267.

Abbildungsverzeichnis

EUROPA BAUEN

Eine Auswahl:

Peter Burke
Die europäische Renaissance
Zentren und Peripherien
Aus dem Englischen von Klaus Kochmann
1998. 342 Seiten mit 25 Abbildungen. Leinen

Umberto Eco
Die Suche nach der vollkommenen Sprache
Aus dem Italienischen von Burkhart Kroeber
3., durchgesehene Auflage. 1994. 388 Seiten mit 22 Abbildungen. Leinen

Aaron J. Gurjewitsch
Das Individuum im europäischen Mittelalter
Aus dem Russischen von Erhard Glier
994. 341 Seiten. Leinen

Ulrich Im Hof
Das Europa der Aufklärung
2., durchgesehene Auflage. 1995. 270 Seiten. Leinen

Michel Mollat du Jourdin
Europa und das Meer
Aus dem Französischen von Ursula Scholz
1993. 320 Seiten mit 2 Abbildungen und 18 Karten. Leinen

Paolo Rossi
Die Geburt der modernen Wissenschaft in Europa
Aus dem Italienischen von Marion Sattler Charnitzky
und Christiane Büchel
1997. 377 Seiten. Leinen

Verlag C. H. Beck München